王蒙自传

第一部

王蒙 —— 著

半生多事

WANGMENG AUTOBIOGRAPHY

FIRST PART

北京联合出版公司
Beijing United Publishing Co.,Ltd.

目 录

, , ,

, , ,

, , ,

' ' '

' ' '

1. 故乡

我是出生在北京沙滩的，那时父亲正在北京大学读书，母亲也在北京上学。但是我很认真地每次都强调自己是河北省沧州市（原地区）南皮县潞灌乡龙堂村人，我乐于用地道的憨鲁的龙堂乡音说："俺是龙堂儿的。"我一有机会就要表明，我最爱听的戏曲品种是"大放悲声"、苍凉寂寞的河北梆子。我不想回避这个根，我必须正视和抓住这个根，它既亲切又痛苦，既沉重又庄严，它是我的出发点、我的背景、我的许多选择与衡量的依据，它，我要说，也是我的原罪，我的隐痛。我为之同情也为之扼腕：我们的家乡人，我们的先人，尤其是我的父母。

我出生后过了一两年，我被父母带回了老家。我至今有记忆，也是我有生以来的最初记忆，我的存在应是从此开始。而我的从小的困惑是在这些记忆以前，那个叫作王蒙的"我"在哪里。而如果此前并无王蒙的自我意识与我的自我意识，那么这个"我"的意识——其后甚至有了姓名，煞有介事——又是从哪里掉下来的呢？

我在夏日睡午觉，我被两只黑猫吓醒了，两只黑猫的眼睛是亮晶晶的棕红色。有点血腥，有点凶险。我不能断定的是是否我们在老家当真养着这样的猫。

我还有一个梦，在老家房后的梨园里（家人称为后园子）玩耍，一脚陷入了一个大坑，我吓醒了。我闻到了秋梨的气息。

我记得祖母去世的一点情景，相信也是此年，也是夏日，在正房的相对比较大的厅堂里，许多人紧张地走来走去，说是奶奶死了。事后分析，这事情的发生大概是在凌晨，睡梦中被唤醒了，只记住了影影绰绰。

我的母亲董敏对奶奶的印象不佳，一直称为"老乞婆"。此外我对奶奶一无所知。我的父亲王锦第（字少峰，又字曰生）提起奶奶抱极尊敬态度。父亲是遗腹子，只见过他的母亲而没有见过他的父亲。

很晚了我才弄清，我的祖父名叫王章峰，参加过“公车上书”，组织过“天足会”，提倡妇女不缠脚，算是“康梁”为首的改革派。

又有一个记忆涌现脑海：有一个词：逃难？逃什么难？应是卢沟桥“七七事变”，是从北京往乡下逃还是从乡下往北京逃？我记不清也问不出来了。后者的可能性更大，就是说我对于故乡的少量记忆来自我三岁以前的经历。逃难时母亲抱着我，坐着一辆马拉轿车。我的记忆是夜间宿在大车店时听到的马匹的吃草声和工人的铡草声，咔嚓，咔嚓，唰啦，唰啦……深夜，沉睡，我被咔嚓声吵醒，我似乎闻到了干草和青草的气息。有一匹大马充斥着我的印象与记忆空间。

我断定，我是先学会了说沧州——南皮话，后来上学才接受了北京话的，我虽然出生在北京，说话却和胡同串子式的京油子不同，我的话更像后来学会的普通话——“官话”而不是北京原生土话。至今我有些话的发音与普通话有异，例如常常把“我觉着”的觉读成上声，疑出自“我搅着”的读法。一直到十四五岁了，我回到家，与父母说的仍然是乡下话，而我的弟弟妹妹就不会说这种乡下话了。我的这些表现似乎是要大声强调，我，我们的起点是何等地寒碜！我们的道路是何等地艰难！本来就是这样土，这样荒野，这样贫穷落后愚昧，远离现代，不承认这个，就是不承认现实。

也是许多年后，我去龙堂的时候，才听乡亲告诉，我家原是孟村回族自治县人。后因家中连续死人，为换风水来到了离南皮（县城）远离孟村近的潞灌。本人的一个革新意识，一个与穆斯林为邻，密切相处，看来都有遗传基因。

一九八四年我首次在长大成人之后回到南皮——潞灌——龙堂。我看到的是白花花的贫瘠的碱地，连接待我的乡干部也是衣无完帛，补丁已经盖不上窟窿，衣裤上破绽露肉，房屋东倒西歪。我从县志上读到当地的地名与人名，赵坨子、李石头……还有我认为最具代表性的民谣：

> 羊尼尼蛋，上脚搓，
> 俺是你兄弟，你是俺哥。

打壶酒，咱俩喝。
喝醉了，打老婆。
打死（sā）老婆怎么过？
有钱的（dí），再说个。（王注，家乡人称娶媳妇为说个媳妇）
没（mǘ）钱的，背上鼓子唱秧歌。

至今，读起这首民谣，我仍然为之怦怦然。这就是我的老家，这就是北方的农村，这就是不太久前的作为伟大中华民族的后人的我们中多数人的生活。

而父亲常常带几分神经质地告诉我，他小时候上厕所没有卫生纸可用，连石头土块也用光了，于是人们大便后在附近的破墙上蹭腚（肛门），结果一堵破墙的一角变得光滑锃亮。

这次回老家也找出一点事，一位年轻的当地农民数次来北京找我，他拿出判决书，告诉我他的哥哥因为盗窃牛只被判了刑，他生活困难。他不相信我没有“权力”使乃兄释放与给他解决挣现钱的工作岗位。我帮他到县里一个建筑工地做工，他不干。他后来又谈他的先人曾被侵华日军抓到日本当劳工，如何索赔的问题，我也未能给以明确的指引。我面对故乡，面对农民，低头寻思，拼命解释，一筹莫展，更像是在推托。

二〇〇五年春节，我与在京的亲属共访龙堂。已经面貌一新，治理次生盐碱化成绩显著，经过挖沟排碱，土地已经不见碱渍，到处都有塑料大棚之类的农业生产设施。乡亲们穿得囫囫囵囵，有的穿着皮夹克。新房很多。南皮的灯泡厂、汽车部件厂、针织厂、酱菜厂与县医院都搞得不错。县医院新添的德国造CT扫描仪，比北京医院的设备丝毫不差。龙堂的乡亲向我诉苦的是他们仍然喝着盐碱苦水。与二十年前相比，已经是天上地下，我颇感欣慰。

但是我的子侄们纷纷私下里说：怎么这样落后，改革开放在这里怎么没有成果？他们的根据一是村子里的道路有许多泥泞，一是农民家里的家具极差，找不到几把完整的椅子，更不要说沙发了。

南皮的一个邻县是同属于沧州的吴桥，吴桥的一大出名之处是它的硬气功，至今河北省的国际杂技节是以吴桥杂技节来命名的。我在文化部工作时批准了吴桥杂技学校的建立。家乡人有习武的传统，家乡话叫练把式，叫张跟头竖直溜。这些都好。但是同时，我们的家乡是清末义和团的一个基地，成为杂技成为武术的许多好东西，也极易带着我们的父老乡亲走火入魔，投合我辈“中华当然高明，非蛮夷能望其项背”的集体潜意识。关键是文化科学常识的缺乏与自我评价上的不肯或不敢面对实际。

沧州下属的黄骅县由于修建海港而出名。黄骅与天津间有一大片苇坑，一望无际，说是当年这片苇坑里出没着好几拨土匪。抗日战争爆发后，八路军来收编他们，他们提出要与八路军的干部赤身在芦苇塘中过夜比赛喂蚊子，八路军胜过了他们，他们乃进入了抗日队伍。当然，这更像口头传说。

我不知道是由于习武而性情暴烈，还是由于性情急躁而习武。家乡人说话嗓门大，像是吵架。家乡人爱骂人，骂得千奇百怪花样翻新，我在《活动变人形》一书中写了一些，使高雅的冰心老人看了不爽。家乡人还爱动手。一九八四年我坐着沧州文联的车去沧州，路上因超速行驶受到交警拦阻，迎接我的一位写作同行立即愤怒地下车与民警理论，好容易才劝解开。面包车恢复行驶以后，我的写作同行还脸红脖子粗地宣称：“我要揍他！”

一位亲戚嘲笑我们家人（说话嗓门大）说：“怎么个个像唱黑头的？”我当然不能忍受这种侮辱，我立即反唇相讥：“我看你像是唱小旦的！”话虽然应对及时，不辱乡梓，但是我至今的在家中突然动怒突然瞪眼之类的不良习惯，仍显然与乡风有关。

南皮出过一个大人物是张之洞，他的弟弟张之万也很有名。在唐浩明的历史小说《张之洞》里，写到张之洞受到的教诲：“启沃君心，恪守臣节，厉行新政，不悖旧章”，我为之叫绝称奇。启沃是对上做宣传启蒙。恪守是讲纪律讲秩序。厉行是志在改革，向前看，一往无前。不悖是减少阻力，保持稳定……中国吗？深了去啦。

沧州是不是林冲发配的地方？我闹不清楚。沧州倒是修了山神庙，供游人凭吊梁山好汉。可惜的是山神庙后面的背景竟是一道高压输电线。蒋子龙（沧县）、柳溪（沧县）、旅马（马来西亚）的女作家戴小华（青县），歌唱家李双江（南皮）、朱明瑛（南皮）都是沧州老乡。

过去本地人嘲笑沧州，叫作：“一条大街一个楼，一个警察一个猴。”一条街是署前街，我姥姥家在此。一个楼是天主教会，旧称“洋楼”，这里有早年的西医医院。日伪时期说是要弄什么动物园，搞了一只猴子来，底下就没有下文了。

王任重同志是沧州相邻的景州人，沧州的狮子景州的塔，东光县的铁菩萨，都很有名。沧州狮子是生铁打造。扬首欲奔，形象生动。生铁经数百年而不太锈，奇怪。后来为它修了遮晒遮雨的棚子，从此大锈，走向腐烂，再找什么专家研究也没有辙了。

故乡是一个生死攸关的词儿。我完全不明白我为什么是沧州南皮人，这说明故乡何处的问题不是一个可以用“为什么”来讨论的合乎逻辑推理的问题。故乡就是命运，就是天意，就是先验的威严。故乡一词里包含着我的悲哀、屈辱、茫然与亲切、热烈，我要说是蚀骨的认同。

故乡是我的发生图，我个人的无极与太极，是我的最初的势与能，最本初的元素，来自冥冥的第一推动力，是其后各种变化与生成的契机。我与我们，都是这样开始的。

越是年长，我越是希望能够与朋友共同重温我的故乡与初始，我的缘由与来由，我的最早（被？）设置的格式、定义、路径和密码，我希望能有所发现，有所破译。

而我之所以要有意识地强调自己的故乡性和初始化，还由于，我已经隐隐感到，随着个人与家庭生活的城市化首都化国际化，随着社会的现代化全球化，随着与时俱进与一日千里，我的过去、我的故乡、我的初始将会淹没，我的故乡我的初始状态由于乏善可陈而将被漠视、轻蔑和忘却，我的童年的痛苦与心思，可怜的不开化的与傻气的种种经验和遗憾将被抹杀，我的此后的一切，将无法从根子上加以解释和回味。而我与他人与读者包括至爱亲朋的交流，将留下一堵厚墙，留下一大段一大块空白。

2. 父亲

我父亲王锦第，字少峰，又名曰生，北京大学哲学系毕业。他在北大上学时同室舍友有文学家何其芳与李长之。我的名字是何其芳起的，他当时喜读小仲马的《茶花女》，《茶花女》的男主人公亚芒也被译作“阿蒙”，何先生的命名是“王阿蒙”，父亲认为阿猫阿狗是南方人给孩子起名的习惯，去阿存蒙，乃有现名。李长之则给我姐姐命名曰“洒”，出自达·芬奇的名画《蒙娜丽莎（洒）》。

北大毕业后，父亲到日本东京帝国大学读教育系，三年后毕业。回国后他最高做到市立高级商业学校校长。时间不长，但是他很高级了一段，那时候的一个“职高”校长，比现在强老了鼻子啦。我们租了后海附近的大翔凤（实原名大墙缝）的一套两进院落的房子，安装了卫生设备，邀请了中德学会的同事、友人、德国汉学家傅吾康（Wolfgang Franke)来住过。父亲有一个管家，姓程，办事麻利清晰。那时还有专用的包月人力车和厨子。他并与傅吾康联合在北海公园购买了一条瓜皮游艇，我们去北海划船不是到游艇出租处而是到船坞取自家的船。有几分神气。

这是仅有的一小段“黄金”时代，童年的我也知道了去北海公园，吃小窝头、芸豆卷、豌豆黄。傅吾康叔叔曾经让我坐在他的肩膀上去北海公园，我有记忆。我也有旧日的什刹海的记忆，为了消夏，水上搭起了棚子，凉快，卖莲子粥、肉末烧饼、油酥饼、荷叶粥。四面都是荷花荷叶的气味。什刹海的夏季摊档，给我留下美好印象的是每晚的点灯，那时的发电大概没有后来那么方便，摊主都是用煤汽灯。天色黄昏，工人站在梯子上给大玻璃罩的汽灯打气，一经点燃，亮得耀眼，使儿童赞叹科学、技术和用具制造的神奇。

父亲大高个儿，国字脸，阔下巴，风度翩翩。说话南腔北调，可能他是想说点显阅历显学问的官话至少是不想说家乡土话，却又没有说成普通话。他喜欢交谈，但谈话思路散漫，常常不知所云。他热爱新文化，崇拜欧美，喜欢与外国人结交。惠我甚多的一个是反复教育我们不得驼背，只要一发现孩子们略有含胸状，他立即痛心疾首地大发宏论，一直牵扯到民族的命运与祖国的未来。一个是提倡洗澡，他提倡每天至少洗一次，最好是洗两次澡。直到我成年以后，他最喜欢做的一件事就是邀我们包括我的孩子们他的第三代人到公共浴池洗浴。第三则是他对于体育的敬神式的虔诚崇拜，只要一说我游泳了爬山了跑步了，他快乐得浑身颤动。他的这些提倡虽然常常脱离我们的现实条件而受到嘲笑抨击，但仍然产生了影响，使我等始终认定挺胸洗澡体育不但是有益卫生的好事，而且是中国人接受了现代文明的一项标志。

父亲对我们进行了吃餐馆ABC的熏陶。尤其是西餐。怎样点菜，怎样用刀叉，怎样喝汤，怎样放置餐具表示已经吃毕或是尚未吃好。他常常讲吃中餐一定要多聚几个人，点菜容易搭配，反而省钱。而西餐吃得正规，他佩服得五体投地，并对不认真的、没有样儿的吃饭，如蹲吃歪着身子吃趴吃看着报纸吃疾恶如仇。

父亲强调社交的必要性，主张大方有礼，深恶痛绝家乡话叫作“怵（chǔ）窝子”的窝窝囊囊的表现，说起家乡的女孩子在公开场合躲躲藏藏的样子，什么都是“俺不！”父亲的神态叫作痛不欲生。

母亲一生极少在餐馆吃饭，偶然吃一次也是不停地哀叹：“花多少钱呀！多贵呀！……”而父亲，哪怕吃完这顿饭立即弹尽粮绝，他也能胜任愉快地请人吃饭，当然如果是别人请他，他更会兴高采烈，眉飞色舞。我曾经讽刺父亲说：“餐馆里的一顿饭，似乎能够改变您的世界观，能使您从悲观主义变成乐观主义。”父亲对此并无异议，并且引用天知道的马克思语录，说：“这是物质的微笑啊！”

童年的随父用餐给过我不美好的印象。父亲和一位女士，带着我在西单的一家餐馆用餐，饭后在街上散步，对于我来说，天时已晚，我感到的是不安，我几次说想回家，父亲不理睬。父亲对此女士说：“瞧，我们俩带着一个小孩散步，多么像一家三口啊。”女士拉长了声音说：“胡扯！”后来又说了一些话，女士又说了胡扯，胡扯还是胡扯。我什么都不懂，但是我有一种本能的反感。而且我大致想，父亲并不关心我的要求。

第二天我向母亲“汇报”了这次吃饭的情况。反响可想而知，具体究竟随此事发生了什么，我记不起了。但是母亲从小告诉我父亲是不顾家的，是靠不住靠不上的。我的爱讲家乡话和强调自己是沧州——南皮人的动机中，有反抗父亲的“崇洋媚外”，也许还有“弑父情结”在里头。

数十年后，在父亲已经离世十余年后，我有一个机会在江南一座城市见到此位当年的父亲的（女）朋友，如今的老教授。也是一种缘分吧。我想见见这个人，她发表过文学评论，有见解。我实在看不出她当年的风采来。而母亲此前也说过，她漂亮。时间是破坏一切漂亮的。有一说，傅吾康与先父，都曾对此女性有好感。我读到过此位阿姨给傅的信，信里提到父亲，用语多有不敬，有什么办法呢？人是分三六九等的，晦气的人不会得到太多的尊敬。我完全理解，我只能轻叹和一笑。在我长大以后，我与她谈得很愉快。我帮她出了一本小书。

没有多久，父亲就不再被续聘当校长了，我事后想来，他不是一个会处理实务的人。他宁愿清谈，大话，叫作大而无当，树立高而又高的标杆，与其说是像理想主义者，不如说是更易于被视为神经病。他确是神经质和情绪化的，做事不计后果。他知道他喜欢什么，提倡什么，主张什么，但是他绝对不考虑条件和能力，他瞧不起一切小事情，例如金钱。他不适合当校长，也不适合当组长或者科长，不适合当家长，他又是一个最爱孩子的父亲，对这后一点，母亲也并不否认。在他年近六十岁的时候他说过一句话，他的人生的黄金时代还没有开始。这话反而使我对他有些蔑视。他最重视风度和礼貌，他绝对会不停地使用礼貌用语，谢谢与对不起、你好与再见、请原谅和请稍候，但是他不会及时地还清借你的钱。他最重视马克思与黑格尔、费尔巴哈与罗素，但是他不知道应该给自己购买一件什么样的衬衫。如果谈境界，他的境界高耸入云。如果谈实务，他的实务永远一塌糊涂。

立竿见影，校长不当，大翔凤的房子退掉了，从此房子搬一次差一次直到贫民窟。父亲连夜翻译德语哲学著作，在《中德学志》上发表他的疙里疙瘩的译文，挣一点稿酬养家糊口。他的德语基本上是自学的。英德日俄语，他都能对付一气，但都不精。

父亲热心于做一些大事，发表治国救民的高论，研究学问，引进和享受西洋文明，启蒙愚众至少是教育下一代，都不成功。同时，他更加不擅长做任何小事具体事。谈起他的高商校长经历，父亲爱说一句话：“我是起了个五更，赶了个晚集呀。”天乎？命乎？性格使然乎？下面还会不断地回到这个话题。

3. 母亲

我的母亲本名董玉兰，后改为董毓兰，新中国成立后参加工作时正式改名为董敏。

父亲多次对我说过，策划他的婚事时他提出了两点要求：一个是他要看一下本人，就是说要目测一下；一个是此人必须上学。后来就在沧县第二中学，他看了一眼，接受了这项婚事。我的外祖父就是二中的校医嘛。媒人是一个老文人，名叫王季湘。在我上小学以后，王老先生来过我家，我母亲说他做错了这件事，害了她一生。

母亲个子不高，不大的眼睛极有神采，她常常不能控制自己的表情，转眼珠想主意，或者突然现出笑容或怒容。

她是解放脚，即缠足后再放开。母亲上过大学预科，新中国成立后曾长期做小学教师，她出生于一九一二年，一九六七年退休，是养老金领取者，她善于辞令，敢说话，敢冲敢闯，虽然常常用词不当，如祝贺一个人的成就时说你真侥幸——原意是说你很幸运。

我想她也过过短暂的快乐的日子，我上小学以前，她曾每周定期到北京的一个庙会点西城的护国寺学唱京剧。很巧，现在护国寺也是专用的京剧剧场人民剧场所在地，还是梅兰芳故居所在地。我很小就听她唱苏三起解的西皮流水。

此后，她曾与她的姐姐董芝兰（后名董效，后在户口上的用名是董学文），两个人共谋一项事由（职业）：北京女一中图书仪器管理员。有两个女生与她们二人交往，一名白艺，一名柏淑清。她们四人一起学唱《天涯歌女》《四季歌》和《卖杂货》，这三首周璇唱红了的歌曲，也是我与姐姐王洒最早学会的三首流行歌曲。

母亲也读书，冰心、巴金、张恨水、徐志摩她都读过。她知道了许多“五四”带来的新思想，她直到很老了还多次说过，越懂得一点新思想，她就越是痛恨痛惜痛苦，她恨得咬牙切齿，为什么人家就能过那样的人生，而她的人生是这样倒够了血霉，她的人生只有痛苦、屈辱、恶劣……

她不喝牛奶（老年后喝了），不吃奶油，不喝茶，当然，不吸烟也不喝酒，不吃馆子。所有上述享受她都认为太浪费，与父亲的习惯完全不同。

她喜欢听河北梆子，一说起《大蝴蝶杯》就来情绪。我以为大喊大叫的地方戏曲是一种对她的精神麻醉。

此外她的生活尤其是精神相当紧张，一个是一直经济困难，无保证。一个是她感觉她常常被人擜（骗）了。父亲对于家庭的财政支撑有时是灵感式、即兴式的，他声称给过家里不少的钱，但他也会无视家庭的固定需要而在毫无计算计划的情况下一高兴就把刚领到的月薪花掉一半去请客。父亲适合过富裕的生活，为此他习惯于借钱与赊账，有时是不负责任的赖皮式的赊账。我见过他怎样地对付来要账的小伙计，令人汗颜。而只要他富裕，他就优雅绅士，微笑快活，吃馆子，吃西餐，结交名流，请客，遇事慷慨解囊。他对俗务和他最缺少的银钱一万个瞧不起。他说过只要他的潜力发挥出来了，钱算得了什么？他说过自己适合当老板，不适合当雇员，适合有钱，不适合没钱。就是说，如果他当了有钱的老板，他会很宽厚，很仁德，说话行事都极漂亮。而作为一个贫穷的雇员，他简直就是一无可取，白白浪费嚼裹（消费品）。他极喜欢花钱，却拒绝考虑如何挣钱与还债，更不要说节约与储蓄。

然而，他面对的是一个常常吃了上顿没有下顿的妻儿与亲戚。这并不是戏剧场面。我的记忆里不止一次，到了吃晚饭的时候，母亲、姥姥、姨坐在一块发愁：“面（粉）呢？没面了。米呢？没米了。钱呢？没钱了……”可以说是弹尽粮绝，只能断炊。然后挖掘潜力，巧妇专为无米之炊，找出一只手表、一件棉袄或是一顶呢帽，当掉或者卖掉，买二斤杂面（含绿豆粉的混合面粉）条，混过肚子一关。

这样母亲就对父亲极端不满意。她的精神紧张的更主要的原因是她无法与王锦第相处，不能信任她的丈夫。她同时渐渐发现了父亲的外遇，至少是父亲希望能有机会结识更多的年轻貌美新派洋派的女性。尤其是在父亲的校长职位被炒，我的外祖母董于氏（新中国成立后报户口时起名于静贞）、姨妈董效到来之后，她们三个人经常做的一件事就是聚在一起，同仇敌忾地研究防范和对付父亲的办法。

我当然无法做出判断，究竟是谁更加伤害了谁。我只记得从小他们就互相碾轧，互为石碾子。他们互相只能给予伤害和痛苦，而且殚精竭虑地有所作为——怎样能够多往要害处给对方一点伤害，以求得多一点胜利的喜悦。你伤我一分，我伤你十分，当然是我胜了。父亲曾经给过母亲他已经登记作废了的旧图章，做一切收入由母亲做主状，母亲立即喜笑颜开，如同苍天降福。而等到母亲去领薪的时候，才知道是上当受骗。

母亲下了狠招，她的一个直捅死穴的做法是搜集父亲交往的学界教育界人士乃至名流的名单名片，然后她一个个地突击拜访，宣称父亲如何地不负责任，如何使妻儿老小陷入饥饿，如何行为不端。

这时候我们已从大翔凤搬至西城的南魏儿胡同14号。最可怕的事情似乎发生在这个院子里。父亲住在北屋，墙上挂着郑板桥的字（拓印）“难得糊涂”。这幅字几十年后我在德国汉学家傅吾康的汉堡家中发现了，当然是父亲送给他的。我相信，父亲没有少向傅教授借钱。

有许多发生在这所住房的场面至今令我毛骨悚然。父亲下午醉醺醺地回来。父亲几天没有回家，母亲锁住了他住的北屋，父亲回来后进不了房间，大怒，发力，将一扇门拉倒，进了房间。父亲去厕所，母亲闪电般地进入北屋，对父亲的衣服搜查，拿出全部——似乎也很有限——钱财。父亲与母亲吵闹，大打出手，姨妈（我们通常称为二姨）顺手拿起了煤球炉上坐着的一锅沸腾着的绿豆汤，向父亲泼去……而另一回当三个女人一起向父亲冲去的时候，父亲的最后一招是真正南皮潞灌龙堂的土特产：脱下裤子……

河南作家张宇有一句名言，你想找农民吗？不一定非得去农村，你所在的大学、研究所、领导机关、外事俱乐部……哪里不是农民？哪个教授，哪个艺人，哪个长官，哪个老板不是农民？信哉斯言！

写下这些我无地自容。也许这是王蒙的白痴，也许这是忤逆，是弥天的罪，是胡作非为，哪有一个人能这样人五人六地书写自己的父母，完全背弃了避讳的准则。是的，书写面对的是真相，必须说出的是真相，负责的也是真相到底真不真。我爱我的父亲，我爱我的母亲，我必须说到他们过着的是什么样的生活，我必须说到从旧中国到新世纪，中国人过的是什么样的生活。不论我个人背负着怎样的罪孽，怎样的羞耻和苦痛，我必须诚实和庄严地面对与说出。我愿承担一切此岸的与彼岸的，人间的与道义的，阴间的与历史的责任。如果说出这些会五雷轰顶，就轰我一个人吧。

南魏儿胡同14号，父亲住北屋，姥姥和二姨住东屋，我、姐姐和母亲住南屋，院子里有一座大藤萝架，春天开着紫花，香气扑鼻，藤萝花可以和到面团里加上白糖做蒸饼。花开了结成大荚，那样雄壮和辉煌的大荚却没有用场。我小时候常常计划长大以后研究和开发藤萝荚。

有什么办法呢？在各种可怕的事件发生的同时，我保存着对于藤萝小院的欣赏，保持着开发藤荚的幻想。这才是王某。

高商校长之后，父亲到北师大与北大任讲师。后来此职也被炒。我们搬到了附近的受壁胡同18号。父亲后来离开了北京。在兖州、徐州短期任教，后来到了青岛，任李庄师范学校校长。可叹的是在倒霉的时候，父亲在家里的表现好多了，说话和气，点头哈腰，作揖打躬，唯唯诺诺。母亲、二姨、姥姥，都庆幸父亲的“改邪归正”，还用了些“浪子回头金不换”的熟语以资鼓励。乡亲们也说是岁数再大一点自然就会好了……而只要他的情况好起来，他与家属的矛盾就进入白热化的阶段。原来，人的各种问题各种麻烦的出现，恰恰是自身的处境改善了好多了的表现，岂不悲哉？

正是在中国，人们常常会把修身、齐家、治国与平天下视为一体一揽子，也只有在汉语中，国家——古代更多的是叫家国——一词中，既包含着国的意思也包含着家的含义。我就是从自己的家中知道了什么叫旧社会，什么叫封建，什么叫青黄不接的社会转型，知道了历史的过渡要人们付出多少代价，承受多少痛苦。以为不必革命，只要好好地念《三字经》《弟子规》就能秩序井然地过太平日子，这样的人是太白痴啦。

4. 精彩与荒谬

应该是一九四四年，春节前夕，父亲托人给家里带来了信与年货。信里有一个重要的叮嘱，就是要注意洗澡，每天都要洗，可以洗一次，也可以洗两次。他带来的礼物尤其辉煌：一个是一盒巧克力糖，从包装到味道对于我们与其说是神奇，不如说是匪夷所思。另一个礼物就太伟大了，是商务印书馆出的一套玩偶：白雪公主与七个小矮人，彩色，木质，有底座，可以放在地上，另有一个木槌，一个弹子，玩时用木槌打弹子，看能击中哪个木偶。它们确实在我与姐姐眼前打开了一个神奇的世界。

是不是这次我记不清了，他还给我们买过拼贴图形的日本原版的"活动变人形"，色彩十分艳丽。一本书，上、中、下三部分，都可以翻页。三页分别是人体上、中、下三部分的图形，这样不同的翻页带来不同的人形。说实话，这并没有使我感兴趣，我甚至对于这样的任意组合心怀忐忑。

母亲恨得咬牙切齿。对于急需日用补贴的母亲来说，父亲的行为几乎是一个挑衅，是与妻儿、与家庭、与现实、与生活的决裂。她给父亲起的绰号是"外国六"，是"猴儿变"，前者说他脱离国情，全盘西化；后者说他一会儿一变，像一只猴子一样不可捉摸，靠不住。后来，母亲的评说更加厉害，说父亲是"社会一害"。而父亲对母亲和她的母、姐，则称为"三位一体""愚而诈"……

母亲在京有两位乡亲，一位孙姓经商，一位张姓行医，这两个人都是母亲心目中的男人典范，正当职业，稳定收入，夫妻和睦，顾家顾子……在一次吃饭的场合，母亲委托了其中一人教训父亲，据说还动了手。这些最最沉重的经验我写到《活动变人形》里边去了，但是我要说明，倪吾诚自杀的情节并非父亲的亲历。

在我的童年，我有多次被母亲带出去进行公关活动，拜访乡亲和父亲的朋友（其中我记得的有德语学者、北师大的一位系主任余天休），谈话内容两方面，一是父亲不管家，她带着两个（后来是三个、四个）孩子过日子如何困难；二是请求接济，形同乞讨。我则以自己的聪慧、乖觉与营养不良加强母亲的话的可信性与动人性。没有固定收入的五六口人生活在北京（后为北平），居然一直活了下来，确也算奇迹。母亲的活动的中心围绕着生存，围绕着防止家庭的崩溃。父亲提过离婚，但是母亲只要一说赡养费的事情父亲就透心凉了。与此同时，孩子从两个变成了三个，又从三个变成了四个。这不但尴尬，而且……我无法再写下去。

在可怕的南魏儿胡同，在父亲房间里我看到过他留日期间的日记，对不起，我当时只有六七岁，我不懂得尊重隐私。有两页给我留下了印象：

一页上写道："昨夜宿于日本暗娼家……"

一页上写道："收到玉兰来信，既无情感，也无问候，只是要钱，奈何奈何？"

看得我心惊肉跳。同时我下了决心，一辈子不做父亲那样的人，不做对不起女人的事。我那时就懂得了怎么样正确运用反面教材了。

父亲的用品里有两样则很可喜。一个是"燕京八景画册"，使我早就知道了"卢沟晓月""琼岛春阴"等说法，产生了对于北京的感情。至今我保有这本画本。还有一个椰子壳做的茶罐，上面有日文字与富士山的素描，是父亲从日本带来的吧，这个罐子一直保存到一九四九年以后，后来自身老化裂开了。父亲还挂过一幅油画，画的是天坛祈年殿，白云蓝天，对比得有些生硬，但非常真切，据说画家是一位哑人。

父亲喜欢读书，有时是整天读书，喜欢喝茶，我则受母亲影响曾经认为喝茶属于奢侈，并质问父亲既然经济困难为何不喝白开水。同时，我也觉得整天读书太枯燥太呆板。

父亲常走路散步，骑过马，更是游泳的发烧友，一九四九年后的夏天，他几乎每天有两三个小时在游泳。他带我在颐和园南湖五月中旬就下过水。

父亲不会唱歌也不懂音乐，一次我要他唱歌，他的五音不全的声调实不敢恭维。但是我的童年还是有机会从父亲处得到老志成的国乐音乐会与白云生的京昆表演的票。从前者，我记住了《汉宫秋月》与《高山流水》的曲目名称，但是对旋律没有印象。

父亲喜欢结交人，见了谁都热情主动打招呼，攀谈，以至有时我与姐姐觉得他太殷勤，有失尊严。我们向他提出意见，他很沮丧，也很不以为然。他大概认为，他与人打招呼而对方对他冷淡，应该责备的当然不是他而是对方，打招呼是文明，冷漠才是装腔作势，是野蛮。二十世纪五十年代他喜欢引用的是赫鲁晓夫的话：对人冷淡是犯罪。

父亲喜欢喝咖啡，但是二十世纪六十年代有一次朋友问我怎么样煮咖啡，我去问父亲，父亲不能回答有关煮咖啡的任何技术问题，看来，他没有条件在家里煮咖啡，他只是喝过端上来的咖啡罢了。

父亲喜欢讲哲学，讲苏格拉底、柏拉图、黑格尔。他的生命后期绰号“王尔巴哈”。我问他什么是哲学，他的回答是罗素说过，哲学是在一间黑屋子里寻找一只黑猫，而这只黑猫并不存在。据一个我认识的朋友说，父亲讲课不是很成功，他说得乱，没有重点，没有主线。

父亲严厉抨击故乡，专门给我讲家乡的愚昧、落后、残酷。从小手淫和吸鸦片。地主女性最喜欢的就是调查别人的隐私：叫作听窗户根儿……他表示理解用各种不文明的手段在“土改”中对付地主婆，例如把一只猫放到地主婆的私处。

父亲崇拜科学，在全家断粮的情势下，他得到一点钱先买一件温、湿度计，认为这种东西有科学含量。一九四九年后我送给过他一瓶鱼肝油，他狂喜地大喝不止，喝得腹痛腹泻仍然兴高采烈。

父亲突然喜爱艺术了，虽然他自称不懂“风花雪月”。他为妹妹王鸣报过京剧班儿的名，幸亏没有录取。对不起，他更注意的是减少子女的生活与教育开支，我以为。

然而父亲一辈子没有坐过飞机，自日本留学归来后再没有出过国门，没有过一笔存款，最后他离世的时候，连一块属于自己的手表都没有。

我曾经抱着沉痛、同情却也是轻视与怜悯的态度回顾父亲的一生。我认定他一事无成。只是在老父弃世以后许多年，我的一个异母弟弟在父亲的墓地上说了一句话，他说父亲一生的最大贡献就是走出了龙堂村。他说父亲的墓碑上必须写上龙堂的字样。走出龙堂并不容易，父亲说家乡的地主最希望的是孩子早早吸上鸦片，这样就一辈子不会离开乡土，不会受新潮尤其是革命潮流的影响了。

我很震动，这可是不得了啊。如果没有走出龙堂村，王蒙的一生会是什么样子呢？就算你有天大的本事，你能混成什么样呢？机遇呀，天地呀，空间呀，平台呀，谁能掉以轻心？

谢谢了，亲爱的爸爸，你的追求虽然不果，但是你毕竟为我们创造了最起码的条件。廉价的取笑与抹杀前人的努力，就是有罪，就是理应得到生活与历史的惩罚。这样的惩罚自然就活该天公地道地落到我王蒙的头上。

5. 慈祥与温暖

我的四个长辈：父、母、姨和姥姥都极爱我，我从小生活在宠爱之中。五岁时一次父亲带我去看牙齿，等候上公共汽车的时候，他说要去取一点钱。然后他去了一个地方，过了一会儿他出来了。我记得他本来戴着一顶西式礼帽，但现在没有了。我问他的帽子哪里去了，他不回答。然后我记得他带我去了牙科医院还磨洗了牙齿。后来我指着那个父亲取钱的地方对母亲说，这是父亲取钱的地方。母亲连忙喝止。后来我识了字才知道那里写着的招牌是“永存当”三字。

父亲和我与姐姐玩搏斗，我们规定谁要输了就举起小拇指，我与姐姐拼命攻击，往往都是父亲认输。

只要买到好吃的或带我们到了餐馆，父亲就说，他像是一只老母鸡，最高兴的就是叫了小鸡来吃它找到的虫子。

我们从小就有一个印象，父亲不好，母亲好。这方面母亲给我们天天灌输。我们对父亲的态度经常不那么好。父亲和我们在一起经常要教育我们，怎样说话，怎样道谢，怎样行礼，怎样端正坐姿、立姿与行走姿势，必须纠正“八字脚”，还有怎么样待人接物。为此我们觉得自尊受到侵犯，而且产生反感，素日不给我们做饭，不给我们做衣，不管我们的功课，不与我们生活在一起的这个人，一见面就教育，多么讨厌！

母亲则多半是为孩子们服务。一次我吃面条，我说太咸了，不吃，母亲就放醋，醋又放多了，更不好吃了，我哭了起来，母亲的表情像犯了大错误一样，一再向我道歉。这个事我长大后后悔莫及。

我有时感到饥饿，母亲就用白面做成糊糊加上红糖给我吃，我也被理解成被说成爱吃糨糊。还有一种最简单的食品，把馒头或玉米面窝头切成小块，放一点葱花、酱油、香油，拌着吃。

我已经记不清我是说过什么话了，母亲认为我说得太狂妄太“不孝”了，便忽然与二姨联合滔滔不绝地向我进行起教育来，天色已晚，我都快睡着了，还在教育着，我感到极其疲劳。我从小就知道，疲劳教训，只能制造灾难。

姥姥带我去白塔寺庙会，买药给我点（杀）瘩子，用一点类似稀释的硫酸之类的东西，抹到瘩子上，如火烧般疼痛。几天后，这粒瘩子消失了，脸上多了一个小坑，别处又长出了几粒瘩子。

我们基本上住在西城，西四—平安里一带。白塔寺、护国寺，给我的童年带来许多欢乐，大声吆喝着（像侯宝林相声里说的那样）卖布头儿的，卖红绒花（春节时戴）的，卖空竹的、卖糖葫芦、大茶壶沏油茶（油炒面）和茶汤的……花样很多。还有练武功卖大力丸的，最可笑的是我记得有一次卖野药者举蒋介石与宋美龄的例子来推销大力丸，大意是蒋那样忙碌，需要温存，故而需要大力丸。天桥有名的唱戏人“大妖怪”也在白塔寺唱过戏。那座藏式白塔也很好看。我的姥姥董于氏常常带我去这些庙会玩……你依恋童年，你依恋生命，于是你回忆这一切，使所有的寒酸都变得温煦，所有的匮乏都变成纯朴，所有的恶劣都变成别具一格；何况光阴的逝去确实带走了一些美好的一去不复返的东西。

对过去白塔寺、护国寺庙会的兴奋也给我带来了灾难。一次看过庙会上的“练把式”（功夫表演），回到家我便在床上耍吧起来，一阵头重脚轻，倒栽葱跌了下来，脸摔到了一个瓦盆上，受了不止一处伤。还有一次直接栽到地上，砰的一声，几乎晕了过去。

我第一次书法作业写“红模子”，现成的纸上印着红字：“一去二三里，烟村四五家，亭台六七座，八九十枝花。”学写字也学数数，历代的孩子们这样写下来，亲切而又古远，你觉得中国儿童上学也是源远流长，铭心刻骨。那时候没有这么多现成的墨汁，有墨汁也是奇臭难闻，那个时代的防腐剂甚不发达。小学生先要研墨，对于生手来说，研墨已经搞得到处是黑迹了，再用毛笔将红字涂黑，偏偏笔头是想东偏西，自己拐弯出岔，完全不听使唤，我急哭了。姥姥便佘太君亲征，捉刀代笔，没想到她老人家的描红模子的水平比我强不了多少，弄得我们俩一脸黑一手黑，纸上也是黑迹斑斑。最后由于二人用力太过，毛笔头也掉下来了，便去买松香粘笔头。我更加焦躁起来，怎么样收的场，已经不记得了。

离家不远的北沟沿（现名赵登禹路）路西有一家小文具店，姥姥称为“高台阶”。要上很高的台阶，铺面进深极小，堆满纸张，一进屋就是浓烈的文具味道与白纸的耀目的反光。我的受教育离不开这座高台阶商店。

姥姥没有上过学，识字有限，但是能背诵千家诗：“云淡风轻近午天，傍花随柳过前川……”更喜欢背：“眼空蓄泪泪空垂，暗洒闲抛知向谁。尺幅鲛绡劳惠赠，叫人哪得不伤悲……”这是林黛玉的诗，“知向谁”云云，现在一般作“却为谁”，“哪得不伤悲”，现在则多为“焉得不伤悲”了，不知是姥姥背诵有误还是另有所本。

二姨念的唐诗则是：“打起黄莺儿，莫教枝上啼。啼时惊妾梦，不得到辽西。”想到二姨从十九岁守寡的特殊经历，此诗令人欲哭无泪。

姥姥和二姨吟诗有一种特有的调子：

多——拉多拉——梭～～拉，

米米瑞～～米梭梭米瑞～～多多，

瑞瑞～～多～～瑞米～～梭——瑞～，

多瑞米梭～～瑞多拉～～多梭——

旋律虽然平板，但仍然有一种烦闷和哀伤的感觉。

二姨似乎在他们三个人当中最有“才华”，她的毛笔字写得不错，最喜读书，有一点小钱就去租书摊租书，张恨水、耿小的、刘云若的言情小说与郑证因、宫白羽、还珠楼主的武侠小说都看。二姨说话常带流行小说语言，如冤家宜解不宜结，如冤家路窄、血海深仇……但是我不明白，为何二姨长期将“路见不平拔刀相助”读成“拔力相助”。

二姨常常辅导我的作文，有一次作文题是《风》，描写了一段飞沙走石的大风以后，结语处二姨增添了这样一句话：“啊，风啊，把这世界上的一切黑暗吹散吧！”我完全不明白写风为什么要牵扯到世界与黑暗，也不知道到底世界与黑暗是什么意思。但是我的作文的结语处被老师画了许多红圈，显然二姨代笔的警句，大受赞赏。

二姨也受过“五四”以来的新文学的影响，提起冰心、庐隐、巴金、鲁迅，她都极表尊敬。在辅导我的作文时二姨也很喜欢用一些新文学的词，如“潺潺的流水”“皎洁的明月”“满天的繁星”“肃杀的秋风”“倾盆的大雨”等。但她们对我的教育，则主要是传统文化，她们多次引用的格言是：满招损，谦受益。知之为知之，不知为不知，是知也。世上无难事，只怕有心人。家有良田千顷，不如薄艺随身。读书破万卷，下笔如有神。读书深处意气平。只要功夫深，铁杵磨成针。

父亲的教诲则显然属于新学、西学范畴：关于健康、关于礼貌、关于社交、关于公共场合的行事规则等。

二姨吸烟，喝酒。吸的是几分钱一包的“珍珠鱼”，喝的是散白酒。她爱说的是：“我无夫无儿无女无房无地无钱，我只有这一口烟和酒啦。”

二姨常常自言自语，眉飞色舞。尤其是她早晨洗脸梳妆的时候，她像一个仪式一样地自言自语乃至痛骂啐唾沫好半天，令人惊心动魄。二姨经常梳卷头，用刨花水定型。她直到五十九岁在新疆辞世，她的头发仍然是黑色的。二姨喜欢擦粉，被我母亲戏称为“大白脸”，她擦成大白脸的时候样子吓人，像鬼，擦白以后再洗净，我不懂这是一种什么样的化妆术。

我常常为自己生活在这样一个家里而感到幸福，就像有时感到不幸一样。最大的幸福是我们家的孩子不挨打，最多是挨骂和听受训诫。我们住在受壁胡同18号的时候，里院正房住着一家白姓人家，他们有姐弟许多孩子，大姐叫白洁慧，一个弟弟叫白洁莹，一个堂弟叫白洁玺。他们家的对于儿童的体罚我也为之丧魂失魄。尤其是姐姐洁慧的挨打，还没有开打已经听到杀猪一样的叫声，据说是要跪下来打屁股，用木板直到藤条抽打。那种呼天抢地的声音，也许差似日本宪兵队的刑讯室。有时候体罚在入夜后进行，我已经入睡，一声惨叫令我发抖。有时候第二天我看到了挨打者的鼻青脸肿与羞耻恐慌的神情。说是挨打是由于逃学或者考试不及格。这更使我知道学习的重要性与严肃性了。里院的打孩子竟然也对我们产生了杀鸡吓猴的作用。此后，我也想，谁说“五四”新文化运动在我们家收效甚微呢？起码做到了我们这一代人不在家里挨打。

而且，我们家的人，我要说是国人，都特别讲感情，讲抒情。争吵的时候不共戴天，什么难听的话、杀人的话都讲得出来，而又时常感觉到亲情，感觉到谁也离不了谁；甚至感动起来说许多惭愧和动情的话、傻话，并且能及时归因于此前的冲突是受了挑拨，找出一个顶缸的祸首来。

6. 如同梦魇

我常常问我自己，说还是不说？作为一个写作人，稍稍美化一下自己的长辈，避开那些太沉重、太屈辱、太丢人的事情，是不是伦理的义务、起码的准则？

有多少写作人，写起来义愤填膺，横扫千军，时日曷丧，与汝偕亡！多少写作人是冤情如海，怒火如炼狱。多少写作人是人人对不起他或她，是整个世界对不起他或她。写作人就没有做过对不起旁人的事吗？不就是依仗着一支笔几个字一些绝妙好词儿把自己打扮成苦主，而把有关的人装扮成魔鬼？

多少人在要求别人忏悔呀，却并不用自己的真诚忏悔带动他人，不想从自身做起。这本身已经有些滑稽，当然也有他的道理。

在所有的灾难过去以后，人人成了冤屈者，人人在那里吐苦水和揭发旁人。有几个写作人能够做到我不入地狱谁入地狱，能说出关于自己的实话来呢？而不管你写得多么伟大勇敢挑战点火如旗杆如大纛如昆仑、喜马拉雅，如果你对自己的事讳莫如深，你的话还是可信的吗？

比如当年写信求见、见完了又给受自己托付帮助联系求见者的友人写下了感激涕零的感受的一人物章女士，等到迎合潮流揭出了点玩意儿，从而颇有响动以后，立即用另一种傲然青松的口气讲自己求见的故事了，而且换一个腔调嘲讽自己当年巴不得一见的人，这样的人是硬骨头还是信口雌黄的小贩呢？

我的回忆面对祖宗，面对父母师友，面对时代的、各方的恩德，也面对着历史，面对未来，面对天地日月沧海江河山岳，面对十万百万今天和明天的读者；就算我说出了最真实最深入的东西，仍然是不够真实、不够深刻的，我永远做不到百分之百，我仍然感到对不起读者和历史。我怎么能只说对自己有利的那一点呢？我怎么能有意隐瞒，有意歪曲呢？如果我承认我做不到百分之百，难道我可以放弃说出来的努力吗？我必须说出来，我必须告诉你们。

我少年时曾为诗："在我们的奇异的家庭里，有太多的纷争，也有太多的亲密……"

可怕的不仅在于父母的纠纷，而且，在父亲不在的时候，被称为"三位一体"的相濡以沫的三个长辈也常常陷于混战。为什么战我已经说不清了，当然很重要的一点是钱，愈是困难就愈怕旁人占了自己的利益。还有那种高度紧张、警惕的精神状态，父亲称为性恶论，每一句话都可能是欺骗自己的谎言，每一分钟都有被最亲近的人"攥"了的可能。

记不起原因，但是我记得她们对骂的场面与言语：她们跳起来骂：出门让汽车撞死。舌头上长疔。脑浆子干喽。大卸八块。乱箭钻身。死无葬身之地。养汉老婆。打血扑拉（似指临死前的挣扎、搐动）。有时是咒骂对方，有时是"骂誓"，是说对方冤枉了自己，如自己做了对方称有自己辩无的事，自己就会出现这样的报应，而如果自己并未做不应做的事，对方则会"着誓"，即不是自身而是对方落实种种可怕的场面情景。骂的结果，常常她们三个人也各自独立，三人分成三方或两方起灶做饭，以免经济不清。这母女三人确实说明着"他人就是地狱"的命题。

当然也常常反省，有一次三个人到老家去了，下火车时失散了姥姥，两个人回到北京家中，却没了她们的母亲。两个人极其不安，挂念、寻找"咱娘"，最后娘回来了，三个人抱头痛哭，一面哭一面发誓，以后再不吵架了。当然，以后，仍然会为一个莫须有的小事大吵大闹，如同死敌。

不但三人间吵，甚至骂到邻居。由于怀疑或者确实是邻居（恰恰也是沧州同乡）说了自己的坏话，隔墙大骂。邻居的女儿是我的同学，也在一九四九年前夕参加了革命，后很小的年龄，嫁给一位著名的革命领导干部与学者。后被划为"右"派，"文革"初期自杀。她的故事，我写在中篇小说《蝴蝶》的海云这个人物上。

我还要说，骂仗甚至发展到我的姐姐和妹妹身上，以最仇恨的言语给儿童以毁灭性的毒害。读者还记得《活动变人形》里的女孩倪萍的故事吗？

家庭成员中处境最优越的是我，所有的长辈，不管他们之间有什么样的冲突，都宠爱我，所以我就有了几分超脱和高雅，有了几分（对长辈们的）怜悯和蔑视，有了几分回旋余地。一个落后的野蛮的角落里的宠儿，这就是童年王蒙。

她们多次为家事见官。在沧州，姥姥曾经过继过一个儿子，名董福元。后来姥姥与两个女儿认定此子不好，上了法庭与之断绝关系。我听她们不无骄傲地回味姥姥穿着绸子袄裤“过堂”的场面。一九四九年后，为赡养费用的事母亲与父亲过过堂，为经济纠纷，母亲与二姨及姥姥也上过派出所或过过堂。她们都能直捣要害，在一次冲突中，母亲指出姥姥是地主，而二姨指出母亲的儿子即王蒙是“右”派分子。

我不认为这只是一个家庭、一组人物的故事。早在明代，我国已经有人提出社会上广泛存在的戾气问题来了。古老的中国，积累了光荣也积累了屈辱，积累了灿烂也积累了乖戾，积累了文明也积累了野蛮，积累了事功也积累了压抑，积累了辉煌也积累了痛苦。而新学、西学的冲击，呼唤着悲壮的先行者也呼唤着皮相的浮躁，激发着志士仁人也激发着大言欺世，造就着真正的猛士，也造就着悲喜剧的堂·吉诃德——搅屎棍；已经许多代，许多年了。

父亲喜欢说一句话：“藏污纳垢。”他确认旧中国的每个角落每个家庭每条街区或者乡镇，都藏着太多的“污泥浊水”，后面四个字是毛主席喜欢用的。所以他认同风暴，认同反封建，认定封建罪恶就在家里。就在故乡。他赞成动大手术。不论他以多么可笑的方式，他确实欢呼天翻地覆的慨而慷。至于风暴的代价，风暴的曲折，风暴过去以后应该怎么样创造富强、民主和文明，他已经没有能力去思索了。正像他这个人，他有伟岸的身躯，几种外语的应付，然而他的腿是罗圈的与细瘦的。企图创新的人其实也是旧环境下出现的。果然，他晚年摔折了腿。他的悲哀不仅在于他受到了封建包办婚姻的折磨，而且尤其是，一九四九年后在我的一手帮助下，他相当文明地办好了离婚，他的自由恋爱的婚姻的荒谬性痛苦性一点也不次于原先。这回对方不是沧州人而是北京的真正市民了。同样的全武行，同样的咒骂，同样的一次次离婚手续的进行与无法进行。他的思想与知识达到的地步和所处的现实、生活与人、修养与能力、条件与环境、气质与情操、对象与位置却永远差着十万八千里。他永远是南辕北辙，缘木求鱼，自投罗网，自取灭亡……悲夫！

已经因病偏瘫的后一位伴侣，在父亲晚年又跛又瞎的时候，她坐着轮椅到住家附近的所有小铺，嘱咐他们切不可允许父亲赊账，切不可卖给父亲好烟，哪怕父亲带着现金。父亲受了龙堂的野蛮、沧州的野蛮的害，他自己也毫不留情地害着人。后来他受到了启蒙主义自由恋爱全盘西化的害，也受了本质上无大区别的北京市民的害并害了人家。他从来没有得到过幸福，没有给过别人以幸福。

母亲晚年常常叹息："你看人家冰心、宋庆龄这一辈子！你们看我这一辈子。干脆嘛也不知道就好了，我知道了一点了，但是我什么也做不到！我这一辈子没有一点高兴，没有一点安慰，没有一点幸福！为什么，为什么我要这样过一辈子啊！"

我不明白她为什么要与冰心与宋庆龄比。我更不明白，为什么我断定她不应该不可以与冰心宋庆龄比。

我明白无误的是：我的父母辈这一代中国人，他们生活得实在太痛苦。我还发现，对于多数俗人来说，没有比家更甜蜜更温馨更可爱的地方了，不论遇到什么凶险，你一回家，就舒服起来，放松起来了。同时，也没有比家更肮脏的了。关于后者，我不必再给读者多解释什么了。

爸爸！妈妈！在你们活着的时候，我没有好好地照顾你们。在认定自己是革命者以后，我对你们更多地采取批判的态度。呜呼！污垢并非一次风暴能够荡涤干净，罪的脉络罪的根是一代代延续下来的。我现在只能为你们痛哭一场了。你们的痛苦的灵魂，在天上能够安息吗？

7. 好孩子，好学生

儿时，在香山慈幼院幼稚园（今称幼儿园）学过两年。那时家住西城，所选的这家幼稚园位于北沟沿地王庙，后来此地改为女三中，后为一六六中，直到改革开放的年代，此地收归文物园林部门，改回地王庙去了。不知能否在旅游创收上有所成绩。

一次幼稚园教跳“皮匠舞”，我的动作老是不对，我很早就知道自己跳不了舞。我相信这是旧社会的封闭匮乏和教育的不完善，长期营养缺乏造成了我的许多方面的低能与发育不良。

我小学在北师附小。北师是北京师范学校（中专）的简称，现已不存。当时认为这是一个好学校。邻近的一个煤球厂的工人的孩子名叫小五儿，他几次想考这个小学，硬是不录取，他后来只好去上我们称之为“野孩子”上的西四北大街小学。

北师附小的学生看不起煤球工人的孩子，见了小五儿就唱道：

小五儿，小六儿，
滴零疙瘩儿炒豆儿。
你一碗儿，我一碗儿，
气得小五儿干瞪眼儿。

我是在差一个多月就满六岁时上的小学，我瘦弱，胆小，一下子不甚明白学生的角色要求。一年级的两个学期，我的考试成绩都是全班第三名。家长怕我在学校受欺侮，告诉我有事就告诉老师。我变成了一个喜欢“告老师”的不受欢迎的孩子。有一次告老师的结果是老师不去过问被我告状的孩子，而是先让我罚站，站在自己的位子上。我不耐烦了，便问老师我何时才能坐下，受到教师的呵斥，最后总还是坐下了吧，我认为这是一次十分重要的教训。记住：过多告状的结果很可能不是整了被告，而是使自己烦人、讨嫌。“老板”喜欢的永远是替他分忧的人而不是给他找事儿的人。

二年级时我渐渐显出了“好学生”的特点，我的造句，我的作文，都受到华霞菱老师的激赏。我又极守规矩。有一次全班男生与女生骂起架来，无非也是因为女生爱告男生的状。只有我一个男生不参加战斗，于是几个大个子女生把我搂到怀里，引为同道。不知道这算不算我的耻辱，想起来倒也还有几分甜蜜。

我两次受到华老师的保护性教育，一次我与另一女生在写字课上没有带有关文具。按老师宣布的纪律，我俩应到教室外罚站。女生说，王蒙是好学生，我一个人罚站就行了。我大喊同意。结果受到了深刻教育，我永远为之惭愧不已。一次是考试时偷看书本。华老师早已洞察，当时保留了我的面子，事后才进行了深刻教育。华教师对我的恩情我永志不忘。

另一次是在先农坛举行全市运动会的开幕式，华老师给我以殊宠，带我去参加，并在路上请我到一家糕点店里喝油茶吃酥皮点心。这样的经验我写在了《青春万岁》里，苏君请杨蔷云吃糕点。但是在运动会开幕式结束后观众挤成了一团，我与老师走散，我挤错了有轨电车，电车卖票的（那时尚无售票员的称谓）大喊“四牌楼，四牌楼”我就上了车，但我家住的是西四牌楼（现名西四，因牌楼已经拆掉），而此车走的是东四牌楼。下车到终点，是北新桥，我从来没有去过的一个地方。我知道走错了，初冬，冷风刺骨，肚内没食，我很紧张。于是我当机立断，唤了一辆洋车（骆驼祥子拉的那种双轮人力车），报出了家的详细地址，车夫为我放下了棉帘保暖，四十分钟后拉到了家门口，母亲正心急如焚，见我回来自然大喜，付了车费，并表扬了我的处理意外事件的应变能力，特事特办的能力。一般情况下我当然不敢自作主张叫车。

从二年级，我次次考试皆是全班第一。小学三年级有一次作文，题目是《假使》。我乃作新诗一首，其中有这样的句子：

假使我是一只老虎，
我要把富人吃掉……

这种“左”翼思想的萌芽，说来也简单，起因于我们家太穷。

三年级我首次参加讲演比赛，题目是“怎样做一个好学生”，讲稿是二姨为主帮助起草的。内容是要身体好、品行好与功课好，大致与新中国的三好学生标准思路一致。我的一个突出感觉是上了讲台，我的妈，底下那么多脑袋，那么多黑头发和黑眼珠。我想成败在此一举，我必须控制自己，大声宣读讲稿，我做到了这一点，至少在发声方面取得了胜利。这是我在公众场合讲话从不怵头的开端。

三年级，原级任（现称班主任）沈老师走了，全班女生痛哭，我没有哭，我不知道一个级任教师的变动有什么必要动感情。不知道这是不是反映了我的理智、冷漠乃至无情的另一面。

刚刚从北京师范大学毕业的佟老师接任。她把我叫到她家去看她的戴着学士帽的毕业照，并布置我把头一学期的全部作业重新抄写一遍，说是教育局要给全市若干优秀生发奖学金，本校准备上报我。为此我十分辛苦，完成了任务。家长对于我获得奖学金的可能性也十分欣喜。最后，没有评上。这也是很好的经验与教育，即使是“好学生”也不可能事事心想事成。有成有不成，才是常理。其实这时我已经充分享受了好孩子、好学生能够带来的一切精神与物质上的好处。年年免学费，老师另眼相待，家长笑口常开。

也有马失前蹄的时候。有一次下午上课以前，班上一位同学抓到一只小鸟，不知怎么办好，我兴冲冲地拿过来放入课桌。等到上课后，需要拿出课本与作业本，我一掀桌盖，嗖的一声飞出一只鸟，全班哄堂，老师大怒，命我站立，斥道：“太放肆了！”我的这个“犯错误”的故事，是我的保留节目，给儿孙们讲，他们是百听不厌。

有一两个女生，包括海云的原型，小性，北京歇后语叫作：乡下人不认识樱桃，小杏（性）儿！爱生气，有时与老师冲突，翻着白眼瞪老师，而另外的调皮鬼就会趁机生事，“老师，××× 瞪您！”偏偏老师还绝对不准瞪，于是会罚女生的站，会搞得不可开交。还有些功课太差或不敬师长的男生，常常受到老师的训斥乃至体罚与变相体罚：放学不准回家之类。这些事都使我很受刺激，并告诫自己，千万不能发生这样的事情。

也是三四年级的时候，一些男生突然对某个爱告状的女生捣蛋，成群结队地跑到此女生的家门口怪声怪叫。我参加过一次，尝到了某种捣蛋的类似吃禁果的快感。班上有一个油头粉面的男生，每次见到我都要亲我的脸庞，我是避之唯恐不及。我如果身高力大一些，早给他一顿饱打了。他喜欢讲一些下流话，说是某男生与某女生在北海山洞里“咕叽咕叽”。又传授说，要唱流行歌曲《花好月圆》：“浮云散，明月照人来……”唱到“团圆美满，今朝醉”时正好搂住一个人亲吻之。他边说边示范，他的一切给我留下的是最令我作呕的一个恶劣经验。我认定，这是坏人，我不明白一个男孩子怎么从小就这样无耻和恶劣。我长大以后，绝对不做这样的坏人。

8. 作诗与失眠

二年级后半学期，为了作文课的需要，我买了一本《模范作文读本》。给我印象最深刻的是范文中对于月亮的描写，可以说，我从此对月亮有了感觉，有了情绪，有了神往。“皎洁”“团栾”“清辉”“玉兔”“一轮”“一弯”“如盘”“如眉”“浮云掩月”“月明如水”……都使我沉醉入迷。从此我见到月亮就要凝视良久，就奇怪它的存在、它的形状和它的遥远。月亮使我突感寂寞，突然把自己与月亮与夜空联系起来对比起来，觉得相互都是无依无靠无道理无来头可讲，我与世界与天空与众星相距极为遥远，当然我自己极为渺小。

从看月亮我想不明白，为什么要有一个月亮，有星星，有天空，有白天，有黑夜，有我和家里的人，有那么多人。我是从什么时候有了对于月亮的知觉有了对于世界的知觉的，我是怎么成了我的，知道疼痛，知道亲爱，知道急躁，知道恐惧的。这个“我”是从哪里来，到哪里去，是怎么凑巧生到现在的中国的。为什么我不是唐朝生的？为什么我不是欧洲人？为什么我不是女孩？如果我是一只猫？一只蚂蚁？一条虫子呢？为什么打我我疼痛而打别人我就不疼痛呢？如果我没有出生，关于我的一切感受和愿望，也就什么都没有了。这一切都是不可解释的呀。

模范作文的另一个动人的主题是对于春天的吟咏。潺潺的流水，青青的草地，桃花杏花梨花丁香海棠都令我入迷。老舍先生说过他不喜欢“潺潺”一词，并说他不知道何谓潺潺。我喜欢潺潺则是因为潺字的形象使我联想起小溪流的波纹——不知道这会不会使真正的语言文字学家气昏。而从此，不论是黎锦熙的歌曲：“桃花红，红艳艳，李花白，白淡淡”还是落华生的散文《梨花》，不论是南唐中主的“丁香空结雨中愁”还是温庭筠的“海棠花谢也，雨霏霏”，都使我有刻骨铭心、夺魄销魂之感。

模范作文中有几篇写母爱的文字，令我十分感动。有一篇是写自幼丧母的悲痛。我想起了幼稚园里学到的歌谣：

秋风凉，天气变，
一根针，一条线，
累得妈妈一身汗。
妈受累，不要紧，
等儿大了多孝顺。

我确实也多次看到入冬前母亲准备被褥衣服，缝缝连连的情景，到了吃饭时候为做饭而操劳的情景。我忽然想到，母亲是会老的，是会死的，我们所有的人是会老的，是会死的，是一定要死的。一想到死我感到极大的压抑和虚空。

我立刻想到了养蚕的经验。姐姐比我大一岁半，小时候各种事多半是我跟随她，所以女孩子喜欢做的事我也常常参加，例如抓子儿、跳房子、踢毽……其中就有养蚕。每次遇到蚕吐丝的时候我就相当哀伤，因为从此蚕儿蛹儿蛾儿就在清楚地走向死亡，它们再不吃桑叶了。我想尽一切办法给吐丝的蚕给蛹给蛾子喂桑叶，当然没有效果。我亲眼看到一只只蛾子交配、雌蛾甩子，然后一个个枯萎死去，我完全无力回天。我知道明年从蚕子中还会孵化出大量的蚕，但是我清晰地断定，再有多少蚕也已经不是去年前年的“这一只”蚕儿了，这一只蚕儿已经一去不复返了，这很可悲。

我早早就深深体会着“春蚕到死丝方尽”的悲剧性，远远比“蜡炬成灰泪始干”更绝望，更无计可施。

雨后的蜻蜓、夜间起飞的萤火虫、夏天的蝈蝈与秋天的蟋蟀，我也常常哀其生命之须臾。我喜欢养蝈蝈听叫声与养蟋蟀斗蛐蛐。听说有人用一个葫芦把虫儿放到里头，别到腰上，温暖着它们，就能把它们一直养到第二年春天，延长它们的生命近两三倍，我多次想找这样的葫芦，没有成功。

那时候大雨常常带来胡同里的没膝积水。我叠一只纸船扔到水上，目送它被水流和风带走，我想它也永远不会再回来了。它会到什么地方去呢？它将经历些什么呢？我，它的制造者与牵心者，不可能永远陪着它，这也叫生离死别吧。

我问姐姐，你说死是怎么回事？姐姐平静地说——我不知道她为什么有这样的生死观——死就和睡着了一样嘛。

姐姐的话并没有减少我对于死亡的恐惧，却使我愈想愈觉得睡觉是一件可怕的事，果然，睡着了无知无觉，与死一次是一样的。我想的不是死像睡眠，而是睡眠像死。

我还想到我的身体并不健康，也许离死亡并不是那么遥远。一天晚上，我在一个神经质的状态中，喝了一大口极腥的鱼肝油，那时候的人认为鱼肝油就是最厉害的保健药品了。夜晚躺在床上，发觉一轮满月正好照在我的脸上，那时住的小平房，是没有窗帘布也安装不起窗帘的。月光再次使我感到孤独、神秘。我感到不理解这个世界，不理解自己和家，不理解生命的偶然和无助。我忽然想，如果就这样睡去——死去呢？我只觉得正在向一个无底的深坑黑洞，陷落着、陷落着再陷落着。我几乎惊叫失声，我不敢入睡。这是我有生以来的第一次失眠，第一次精神危机：只有九至十岁。

我在《青春万岁》中写到过一个人物的童年失眠，尊敬的恩师萧殷批道："儿童贪玩不愿睡觉是有的，不敢睡觉是不可能的。"大概我的这些经验只能说明自己的心理健康方面有问题罢了。

失眠没有造成太大的问题，我从此只知道人必须硬着头皮活下去，该吃就吃下去，该喝就喝下去，该睡就呼呼地大睡最好。许多问题是想不清楚的，想不清楚的问题还一定要想，就是有了毛病啦。

差不多与此同时，我热衷于背诵《唐诗三百首》，至今我认为此书是真正对我有益的少数几本书之一。治疗我的精神危机的方法便是学习、读书、背诵书。"春眠不觉晓，花落知多少"我读得明白，"床前明月光，疑是地上霜"我也懂。"蜀僧抱绿绮，西下峨眉峰"与"吾爱孟夫子，风流天下闻"我则不解其意，但也兴高采烈地背诵得紧。"返景入深林，复照青苔上"，王维的句子我略有所感。另两句"劝君更尽一杯酒，西出阳关无故人"我则感受真切，离别是很遗憾的喽。张九龄的"海上生明月"我也极欣赏，虽然那时我并没有看到过海，也不知道海上月出的情景。

大概与读古书有关，我相信画画也是极风雅极有味道的事情，于是我买了《芥子园画谱》。我画马，画竹子。竹子画得怎样，记不清了，马则画得与老鼠无异。但我还是大模大样地为画马题诗一首，时年十岁：

> 千里追风谁能匹，长途跋涉不觉劳。
> 只因伯乐无从觅，化作神龙上九霄。

我至今也说不明白为什么写一首这样的酸溜溜的诗，有人还夸我气势不凡，我相信我这是带有模仿意味的学大人话，希望方家能帮我找出出处来。

却也有几分意思。一个是自吹与自信。一个是速率效率，千里追风也。一个是韧性，长途跋涉嘛。一个是终于未能有多大用处，只能上九霄自慰自遣，如果不是自欺欺人的话。

我家有过在报子胡同甲3号小住的经历，这里有一个废弃了的后花园，有假山石，有竹子，夜间，竹叶的影子映在窗户纸上，在这样的条件下，我居然没有能够成为郑板桥，只能证明我是一个美盲。也是，从上小学，美术作业都是得“乙”或“丙”，只有一次得过甲，是拿姐姐交过的作业，改头换面，用水彩抹掉原署名与给分的痕迹，作弊交给老师的。

反过头来只能阅读。我背诵《孝经》《大学》《苏辛词》《花间词》，我背诵冰心与巴金，后来还有鲁迅的《野草》。汉语的平仄四声，抑扬顿挫，句式的罗列反复，论述的大而无当，文字的美轮美奂却无定解，都使阅读与背诵，变得如此快乐迷人控制人，如歌咏如唱赞美诗，如诵咒语如祈祷上苍。如“大学之道，在明明德，在亲民，在止于至善。知止而后有定，定而后能静，静而后能安，安而后能虑，虑而后能得……古之欲明明德于天下者，先治其国；欲治其国者，先齐其家；欲齐其家者，先修其身；欲修其身者，先正其心；欲正其心者，先诚其意……”

诵读这样的书又像是洗澡，淋浴一样地劈头盖脸，盆浴一样地拥抱全身，旋转按摩一样地舒筋活血，桑拿蒸汽一样地代谢新陈。合辙押韵，步步高升，颠扑不破，翻过来倒过去都合身，如旧北京卖布头的吆喝：禁蹬又禁踹，禁拉又禁拽，禁铺又禁盖，禁洗又禁晒！

我也特别喜欢放假，每年夏天，临近假期，由于酷热，缺觉，考试，我都精疲力尽，憔悴不堪。一放暑假，先睡个好午觉，再赶上一场透雨，再逛逛北海公园与平则（阜成）门外，听蝉嘶，听水声，听鸟叫，再读读我喜欢读的小说故事，我感到欣喜若狂，我喜欢自己支配自己的时间，我喜欢休假——目的不在于嬉戏而在于读书。每年暑假开始的时候我都制订出令人狂喜、催人奋进的暑期生活与学习计划，而且执行得差强人意。放完假，我当真觉得自己的知识有所长进，乃至身体也有所发育了。这种喜欢自主度日，但并不懒散放任，尤其绝对不是消磨浪费时间的特点，可能至今保存在我身上。

9. 我要革命

一九四五年八月日本投降，我的民族情爱国心突然点燃。同学们个个兴奋得要死，天天上五年级的级任郑谊老师那里去谈论国家大事。郑老师说到，抗日战争前，蒋提倡“新生活运动”，国家本来有望，但是日军的侵略打断了中国复兴的进程，等等，我们义愤填膺。我愈想愈爱我们的国家，我自己多少次含泪下决心，为了中国，我宁愿意献出生命。顺便说一下，郑老师一九四九年后曾经是全市著名的模范教师，一九五七年反“右”运动中，她也未能幸免。

也是这个夏季，我做出了跳班考中学的决定。我看了丰子恺的一幅漫画：画着三四个孩子腿绑在一起走路，走得快的孩子被拖得无法前行，走得慢的孩子也被拖得狼狈不堪。我竟从此画中得到了灵感，我认为我就是那个走得快的孩子，而学校的分班级授课的制度就是绑在孩子腿上的绳索。我拿过比我高一级的姐姐正在被教授的六年级课本，认定那些课程对我已经毫无新意。而且，早就有这样的事了，低一年级的我帮助姐姐做高一年级的作业。只是现在说起来有点吹牛的不安感。

我本来想报考离家很近的位于祖家街街口的市立（男）三中，那时是男女分校。排到了报名窗口，人家要小学的毕业证书，并明言不收“同等学力”者，我只好去考私立的以教会伦敦会为依托的“平民中学”（现四十一中），一考就中，而且上学后仍是差不多年年考第一。

日本投降后父亲从青岛回来了，暂时消消停停。一天晚上他往家里带来一位尊贵的客人，是文质彬彬的李新同志。当时，由国、共、美国三方组成的“军事调处执行部”正在搞国、共的停战。驻北京（平）的调处小组的共方首席代表是叶剑英将军。李新同志似是在叶将军身边工作。李新同志一到我们家就掌握了一切的主导权。他先是针对我刚刚发生的与姐姐的口角给我讲批评与自我批评的道理，讲得我哑口无言，五体投地，体会到一个全新的思考与做人的路子，也是一个天衣无缝、严密妥帖、战无不胜的论证方式。对于我来说，这是一个做圣人的路子，遇事先自我批评，太伟大了。自我批评一开始也让我感到有些丢面子，感到勉强，但是你逃脱不开李新同志的分析，只能跟着他走，服气之后——你无法不服气的——想通了之后，其舒畅与光明无与伦比。

紧接着李新叔叔知道我正在奉学校之命准备参加全市的中学生讲演比赛。比赛是第十一战区政治部举办的，要求讲时事政治的内容。父亲先表示对此不感兴趣。李新叔叔却说一定要讲，就讲三民主义与（罗斯福提出的）四大自由，主旨是现在根本没有做到三民主义，也没有四大自由。我至今记得我的讲演中的一句话：

“看看那些在垃圾堆上捡煤核的小朋友，‘国父’的民生主义做到了吗？”

无须客气，这次比赛的初中组，我讲得最好，连主持者在总结发言时都提到王蒙的讲话声如洪钟。但我只得到了第三名，原因当然是主办者的政治倾向。他们闻出了我的讲话的味道。我也学到了在白区进行合法斗争的第一课。

顺便说一下。代表我校高中生参加讲演比赛的是杨虎山，他在新中国成立后一直从事外交工作，曾任我国驻利比亚的大使。

李新同志后来主要从事党史研究与著述，是著名的党史专家。作为我此生遇到的第一个共产党人，他的雄辩，他的真理在手的自信，他的全然不同的思想方法与表达方法，他的一切思路的创造性、坚定性、完整性、系统性与攻无不克战无不胜的威力，使我感到的是真正的醍醐灌顶，拨云见日，大放光明。

理论的力量在于与现实的联系。我满怀热情地迎接“国军”“美军”的到来，兴奋完了发现人们仍然是一贫如洗。报纸上刊登的都是接收变“劫收”的贪官污吏、穷人无生计一家四口服毒自杀、美军车横冲直撞每天轧死多人、汉奸摇身一变成了地下工作者的消息。食不果腹、衣不蔽体的我走在大街上看到大吃大喝完毕脑满肠肥的“狗男女”们，他们正从我从来不敢问津的餐馆里走出来，餐馆发散出来的是一股股鸡鸭鱼肉油糖葱姜的气味，我确实对之切齿痛恨，确实相信“打土豪、分田地”的正义性与必要性，相信人民要的当然是平等正义的共产主义。

何况我正在读的书是巴金的《灭亡》，是曹禺的《日出》，是茅盾的《腐蚀》与《子夜》，还有绥拉菲摩维奇的《铁流》。这些书都告诉我社会已经腐烂，中国已经濒危，中国需要的是一场大变革，是一场狂风暴雨，是铁与血的洗礼。

还不仅仅是这些带有社会批判倾向的作品，我回想，包括《安徒生童话》与《格林童话》，包括《卖火柴的小女孩》《活命水》《灰姑娘》《快乐的王子》《稻草人》《大克劳斯与小克劳斯》《白雪公主》，都给我留下了深刻的印象与强烈的激动，世上有许多不义，世上有许多美丽善良诚实而又受苦的人，世上有许多“国王的新衣”需要戳穿，有许多“灰姑娘”和“白雪公主”和“小人鱼”等待着爱她们的王子，有许多被魔鬼变成了石头的生灵等待着“活命水”（有点像观音大士的杨枝净水）的起死回生。我感觉革命才是这样的复活生灵的活命水。现实有太多的丑恶，理想是多么美好动人，能够把丑恶的现实变成美好的理想的唯有革命，为此，我们为革命必须付出高昂的代价，为革命也是为理想，付出再多的代价也是值得的。文艺，尤其是文学常常会成为一个革命的因子，从我自己身上，我清楚地看到了这一点。

与李新成为对比的是国民党的官员。有一次我接到学校命令，必须收听市社会局长温某某的讲话。我们家的“话匣子”（收音机）是日本宣布投降后，住在胡同里的日军家属，惶惶然如丧家之犬，确以“跳楼”之低价卖掉一切东西仓皇回国时，买自她们的。

我完全不记得温局长讲了什么内容、为什么中学生必须听他的讲话，但是我记得他的怪声怪气，官声官气，拿腔拿调，公鸭嗓，瞎转文却是文理不通。我相信一个政权的完蛋是从语言文字上就能看得出来的，是首先从语文的衰落与破产开始了走下坡路的过程的。同样一个政治势力的兴起也是从语文上就显示出了自己的力量的。他与李新同志的对比太如天上地下了。我当时立即坚信：李新同志、共产党人的逻辑、正义、为民立言、全新理想、充满希望、信心百倍、侃侃而谈、润物启智、真理在手、颠扑不破……是任何力量也阻挡不住的。作为新生力量的共产党，她是多么光明、多么科学、多么有作为、多么激动人心啊！

我有一个说法，一股政治势力的兴衰，看一看他们的文风与话风就知道了。兴者富创意与活力，明白而又实在；衰者只剩下了套话与八股，空洞而且不知所云。

还不仅仅是这两个人的对比。我读“左”翼著作，新名词、新思想、新观念、高屋建瓴、势如破竹，强烈、鲜明、泼辣，讲得深，讲得透，讲得振聋发聩、醍醐灌顶、风雷电闪、通俗明白，耳目一新。而你再看旧政权的作品，例如蒋的《中国之命运》，半文半白、腐朽俗套、温温吞吞、含含糊糊、嘴里嚼着热茄子，不知所云而又人云亦云，以其昏昏，使人无法昭昭。一看语言文字，就知道谁战胜谁了。

平民中学有一个打垒球的传统，我现在还不明晰当时我们从日本人那里学到的垒球是不是现名棒球。垒球队有一个矮个子、高中二年级生，他是个性情活泼、机灵幽默、（运动）场风极佳的后垒手，名叫何平。即使他输了球漏了球，他的甜甜的潇洒的微笑也会为他赢得满场喝彩。一天中午我在操场上闲站，等待下午上课。他走过来与我交谈。我由于参加讲演比赛有成也已被许多同学知晓。他问我在读些什么书。我回答了一些书名后说道：“……我的思想，”我顿了一下，然后突然宣称：“——左倾！”

赶得别提多么巧，何平是老地下党员，我的宣示使他两眼放光，他从此成了我的革命的领路人。细想起来，到现在我也说不清，向并非熟知的同学做这样宣布的目的，也许我完全不懂得其危险性。我只能说这是历史，这是规律，这是天意，当革命的要求革命的依据革命的条件成熟而且强烈到连孩子都要做出革命的抉择革命的宣示的时候，当这种宣示就像木柴一样一碰就碰到了电火雷击的时候，这样的革命当然就完全是不可避免、无法遏止的了。

一九八六年冬，我在文化部长任上与一大批外国在华专家座谈。同座的还有一位比我小两岁、有过同样的曲折坎坷的经历的著名作家。我提到中国作家的“左”倾，提到“左”翼文学在现代文学史上的突出地位。我的这位同行兼好朋友就分辩说，他和他那一代人从来没有喜欢过“左”，从来是欲“左”也不可能。呜呼！我很惊讶，也很悲伤，到了一个仅仅比我小两岁的作家那里，“左”派竟然成了一个不太好的名词了。夫复何言？谁可与言？

此后，父亲随李新同志去了解放区，到父亲的老师范文澜任校长的北方大学去了。而我，也立即跟随何平走上了一心要革命的道路。

10. 我有没有童年

由于匮乏和苦难，由于兵荒马乱，由于太早地对于政治的关切和参与，我说过，我没有童年。

我没有童年，但是我有五岁六岁七岁直到十几岁的经历，一年也不少，一天也不少。回想旧事，仍然有许多快乐和依恋。

我喜欢和同学一起出平则门（阜成门）去玩，城门洞有刺刀出鞘的站岗的日本兵。过往的中国百姓要给他们鞠躬，这是一个非常恶劣的记忆。一出城门就是树林、草花、庄稼、河沟，充满植物的香气，一路走着要跳几次水沟。到“大跃进”时为止，此地的钓鱼台那边一直是天然野趣。那里的窄窄的两行杨树，秋天树叶变黄的时候发出一种类似酸梨的气味，踏着落叶在树林里徜徉，使人觉得诗意盎然。城市后来是怎样地成倍成倍地扩大着啊。

我更喜欢从西城家中走太平仓（现平安里南边一条街，过去，从西四到地安门那边的环行路公共交通都是走太平仓而不是平安里的），经厂桥、东官房到北海后门。太平仓那边有几家高档的四合院，大门上用油漆写着门联，“忠厚传家久，诗书继世长”“物华天宝，人杰地灵”“守身如执玉，积德胜遗金”“又是一年芳草绿，依然十里杏花红”……这些句子我早就学会了，不是从书本而从一些四合院的大门上学到的。这也说明我多次从那边走过。“芳草绿”与“杏花红”的句子使我醉心，联想到了儿时学过的模范作文。

这些院落的围墙很高，有的墙上还绑着铁丝网，院里的树木把枝叶伸探到院外，院门经常紧闭，我从未见到过任何人从这样的高级院落里出进。太平仓的胡同里两侧都是国槐，是典型的老北京的胡同——小街，在开通了从平安里拐弯的有轨电车道后，很少有车辆走这条要多拐几个弯的旧街。走在这样的胡同里，心情很微妙，应该算是一种享受。

一进北海后门，先听到的是水经过水闸下落的声音，立即感到了凉爽，进入了清凉世界。再向南走两步，响杨的树叶的巨大的哗哗声攫住了你，一时节世界只剩下了两排排列整齐、盖有年矣的杨树林，树干的疙里疙瘩与似曲实直，亭亭玉立与随风倾斜显示了既古旧久远又年轻潇洒的风格。《红楼梦》里的林黛玉抱怨过响杨的树叶噪音，我简直不懂。对于我，杨叶的声响是一片天籁，一片清凉，一片宽阔和生机。每听到北海后门两排杨树的声音，我立刻得到了莫大的安慰，我得到的是盛夏酷暑中突然获救的感觉。

我也喜欢短时间的北京城向大自然的回归：夏夜，在院落中乃至到胡同口乘凉，听姐姐王洒背诵杜牧的“银烛秋光冷画屏，轻罗小扇扑流萤。天阶夜色凉如水，坐看牵牛织女星”的诗句。确实，那时的北京夏夜到处都能看到款款飞着的萤火虫。二姨还给我讲过一个故事，说是一个孩子由于丢掉了打醋的一毛钱，被继母打死了，这个可怜的孩子死后变成了一只萤火虫，打着灯笼寻找他丢掉的一毛钱。从此我深为自己的母亲并非继母而特感幸福。

大雨之后胡同里积着齐膝的水，蜻蜓擦着水面飞。杨树上时有知了高唱。北京的国槐最多，春天则有小小的青虫，吊在从树干上垂下的丝上。我们在一九四九年前最后迁入的小绒线胡同二十七号，向东一拐，就有一棵特大的国槐树，我们的后院里也有一棵大槐树。后来，果然我在《组织部来了个年轻人》中写到了槐花。秋天即使在庭院里也听得到蟋蟀的啼鸣。我曾经很热衷于养蟋蟀斗蟋蟀，热衷于给蟋蟀喂毛豆。行家告诉我，好蟋蟀需要喂人参，我就不明白了，谁知道什么是人参呢？

夏日我也喜欢养蝈蝈，有细秫秸秆编成错落有致的蝈蝈笼，传说故宫的角楼就是参照了民间编蝈蝈笼子的方法修建的。我懂得如何给蝈蝈喂黄瓜、西瓜皮和南瓜花，我从小喜欢听蝈蝈的啼叫。我不懂为什么有人讨厌蝈蝈的啼叫，嫌它吵，就像有人嫌交响乐吵闹，还有人怕听提琴或者二胡，说是听了“脑仁儿疼”一样。

我喜欢所有的吆喝，卖小金鱼和大田螺，卖卤鸡和卖糖葫芦，这二者都有抽签奖励的促销手段。卖硬面饽饽的，是山东乐陵人。卖爬糕和凉粉的，像男高音。冬夜则是卖羊头肉，切得比纸还薄，切出来的肉片变得透明。仅仅是卖一筐水萝卜也是叫得曲折婉转十分出彩。寒冷的深夜，有时会听到盲人算命者的笛子声，“梭米瑞多瑞米拉梭——梭（低八度）多米瑞多……”我觉得极其凄凉。家里人说，这些人名为算命实际上很可能是卖烟土——贩毒的。这使我更感神秘了。白天我也常常看到瞎子，可怜得很。有一些与我同龄的男孩老是欺负残疾人，还有一对乞丐母女，母亲的样子像是患有精神疾患。我同情她们。

现如今，大约是为了安抚老北京们的怀旧情意，组织了舞台上的旧京吆喝合唱，一片混乱嘈杂的蛤蟆闹坑，恶劣透了。舞台不是胡同，集中在聚光灯底下闹哄也不是特定的时间地点季节品种的吆喝，合唱团员们哪里有小贩的心情与声带？生活与艺术紧紧相连，然而生活与艺术是不能互相照搬的，照搬卖货吆喝的方法不可能成功，而只能是更告诉人们，过去的一切已经成为永不复返的过去。

我喜欢看老舍的话剧《龙须沟》的重要原因之一是，于是之饰演的主角程疯子，能很地道地吆喝一嗓子：“卖哎大啊吉恩（金）鱼吁，卖哎稀噢（小）吉恩（金）鱼吁拉哎（来）唉……”这里的“稀奥（小）”是全句的重点，要拉够长声，要清晰地传达出复合韵母的全部特点。但我也有不满足，在我的记忆中，北京的春天除了小金鱼，就是说卖金鱼的都捎带着卖“大田螺蛳”，程疯子怎么忘了吆喝大田螺蛳了呢？

姐姐比我只大一岁半，我受了她和她的同学的玩法的影响，从小玩很多女孩儿的游戏：跳房子、踢毽、抓子儿（桃核与玻璃球），用丝线绑捆香包（小粽子），还有跳绳之类。但后来开始受到女孩的排斥，自己也觉得无趣了。

有几天我醉心于自己制造一部电影放映机，因为我知道了电影的原理和什么视觉留迹的作用。我想的是自己画出动画，装订成册，迅速翻动册子，取得看电影的效果。努力良多，没有太成功。

我毕竟是男孩子，慢慢地就有了野一点的玩法，在墙头上玩打仗，每天没完没了地做手枪，时刻幻想着自己擎一只活像真枪的手枪，大喝一声“不许动！”嘎——咕，一枪毙“敌”于脚下。

但是我的蹦蹦跳跳的游戏并没有能够坚持下去。我上初中的第二学期，到西什库第四中学看我们学校与四中的棒球比赛。男生们一个个都抄近道从一个墙头跳下去，我犹犹豫豫，上了墙头，欲跳又止，下去了，右脚脖子崴了一下，疼痛难忍。结果，造成了脚腕处骨裂，养了一个多月，影响了上课，唯一的这一学期，我的考试没有进名次。我尝到了挫折的滋味，梦里清清楚楚地看到了自己的优异成绩，却在成绩通知单上看到了失败。梦中的我一再追问，这是真的还是梦？梦中的回答是，不，这不是梦，这是真的，就是我考得好，骨裂了仍然考得好。这样的信心正是我无比的屈辱感的根源：愈相信自己就愈感到丢人。

说下大天来，我的童年过得还是太怯弱了啊。父亲的一个朋友曾经送给过我一个鹰状风筝，我试了几次始终没有放起来，读鲁迅的《风筝》的时候我的感觉是我比文章里的弟弟与哥哥更可怜，我竟无待暴力与蛮横的摧毁，我竟无待封建吃人文化的压制，先是我自己就怯了，跳墙骨裂，放风筝坠地，打架无力还手，不必旁人欺负，也不可能战胜任何一个人……

……往者已矣，如今的北京已不是当年的城市，所有的儿时记忆已经没有可能再重现眼前。北海公园后门的水声依旧，但是杨树林的品种已经更新，不复有那哗哗的响动。到处车水马龙，到处高楼大厦，谁可以在墙头上掏出木头手枪大喝一声“不许动”呢？夏夜不再扑流萤，冬季的天空上也看不到成群的黑压压一片乌鸦飞过，春天听不到黄鹂，秋天听不到蟋蟀。

在新疆，我的二儿子王石经常自己做风筝，一放就放到半天空，我仰首观看，心旷神怡。有些心愿，自己这一代没有完成，下一代完成了，也是快乐。

在我六十八岁的生日，文化部给我开车的司机郝俊卿师傅送给了我一个大蝙蝠风筝，说是他看了我的有关放风筝的文字，心想，这还不容易吗？后来，我们有几次一道将风筝放到高空的经验。毕竟，一切希望都在人间，一切人间的希望都很可能实现，虽然可能是六十年后的实现。

11. 雨果与周曼华

汪曾祺老在回答为什么走上了文学写作之路的时候，曾经戏言：“因为从小数学就不及格。”

我有点不同。我从小喜欢数学。小学时候，没有比分析那些四则文字题更令人觉得有趣的了，鸡兔同笼，有头多少，有腿多少，问是多少鸡多少兔。和尚挑水，大和尚一人挑两桶，老和尚两人抬一桶，小和尚一人提一桶……问三种和尚各是几位。到现在我仍然喜欢这种逻辑的分析，而且我深信有的孩子解不出这样的题，其实主要原因是语文障碍，问题的叙述，已经包含了解决问题的逻辑，但某些孩子读不明晰，弄不清主语宾语定语状语，弄不清条件与设问的关系，觉得文字已经很绕脖子了，还谈得上解题吗？有的孩子做错了题则是由于对文字题的设问词、语、句的理解上出了毛病。听清楚话、看清楚文字，谈何容易！此后的大半生有多少人看不清文字语句却要与你争论，老天！

后来在初中，则是平面几何使我如醉如痴，什么九点圆，什么悠勒尔线，那种完美，那种和谐，那种颠扑不破，那种从最简明的地点入手而徐徐升高，变得华彩炫目的过程，实是天机，实是上天给人类的最好的礼物，是上天给智慧的奖赏，是上天与智慧的联欢。而做一道证明题或作图题的过程如寻路，如觅光，如登山，如走出森林，那是一个不断选择、不断分析的过程，那又是一个不断寻找、不断否定、不断舍弃、不断靠近、不断开辟的过程，当你慢慢走对了路的时候，你似乎听到了光明的合唱，你似乎看到了朝霞的绚烂，你似乎服膺了智慧的千姿百态，你似乎亲手造就了自身的成长，做出一道题你就长出一口气，你就又长高了一两个毫米。没有比逻辑和智慧更美丽更光明更忠诚更可靠的了。

我还要说，智慧的最高境界与忠诚密不可分，没有专心致志，没有始终如一，没有老实苦干，就只有小打小闹的阴谋诡计，不可能有真正的智慧。智慧使人变成巨人。智慧是美丽的。而在年逾七旬以后，我还要说，智慧是魅力，是风度，是远见也是胸怀。智慧是人化了的性感。智慧使男人变得高大英俊，使女子变得神奇迷人，智慧是美的孪生姐妹，智慧是善的明澈的观照。

我还要提到，我的初中几何老师王文溥是一个极其优秀的数学老师，他善于把一道几何题的做法、解决的过程，说得栩栩如生、楚楚动人、诱人，他善于表达智慧的力量与快乐。我的喜欢数学与他的讲授关系太大了。直到二十世纪九十年代，我在四十一中的校庆日返校，见到他，他还在为我的弃数从文而惋惜。他说："有什么办法呢？你选择了别的路子……"

数学问题上我也表现了自己的狂想遐想。我做过一个题给王老师，我做了一个证明题，证明的是"点不能移动"。我的理由是，点从A移到B，必须先经过A与B中的中间点A′，而欲达到A′，必先经过A′′，欲达到A′′必先达到A′′′，而你是找不到那个最后的也就是距A最近的点的，这样点A的移动遂成为不可能。王老师大喜大笑，他说这是一个微积分的问题，是初等数学里所无法解决的，但是他欣赏我的钻研精神。

也有一次我与王老师讨论一道题的解法，我确实找到了比老师黑板上的演示更简明的解法，我举手，刚一说出自己的想法，他不等说完就打断了让我坐下了。为此，我受到了同班同学的嘲笑。我知道，老是有自以为高明的想法，并不会受集体和老师的欢迎，老显着你？讨厌！尤其是有了确实高明的想法，可能是更讨厌，不仅讨厌而且危险。我以为，一向虚怀若谷，对我宠爱有加的老师为什么不准我说话？只可能是一个原因，我刚一张口他就明白了，确实是他的演示不高明，那么与其让老师丢脸，不如让小小年纪的王蒙丢脸。在数学问题上出现了"人文思考"，麻烦了。

而自己的读书主要是童年与青少年时代。为什么爱读书？读书使我感觉良好，使我进入一个美好文明的世界，我明明感觉到了，读书在增长我的知识、见闻、能力。而且，我那个时候确实不知道还有什么别的事像读书一样有益有意义。我三年级以来就常到离我们住的受壁胡同不到一站地的太安侯胡同的民众教育馆借书读。有时候近冬天黑得早，有时候气候严寒，阅览室里的铁炉里煤净火熄，整个阅览室只剩下了我一个人，工作人员有一个老汉还有一位中年妇女，他们见我不走，无可奈何，只好陪我不得下班，同时他们又笑嘻嘻地不无夸奖地欣赏我的喜爱读书。

我什么都读，有关于健身和练功的，其中最得益的是《绘图八段锦详解》，什么“左右开弓要射雕”，什么“摇头摆尾去心火”，我至今会练。我也读过一些太极拳方面的书，不懂，也很难学着练。我甚至省下早餐钱买了一本《太极拳式图解》，学会了“揽雀尾”“单鞭”“金鸡独立”诸名词，仍然无法照学照练。从此我深知世界上有些事情示范、比画、身体力行的意义远远胜于课本。

我也在那里读了《崆峒剑侠传》《峨眉剑侠传》《大宋八义》《小武义》等章回小说。我喜欢郑证因的技击小说《鹰爪王》，宫白羽的《十二金钱镖》，后者的人情世故的描写与冤冤相报的悲剧性的表现，使它的文学价值超过了当时的一般武侠小说。

我试图锻炼某种武功。先是迷上了“金钟罩、铁布衫”，说是有这种功刀砍不入，剑劈不进。我用物体敲打头顶，高高抛起皮球，再抛起毽子用头顶去接，绑鸡毛的铜钱落到头上砸得生疼，但头部并无长厚长硬的征兆。“金”功锻炼无成，但我学会了对着月亮练蹲裆骑马式，我想汲取书上所说的“日月之精华”。学会了弓箭步、丁虚步、半卧步……我热衷过练气功，垂帘闭目，意守丹田，屏神静息，抱元持一，我期待着泥丸宫（囟顶）的洞开，期待着灵魂出窍，神游太虚。这些都未有成，倒是在前弓腰方面取得过一点成绩，那时我绷直双腿，可以用自己的嘴巴去吻膝盖。蹲裆骑马式也还有点成绩，比旁人做得长些，蹲得也低些。

最主要的是我在民众教育馆读了雨果的《悲惨世界》。一上来，先声夺人，雨果的书令我紧张感动得喘不过气来。看不懂也要看，对于社会的关注与忧思，对于阶级社会的不义的愤慨，“左”倾（虽然雨果时期还没有当今的“左”与“右”的分野）意识，大概从那个时候就开始了。

我也在那里读了鲁迅、冰心、巴金、老舍。我在家里读过一本曹禺的剧作《北京人》，我印象最深的是说到北京的叫卖果子干的两个小铜碗的敲击声。我认为作者的意思是中国已经腐烂，只能大动刀斧。其后又读了《日出》，我恨不得手刃金八爷拯救“小东西”。我喜欢鲁迅的《祝福》和《故乡》，我更喜欢他的《风筝》与《好的故事》。我从一开始就感到了鲁迅的深沉与重压、凝练与悲情。我知道读鲁迅不是一件好玩的事情。

我读了丁玲的《莎菲女士的日记》，我看不懂。但我喜欢她的《水》，我觉得《水》在号召反抗，合我的心。

在家，我还读了《木偶奇遇记》与《爱的教育》《安徒生童话集》与《格林童话集》等书。它们大大地启迪了读者的爱心，读到木偶比诺曹的腿被烧掉的情节，我流下了眼泪。

我读了一本印刷精美的插图本《世界名人小传》，里边介绍了牛顿、居里夫人、狄更斯等人的事迹，这样的书对于我的立志有所成就，是起了作用的。

我也被带去看过多次电影。我记得梅熹、吕玉堃、白云、舒适、刘琼，特别是李丽华、陈燕燕、陈云裳、周璇、周曼华、顾兰君的名字与形象，却不大记得起他们她们演的影片的故事。有一部片子叫《万紫千红》，是各种电影插曲的荟萃，并为此片专写了一首主题曲：《真善美》，众影星唱道："真善美，真善美，它们的代价是脑髓，多少心血，多少眼泪，多少沉醉，换几个真善美……"

我不解其意，但是觉得它的词很别致，很怪，便记了下来。

有一个影片是周璇演的《渔家女》，她的几首歌我后来都学会了。我记得的是一个渔家少女上了阔少爷的当。少女千万要小心，我明白了。

我看过由张恨水原著改编的《金粉世家》，我的一个印象是一男一女亲吻，后来女子就怀了孕。我不理解为什么一拥抱就会怀孕。但是我很明白，电影里的故事多是女性倒霉。我从电影中特别感受到女性的美丽，尤其是周曼华的《不求人》，她演的那些家务劳动，蒸饭炒菜，哭哭笑笑，都那么甜甘，那么平顺，那么实在，让人看着踏实、喜悦、爽利而又舒服。我甚至想到，我长大了有一个周曼华式的媳妇该有多好！

女性美丽。女性倒霉。女性容易受男人的伤害。这就是我从小小年纪看电影中得到的结论。我长大了绝对要对得起女性，绝对不做对不起女人的事。我早就下了死死的决心，即使看到影片中女性的哭哭啼啼，我也难过得很。

我多次在家里听到邻居的或自己的收音机播送李丽华唱的《千里送京娘》插曲："柳叶，青又青，妹坐马上哥步行，长途跋涉劳哥力，举鞭策马动妹心，哥呀，不如同鞍向前行……"然后是梅熹唱的两句男声："用不着费心，我不怕这崎岖的路程。"这首歌使我十分感动，赵匡胤千里送京娘的故事也感动了我，京娘的自杀使我顿足。委婉软弱和渺小的情感，令我惭愧，也令我难以忘怀。一九四九年后我拼命管住自己，再不应该为李丽华的歌曲而落泪啦，至少理论上我是认识到了。我一直想看这部片子，但是始终没有看到。

当然更早的观影片的记忆应该提到朱迪·加兰主演的《绿野仙踪》与万籁鸣等四兄弟制作的大动画片《铁扇公主》。《绿》的情节我完全不懂，但是影片中有一个水晶球似的宝贝，从球中能够看到远处的人的遭遇，球发光的那一组镜头令我目眩神迷，无法想象人间竟有这样的奇妙，而《铁》，更是醉人，我看了不止一次。我看的结果是相当同情铁扇公主而不是唐僧一行。牛魔王的妾玉面狐狸的山门与她的面容都很美丽。孙猴子钻到铁扇公主肚子里一节，叫人好难受。牛魔王大战孙悟空，最后显了原形，变成一只大牛，也令我同情，看来亲牛意识是贮存在国人的细胞基因里的。我也与家人一起听戏，一次是尚小云主演的《青城十九侠》，未有印象存留。有几次在离家不远的地方看朱丽霞、花砚如演的评剧。我的印象是朱丽霞很美声音富有磁性，而花砚如演得活泼生动。她们的搭配就像后来的小白玉霜与喜彩莲。

我也随着姐姐等学会了不少流行歌曲。大多是周璇唱过的："春季里，艳阳天……你可不要把良心变""人生何处不相逢……人生本是个梦""心上的人儿，有笑的脸庞，他曾在深秋，给我太阳""这里的早晨真可爱，这里的早晨真自在""天上旭日初升，湖面晨风和顺"，我们都唱得滚瓜烂熟。到了临近一九四九年的时候，又有几支歌流行起来。一个是"山南山北都是赵家庄……"却原来这是吴祖光的歌词，是隐含着对于解放区的向往的。另一首是"春天的花是多么地香，秋天的月是多么地亮……"虽然浅，但是我无法抵抗它的动人。有趣的是一九九〇年北京亚运会上香港体育代表队入场的时候，铜管乐奏的就是这一首歌。最后一首是《夫妻相骂》："没有金条也没有金刚钻""这样的女人简直是原子弹""这样的家庭简直是疯人院"，有什么办法呢，这样的歌曲流行起来，旧社会灭亡的预兆也就无可怀疑了。

一九四九年以后，我以为这些光怪陆离与乌七八糟都是一去不复返了。有一次我无意中哼哼起《蔷薇蔷薇处处开》的调子，我的领导立刻指出：怎么从"重庆的防空洞"（语出毛主席）中刮出一股阴风……我更加明确，这过去的一切只能是决绝地无情地与之告别，与之永别了。去你的！

12. 从拜财神爷到思想赤化

那时候看电影，离家最近的影院有两家，一是现在的胜利影院，一九四五年后曾名建国西堂。更早叫什么，不记得了。另一家一直叫红楼影院，后来以放映纪录片为主。每次看完电影，我们都是从西四往北过马路进帅府胡同或报子胡同，再往西走到我们家。对于童年的我，这两条胡同都是太长了，走起来颇感疲劳。我常常抱怨，怎么这么长的路啊，什么时候能把这条胡同砍去一截就好了。

有一次，在这条长胡同上疲倦地行走，我忽然发现了一个皮夹子，皮夹子里有少量的钱。这个巧遇使家人兴奋起来，每次走在那里都希望能捡到钱包。甚至说闲话时也不住地说，什么时候跌个跤，捡上个金镏子就好了。那时候物价日日飞涨，有钱的人都是用金条之类的东西保值或议价。租房是用“洋面”若干袋计价。我们没有见过金条，但是生活中常常听到这样的说法。后来在初中读到守株待兔的成语，我以为这个成语并不夸张。在没有保障和匮乏的生活里，真是昼思夜想也能捡到现成的兔子啊。

穷极更要供财神爷，每逢旧历腊月三十，到处都有高喊着“送财神爷喽”的小贩给各家“送财神爷”，一张质量低劣的草纸，画着赵公元帅。有一次家里刚刚买了这幅带来希望的神像，又传出来敲门的声音，我刚要喊“不要了”，立即受到大人的警告，不能说不要，也不能说刚买过，只能说“请过了！”

遇到大人与邻居玩麻将牌，我与姐姐就去给财神爷磕头。不论怎样磕头，我的印象是，母亲与姨母的玩牌成绩多是负数。

日本投降以后，又时兴起了倒卖银圆，我们家的胡同西口是北沟沿（后名赵登禹路）小市，它给我的印象像是样板戏《红灯记》里所说的

“破烂市”。许多穿着破长衫的人嘴里叫着“买两卖两”兜售并收购银圆。穷得发疯的我们家也试过几次，我也学会了辨认“袁大头”“站人的”还有什么的。说来也怪，我的印象是，只要我们家进了银圆，银圆一定落价，只要出手了银圆，银圆一定猛涨。

所有的这些卑微，所有的这些耻辱，所有的渺小和下贱，在接触到革命以后是怎样地一扫而光了啊。再不会想走路的时候捡到钱包了，再不会祈祷母亲打牌赢钱了，再不会梦想通过倒腾银圆发财了。所有的关于不再苦熬地卑贱地生活下去的愿望，关于有朝一日闹翻身的愿望，都因了革命的存在革命的主张而有了寄托了。

何平与李新同志又不同了，他热情、理想、坦率、充满活力。他不遗余力地对我与我的一位好同学，昌平一家农民的子弟秦学儒进行赤化教育，我曾说，何平的家对于我们俩来说，是一所家庭党校。艾思奇的《大众哲学》，令我豁然贯通，无往而不利。华岗的《社会发展史纲》令我参尽天机天条，五种生产方式，历史必然规律，谁能违反？谁能改变？一读此书立即觉得是正义在胸，真理在手。杜民等的新知书店社会科学小丛书，使我遍览天下大事。毛泽东的《新民主主义论》，使我认识到革命道理的明快简洁，胸有成竹。黄炎培的《延安归来》，使我内心充满希望与对革命的拥戴。苏联小说《孤村情劫》（卡达耶夫著，原名《我是劳动人民的儿子》）、《虹》（瓦西列夫斯卡娅著）、《妻》（卡达耶夫著）都使我心向往之。尤其是水夫译的《钢铁是怎样炼成的》，那是青年人革命的《圣经》：“人最宝贵的是生命，生命对于人只有一次而已……”我立即服膺，背诵，热血沸腾。朱赫来、保尔·柯察金都是我的偶像，对冬妮娅我也十分喜爱。

何平还带我去位于北新华街的朝华书店，说那是一个进步书店。我在那里看到了以苏商名义经营的“时代出版社”出版的《时代三日刊》，是对开报纸形式，上有延安广播一栏，令生活在国统区的我们耳目一新。后来我又去过多次，估计书店已被旧北平当局封闭，关着门窗，一副永远打烊的样子，令我失落痛惜悲哀已极。

在何平给我的“赤化”书籍中有一本画册《苏联儿童之保护》，应是苏联对外文化协会发行的宣传品，正是社会主义革命强调解放妇女，大规模开创了托儿所幼儿园的建设。在我少年时代，是把托儿所等视为苏联的发明与提倡的。

另一本名为《苏联纪行》，是由英国“费边社会主义”者们写的。他们高度赞扬十月革命后苏联的各项成就，但也对他们所说的苏联对于言论自由的限制等状况提出了疑问，这使我看了相当困惑。一九八七年我以官方身份访问英国的时候，我与英国工党影子内阁的文化大臣费舍尔谈起了我少年时代对于英国费边社会主义者的文字的阅读。什么事都是这样，没有全无意义的阅读和行事，“不是不报，时候未到”。

一年多后何平中学毕业，就业了，他的地下工作从面向中学改为面向“职业青年”了，他不再与我们联系，而改由职业的革命者、中共中央华北局城市工作部学委中学工作委员会委员黎光同志联系我们。用地下的术语，我与秦学儒这两个“进步关系”（因我们当时并无组织身份）由黎光——当时告诉我们的名字是“刘枫”——带，“带”是指地下党的单线联系的上级对于下级的指导。

刘枫一表人才，坚毅英俊，说话声音有很好的共鸣，许多年后我发现，他的外表很像曾任中央实验话剧院院长的著名演员石维坚。刘枫的形象完全符合我对党的地下工作者的想象，他分析问题从来是要言不烦、切中要害。他的话没有何平那样多，也没有那样活泼和幽默，他带给我的革命事业的前景要严峻多了，他是一个严肃矜持的人，你与他在一起，你觉得他永远是胸有成竹，说一不二，坚定正确。

今年，二〇一一年，我该七十七岁了，尚未洋溢出“是为贼”的惭愧。但想一想，短促的几十年，世界竟然出现了这么大的改变，上述的一切回忆，已经随风飘散，上述的老北京面貌，已经不复存在。呜呼北京，你变化的节奏也太快了，呜呼世界，你怎么能让人们感受一点陌生与恐慌、失落与惆怅呢？

13. 进步关系

我喜欢唱进步歌曲。《跌倒算什么》这首歌的内容是为受挫的学生运动打气，这首歌改了点词收入了大歌舞《东方红》。《团结就是力量》是学生运动的经典歌曲。最早何平教给我学会了《喀秋莎》，后来刘枫还教会了我唱最脍炙人口的苏联群众歌曲《我们祖国多么辽阔广大》，那种自豪感与开阔感是我从以往习唱的歌曲中从来没有体验过的。

有一首歌我不知道作词与作曲者是谁，它的内容极适合进步学生们的口味：

我们的青春像烈火一样鲜红，
燃烧在充满荆棘的原野。
我们的青春像海燕一般英勇，
飞翔在暴风雨的天空。
原野是充满了黑暗，
我们燃烧得更鲜红。
天空是布满了黑暗，
我们飞翔得更英勇，
我们要在荆棘中烧出一条大路，
我们要在黑暗中向着反动派猛攻！

这首歌的歌词对于那时的我像是《圣经》一样。

一首苏联歌词与之很相像：

兄弟们向太阳向自由，
向着那光明的路……
你看黑暗已消灭，
万丈光芒在前头！

相信这是一首街头斗争、游行示威时的群众歌曲。它的节拍适合大步行走。

另一首我早就学会的苏联歌曲据说是列宁喜欢唱的：

生活像泥河样流，
机器吃我们的肉……

情调极像高尔基的《母亲》，也许这首歌的词是高尔基写的？此后许多年，周扬喜欢引用一个例子，说是高的《母亲》深受列宁赞扬，说这是一本“合乎时宜的书”，而普列汉诺夫却批评此书的艺术性的不足。一九八一年我与胡乔木第一次见面，他说到高的《母亲》写得并不好，倒是《克里姆·萨姆金的一生》才是高的代表作。

不论如何，旧社会的撼人灵魂的革命歌曲是太多了，正义的冲动、悲悯的情怀、献身的血性是太多了。我相信没有革命的小说与歌曲就没有革命。我甚至怀疑过一些没有唱过这一类歌曲的人的革命要求是否足够悲壮与强烈。我深信没有被压迫与求解放的情怀，就没有革命。我怀疑新中国成立后“咸与革命”、随大流革命，然后种田打球烧菜收废品全算革命，再然后生怕别人说自己不革命，纷纷抢着表示拥护革命，越表示革命就越能够获得现实的利益——这究竟是不是一件值得庆幸的事。革命毕竟应该是牺牲，是奉献，是迫不得已，是面对重重阻力、重重艰难的豁出命去的千难万险之事儿啊。

有意思的是，还有一批并无革命词句的歌曲也纳入了革命的洪流，例如“太阳落山明朝依旧爬上来，花儿谢了明年还是一样地开……”也是刘枫教给我的，他边唱边舞。学生工作，容易吗？以及“可爱的一朵玫瑰花赛帝玛丽亚……”还有“温柔美丽的姑娘，我的都是你的，你不答应我要求，便向喀什噶尔跳下去……”一九四八年春，地下党领导下搞了一次平津学生大联欢，这些比较健康的民歌被联欢的大学生们所传唱，从此这些歌儿也成了进步学生的标志。国民党那边呢，没有剩下几个歌可以唱了，只剩下了白光、李丽华的靡靡之音了。有一位台湾背景的诗人对我说过，他们上学的时候春游，刚唱一首歌，马上被人提醒，那个歌不能唱，那是共产党的歌儿，再换一首，还是共产党的歌……

我渐渐懂得，学生运动的做法是愈来愈成熟了，它发动并组织着矛头直指国民党的请愿游行示威罢课，也扩大着自己的外缘，包括了各种文娱、学习、助学活动。地下党组织过规模庞大的助学运动，征募钱财，帮助经济困难学生。在这些活动中，树立了进步学生、地下党员学生骨干的威信，紧密了这些学生骨干与广大学生的关系，使这些大学生变成了同欢乐、共患难、一起向往明天、一起渴望变革、生愿同生、死愿同死、打不散、折不弯的斗争集体。而这是国民党统治者最最没有办法对付的。

当然这里也有前提，就是功课最好、最聪明、最有能力、最有威信的学生骨干倾向于革命，倾向于共产党；这就叫作人民与青年的革命化。我读过一本关于学生运动的书籍，它开宗明义，一上来就要求所有的学运积极分子把功课学好。

我也参加过这一类活动。根据刘枫建议，我去过北大工学院的中学生寒假补习班。只是由一位大学生给我们补习数学而已。但也是在悄悄地散播革命的种子。

革命是怎么来的？革命从补习几何三角中来。革命从唱歌跳舞而来。革命从一切阅读，从一切对生活对世界的不满意，从一切社会矛盾、阶级矛盾、家庭矛盾、人际矛盾……从一切对于新生活的幻想当中来。我的父母骂架，我以为只有革命才能解决他们的怨仇。我听到隔壁邻居每到夏夜晚上拉胡琴，他拉得又不好，聒噪得人心烦意乱，我想是只有革命才能取消这些穷极无聊的噪音。一本书写得极差，我相信只有革命才能淘汰这些格调低下误人子弟的狗屁书籍。一本书写得动人，我相信只有革命才能使书里的人物的眼泪止息，使有情人成为眷属。

我想起了与刘枫即黎光同志的一个小争论。一次他问我在看什么书，我说是老舍的《骆驼祥子》。他表示不以为然。我表示此书可以起动员革命的作用，他不怎么相信。而我坚持，不论老舍当时的政治见解如何，

《骆驼祥子》给人的影响是，这个社会已经无可救药。而且不仅老舍，连当时与共产党领导的革命没有太密切的关系的冰心的《去国》与《到青龙桥去》，同样地也会通向革命，引向革命。

与此同时，我读书时也常常困惑，为什么鲁迅的作品没有直接号召革命与歌颂共产党的内容？为什么丁玲的作品中少有直接号召革命的内容？为什么革拉特考夫的《士敏土》与绥拉菲摩维奇的《铁流》里的革命是那样粗暴和混乱？为什么这两位苏联大作家对于革命的描写是那样吝惜光明和欢乐的词句？与这些相较，我宁愿读巴金的《灭亡》与《新生》、艾青的《火把》。前者讴歌抽象的革命，后者描写国统区的青年斗争。火把，红旗，在刑场上高唱《国际歌》，我的青春需要的是这样的崇高牺牲的旋律！

这里我想特别讲一讲读革拉特考夫的《士敏土》的感想。十二岁的少年当然理解不了苏联十月革命与十四国干涉后的恢复生产时期的背景与众生相，但这本书给我的印象却是大大强烈于法捷耶夫的《毁灭》与绥拉菲摩维奇的《铁流》。我始终怀疑以毛主席的风格他不可能对《毁灭》感兴趣，也未必有时间全文阅读彼书，他之所以在延安文艺座谈会的讲话中提及，与当时的法捷耶夫是苏联作协主席有关，也与此书是鲁迅所译有关。希望知情者有以教我。少年的我读《毁灭》读得颇为丧气，这是事实。

至于《铁流》，读来沉闷。至于有好友声称《士敏土》与《铁流》乃是一书两题，而有关编辑也看不出来，就更令人叹息，时过境迁，俱往矣喽！

《士敏土》非常强烈刺激，斗争激烈，革命者艰苦卓绝，将富农驱逐到白海，一个富农知识分子的描写如同幽魂。清党中被清洗者当场自杀，主持清党者脸上的肌肉没有抽动一下。女主人公黛莎以身体献给红军战士与她的性公有观念，知识分子党员的软弱无能（包括在性上），一位领导人的性侵略与性自由。男主人公格利克服了对妻子黛莎的性关系问题上的私有观念之后怎样投入恢复经济的群众运动（真有点要“共产共妻”的意思）。此书最后描写格利怎样把小我融化在人民群众的革命激情与红旗标语之中，有一种崇拜感、升华感、超越感，是一种成仁取义的完成感，感人至深。

读过此书，我脑子里不断出现一个戴着火红头巾的黛莎的形象，健康，茁壮，性感，热气腾腾，苦大仇深，无限胸怀。我到那时并没有见过苏联人，我曾问过父亲，日伪时期街上偶尔看到的“打倒苏联”的标语是怎么回事，父亲说过：“苏联是世界上最强大的国家。”但是我的心目中，黛莎的形象与我其后见到过的许多俄罗斯妇人一致，虎背熊腰，热力四射。她是我的革命偶像，无可讳言，她是我阅读中获得的一个假想的性偶像。无论如何，懂也罢不懂也罢，黛莎式的性观念不是共产主义更不是我国的主流观念也罢，《士敏土》的阅读使我模模糊糊地却也是大大地猛猛地燃烧了一回。里边有些胡写八写也罢，革拉特考夫写出了革命的严酷的魅力，躁动着的生命力。

也不能说我这个“进步”青年只限于读“左”翼书籍与唱革命歌曲，我曾经办了一个手写本刊物，叫作《小周刊》，主编与基本作者是我与秦学儒，我为之撰写了充满激情的发刊词，无非是抨击社会的不义与号召斗争。我们用复写纸抄写，然后提供给诸同学阅读。“出刊”两天我就被校长找去谈话。校长是国民党市党部委员，名常蕴璞，字玉森，以管束严厉、提倡并实行体罚而给我留下了印象。常校长讲的是什么“被人利用，造成事件”之类，我主编的第一本刊物就这样被查禁了。

地下党给我的定位是“进步关系”，就是说我是思想进步的青年，但不是党员也不是党的外围组织的成员。那时候尚没有全国性的青年组织，二十年代有过共产主义青年团，后来没有了。后来是直到一九四九年一月一日中央才做出了建立新民主主义青年团的决议。但地下党——具体地说是中央华北局城市工作部，部长是后来长期任中共北京市委第二书记的刘仁同志——在学生中，建立了若干外围组织，为了防止暴露与破坏，分别用不同的名称，似是自发群众团体。其中有的称“民主青年联盟”，简称“民联”。有的称“民主青年同盟”，简称“民青”。还有一个叫“中国青年激进社”。刘枫曾经给我看过后者的章程，我没有表示自己要参加，这大概说明我的组织觉悟不高，我自知年纪太小，除了读点进步书籍，唱进步歌曲，没有太想做点什么有组织有领导的事情。这使得刘枫对我一度比较失望。

但是我自己对自己的“进步”深为自恋自豪自敬。怀着一种隐秘的与众不同与众相悖的信仰，怀里揣着那么多成套的叛逆的理论、命题、思想、名词……不动声色地生活在大众之间，这种滋味既浪漫又骄傲。一些报刊大骂共产党的残酷的阶级斗争。有的报刊表面公允地对国共各打二十大板。说什么共产党经济民主政治不民主，而国民党相反。有一个姓耿的先生，在国民党政权即将覆灭的时刻创办了一本《太平洋月刊》，创刊号的头题文章是《列宁的叛徒与国父的逆子》，破口大骂两边，也一度吸引了所谓眼球。校长动辄在集会上煽动反苏反共。有些老师上课时大讲“土改”中的刑罚。有些亲友也是提“共”而色变。而我呢，坚信他们都是糊涂虫，昏聩无望，人云亦云，沉睡不醒，腐烂等死，而我却找到了光明，找到了希望，辨得清真伪，一切了然于胸，登高望远，信心十足，阔步前进……而这一点，包括家人，谁也不知道，我是独占鳌头，心明眼亮的唯一。只是在一九四九年前夕我才知道姐姐也参加了党的外围组织。

有几个月刘枫同志没有来找我，我按他说过的地址去到他说的那一条街，一家一家地寻找，我找不到他。我体会到了失去关系的滋味，太悲伤也太恐怖了，哪怕只是一个进步关系，这个关系是不能中断的，组织的力量是无限的，失去组织就失去了一切寄托和希望。当你只是一个人的时候，你只有十二三岁，一米六多一点高，体重不足百斤，对于旧社会完全绝望，你什么事也不可能做成。当你与一个伟大的组织有联系的时候，你知道自己的力量巨大无比，正在艰难取胜。我曾经梦见了刘枫同志，但是醒来以后却找不到他。

14. 入党

一九四八年我初中毕业，这使我得到了唯一的学历文凭，我记得毕业时分金合欢花（榕花）树盛开着橙红色的毛茸茸的花儿的情景。还有各种留影、纪念册与互写赠言。我对此并无所谓，我深信这些事都是小资产阶级的空虚无聊。这大概反映了我那时的骄傲自大，唯我独革，不把普通同学放在心上，尤其是不把死读书死用功的同学放在心上：我一个小时弄通的功课，他们硬是要用五个小时，叫我说什么好呢？

正如那个时候我在日本投降后首次接触到徐讦的小说，不知徐是不是大后方的作家。我看了《吉普赛的诱惑》《鬼恋》《风萧萧》……他写得极吸引人，但是我后悔他的小说是在我成为共产党员以后才看到的，不然，我会留下更美好的印象。而身为共产党员的我，对徐先生的作品，只能视为空虚幻想、小资情调、无病呻吟、装腔作势……就是说我已经学会了排斥许多我不能认同的东西，批判许多与革命者的心灵不相通的东西。

毕业时出一本校刊，要选我的一篇作文。我汲取了办刊物被取缔的经验，便拿了一篇以堆砌辞藻见长的《春天的心》充数。这篇东西就这样留下了，以致至今仍然有时收入我的散文集中。刘绍棠甚至说是看了此文，觉得我的所谓“意识流”式的文风已见端倪。

当时的高中是各自招生，有的人便报考许多学校，花很多报名费，以增加保险系数。我则报了四中和河北高中（简称冀高），两者都顺利考上了。我与秦学儒决定取冀高而舍四中。原因之一就是冀高有革命传统。“一二·九”时期北京中学生参加救亡运动者以冀高为首。荣高棠是那个时候的冀高学生。一九四八年报道过一个事件，四月十七日，冀高学生自治会成立，举行晚会，晚会上表演了小歌剧《兄妹开荒》，特务学生当场闹起来，逮捕了进步学生十七人，其中引人注目者为自治会骨干刘鹏志。

就在我们入冀高一个月后，刘枫来了，冀高的工作是他带领的，他正在为冀高地下党受到破坏而忧虑。他二话没说就说愿意介绍我们二人加入中国共产党，给我们看党章。我至今不知道他从哪里得知我们已经进入了冀高，我相信在经过"四·一七"逮捕以后、进步力量受到严重打击的冀高，我们这两个进步关系的到来恰逢其时，自动符合了革命的需要。刘枫的这次到来使我们也使他兴高采烈。

发展我们入党的提议出乎我们的意料，我本来以为共产党员对于我是高不可攀的，共产党员是钢铁所炼成的（保尔·柯察金式的），是真正的仁人志士，是大无畏的英雄，是身经百战的斗士，是人民群众的带路人，是火炬的高擎者与人民的旗手。而我深知自己的幼稚与软弱。我感到了些许的惶惑，乃至失望，如果我都可以成为共产党员，共产党员不是太一般了吗？

我更感到了革命的圣火的燃烧，已经不容惶惑，已经不容退缩，已经不容怀疑斟酌，号角已经吹响，冲锋已经开始，我只能向前向前再向前。

数天后即一九四八年十月十日，我与秦学儒在离冀高不远的什刹海岸边再见刘枫，声明都已认真考虑过了，坚决要做共产党员，把一生献给共产主义事业。刘枫宣布即日起吸收我们入党。秦的候补期为一年，我的候补期至年满十八岁时为止。刘指示我们，由于形势险恶，要特别注意保存力量，严防暴露，细致工作，扩大党的思想影响，并秘密发展外围组织。

然后我从什刹海步行返回位于西四北小绒线胡同的家。一路上我流着热泪唱着冼星海的一首尚未流行开来的歌：

路是我们开哟，
树是我们栽哟，
摩天楼是我们，
亲手造起来哟。
好汉子当大无畏，
运着铁腕去，
创造新世界哟，

创造新世界哟！

我觉得再没有比这首歌更能表达我当时的心情的了。这可以说是我的入党誓词。

不久我们班因为英语教师常常迟到而发生了小小的罢课与集体签名要求更换教师事件。校长穆庚寅前来我班镇压。刘枫很快找到我们，指示目前不宜搞公开的斗争。刘枫并说到对四月十七日的事件他有责任，他做了检讨。他没有细说，我理解是指斗争方式不能违背隐蔽与保存革命力量的原则。

随着革命力量的胜利，国民党也急了，北京的街头到处是“肃清‘匪谍’”的标语，由“军警宪”三支队伍组成的“执法队”大卡车在道路上行驶，说是这种执法队有权抓住“匪谍”就地正法。这种疯狂更使我感到了胜利的临近与共产党员的使命。

与此同时，无数普普通通的工人、职员、大中学生中的地下党员与盟员，通过日常生活事务的讨论，通过读书活动、补习活动、改善伙食管理活动、春游活动、看电影的活动、文娱活动直到宗教活动（新中国成立前的一些高、中等学校的基督教“团契”有许多是掌握在地下党手里的）宣传着党的纲领、革命的取向、革命战争的大好形势……扩大着党的思想与组织力量。

我已经相当熟练，不论是谈论一本书，是谈论宿舍的物质条件，是谈论伙食还是谈论一部电影，我都能往一个思想上引：中国需要革命。不久，根据扩大组织迎接解放的要求，我发展了好几个盟员。

刘枫同志并介绍另一位冀高的同级同学徐宝伦与我们相识，指定我们三人组织一个支部，由徐宝伦同志任书记，刘枫特别说明，他考虑过王蒙任书记的事，认为王蒙最近身体不好，还是由徐做更合适。当时我们三个人都是候补党员，但地下工作的许多事必须变通处理。

身体的事是这样，自从上了冀高住校以来，我常常失眠，消瘦苍白。有一次上化学课，老师见我面色太差，把我叫起来，问我是否有肺结核，并嘲笑我说：“怎么像个老人苗子？”从此我在班上有了这样恶劣的绰号。后来校篮球队的中锋在透视检查身体时发现了有肺病。我也在此次体检中被多“扣留”了几分钟，待在X光室的黑暗中，听大夫用拉丁语说话，我吓得差点闭过气去。

我去白塔寺的中和医院（原中央医院，现人民医院）挂号，看失眠的病，医生断然否定我的主诉，认为一个十三四岁的少年根本没有患失眠症的可能。于是我无处求医。

我为自己的身体不佳而沮丧。我为自己身为地下党员而病恹恹的而沮丧。我也为徐宝伦担任书记而沮丧。我心里极不是滋味。同时又反省自己，党的支部书记，不是官职而是献身，既是党员，就只能大公无私，连生命都可以牺牲，还有什么私利可言？我懂这个道理，但是认识与实际脱节，为是旁人而不是自己担任支书而心乱如麻。更因为自己的理论与实际脱节而充满了困惑与挫折感。

事实上你总要有所舍弃，除了失眠——身体上付出了代价以外，上了高中一心革命之后，我的功课已经不像从前那样得心应手了。河北高中是名校，老教师多，但我觉得他们并不善于循循善诱，学生的提问难不倒他们，往往是同学的提问还没有讲完，老师已经把答案写到了黑板上，但是他们并不多讲过程。我不能确定的是，是由于我太分心才听不进高中老师的课，还是由于老师的课讲得确实不好，我才分了心。我其实已经模模糊糊地感觉到，我走的路已经脱离了幼年时立下的志向：学好功课，金榜题名，有所成就。我已经把自己的命运全部与革命的前途联系在一起了。对于一个学生，原来真的有比功课更重要的事儿。

我们的支部成立后又转入两名党员，接关系时用了暗号。我的地下党员的经验，只有接关系用暗号此一点与电影戏剧上的情节相像。

一九四九年前夕，我们支部接受了任务，保卫北京，免受破坏。党的经验是，敌军溃败而我军尚未到位时，会出现无政府状态，于是各种犯罪分子会趁火打劫。我们支部的任务是保卫地安门至鼓楼一带的商店铺面人民生命财产，我们做好了华北学（生）联（合会）的袖标旗帜横幅，只等出现这种情况时拉出有组织的学生队伍护民护城。我为此与徐宝伦等实地勘察，绘图。我们是得意扬扬地迎接解放的。现在想起来，当时还是有点轻率，如果被发现，后果不堪设想。

到了一九四九年一月，天津已经解放，解放军与傅作义将军的代表的谈判接近成功，我们领受了散发传单的任务，是中国人民解放军北平军事管制委员会主任叶剑英将军的《告北平市民书》与解放军第四野战部队的文告（是否以林彪名义发出，我已记不清）。我拿着大量传单，首先放到自己所熟识的亲友家、教师家，地下党要求首先重点发给一些有影响的知识分子与社会人士手中，其次就是不管什么人，在胡同里见到一个紧闭的大门，就从门缝里将传单塞进去。这个工作令人充满了幸福感。快乐使人们完全忘记了恐惧。我们支部的后转来的一位同志甚至把文告贴到了布告牌上。而通过散发传单，我们发现，一位美术教师也是地下党员。从他的表现上，你是死活不会想得到的。一次刘枫来给我们送传单，他几乎是毫无隐蔽地将大批传单带在身上，连我都吓了一跳。也许，对于我们来说，光明已经到来，黑暗已经不足挂齿，也许地下党的力量已强大到可以控制局势，而国民党的至少是傅将军的全无斗志，已经使他们提前解除了武装。我算是知道什么叫旧政权的垮台，什么叫革命的凯歌行进了。

15. 冬天里的春天

一九四八年年底与一九四九年年初，这是一个严寒的冬天。冀高的学生多来自河北各县，由于战争，他们无法回家乡度寒假，省教育厅乃组织了“冬令营”。国民党的省长楚溪春还来了一趟此校。为了迎接解放，我寒假期间也不回家，住在冰窖般的学生宿舍。夜里太冷，我甚至把桌椅板凳也压到被褥上。然后同学们发展到半夜劈了桌椅点火。伙食达到了难以下咽的程度。我懂了，如果没有一点油水，只是白水煮萝卜，煮白菜，放点盐，那菜吃起来相当苦。我从家里得到了极少的一点零花钱，就到地安门附近的老德顺牛奶场的门市部喝一碗牛奶，多么香甜的牛奶啊，只是喝了这次就没有再喝的钱了。当局发行“金圆券”并且限价，不准涨钱，没几天，老德顺干脆打烊。

一个政权一种社会制度的末日更像是闹剧、喜剧和荒诞剧。物价一天涨几次，租房以几袋洋面计价而不是算钱，学生包围了市党部，并将“国民党”三个字更改成“刮民党”，而报纸上居然登出了要人的讲话，说是这是对国民党的侮辱。不这样登还好，这样一登，真叫我们痛快。在所谓“国民大会”上，蒋“当选”为“大总统”，而江苏某报的头题是蒋当选为“小总统”，后续报道说，由于“受害人”（蒋）未起诉，法院未有计划处理此事。一家亏损太多的报纸，干脆发一个号外，说是共产党的几位司令被俘，当时卖的时候就没有人相信，但是人的心理是即使是谣言也要听听它在说些什么，于是号外卖掉不少。于是“当局”以散布假消息为罪名处罚该报停刊三日，人众分析说，停报三日，它也总算赚了一笔。沿长江一个城市，说是国民党的官太太陪美军军官跳舞，中途停电，然后发生了强奸案。与此同时，盛传四川有个叫杨妹的女子，从生下来就不用吃饭，于是组织了医学专家追踪调查，将杨妹的身体检查情况包括妇科检查情况全部登在报上，最后说是从肛门处检查出了食物残渣，证明人不吃饭还是办不到的。然后报纸上又挖苦，说是当代中国科学研究的一大成果是证明人必须吃饭。

随着解放军在“辽沈战役”中大获全胜，入关包围了平、津，对立方面自知大势已去，一片萧条。学生中的地富子弟，绝望中贴出布告，搞什么“自救先锋队”，凄厉地号召学生参加“平津保卫战”，垂死挣扎一番，但应者寥寥。而学校原有的中统特务组织社团“暮鼓社”，张贴一些半哀鸣半狂吠半抽搐的怪声怪气的文字，宣传共产党怎么不好，扬言要消灭“匪谍”。

晚上自习时读革命书籍，被一位报名欲参加上述“先锋队”的学生看到，他阴沉地说：“小王蒙，小王蒙，别看你，哼……”我未动声色。

随着北平和平解放的形势日益明朗，地下组织的活动也就大胆起来。由于我校的一位锅炉工是党员，我们的活动乃以锅炉房为大本营，虽未正式沟通，冀高二、三年级的另一个规模大得多的平行支部的成员已经与我们并肩战斗上了。我们准备了大量标语口号宣传品，并且不约而同地以“晨钟社”（向暮鼓社叫板）学生社团的名义在一个晚上铺天盖地地满学校张贴。而学校的原当局留守班子已经瘫痪，不起任何作用。一个政权垮起来，竟是这样不堪一击，摧枯拉朽，夸张一点，更像是儿童游戏而不像是严峻的斗争。

一九四九年一月中旬，在解放军正式的入城式前数日，有部分先遣部队入城，路经地安门一带。解放军穿着灰色棉袄，朴素整齐，精神奕奕。我校师生挤在校门口观看。“我们的，我们的！”我心里想。这时看到一位省教育厅的留守人员，我便凑过去问道：“请问您做何感想？”他怪笑了一声，只是重复说：“我做何感想？我做何感想？”他的声音尖厉凄惨，哭笑不得。我想他的潜台词是“我算什么人？我又能做何感想呢？”我为什么要问他这样一个绝非善意的问题呢？我也想不出动机来。可能有好奇心，更可能有胜利者的快意。恶作剧，玩玩爪下的老鼠，这种爱好不仅属于猫儿。

我们接着以学联名义进行了大量校园内与街道上的宣传庆祝活动。各种标语随便写。不但有“打到南京去活捉某某某”，而且有“打到香港去”“打到美国去”“打到英国去”……也有针对性有限的说法：“现在是晨钟的时代，让暮鼓见鬼去吧。”

而街头宣传热闹非凡，锣鼓喧天，我化了装，不知从哪里找来一件猫皮大衣，反穿在身上，大家先是无师自通地扭秧歌，然后是打锣鼓，然后我们给围观的市民讲演。我相信，跳舞与唱歌一样，也是属于革命属于共产党的，国民党时候，只有阔太太与不正经的女人跳交际舞，而共产党发动了全民跳秧歌舞，多么动人！一次我讲什么叫解放，我说，原来人民被捆绑着，现在，共产党把人民身上的绳索解开了，原来人民被反动派监禁着，现在我们放出来了，这就是解放！听众为我的话鼓掌欢呼叫好起来。我体会到了在广场直接向无组织的乌合之众宣传鼓动的风险与乐趣。一次讲话热烈成功，同样内容的另一次讲话可能毫无效果，再另一次讲话也可能被轰下台。这种不确定性也是革命的魅力之一种吧。

此后在学习延安版的《整风文献》时，我读到了季米特洛夫的一次讲话：《论宣传鼓动》，我很倾心。季米特洛夫在法西斯一手制造的“国会纵火案”庭审中的自我辩护讲演早已经如雷贯耳，我是耳熟能详。后来看了苏联与保加利亚联合摄制的以此为题材的影片，我更是佩服得五体投地。我渴望做一个季米特洛夫式的革命鼓动家。我一直梦想着这样的场面：不觉悟的人民群众被蒙蔽，被误导，我以革命家的身份去讲演，雄辩的言辞扭转了乾坤，人民流着热泪皈依了革命，用大刀和长矛向阶级敌人的头上杀去。

我从此十分反感关于口才、关于什么名嘴之类的说法。这难道是讲脱口秀吗？靠说相声说评书能发动起革命来吗？靠话剧表演才能能在法庭上怒斥顽敌吗？一个名嘴能从容面对法庭、监狱、刑场吗？这里说的是革命，是真理，是献身，是庄严的牺牲，是人生方向的选择，是境界也是觉悟，是抛头颅洒热血，口才好有屁用！

解放军的入城式如火如荼。我们看到了立在检阅车上的毛主席。我们看到了人民自己的坦克、重炮、装甲车、骑兵……我体会到那种真理终于物质化为强力，正义终于变成了轰轰烈烈的行进，受压迫者终于翻身成了统治者的快乐。

在顺城街宣武门附近的北大四院礼堂举行了北平市地下党员的大会，会场上震响着《国际歌》的歌声，主席台上悬挂着我们还相当陌生、所以更加令人激动的镰刀斧头红旗。彭真、林彪、聂荣臻、叶剑英、赵振声（李葆华，李大钊同志的儿子，时任中共北平市委的副职）等一个又一个地讲话，会议从下午两点开到午夜，中间由会议组织者出去采购烧饼、火烧、大饼、酱肉、窝头、面包……把各小餐馆“包了圆”。满场飞着熟食快餐，一幅共产共享的图景。小子何能？与闻其盛，躬逢其盛，直如上了天一般。世上没有比革命成功更惬意更提气的事了。

在王府井帅府园的国立艺专（后中央美院，后拆除）礼堂，由周恩来做了传达七届二中全会精神的报告，万里长征只走了第一步呀，防止糖衣炮弹呀等著名论断使我等如醉如痴。周总理的声音与风度也同样迷人。

还由华北局城市工作部学生（或学校）工作委员会召开过一次学生中的地下党员大会。我看到被介绍给大家认识的大学委的委员、中学委的委员这些原先具有绝对秘密的身份的同志公开亮相，我佩服羡慕到了极点。我们的中学委书记是杨伯箴（后任共青团北京市委书记、驻瑞典公使与外交学院院长），副书记是光彩照人的女同志杜萍（后任教育部中等教育司司长等职）。有一位女同志身穿当时并不多见的皮夹克，我尤其觉得她的风度像是苏联的革命家苏菲娅。即使从地下党的领导人的风采上我也深信最最优秀的人才已经集中到中国共产党内，得人心者得人才，势非可当。所有的名词：党、委员、书记、支部、贯彻、群众（工作）、积极分子、先锋作用、核心、作风、思想意识……都使我如饥似渴，如闻天启。我听到一个人议论某某在“闹情绪”，我觉得连“闹情绪”三个字也那么特殊、有新意、有创造性，一个人能够闹情绪，多么革命，多么伟大，多么不同凡响！

我就这样风风火火地大大革起命来，胜利起来，凯歌行进起来。世界已经是我们的了，中国已经是我们的了。北京或北平已经是我们的了。我已经知道北平即将更名为北京了。三月，我参加了工作，戴上了北平市军事管制委员会的胸标与袖标，值夜班的时候我配备了左轮手枪……无限光荣，无限自信，无限骄傲。

只是半个多世纪以后，就是说当作者动笔回忆这一切的时候，我才不禁想到，对于我来说，革命是不是太轻易了呢？轻易的胜利里边，是不是蕴藏着什么危险，什么后患呢？天下诸事，有一正就有一反，有一顺就有一逆……

16. 激情岁月

这当然是激情岁月。没有激情哪儿来的革命?

唱歌。革命者有唱不完的歌：歌唱翻身解放的歌惊天动地。“东北风啊，刮呀，刮呀，刮晴了天，晴了天，庄稼人翻身啦……”这个歌给我一种决绝感，它使我立即想起周立波的《暴风骤雨》。它在号召“土改”，号召流血斗争，它在叫人，有种的来呀，想过好日子的来呀，有仇有冤的来呀……它有一种舍命争幸福的决心。不拼命不舍命不流血，在中国难道能推翻一个政权，更迭一个世道，创造一个新世道?

然后是“大柳树，开了花，一开开到穷人家”，是“大黄牛，肥又大，土改以后来我家”，是“铁树开了花，枯树发了芽……红灯高挂在空中，呛不龙冬呛，照得……满天红，呛不龙冬呛”各种象声词，还有“咦呼呀呼唉”这一类的过渡发音，都具有一种百年不遇、千年不遇，千军万马闹翻身，人山人海齐向前，红火热闹，天翻地覆的创世意味。

歌唱战斗的：“我们是投弹组，战斗里头逞英豪，号令一响就冲向前，蒋匪军你哪里逃?杀呀……”这首歌的特色就在于把冲锋和拼刺刀的口令“杀”融进了歌唱。

歌唱渡江的：“大旗一举满天红呀……唉哟唉哟”又像是划船的船夫号子。

骂旧社会的：“国民党啊，那个一团糟……”“往年古怪少，今年古怪多，板凳儿爬上了墙，灯草砸破了锅！”

歌唱党和毛主席的：“太阳出来了，满呀满山红，中国出了个共产党，领导我们前进”“南京到北京，哪一个不闻名，咱们的领袖就是毛泽东！”“你是灯塔，照耀着黎明前的海洋，你是舵手，指引着前进的方向！”“一绣毛泽东……二绣总司令……三绣解放军……”“红旗飘哗啦啦地响，全中国的人民喜洋洋，胜利的船儿向前进，心中升起红太阳！”

有两首歌让我牵心动肺。李波唱的“太阳，一出来……”一曲《翻身道情》不仅在苏联为首组织的世界青年联欢节上得了二等奖，而且像烈火一样在全国城乡燃烧。而郭兰英唱的“旧社会，好比那，黑咕隆咚的枯井，万丈深……”吐苦水的《妇女自由歌》更是使我泪流满面，中国的女性受的苦实在太多了，为这世代含冤负屈的妇女复仇，杀上一百万个封建地主也不算多。我的妹妹王鸣在少年之家学唱这首歌，她努力学郭兰英的山西梆子式的味道，还真有点像呢。

歌唱祖国：“五星红旗，迎风飘扬”“我们唱一首最亲爱的歌，歌唱我们伟大的祖国”“我们新疆好地方，天山南北好牧场”……

歌唱青年：“我们是民主青年，我们是革命的先锋”“年轻人，火热的心，跟随着毛泽东前进”……时至今日，我们北京市的老团干部聚会的时候，后一首歌仍然是我们必唱的。

还有许多革命的诗歌、革命的文章、革命的故事、革命的戏剧特别是歌剧、革命的快板、革命的顺口溜。文无革命难火热，革命无文难动情！而一想到自己是先知先觉的革命者的时候，一下子就变成了顶天立地、呼风唤雨、扭转乾坤、再造世界的巨人！

大中学校里热火朝天。由于学生里的党员比教工里的党员多，而刚刚解放时还没有来得及派遣干部去管理学校，于是学生中的党员特别是成员数量多的团支部，自然成了学校的执牛耳者。校长主任老师，都听团支部的。今天欢庆大会。明天做大报告。今天男中和女中联欢（那时中学是男女分校的）。明天批斗反动言论。学生中的党员团员干部，在课堂上出出进进，忙碌异常。

解放区来的革命大学招生，短期培训，思想改造，毕业就出去当干部，以满足解放区迅速扩大的需要。华北人民革命大学的招生尚未结束，南下工作团又招人了。今天这个走了，明天那个又不见了。北方人南下等于南方解放，所以南下就是以革命干部的身份去解放南方人民，这是多么有吸引力的行当呀！

就在这样的热潮中，我在一九四九年三月“脱离生产”（老区的这个词是指工人农民的），调到了新民主主义青年团北京市委，在中心区（先是内六区，后为五区，后并入东单、东四、西单、西四四个城区，后并入东、西两个城区）做中学团的工作。我是自带铺板（那时许多人买不起床，乃用三块木板和两条细凳子）参加的工作，母亲对此略有异议，但是挡不住我的革命激情，而且此后，我再也不想要这三块木板。

我们接到上级指示，要保存各校的党、团员力量，不能随便走掉，未经批准擅自离校的，一律不给转组织关系。执行这一条规定，我最机械。冀高一位团员，就是因为未经批准去了南下工作团，我就下令不转关系。此事后来外调人员还来找过我查情况。想来我的"铁面无私"定给这位朋友制造了不少麻烦，也许影响了他一生的前途。

《整风文献》中的另一篇文字吸引了我的少年的心，它是《中共中央关于领导方法的决定》，是毛主席的手笔，提出领导要搞重点示范与指导全面的结合，第二个结合是积极分子骨干与广大群众的结合。这些论述对于我不但高明而且神奇。我爱过文学，爱过数学，但是文学数学，也没有宣传鼓动特别是抓点带面抓骨干带群众的领导学问大，变化莫测，出神入化。这样活泼生动、课上不讲、书上不写的学问才是奥妙无穷。真是大智慧，大手笔，大创造，大学识啊。我迷上了。

我"领导"了一些中学的团干部，他们有的后来担任了重要的领导工作。我"领导"的一些，在我这个瘦弱少年眼睛中，堪称热情健康、发育良好、光彩四射的女生干部、积极分子也令我心潮汹涌。看到地下党员、盟员中有那么多女生，我很感动，我相信，旧制度下女子受着更深的压迫，所以革命性更强。革命，点燃了青春的烈火，革命，那真是盛大的节日啊。

但是我的"领导"不是一帆风顺。例如冀高，都是高中男生，来自河北各地，智商较高，不轻易听从你的指导。有一个团干部当面嘲笑我说话"啰里巴唆"，使我面如土色。我们区的人乃至其他学校的人也都知道冀高的干部"不好带"，有人还给他们起绰号叫"粪高"。据说连冀高的校歌也充满个人英雄主义。其词曰："卓彼云汉，倬彼朝阳，唯我冀高，为国之光……"

冀高的学生骨干为自己的高傲付出了代价。"反右"当中，恰恰是一批留校工作的原地下党员盟员被打成了反党集团，调到其他单位的一些人也历经坎坷。

与“领导”“宣传鼓动”同样迷人的还有“批评与自我批评”。与我同支部的比我年龄大不了太多的人，一面朗读着刘少奇的《论共产党员修养》一面泪流满面地检查自己的个人主义、个人英雄主义；一面把自己骂一个狗血喷头，一面给别人上纲上线，深揭猛批。我们深信，国际共产主义运动中出现了铁托、拉伊克（匈牙利领导人，拉科西时期以莫须有的间谍罪被枪决），就是因为他们身上的个人主义个人英雄主义。确实，以“修养”为标尺，衡量自身，我们除了惭愧自责再无别的话可说。只是在这种场合，我虽然也是诚惶诚恐，却没有落下太多的泪水，我总认为一个小伙子，一个共产党员动辄哇哇地哭，太不好看，我承认我很多方面都不完美，但绝对没有达到痛心疾首、无颜见人的程度，那样哭显得夸张，并不真实可信。但同志们明明在哭……这使我更加自责和自我怀疑。

具体的批评话题与内容我早已忘却了，我知道这里有许多夸张，许多危言耸听，许多无限上纲，这些都留下了后遗症。但对于我这也是一个“修身”课程，一个关于如何“做人”的教育，使你考虑周围同事同伴与上级对你的反应，考虑群众关系，考虑做事、谈问题、与别人争论时的态度，考虑提出问题分析问题的方法，考虑言语的选择与使用，考虑在有利的与不利的场合应持的姿态和风度，学习统筹兼顾，考虑各种情况下取得一致、取得最大公约数的可能。这一段，通过组织生活我接受了这方面的教育，我戏称为我的童子功。它确实帮助我渡过了某些难关。许多年后，也有同行反映，王某在这方面就是做得比旁人好。

迷人的还有聆听与讨论领导同志的形势报告。我们重复着领导同志列举的生动的例子，证明着革命是多么胜利、多么成功、多么感人而反革命是多么腐朽、多么愚蠢、多么日暮途穷。越听越爱听，越讲越爱讲，这是我们的一种精神享受。

我们区的团员中有两位参加了在布达佩斯举行的世界青年联欢节与少年夏令营，她们正好是姐俩。后来第三任团市委书记许立群（后任中宣部副部长）也去柏林（东）参加了国际青年活动，我们爱听他们讲他们的见闻，以苏联为首的社会主义阵营是多么强大，中国革命的胜利是怎样引人注目，反动派是怎样穷途末路。我听到讲话中提到了莫斯科的狄纳莫足球队，这也使我兴奋艳羡不已。一个中国少年能看到又狄又纳又莫的足球，这是什么样的神气、福气、运气！许立群同志还讲了他们是怎么样回击西方记者的挑衅性提问。当时民主德国搞了盛大的保卫和平的游行，一个西方记者问："请问中国是怎样保卫和平的，是否也像东德这样许多人走来走去？"许立群同志回答说，中国人民用各种方式保卫和平，可惜的是，在西方，人们没有可能这样做。

我们一次次地看记录文献片：《东北人民的胜利》《解放大西北》《大西南人民的凯歌》。尤其是中国和苏联文艺工作者合拍的《中国人民的胜利》与《解放了的中国》，彩色片。解说词的执笔者苏方有西蒙诺夫，中方有刘白羽。文献片中战斗的场面不多，主要是人民的支持，人民的欢迎庆贺，到处是红旗彩旗，到处是锣鼓喧天，到处是箪壶食浆，以迎"王师"，到处是热泪盈眶与笑逐颜开，到处是纪律严明、秋毫无犯的人民解放军，到处是四部五部八部十六部的轮唱："解放区的天是明朗的天，解放区的人民好喜欢……咳咳咳咳……（有X个声部就唱X乘2个咳）呀呼咳咳依呼呀咳！"

何等的感情，何等的脆生。革命胜利的喜悦你会一生重温，你会万年欣然，你会骄傲一代又一代。无怪乎一位中国台湾背景、定居美国的作家流着泪说，她如果能有机会在那个解放的时刻与大陆人民共享胜利，她此后死了也不冤！还有一位青年评论家说，你们这一代人好赖想着的是革命，我们呢，无事可做了不过打打孩子罢了。当然，他说得不准确，我相信每一代人都有自己的机遇与局限，但是，这些话的由来，绝非无稽。

这样的激情岁月里有许多难忘的事件。由于乐观和美好预期，鸡蛋曾经降到折合此后的币制一毛钱七八个。一九四九年的北京，确实做到了路不拾遗，夜不闭户。

有一位青年报纸的记者，一位戴眼镜的来自上海的大学生去采访一位苦大仇深的战斗英雄，并与他订了婚。英雄回到部队，经指导员帮助，退了婚。女大学生十分伤心。

包括我的母亲也革起了命。她当了区各界代表会议的代表。她参加了工作去全国妇联幼儿园当保育员。我的家平日锁着门，弟弟上了住宿制的香山慈幼院学校。

当然不仅仅靠激情和煽情，新中国成立初期的一切，令人三呼万岁。实践、实绩、实事是激情的基础。老舍的《龙须沟》话剧完全有现实的依据，程疯子与舒舍予的感受能够得到观众的认同。国民党时期被人们骂得狗血喷头的市区街道上的垃圾堆，新中国成立后没有几天就被解放军的大卡车拉得一干二净。国民党时期同样被骂得狗血喷头的天天停电的冀北电力公司，一解放就做到了正常供电。以致传出说法，该电力公司的头头是地下党员。解放军纪律严明，秋毫无犯。卖淫行业取缔了，记录电影叫作：《姐姐妹妹站起来》。新街口、交道口新建了影院，上演的是东北电影制片厂的新片和健康向上阳光无限的苏联电影。什刹海与陶然亭修起了游泳池。物价一下子就稳定了。公共交通也立即改善了许多。哪里用得着学习讨论，忆苦思甜，天天都在证明着表现着新社会的成就与效率，你是歌颂也不胜歌颂，怎么歌颂也歌颂不完啊！

小小年龄，我得到了激情，得到了胜利，得到了无与伦比的欢欣，我趾高气扬，君临人世，认定历史的舵把就掌握在自己的手里。看到父母这一代人和更老的人，想到历朝历代的过往者，我相信他们都是白白地度过了一生……而今，人生从我这一代开始啦。

我当然要为这一切自满自足付出代价。

17. 中央团校

一九四九年三月我被调入团市委的时候，被认定的优点有思想清楚、看问题尖锐、动脑筋，等等。此外，我从刘枫同志身上已经学到了一个本领，不论群众如何议论纷纷，莫衷一是，都要从大处高处总结几条：革命在前进，群众的觉悟在提高，我们的工作成绩显著，新的积极分子正在涌现之类。听了这样的分析，人们会立刻得到一种登高望远、心旷神怡、团结一心、大有希望的感受。站得要高，看得要远，永远充满信心，永远从容镇定，这是我的童子功，这影响了我一生。

但很快我暴露了自己的少年的天真幼稚与心态上生理上的不符合工作需要的一面。例如，晚间开会时我会坐在椅子上呼呼入睡。从高中失眠起，我一辈子嗜睡，认定睡眠是健康与事业的首要保证。而那时的团市委干部的一班人（百分之九十七来自大中学生地下党员）的积极性的首要表现是熬夜加班，越到子夜越到假日，尤其是大年初一啦、新年节日啦更是绝对地不休息不睡觉，加班夺取革命的彻底胜利。而我对此深为反感，我不明白一个革命者怎么可能只知道忙碌却忘记了从事业的辉煌与生活的壮阔中汲取真善美的灵感。我当时已经知道了一个词儿——事务主义，怎么这么多的事务主义者啊。我也相信列宁的名言：不会休息就不会工作。我坚信累过了头一定要自我休整。我“精神”不够用，时常丢三落四，把领导布置的事情忘掉。我要玩，要有时间旁观欣赏。当会议没完没了，车轱辘话越说越多的时候，我会突然魂不守舍去欣赏窗外的麻雀与云霞、灯光与有轨电车。

当人们冷静下来以后，便承认了一个常识，让一个十四五岁的孩子当干部，是太早了一些。一九四九年夏机构合并调整的时候，我被劝告继续回到学校上学。我却不想接受这个安排，我已经心浮气躁，心比天高，难以回到课桌后了。我实际已经“下岗”，便临时到暑期学习团去管伙食，这个时期我第一次学会了喝酒。我每天与粮油蔬菜供应私商打交道，今天你发现A店粉丝比B店便宜百分之二十，你换成A店，第二天你又发现C店的大米比A 店又好又廉价。最后，你差不多放弃了利用私商间的竞争买到最划算的食物的希望，却学会了与私商碰杯。然而，学习团组织的大报告还是精彩得很，我听了艾青批判徐志摩的诗《别拧我，疼》，我听了周扬讲革命的文艺运动，好像还有哲学历史学方面的名家艾思奇等为参加学习团的学生们讲课，展示了解放区、共产党崭新的意识形态的丰富、辉煌、战无不胜与蓬勃焕发。

接着，八月底我被分配去中央团校二期学习。我在十五班。十五班多来自北京，曾任台湾民主自治同盟领导人的徐萌山是我们班的学员，是当时班上的党支部委员。另有一些上海、南京的学生党员。多是已经有一点“革命”的经验的团干部。十七班是来自上海的新生。而十八班是来自北京的新参加工作者为主。

开始中央团校还没有进城，我们的校址在京南的良乡县。到良乡县上学，这有象征意义。中国革命走的是农村包围城市的道路，新中国一成立，从乡下进城的人占领了鳌头。我的到良乡学习显示了老革命的色彩。我们就住在“号”来的老乡的房子里，我们争着给老乡挑水，我们继承了前辈革命者亲农的好传统。

这是我除儿时在故乡外首次生活在乡下，有新鲜感，我的革命除了道德上的自我完成外也有求新知识新经验的特色。

我们听了许多高质量高规格的大课，用现在的话，我们的教师可真是超豪华的阵容：李立三讲工人运动，陈绍禹（王明，时任法制委员会主任）讲婚姻法，邓颖超讲妇女工作，冯文彬（时任团中央书记）讲青年运动，艾思奇讲哲学，孙定国讲党史。邓颖超的北京口音清脆生动。艾思奇像是四川口音。王明的讲话无任何特色。最难忘的则是在毛主席身边工作的田家英讲毛泽东思想，他从下午讲到晚上，晚饭后继续讲，讲到深夜。大课是露天进行的，我们每人自备一个小马扎，拿着本子猛记。天黑后点起煤气灯，招引了太多的趋光飞虫，几次不得不停下讲课用纸包捉虫杀虫。我至今记得，田家英说，毛泽东思想像大海，每个人都可以去舀里边的水，但是水永不枯竭。毛泽东思想像钢琴，每个人都可以用它演奏出无穷的精彩乐章。讲到毛泽东思想关于知识分子的论述的时候，田说，知识分子需要政治化与组织化。他说主席说过知识分子是“鸡毛蒜皮乱哄哄，争来争去一场空”，这些是我从其他材料中没有得知过的。田家英讲毛泽东思想完全是用他自己的语言，讲的是他自己的心得，而且我能感觉得到他对自己的讲话的珍爱与从分析中获得的快乐。

但是我也略有保留：他讲得如此滔滔不绝，大雨倾盆，全面灌输，耳不暇闻，一口气居然讲了六七个小时，除了中间吃晚饭外，连课间休息也没有，更没有什么互动、问答、讨论、质疑。他完全是一个解放者、拯救者、宣示者、指挥者、先知先觉者，手把手教这些年轻干部的导师，而听者只是单方面的接受者、吸收者，从零或者负数开始者。这种讲授至少使我感到了疲劳，替自己也替老师。我在晚九时后递了一个条子：“请掌握时间。”那个时候听讲是可以递条子的，不必署名。田老师拿起了并宣读了这个条子，他很民主，但是他不以为然也不以为意，他身旁的教务处领导表示“放开讲放开讲”，他也丝毫不加收敛地继续洋洋洒洒地讲了下去。也有些同学听了老师念的条子显出了惊异的表情。

田家英当然不是一般人物，我与他没有直接接触。这里不多谈他，但我至少可以认定，他有学问，有才华，爱思索，有创意，处于极度的兴奋状态、话语爆炸与思维加速的状态。

一九八〇年我首度访美，在一个教授家的钢琴上看到一段话，说是人生就像钢琴，它的表现决定于你的演奏。它使我想起了已经阔别人世十余年的命运带有悲剧色彩的田家英同志。

在中央团校还进行了速成的思想改造，学员们如饥似渴地接受革命理论新思想新观念的同时，联系实际，检查自己原有的思想认识当中有哪些不符合新观念，受了哪些反动理论的影响，具有哪些糊涂认识，哪些剥削阶级的偏见，做过哪些错事坏事，是怎样地对不起人民，对不起革命。不知道怎么形成的一种风气，越是骂自己，越是忏悔自己的丑恶反动越证明学习有了收获。

我们班两次举行全班的批评大会，帮助两个学员，他们都是来自大学的新参加革命工作的知识分子，他们都是反蒋反美的学生运动的积极分子。其中一个人违反学校纪律与一位女学员搞恋爱，而且其表达爱情的方式被认为完全是小资产阶级的——他送给这位女生一块石头，用了一个什么谐音。另一个人是什么“学生领袖”，能说会道，喜出风头，性格豪爽，说过什么民主自由之类的话，典型的“个人英雄主义”者。我们大家对他们二位进行了急风暴雨式的批判，众人情绪高涨，感到新鲜而又热烈，面对面深揭猛批。实昔日闻所未闻。此二人尤其是后面那个人，也被枪林弹雨、铙钹齐鸣式的大会批评搞得亢奋悲壮，渴望着焕然一新的奇迹，渴望着本人历史的崭新篇章，声称是巨大帮助，巨大温暖，巨大推动，他们是铭谢永远。

我们班上的团支部党支部进行了十分民主的改选，完全由党、团员提名，候选人还发表讲话，讲自己如果当选将怎样做。其他成员也自由发言，气氛极其活跃。那位被认为有个人英雄主义的人是团支委的候选人，有人提出他性格急躁，是缺点时，另一位年轻人说，急躁固然不好，但也有好处，他的特点是“五年计划，三年完成……”大家鼓掌。但立即有人指出，把“五年计划，三年完成”说成是性格急躁的后果的说法，政治上是完全错误的，于是学员们又受到了一次教育。我感到后悔，即我本来也对“三年完成”急躁论有所质疑，却没有立即严正指出，丧失了一个表达自己的高觉悟高水平的机会。

个人英雄主义者虽然被大会批判，却仍然当选为团支部委员，这很感人。

另一次我的水平是表现出来了。关于休假，学校有一次安排，学员有些意见，经反映后校方采纳了学员的意见，一个学员说是“斗争取得了胜利”，我立即指出这样的说法不妥。我当然是被肯定的。

我相信我在团校的表现还是不错的。各种小组大组联组讨论是竞相表现觉悟表现政治上的正确性的平台，上团校的任务就是要以合格的认识合格的分析问题的方式达到革命者的标准。我这方面绝不落后，常常受到组内同志的夸奖乃至羡慕。但是班主任指出我的思想方法有片面性，我想是指我太容易小有心得便大大发挥，我相信我当时“左”得惊人。

我们组有一个出身于地主阶级的同学，大家纷纷帮助他清算地主阶级的罪恶，他全部接受。学习中收到家信，得知他的祖父去世，一位比我大一岁但是显得比我孩子气的同学说：“少了一个老浑蛋。”死者的孙子表现出不快的情绪，我们帮助他提高觉悟，自认为做了入情入理的分析。

我表示不赞成谩骂死者，同时，骂了一个老地主也绝无对之反感之理，我们煽情地设想了老地主的祖祖辈辈的剥削和压迫，养尊处优和掠夺民脂民膏，我们说得那位当事人五体投地。

另外，我在团校仍然身体不好，又犯了失眠，难以治愈。此后很长时间我以充足睡眠为首要的养生之道，我常开玩笑说，我是睡眠爱好者，睡眠可以冲击其他，其他却不可以冲击睡眠。这与我少年时代的痛苦的失眠经验有关。

在团校学习期间我们参加了开国大典。我是作为腰鼓队员来到天安门广场的，咚叭咚叭咚咚叭咚叭，一想，这样的节奏就会在耳边响起。我至今记得人民群众是怎样热烈地欢呼“毛主席万岁”，毛主席是怎么样用湖南方言高呼“人民万岁”的。我们还取材本组的故事编了话剧，内容是一个思想有问题的学员经过痛苦的思想斗争，在组织与群众的帮助下怎样放下了思想包袱，一通百通，跟上了革命前进的步伐。我是演员之一，演一个热心帮助别人解决思想问题的小同志。

中央团校的八个月的学习为我的理论知识打下了基础。此后我一直喜欢探讨辩证唯物主义与历史唯物主义，探讨列宁的建党学说与孟什维克的建党学说的分歧，陈独秀的“右”倾机会主义导致了大革命失败与三次“左”倾机会主义导致了反围剿斗争的失败，等等。

我养成了分析思想、进行批评与自我批评的习惯，什么问题都能分析它一个头头是道，都能有个一、二、三条看法，我这时已经开始注意培养自己的理论能力了。

中央团校期间我们的同组学员当中还有一些名门子弟，例如朱学范的长子朱培根，国民党将军庞炳勋的女儿庞屏阁。另一组有一位同学是一位著名民族工商业者的儿子，他曾经请我们全班师生到他家吃过晚餐，几进的大院，走廊，明亮的照明，一道道炒菜，使我想起自己的家人，我很辛酸。

团校毕业时我们受到了毛主席的接见。同时被接见的还有一个海军会议的参加者与另一些开财经方面的会议的与会人员，是联合接见。毛主席从台侧走了出来，各个聚光灯打开，照耀着主席的面孔。说好了，毛主席不准备讲话，他只是在照耀下站了站，略略做一点手势，有时背起手，有时摇一下手，有时往远处看，有时微笑一下。毛主席的形象相当雄伟，沉着，庄重，每个姿势与动作都有风度，有雕塑感。我想，做一个领袖人物真难呀，置身于聚光灯下，展现自己，定格造型，这是一种艺术，更是一个考验，普通人，那么一站，多么紧张，多么尴尬，而主席好像已经惯了，他举止自信而且有“派”。

我们组的学员鲍训吾同志代表团校毕业生向主席朗读并献上了致敬信，毛主席与他握了手，我们都感到了光荣，并纷纷与鲍同学握手。鲍来自南京中央大学，地下党员，我们一直很合得来。他后来任河北大学的哲学系教授。

团校二期后两个月搬进了北京城，后圆恩寺。“文革”结束以后，我们班的学员多次聚会，包括原来受过大会批评的人，对于团校这一段经历，仍然十分珍惜。

18. 秋天的发现

这一节的标题与前面的标题的平实风格似乎不大一致。但我仍然是实话实说。一年四季，对于我来说，并不是同一个时间发现并感受的。冬天，我的体会最早，我的童年时代的冬天比后来严厉峻急得多。我上小学时戴带“耳朵”的帽子，戴口罩、耳套、脖套、手套、手揣子（状如圆筒，两手揣进去），穿棉衣棉裤和毛窝，仍然冻得手脚发麻，伸出手却写不了字。有一次我冻哭了，有一次我冻得尿了裤子。

从小学二年级我注意到了夏天。夏天，我最喜欢的是大雨，大雨后胡同里可以有齐膝深的积水，大量蜻蜓在水面上飞。夏天的雨使你相信天无绝人之路，酷热到极点以后，天会以雨搭救众生。我也喜欢乘凉。晚饭后，已经很疲劳了，先是在院子里坐着，院里没风，就到了胡同里，胡同里仍然少风，就走到胡同口，走到西四北大街，大人便说，好了，有风了，我也觉得凉快了些。我度过的都是盼风盼雨的夏天。我曾经坐在大街的马路牙子上乘凉。你总不能在街上坐一宿，回到了小院，困倦得已经抬不起头来了，还是不敢进屋睡。终于进了屋 ，躺下，好像只过了一分钟，头上出的汗已经把枕头浸得湿透了。

但夏天仍是有一种快乐，乘凉与闹雨仍是贫穷和匮乏的童年时代的一个美好的记忆。等着风，说着闲话，总比紧张地等待着对手的到来，等着打架的心情好。看着月亮和星星，有时候还看到带着小灯笼飞行的萤火虫，或是看着乌云，闻着雨带来的泥土气息，等待着使感觉翻一个个儿的暴雨前来。这是一种快乐，一种得自大自然的恩宠。

第三个发现的是秋天，是在中央团校，是在当时的河北省良乡县得到的。

良乡位于平原，有一座小小的完整的方城，诉说着历史、县份、华北和中国。秋天的庄稼，一望无际，闻到的是风中酸甜清爽潮润的气味，听到的是群虫加众鸟的合奏，看到的是庄稼、草与树木在秋风中的摇曳，感到的是比北京的盛夏舒展多了的秋意。

良乡东城门附近有一家“刘饭铺”，我在那里用微薄的津贴吃过炸豆腐。一块整豆腐，炸过表皮，上面略放一点青酱和花椒之类的调料，作为小菜来卖。我要了一盘炸豆腐，吃起来感觉到自己已经长大，已经走南闯北，已经离家独立，已经有经济能力每月点一次炸豆腐乃至加一两（旧制，一市斤的十六分之一）散白酒，而且我已经感觉到了生活是美好的。

走出东门，是一道河。河水落差处有几块大石。秋日，昼渐短而夜渐长，傍晚，太阳早早下山，我利用休息时间，穿着小裤衩下到河中，斜躺在石头上，任凭流水在冲过巨石的同时洗刷我的孱弱的身体，与气温相比温度不低的清水带着响动哗啦哗啦地抚摩在敲击在出溜在我的皮肤上，给我增加了舒适，增加了活力，增加了润滑与欢快。而快乐使人增加了自信，增加了活力和志向。原来一年有四季，原来秋天是这样宜人，原来太阳、河流、石头和我之间是这样亲和，原来我可以从大自然那里得到这样多的安慰和启发，原来活着是这样有滋有味儿，有来道趣（去）儿。

而此时我正在读李蕤著的《毛泽东的青年时代》。里面讲到毛泽东青年时期的雄心壮志，毛泽东喜欢风浴、雨浴、日光浴，喜欢读书、静坐，注意锻炼自身。尤其是毛泽东的最早填的词《沁园春·长沙》：

> 独立寒秋，湘江北去……

这是我第一次读到毛泽东的词，那时候他的诗词的发表并不正规，这个版本上的“怅寥廓”三个字印成了“张廖阁”，相当费解，书用纸是解放区出品的草制黄绿色的纸。但是它仍然大大地感动了我。

我感到的是震动更是共鸣。青春原来可以这样强健，才华原来可以这样纵横，英气原来可以这样蓬勃，胸怀原来可以这样吞吐挥洒。我只能不揣冒昧地说，在近十五岁的时候，在中央团校学习革命理论的时候，在华北平原的良乡，在晴朗的秋天的夕阳照耀之下，在河边和河水的浸泡里，在毛泽东的事迹与诗词的启发引导之下，我开始找到了青春的感觉，秋天的感觉，生命的感觉，而且是类毛泽东的青年时代的感觉。辽阔，自由，鲜明，瑰丽，刚强，丰富，自信，奋斗，无限可能，无限希望，无限的前途：像风，像江水，像原野，像古老的城墙，像天降大任的期待，像革命的领导人的榜样。

作为中央团校的学员，作为一个不错的尤其是极为年轻的所以前途无量的革命人，我正在学到的真理，将做到把新世界的钥匙掌握在自己的手里，把历史的罗盘和缰绳掌握在自己的手里，自己创造自己的比世世代代先人更光明瑰丽的命运，把人类的新纪元的大门打开，开得大大的，把世世代代后人送到永远的幸福里。

著名的苏联科普作家伊林，除了写过名声极大的《十万个为什么》，还有一本名著：《人怎样变成巨人》。变成巨人，此说深得吾心，我不是正在变成巨人吗？

我喜欢，不，不只是喜欢，我热爱和迷恋革命的理论，社会发展史，辩证唯物主义，党史，从猿到人，劳动创造世界，家庭、私有财产和阶级的起源，社会主义从空想到科学的发展过程，布尔什维克与孟什维克的分歧，（苏联）经济主义与工团主义，二月革命与十月革命，斯大林与托洛茨基，“五四运动”，马克思列宁主义与中国工人运动的结合，半封建半殖民地，第一次国内革命战争，第二次国内革命战争，抗日战争，三次“左”倾机会主义，“右”倾机会主义，毛泽东与陈独秀、李立三、王明……党的第七次代表大会，毛泽东思想是马克思列宁主义与中国革命实际的结合，第三次国内革命战争，农村包围城市，整风运动，中华人民共和国不是简单的改朝换代，青年运动，先锋主义与尾巴主义，桥梁作用与后备军作用……这些严丝合缝的逻辑论述，是怎样地战无不胜，包罗万象，明晰确定，高屋建瓴，势如破竹啊。分析，分析，分析吧，马克思列宁主义是分析的利器，是分析的保证，是分析的光芒，牢牢掌握革命理论的原则，把分析坚持到底，你没有不能解决的问题喽。王蒙何幸，自幼就掌握了真理，从此只能是步步向前，从胜利走向胜利！

底下的我说不清楚，反正是从这个时期，我发现了秋天也发现了自己，发现了生活，也发现了志气，发现了毛泽东（读《长沙》比我当初读《新民主主义论》和《论联合政府》时还要激动，还要服膺）也发现了诗：我不能虚度年华，不能碌碌无为（以上两个词来自《钢铁是怎样炼成的》），我必须努力，我应该努力，我自然要努力变成巨人。

而且，我至今喜爱和高度评价毛泽东的这首词，认为它的完整与鲜明，匀称与格局超过了此后的许多诗词。只有《忆秦娥》“西风烈，长空雁叫霜晨月”能与之相比。《雪》很伟大，但“惜秦皇汉武……”几句未免平铺。《答李淑一》极感人，但“问讯吴刚何所有……”两句未免太通俗。而《长沙》既精美又壮美，既纯净又豪迈，既兴之所至又无懈可击，乃极品也。

至于春天，我对春的感觉最迟。那是一九五〇年，我从中央团校毕业以后，分配到新民主主义青年团北京市第三区工作委员会任中学部干事之后的事。

春的发现第一次决定于北海公园，也决定于《红楼梦》的阅读。北海前门，茶座那边的垂柳之下，无限依依的春水使我感到了春天。一九五〇年的春天，我与姐姐王洒在石桥与牌坊近处赏湖，碰到了前来公园的女二中学生崔瑞芳。女二中在我所工作的第三区，而姐姐曾与崔共同参加过一个学习。我们说起话来。她的笑容使我难忘。而此后见到她，她不止一次问：“王蒙，你怎么会有那么小的姐姐？”我们似乎从此拉近了距离。

《红楼梦》的春天的描写则使我感到一种神经末梢的触动，感到一种悲哀与惶惑，有点拖泥带水。我毕竟是秋天出生的人，我更适合的是秋天。我的长子王山写过一首新诗：《我是秋天的儿子》，我喜欢他的这个诗题。

19. 充满阳光

一九五〇年五月，作为中央团校第二期毕业的学员，我回到北京团市委，分配到了第三区团工委，担任中学部后又担任组织部的负责人。当时北京没有开过团代会，故先称“筹备委员会”，后改称“工作委员会”。后来第三区改为东四区，略有扩大，后来东四区又与东单区合并乃有东城区。

虽然只是巧合，但是我这次比较稳定地开始了新的工作之时，恰逢苏联外国文书籍出版局出版的中文版加里宁著《论共产主义教育》在中国发行，而且这本书被大大地宣传了一番。

加里宁曾任苏最高苏维埃主席。留着山羊胡子，给人以“加老”的感觉。加老的书深深打动了我，培养全面发展的新人（这个提法最早出自马克思，含义是要克服资本主义使人服从流水生产线对于工作的极端局部的片面化的要求，克服生产线对于人的片面铸造），个个政治觉悟高，道德高尚，身体健康，姿态优美。记得加老的原话是由于人人练习舞蹈，连走路的姿势也是优美的，头脑明晰，谈吐优雅，组织纪律，热情洋溢，纯洁晶亮。同时，我们也不知学习了多少次列宁在苏联共青团代表大会上的讲话《共青团的任务》，主要之点是，共青团的任务第一是学习，第二是学习，第三还是学习，简称“学习学习再学习”。

写到主要之点云云，我想起了当时畅销的一本书，是苏联劳动英雄、第一个女拖拉机手写的自传。书名《最主要之点》。当时认为最精彩之点在于，当她访问美国并接受美国记者的采访的时候，美国记者问道：“你有多少钱？”她的回答是：“两亿多。”美国人大惊，说：“你有两亿卢布？”（王注：当时苏联卢布的官方比价比美元高许多。）她回答说是两亿多苏联人民。

这些提法令我如火如荼。我设想着经过我们这些青年工作干部的努力，中华大地上到处是健康优美整齐火热聪明高尚，招之即来，挥之即去，指向哪里打向哪里，战则必胜，所向无敌，健康英俊美丽听指挥能战斗的青年男女。我好像看得见这些青年的笑容，看得到他们打着的裹腿，听得到号令他们集合、起步走、卧倒……的哨音。

我的周围有一大批这样的充满阳光的青年骨干。团区委的同志，王晋（后任北京市政府文教办主任）、段天顺（后任北京民政局长）等志同道合自不必说，各个中学的团总支书记、副书记……这些“学生干部”既是工作同人，也是青春革命伙伴。男男女女的团干部，人小心大，重任在肩，读书求知，才智出色，一心革命，豪情如火，功课好，能讲演，善分析，同时具有组织能力指挥能力，优秀得很。要不怎么说革命是亿万群众的伟大节日，革命时期一天十年！河北高中的郝柏林（后来的著名物理学家）、范与中，五中的刘毓峻，一中的赵树枫，二十一中的何钢、陈良锟，女二中的刘俱、魏之光，女十一中的周美华、杨双挥，二十三中的白迺贤，以及二十二中、女十四中、道济护校等的团干部，都是我的好友、我的激情与理想的见证。我们互相鼓舞，互相切磋，互相砥砺，互相传递各种鼓舞人心的消息、思想、语句。晒得黑油油的郝柏林据说每天都要在地安门跑步，高声朗诵“高高的乌拉山啊……”甚至他因此获得了“乌拉山”的绰号。范与中绰号拼命三郎，如一团烈火。刘毓峻善于宣传鼓动。赵、何、陈分析什么都是鞭辟入里……与这些青春革命好友一起开总支书记联席会，汇报情况，传达指示，总结工作，交流经验，不但是公务是工作，也是友谊、学习、“充电”和享受。我们共同享受着革命，享受着胜利，享受着荣耀，享受着青春，享受着新生的中华人民共和国。

另外，不必讳言，他们对我也很佩服、亲近。

我把我们的这种对于人生、对于工作、对于青年的现在叫作极其阳光的想法贯彻到实际工作中，我致力于让我所联系的团组织的成员们懂得已经具备了怎样的可能，我们有幸生活在一个怎样伟大的时代。我们必须努力，我们必须使社会使国家使人类使我们自身比已有的现有的好上千倍万倍。现在所以还没有做到那么好，那是由于受到了剥削阶级和私有财产的偏见的影响。从有了人类文明，私有制与剥削制就禁锢了我们，我们甚至于来不及想一想，摆脱了私有制与剥削制，摆脱了私心私欲，人类将会变成什么样的真人！

我们的理想不但是建设全新的社会，而且培养起全新的社会主义的人，我们常说，敌人所以说我们的愿望是空想，那是因为出于剥削阶级的偏见，他们的阶级本能注定了他们不可能理解新人的出现的可能性。

一个是组织大报告，要让团员们真正动员起来。各个区的团委书记都极善于讲话，善于宣传鼓动，善于引用文学书籍上的材料和语言把青年人说得热血沸腾。同时，那个年代各个学校的团委也经常能请到一些英雄模范社会名流来给学生讲话，例如中国的保尔——吴运铎，还有一些战斗英雄、劳动模范。有一个女工叫李凤莲，她小时候是童养媳，婆婆打她的时候说，一天不打你就要上天呢！后来她当了劳模，作为中国工会的代表，她出席了在莫斯科举行的世界工人联合会成立大会，她坐上飞机的时候她想到她现在真的上天啦……天翻地覆，日月重光，祖祖辈辈被侮辱与被损害的劳动人民如今扬眉吐气，谁能不感激涕零？谁能不高呼万岁？

一个是组织文艺演出和联欢，正是在文艺节目当中，可以充分表达我们的美好的理想，我们的崇高的情操，我们的热烈的期望，我们的善良的心愿。有一阵，男校和女校联欢得都快疯了，革命带来的解放感青春感都是无与伦比的。革命是血腥的厮杀。革命的胜利带来的是天天艺术节，天天青年联欢节，天天爱情节。我永远不会忘记，女二中有一个叫作翟达的有点小胖子状的团员，她声音洪亮，宽广，领唱："我们，唱一首最亲爱的歌，歌唱，我们伟大的祖国……当你走过普天之下，没有见过这样伟大的国家……"想一想近百年二百年来中国的屈辱经验吧，"东亚病夫"，一盘散沙，亡国灭种，列强瓜分，军阀混战，河山破碎，引进了新思想的严复晚年只能抽鸦片，一代宗师的王国维只能投昆明湖自尽……就是喊口号背条条也没有这样宣扬过自己的祖国啊！

而二十三中的团书记白迺贤会用他的男高音高唱："哪里有这样的国家，像我的祖国一样美丽，看花开千万朵……"他唱的是苏联歌曲，但与我们的心相通。

我参加过一对母女的同时举行的婚礼，女儿是地下党员，自不待说，母亲从小受到封建家庭的压迫，直到新中国成立后在女儿的启发下提高觉悟当了妇联干部，勇敢地支持姐妹们争取幸福，也勇敢地为自己营造幸福。

再一个我相信的就是批评与自我批评，包括会议上（叫作生活会，真是可爱呀，生活会！批评与自我批评，这就是革命者的生活！）与私下里的交换意见。凡是好朋友，熟人，见面就会征求意见。“你对我有什么意见？”这就是最最动人的友谊乃至爱情表白。善于给别人提意见，这就是魅力，这就是好心。我们都学会了吾日三省吾身，学会了君子相赠以言，学会了互作诤友，而绝对不为佞人。入木三分地分析自己的与他人的私心杂念，苦口婆心地劝导自己或者他人，解开思想包袱，放下思想负担，忘掉小我的小恩小怨小小不快，越是个人受挫越是要坦坦荡荡，阳光万丈，满足于快乐于无忧于大事业的从胜利走向胜利，这也变成了我的童子功，看家本领。

这样的做人、交友、处世态度，这样的人生基调我至今并不陌生更不丢弃。我给别人提过些什么批评，别人对自己提过些什么意见，倒真有点记不详细了。我记得同事中有一位出身于民族资产阶级的人，我们“帮助”他帮得不亦乐乎。他结婚，家里提供了一些物质条件，在我们的无微不至的帮助下，最后全部拒绝。而他的父母也没有来参加儿子的婚礼。同志们（不是新郎新娘）贯彻政策给他的父母去电话，他的母亲说，“由于阶级的关系”，他们就不来了。

而我的被批评包括爱睡觉，丢三落四，流露骄傲（如说某个爱说爱笑爱表现的女同志无知、不读书所以“可怜”）。还有一条，当时有一部苏联影片《勇敢的人》，描写一苏联英雄青年，敌后大战，扒火车，炸大桥，救美人等，社会主义内容，好莱坞形式，煞是好看。中间有一德国胖军官，半裸着在小溪中洗澡，吹着口琴。我姐姐很敏感，学会了这个口琴旋律，又教给了我，大体上是梭密多西拉梭，拉梭瑞拉梭法米，我想它也是来自德国民间音乐旋律。我也就没事哼哼起来，同志们普遍认为我哼哼德寇的口琴小调是“感情不健康”的表现。

一个骄傲的问题，一个感情健康的问题，我始终是警惕的。人不应该骄傲，骄傲令与你一起的人讨厌，这是毫无疑问的，尺有所短，寸有所长，与集体相比较，与人民相比较，个人不足恃，这些我都心悦诚服。感情健康问题我接受一部分批评，人是不可以放肆的，人应该时时自律，我同意。我也一直有一个疑问，为什么例如苏联小说中极力描写渲染的人的美感、多情、精神生活的丰富性在我们这里动辄被说成是“不健康”“小资产阶级”？赏雨赏花，看云看鸟，追忆梦想，拭泪微笑，这些苏联人做起来就是美好，我们做起来就是不健康？这些又与大小“资产阶级”有什么关联？

直到此后大搞反修的时候，我才明白了，我确实是有不健康之处的，否则何必那么喜欢苏联？

那时我最爱读的苏联小说是《幸福》，作者巴甫连柯。我读了他描写第二号女主人公列娜的心情的文字：“陶醉于这个夏夜之美，列娜想到人生有多么漫长……”像读了《圣经》，那种终极性的感动与体悟令我融化又令我升华。我也喜欢他描写红军在“二战”后期一个又一个地解放许多欧洲国家的情景。特别是他描写的维也纳，那里的圆舞曲。他还喜欢描写斯大林，令人神往。这一切如诗如梦，即使仅仅是纸面上的东西，能在纸上写出这样的东西也令人温暖和感动，佩服和赞赏。书里描写了克里米亚的葡萄酒，描写了美国客人的粗野与蛮横。书里他还写了一个苏联的战争孤儿，重度残废，但是仍然充满生活的热情与奋斗的志气，而美国客人认为这样的孩子活着只能带来痛苦。敢情美国人这样浑球儿！

后来知道，巴甫连柯其人不但制造个人迷信，而且善打报告，害人致死，苏联二十年代的大清洗中，他做过许多害人的事。这到底是怎么回事？几十年后我曾经与一位曾驻苏联的外交使节谈起五十年代的一些事，他评论说：“那样的年代已经一去不复返啦。”

有许多事都是一去不复返了，激动完了，你必须面对现实，面对完了你仍然会记起过往的一切。

我背诵了许多俄苏诗人的诗。我沉迷于普希金的“假如生活欺骗了你”，还有“……同干一杯吧，我的不幸的青春时代的好友，让我们用酒来消愁，酒杯在哪儿？像这样，欢乐就会涌上心头……”（这是他写给奶妈的诗）是的，能够亲切地怀恋往事的人是幸福的，能够想起你的不幸（或者干脆是幸运呢？）的青春时代的好友的人是有福的。怀恋和好友也许不能代替政策，却能产生普希金式的诗。我也喜欢普希金的形象，他不算高大，但是秀气英俊，永远年轻，特别是一帧他手持斗篷向前行进的照片。

我会背诵《青年近卫军》里奥列格朗读的诗：“不，我们既不恐惧，也不忧伤，生活之路并不使我们惊慌……”还有苏尔科夫的诗：“亲爱的不要紧，就让那白发霜生在两鬓……请问哪一个真正的男人，没有战争撒下的白盐粉？”

法国的“左”翼人士法齐，土耳其被囚禁的共产党员诗人希克梅特，智利的聂鲁达与巴西的亚马多的诗也叫我感动。

我最爱看的电影是苏联电影。《勇敢的人》我看过三遍。《幸福的生活》我看过五六遍。而上下集的《攻克柏林》我至少看过七遍。所有这些影片都在观众的狂呼和鼓掌中放映。我坚信，《攻克柏林》中的女教师、美丽的娜塔莎在花丛中行进的场面就是我们中国的明天。而《丹娘》是描写反抗法西斯的游击队员、苏联英雄少女卓娅的事迹的。卓娅的英名不仅在苏联，而且在中国也是家喻户晓。我最喜爱的是卓娅上中学时参加新年联欢会的场面。

新中国的电影则是刚刚起步。第一部故事片，长春制片厂的《桥》，我们在中央团校就读期间已经看过了，此后的《中华女儿》（八女投江）、《赵一曼》都堪称党课教材，崇高英勇，抛头颅，洒热血，名存千秋。那时候谁能想象有朝一日影片会“堕落”成娱乐品，会计较什么票房与利润！

我也组织指导了区里的一些中学生的一九五一年新年联欢，我努力让他们做得最美最好，充分体现新中国的无限美丽。我为自己设计了一九五一年的新年到来的情景，不是像苏联影片那样倒计时等待一九五二年的钟声敲响，而是在“检查”了几个中学的新年活动之后，恰恰在午夜前后骑着自行车走在路上，我从十六岁走到了十七岁，从一九五一年走到了一九五二年，我是行进着迎接新的时间新的前景的，我是多么幸福！

在这段时间恰好出版了卓娅的母亲卓娅·科斯莫杰米扬斯卡娅的《卓娅和舒拉的故事》，舒拉是卓娅的弟弟，坦克兵，在“二战”中英勇牺牲。母亲曾经参加世界和平大会，她讲道：“你们能够赢得和平，因为世界上有苏联！”我爱这句话胜过了一切诗句，我甚至能够想象伟大的母亲讲话的声音，慈祥而又苍凉，坚毅而又从容，她白发苍苍，她代表人类和上苍，中国人有权利也有义务表达对她的爱。我曾经为她们而感动，我的青春与这些人在一起，这是我永远的骄傲。

还必须提到“中国的保尔·柯察金”吴运铎的著作《把一切献给党》，他为了革命的军工事业，致重伤致残，但是他仍然坚持着为革命做奉献。革命者的精神韧力，发人深省，可歌可泣。

20. 基层与实际

在社区（当时叫作街道）政权和党组织尚未健全的情况下，区县的机构已经相当基层，相当实际了。

苏联作家奥维奇金写过一篇著名的报告文学作品，题名《区里的日常生活》，我没有写过，但是参与过。

我多次被党的区委调去参加一些中心工作，包括取缔一贯道。我深感国人的迷信愚昧，会道门的无孔不入易于得逞与全无可取。一贯道的五字真言是“唔呔佛咪嘞”，一贯道的骨干有坛主、点传师、与天才地才人才三才。一贯道还喜欢搞什么扶乩之类。国人没有统一的认真的宗教信仰，反而容易对于任何准宗教的说法乃至极其愚昧迷信的说法抱姑妄听之、信之如在的态度。而文化上高层次一些的人的“六合之外，存而不论”的态度使终极性问题得不到相对高智商的研讨，成为时而孕育各种邪教的空白。

无论如何，当时的取缔会道门工作充满自信。充满以科学取代迷信的进步观念，会道门在这样的打击面前，摧枯拉朽，不堪一击。

我也参加过天主教“三自（自传自立自养）革新”的工作。我们发动下层教徒，揭露洋神职人员与他们的同伙的问题，批判圣母军、圣母御使团等组织。报纸上刊出了西什库北堂孤儿院“帝国主义”的嬷嬷们迫害儿童的令人发指的事件，我读了怒从心起。我曾经试图去动员一个本区的教会办的孤儿院的孩子们起来揭发“帝国主义”，不怎么成功。我是铁嘴钢牙，讲了一段很厉害的话，使孤儿院的一位工人极其佩服，但是小孩子们则面无表情，我临走时还集体大声诵经，以示抗议。但是我深信，这些教会孤儿院的孩子生活贫困愚昧，与世隔绝，他们是被控制被压榨的一群，而只有革命者有义务有权利解救他们。他们在我心目中的形象，后来我写成了《青春万岁》中的呼玛丽。我非常爱呼玛丽。

这段工作经历对于我还有一个教训，第一次开完会，与几个同伴一起去东四吃馄饨——那儿有一种售价一角五分的大碗馄饨。而其时北京一般馄饨是五分钱一碗，汤水为主。此一角五的两碗可吃饱，汤锅里放着一只整鸡，虽然有顾客笑说此鸡已熬了一周。吃完馄饨，我把写着注意保密的笔记本落在了馄饨摊上，虽然摊主立即送回了此本，我还是因违反保密纪律而受到"劝告"处分。也是撞上了枪口，刚刚下达了关于加强保密工作的文件。那时的党章规定，最轻的处分是"劝告"，后来修订党章时，"劝告"云云已从处分类型中取消。

一九五〇年，社会上搞镇反，我留下印象的是被枪决的汉奸名单中有我幼时读过的《小实报》主编管翼贤。机关内部搞清理中层。我参加了清理中层工作。此工作办的负责人是区委宣传部长。他连夜主持会议，一次我在打盹儿，他可能发现了，便问："王蒙同志你看这样做好不好？"我蒙眬中听到点名，便答道："是是是是是！"区公安局一位领导大笑，说我这是"旧警察作风"，其时公安部门正在进行反对旧警察作风的学习吧。我也觉得很狼狈，却又很有趣味。

（中共）区委的干部与青年团干部大不相同，他们中来自地下的学生党员的只是一部分，主要领导来自老区的农村和部队。他们相对更加朴实的作风和直率的谈吐，给我以启发。从总体来说，那时的大家除了忙于工作没有多少其他想法，绝大多数人工作在这里，吃在这里也睡在这里。单位就是宿舍，也就是家。彼此关系亲热。可能是老区的习惯，他们称呼旁人都加"老"字，区委办公室一位秘书，她是书记的爱人，长得瘦高，说话口音很重，给我打电话时一张口就是："老王同志吗？"我听着新鲜而又亲切。我那时只有十六七岁。

区里的工作使我接触了很多实际，至少使我知道，同是共产党员，同是领导干部，他们是怎样的不同。有的沉默寡言，但是说一不二地做事，有的牢骚满腹，骂骂咧咧，但确有一手活，有他的独到之处。细想起来，他的怪话连篇也是事出有因，这种人有他的特别的人缘，他们常常说了一些别人想说而有所顾虑不敢说的话。有的动辄发火，说话如吃了枪药，但是过去就完，不存在心里。有的专说酸溜溜的讨厌的话，今天挑剔这个人的态度，明天讽刺那个人的穿衣，后天又形容自己的人微言轻……嘴如锥刺，实际上并无大恶。只有多看别人长处才能和谐做事。其次是我知道有许多事情看起来很简单明确，什么应该什么不应该，似乎是判若水火。但是实际做起来，却常常没有那么干脆。例如一个病号，做不了多少事了，但仍然需要许多照顾，你能说什么呢？有些会议，拖拖拉拉，令你失望起火，但不开这个会行吗？或是上级要求了，必须开，或者为了沟通，必须扯过来扯过去……而一旦情况紧急，领导一句话就定了乾坤，嘁里咔嚓，齐了。这些经验，使我与那些从报社、从大学、从文艺单位或领导机关出来的相对高层一些但也漂浮一些的作家同行的思路有些不同。

总括来说，那是一个自信和互相信任的年代，每个领导都婆婆妈妈，洞察一切，昼夜操劳，具体指导，无微不至：掰着手教给你做什么不做什么。每个被领导，都相信领导说的话是对的，以得到领导的手把手地传授为幸事。整个区委会，忙忙乱乱，热热闹闹，坦坦白白，火火爆爆。有时候还吵吵叫叫。个个都认为自己的工作直接关系到第二天的事业的成败得失，都不容忍旁人的干扰，脾气都不小，但从不为个人斗气。每个人都认定自己的意见是符合马列主义毛泽东思想和中央指示的，而不同的意见简直浑蛋，如果不是敌对分子的破坏的话。

但我还是常常为工作的效率、会议的效率而暗暗起急。

我也面临一个悖论，从实际的角度。我理解这一切，我不是狂狷之辈，我不会半空立论，大言欺世，而且我能一眼看出那些鼻子不是鼻子眼睛不是眼睛的空谈家的志大才疏，终无大用。但是，从理想主义尤其是文学理想主义的角度想起来，又觉得现实并不理想，现实提出了不少的困惑难题。

有些干部露骨地谈论自己的或别人的职务、级别、待遇。这一开始令我大惊，共产党是为人民服务的，是彻底革命的，难道也讲做官、讲升迁、讲尊卑次序吗？那该是多么庸俗啊。甚至不仅是老区来的同志在乎这些，包括大学里中学里唱着“团结起来到明天”向反动派的刺刀、水龙头冲锋的同志，怎么要起官儿来了呢？难道共产党所领导的政权里，也是大批的官吏等因奉此吗？

还有一个问题反映了我自身的幼稚与轻狂，区里有许多做行政事务工作的同事，管伙食、管财务、管物资、管文印、管房产等工作的人员，我为他们感到极大的悲哀，身在革命队伍，不能也不必天天分析斗争形势，不直接关系到马列主义与毛泽东思想学说，不面向群众也未必面向阶级敌人，不讲话不鼓动不批判错误也不鼓吹正确……这能叫什么革命？这能有什么伟大与豪迈？能有什么发展？

我们看到过一个材料，说到某某同志因病去世，他原来级别不够葬八宝山革命烈士公墓，为此，死后将其提了一（或二）级，以使其能进入公墓。我们中的一个人甚至取笑起来，说这不是缘木求鱼，而是缘墓求级了。我真觉得脏了耳朵呀，我恨不得掬泉濯耳如许由那样——我们一开头是多么清高啊。

那时的生活和制度确实具有更多的战时共产主义色彩，开始是供给制，大锅饭，一起白吃，每人每月有少量津贴费用，只够买肥皂牙膏，女性多几块钱，说是要买女性特殊需要的卫生用品。夏季炎热时期，我常常为买不买一根冰棍而思想斗争良久，因为买了冰棍就会影响买别的。那时的革命干部的供给制生活只有三等：大灶，中灶，小灶。我们这里除区委书记副书记是“中灶”标准外，大家都是大灶。多是吃粗粮素菜，节日吃一次肉也算大喜事。有一阵中午只吃高粱米粥。代步最高是自行车，区委书记有一辆专（用自行）车。我也多半能找到团工委的公用自行车用。一九五二年后，我们改为包干制，我是七等三级，相当于后来的十九级，每月有包干费约二十元。一九五二年后，公用自行车渐多，也来了新车包括出产自东德的倒蹬闸车， 车一分新旧高下，使我相当不快，因为我并不是本单位第一把手，我当然用不上最好的那种车。这也是如老子所说：天下皆知美之为美，斯恶已。皆知善之为善，斯不善已。

我常常想起马雅可夫斯基的一句名诗：“公社啊，我的一切都是你的。除了牙刷！”

我要说的是，我那时候甚至于牙刷也可以借给别人用。我无师自通地搞“禁欲主义”，清教徒式生活方式。用“四合一”香皂吗？太浪费了，买一块“虎猴”牌肥皂，洗衣服洗手洗脸都是它，而且要省着用。喝茶？何必饮茶，白开水足矣。衣可蔽体（有时掉了扣子，露出窟窿，或打上补丁），食可果腹，此外再无他求。有时候连牙膏也舍不得用，用“老火车”牌牙粉。

（一九八〇年，我在美国喝到姜汁啤酒，其味道颇似当年天津产的

“老火车”牙粉，我恍然大悟，此牙粉的原料中含有大量的生姜。）

而一位与我臭味相投的同事，甚至于连牙刷也丢了，就向我借牙刷用。不要笑话，也不要恶心。二十世纪五十年代初期，有一位美国青年李克，留学清华大学，他因向美国海军提供情报以间谍罪被我国政法机关逮捕判刑，后经联合国秘书长哈马舍尔德斡旋驱逐出境。他回美国后写了一本书《解放（者）的囚徒》（*Preseneter of Liberation*）。他对新中国赞扬备至。其中一个细节也牵扯到牙刷。他被囚后的第一天早晨，因无牙刷可用而别扭之时，警卫战士问他怎么了，他说是没有牙刷，战士立即拿出自己刚刚用过的牙刷，在自来水龙头上放水冲净，给他用。李克先生反省说，战士并没有嫌弃他的不洁，而他却为战士的或有的肮脏而烦恼。他的结论是，人类的希望在新中国，在共产主义。在麦卡锡、塔虎脱横行、连汉学家费正清都受到传讯的五十年代，他因此言论回国后遭到极大的迫害，几十年封杀，不得任教。但是他坚守自己的良心，坚守他对于连牙刷都可以拿出来的大公无私的人民解放军战士的敬意。

李克先生历任费城大学的汉学系主任，用几十年的时间将全部《管子集成》译成英语，这个人我后面还要谈。

一九五四年，我们作为党委干部，最后一批改为薪金制。政府部门的则早就改了，比我们有钱得多了。薪金制甚至使我略感惆怅。薪金云云，不是不无旧社会色彩的庸俗吗？我宁愿称之为工资，提到工资，离工人阶级似乎近了点。

此后我常常做梦，梦到在区里住的单身男子集体宿舍，小小的院子，槐树树荫，后院只有一排房屋，一排床，半军事化。我的那张床空着，我感到辛酸。太多的时间缺席于自己的床位上了，我好像欠着点什么，我欠着的债好像还很多。

21.终于离异

我必须补叙一下我的父母的事情。在成为地下党联系的一个“进步关系”之后，更不要说在入党之后，有一个万能的解释使我无往而不通透。那就是，人们的一切苦恼、一切不幸来自万恶的旧社会的制度。不论是贫穷、压迫、仇恨、欺骗、叛卖、悲苦、恶习、传染病、迷信、愚昧……都来自帝国主义、封建主义、官僚资本主义、国民党反动派、蒋宋孔陈四大家族。而在革命胜利之后，在建立了崭新的平等、公有、翻身、解放的新社会以后，各种死结都能解开，各种愤懑都能释放，各种悲哀遗憾全部会至少是最终会烟消云散。

在一九五〇年斯大林七十寿辰的时候，我读到过一篇写斯大林的文章，说是斯大林擦干了人们眼角的泪水。这太让人感动了，一个政党，一个政治领导人，把千千万万个愁苦人的眼泪擦干了，世世代代苦难尝遍的劳苦人民，终于破涕为笑，舒展了皱纹，舒放开嘴角，这样的情景令人何等感慨!

我一度认为父与母的生活也将揭开崭新的一页。新中国一成立，身为华北大学四部研究员的父亲穿着灰色干部服回到了家中，而母亲不久也成了区各界代表会议的代表，我还以为从此天下大吉了呢。但是，当我知道父亲去了这么多年解放区却并不是共产党员的时候，当我知道父亲在华北大学没有多少事可做，后来应聘到辅仁大学哲学系教书，而且他的课反映并不怎么样的时候，我失望了。母亲在全国妇联幼儿园的工作也没能坚持下去，很简单，那里太辛苦了。而等到我从中央团校毕业以后，父亲又把他的离婚的问题提到我的眼前。

是的，不是提到母亲面前，而是提到我面前。新中国一成立，差不多，总是父亲来找我，来诉苦，来出题目，来讲他的苦衷，讲他这一生有多少潜力被压制着，因为他的家庭生活婚姻生活太不幸了，他的才能他的资质（这是他爱讲的一个词）是怎样地被忽视乃至受到不公正的对待。这种状况有时候让我痛苦、无奈直到愤慨。为什么我从十来岁就要背起自己这一代人、下一代人而且还有上一代人的种种重担！

从理论上我认定，父亲与母亲离婚有可能为他们创造新的可能，离婚有可能成为一种文明，我来操办。我曾与全国妇联幼儿园的杨园长讲过母亲的离婚问题，杨园长提出两点：第一，根据她与母亲的谈话，她认为母亲对父亲不无感情。第二，母亲的年龄正在临界点上，她再老一点就会全心全力地只顾孩子，再年轻一点，她会优先考虑丈夫。现在，她处于两难时间段。我从她的分析中得不到什么帮助。

母亲提出每月五十元的赡养费用，我说服父亲一口答应，当时父亲的月薪只有七十多元，但是我采取了手段，第一，我答应每月给母亲送去五十元后，再想办法要出钱来转手给父亲，至少退“税”二十元，就是说父亲应该负担三十元左右的费用给我的弟弟和妹妹，直到他们生活自立为止。第二，我明白，他们二人订的协议并无法律效力，先办了离婚，给父亲以自由，给母亲以尊严，其他的，再说。

父亲就是这样的人，确定离婚了，他似乎依依不舍，和全家，和母亲合影留念，眼泪汪汪，以至于我与姐姐等人以为他不离了，倒是母亲反过来说了点冠冕堂皇的话：这并不是你我个人的问题，谁让我们赶上了旧社会，祝你前途光明远大。

当然，这些事后来办得很麻烦，我甚至向人借债，作为周转金。

然后父亲匆匆结了婚，不久又闹了起来，其火爆程度不亚于过去。然后父亲的潜力永远被压抑着。他常常来到我的工作的地方，大吐苦水：新婚失败，工作成绩不被肯定，群众关系（与周围同事关系）不佳，领导不待见，钱不够花，营养没有保证，缺东少西，邻居不讲礼貌，我的弟弟妹妹拒绝见他，写了文章没有地方发表，没有社交活动……他又善于抒情，讲得阴毒痉挛，癫狂冷笑，活不下去。什么（受到了）凌辱，什么他现在的地位是“次小尼姑”（意指《阿Q正传》中地位最低的人物是小尼姑，连阿Q都敢消遣之），什么他准备退职当“家庭主男”……都很刺激人。我不准备再回忆下去了。我得到一个教训，一个男人，尽量不要诉苦，不要把自己的罪过压力一代一代传递下去，不要搞痛苦与负担的接力传送、转嫁旁人，尤其不要把自己的日子过不好告诉自己的孩子。一个男人一定要咬得紧牙关，不论什么处境，自己起码要扛得住自己。

但是父亲有一个特点，至今我也分析不清楚，他当时已因院系调整到了北大哲学系，他几乎对谁都不满意。但是他从来没有忘记歌颂共产主义与马列主义。他读列宁的《黑格尔〈小逻辑〉一书笔记》，那种兴奋、那种服膺、那种称颂，堪称感天动地。他读毛主席的“两论”也是称颂备至，他对所有的大是大非都坚决听党的听中央的，而且，他对我这样带着激情、带着真情实感地讲，讲一次再讲一次再讲几次几十次，不像是作秀也绝无作秀的必要。

父亲的全部表现中，唯一带点政治上的另类色彩的是他常常从收音机里听到一些重大的场面上的活动的参加者的名单，谁谁主持，谁谁讲话，谁谁剪彩，参加者有张某某、李某某……他会说：“老是一样的名单，多么寂寞啊。”

我的反应差不多是轻蔑地一笑，怎么着，您想上这个台盘吗？

我记不清与父亲谈他的思想情绪工作直到生活经济问题几十次还是上百次，我每次都雄辩地，情理并茂地给以忠言，给以鼓舞，给以严肃的批评。一时会好一点，基本上没有效果。当然，每次临别的时候，特别是如果我们一道吃了点饭，他会再抒正面的情，什么为时不晚，他的资质不差，他要振作起来，要从头做起，从现在努力，正好做出成绩。

我读过巴甫连柯的一个短篇小说《话的力量》，是讲斯大林青年时代信守承诺的故事。而与父亲谈话，我感到的是话的没有力量。

批判胡适的时候他写过一篇文章，寄给《人民日报》。我开始有点瞧他不起，无法设想《人民日报》会刊登他的文章。没几天，《人民日报》把大样寄给了他，他兴奋若狂，扬眉吐气，说拿了稿费请我们吃西餐。他根据《人民日报》理论版的编辑王若水同志的意见反复对文章做了修改，每天等待着大作的发表。一天晚上他突然前来，拿着王的信，就是说最后决定不用他的文章了。于是冷水浇头，全部泡汤。他痛苦得要死要活，比范进、孔乙己还狼狈得多。当天晚上他睡在我的房间，半夜腹痛，洋相出尽。我们的团区委当时已迁移到东四北大街靠近北新桥处，我自己一间办公室，并设了床铺。

父亲永远想得很多，知道生活应该是怎么样，他自己本可以是怎么样。同时，他永远纠缠于现实种种无聊的麻烦之中。他永远期盼着自己的潜力，他确实感觉到了自己的无穷潜力连十分之一都没有发挥出来。至于他的潜力到底如何，由于迄未发挥，难以鉴定，死无对证。潜力云云，更多的是一个抒情的话题，而不是一个实证、实践、实有的命题。

我通过区里有关部门，给母亲找了一个小学教员的工作，她大致胜任。有一段她被吸收去听党课，她很兴奋，声称自己“入党了”，不知为什么，此事没有下文——可能与一九五七年后的形势与我的变故有关。

那时我们住在西四北小绒线胡同，两个微型小院。父亲到前院看我，母亲甚至给他做过饭，符合我的文明离婚的设想。赡养费用的猫腻终于曝了光，改成了三十五元，母亲也接受了。

直到一九五六年，母亲得知父亲的后妻怀了孩子，母亲突然大怒，一直对父亲抱咬牙切齿的态度。此后母亲一直是愤愤不平、耿耿于怀，觉得自己是天下最倒霉的人，她张口闭口都是讲一个恨字。

22. 永远的十九岁

一九五〇年六月，朝鲜战争爆发。我想到了《金日成将军之歌》，我十分喜爱这个富有东方情调的歌曲："长白山一条条，染遍血的足迹，鸭绿江水曲曲弯弯，飘着血痕……密密林中漫漫长夜……不朽的游击队长你说是哪一个？英雄的爱国军人你说是哪一个？啊，金日成将军的名字……"

我也喜爱我国作曲家吕骥写的"朝鲜人民从血泊中站立起来，再也不能回到血泊……再也不能重新做奴隶……当心烧死……自取灭亡……"而且我始终感到这首歌的旋律与《金日成将军之歌》非常接近，是后者的一首姊妹曲。

我每天都研究社会主义阵营与资本主义阵营的力量对比，捷克年产多少钢材，比利时年产多少，我都注意，更不要说顿巴斯煤矿和德聂伯水电站了。我一遍又一遍地阅读斯大林在"二战"胜利后的演说，他许诺，十五年后苏联的钢年产量是六千万吨，听众是暴风雨般的掌声。我祝祷着资本主义世界的早日灭亡，社会主义的早日胜利。顺便说一下，当笔者写下这一切的时候，中华人民共和国的年钢产量已经是两亿吨以上了。

我看了朝鲜拍的纪录片《给世界有良心的人们》，看到穿着白色长衫的朝鲜民主主义人民共和国社会活动家朴正爱女士的讲演，我认定了美国是人民的不共戴天的敌人。我们每天都在学习：仇视美国，鄙视美国，蔑视美国。知识分子的思想改造当中的一个重要内容就是加深对于美国的认识，改变亲美、崇美、恐美的错误思想。我很高兴我对美国从来没有好感，早在一九四七年十二月美国大兵皮尔逊在东单广场上强奸中国女大学生沈崇的事件以后，我就视美国为敌人了。我读到过一篇文章里的数字，说是美国在中国内战中援助了蒋多少多少颗子弹，一人一颗，足够把全中国人民杀光。

随着形势的发展，青年们的情绪越来越高涨。每天都有青年写血书要求上前线支援朝鲜人民军的。志愿军过江后我们组织发动大家写慰问信，我们区里的干部也星夜做过炒面粉，供给朝鲜战场的人民志愿军食用。各单位的团支部纷纷上街宣传，二十三中（原新知中学，是庄则栋的母校）的团总支干部到街头演小歌剧《渔夫恨》，是说美军的飞机炸死了我国的渔夫的，感动得围观者痛哭流涕。

我们一次又一次地聆听赴朝慰问团的来自朝鲜前线的报告，我们充溢着类似《英雄儿女》中王成的那种“时日曷丧，吾与汝偕亡”准备与老美同归于尽的情绪。我们在学习会上朗读魏巍的《谁是最可爱的人》。我们高唱《白云山》。我们传诵杨朔的《三千里江山》。全市的中学生在中山公园音乐堂集会听杨作家的报告，他的声音低沉，听众根本听不清楚，主持会议的人出来给大家讲，由于杨朔同志感情丰富，不能大声讲话，请大家注意听。

此期间我还兴奋地参加了从大中学中招收军事干部学校学员的工作，领导上给我们讲授了国防建设的前景，通过我们的手，把最优秀的青年男女输送给了解放军。

如此这般，度过了一九五〇与一九五一年，仍然是轰轰烈烈，仍然是一个高潮接着一个高潮。

一九五二年与一九五三年，这是两个有特殊意义的年份，不论对于国家还是个人。一九五二年伊始，开展了“三反”（反贪污、反浪费、反官僚主义）“五反”（反行贿、反偷税漏税、反偷工减料、反盗骗国家财产、反盗窃国家经济情报）运动。河北高中新派来的校长被说成“大老虎”，在大会上宣布逮捕。数月后无罪释放。各单位都有指标，要揪出多少多少万元的贪污犯来。这种搞运动的方略开人眼界，带有一种农民的简单易行与毫无科学性法制性可言的原始天真色彩。我们熟悉的团市委一位文质彬彬的大学生党员出身的同志，在南方搞“土改”，因涉嫌“三反”中的问题被上了铐子押送回京。还有一件事令人无奈，团市委一位男同志被揪了出来，其妻是一位皮肤白皙、脸颊绯红、戴着深度近视眼镜的同志，立即与他离了婚并与另一位比她年轻不少的人结了婚，不久，原丈夫嘛事没有了，但是老婆已经丢啦。

我的注意力并不在运动的搞法、得失与后果，我深深为运动所吸引和激动，是为了一种气氛和一种信念，只要有这种气氛和信念，运动无论怎样搞、发生什么偏差、付出什么代价，都是对的，至少是值得的。区里的干部到各单位坐镇和督战，老百姓对于国民党的贪官污吏的反感记忆犹新，共产党能够这样大张旗鼓地肃贪，无不额手称颂。区“三反”“五反”办公室常常是彻夜不眠地整理各单位开展运动的情况与战果。到处都是庄严的战斗气氛。

我们的区委位于东四十一条39号，是一个三进的大院子——原来的敌产。团委与妇联位于前院的一排南房，区委位于主院，中间是美丽的垂花门，高高的台阶。主院西房是组织部，东房是宣传部，正房是书记与办公室。后院是集体宿舍，通向一个后门，十二条。“三五反办”就设在正房的办公室。恰值寒假，一些学生党员调入区委搞运动，其中就有女二中的崔瑞芳。我曾经在午夜到他们的办公室去，我很感动。我一直想写一个话剧，一处大大的办公室，冬天，巨大的火炉，午夜，挂钟敲响了十二点，传来了新的消息，领导运筹帷幄，荡涤着旧社会遗下的污泥浊水。年轻人幻想着一个新的水晶一样的光明世界。有同志间的深情与恋情，有敌人的千奇百怪的手段企图腐蚀革命，扭曲革命。有自己人的掉队、颓废和自私；有青年人的好奇与天真；有天使一样的献身热情与对一个无比美好的世界的追求，生活充满希望……

当我想到崔瑞芳的时候整个世界都呼啸和旋转。当我想到她与我都生活战斗在这一个大院里的时候我觉得十分温暖。我当然找得到一种适当的方式表达我的感情。我与她说话，我借给她书看，我找她散步，我给她写了极其美丽动人的信。

……我记得这一年的三月六日晚饭后我们去贡院西街市委党校礼堂听报告，报告会后我步行送她回西单住地，我们缓缓地走到了西单。我一个人又从西单走回了东四十一条。我惊异于灯火璀璨的北京夜晚的辉煌美丽。当然那时候不可能有太多的灯，由于我回来时街上再无一人，我只觉得千万盏灯在为我而照耀，我幸福得如同王子。

当时我只有十八岁，瑞芳只有十九岁，我虽然不大，但已经是干部，已经是小“领导”，已经自以为胸有成竹。而我的追求使她情绪极其波动。有几次她正式拒绝。又有几次我们恢复了来往。所有这些都无比地美好，被友好地拒绝竟也是这样地美丽。

一九五二年我们组织了马特洛索夫夏令营。马特洛索夫是一位苏联英雄，用身体堵住了法西斯敌寇的碉堡枪眼。有一部影片《普通一兵》讲的就是马特洛索夫的事迹。我们请作曲家郑律成谱写了营歌：

我们有一个，
亲爱的朋友，
他就是马特洛索夫——普通一兵，
普通一兵是我们中国青年的心，
我们热爱自己的祖国，
我们热爱自己的人民。

八月的一天，一批学生，一批团员骨干，扛着帐篷、食品用品，浩浩荡荡，行军到西苑的一处空地，安营扎寨，开始了露营生活。快乐的集体生活让我非常感动。露营结束后我写了一篇长长的报道，报道与工作总结也受到了本单位领导的赞扬，报道寄给了《北京日报》，最后变成了两条简讯，每条不足一百字，但也还是刊登出来了。

九月下旬，我们忙于准备国庆节的节日活动。已经表示不怎么打算和我发展下去的瑞芳一天突然给我打电话，问我去不去看夜深举行的阅兵式预演。我们的一切都是与伟大的国家伟大的生活紧紧联结在一起的。

我们一起看了阅兵式预演，不久，我们去设备最好的东单大华电影院看了描写苏联海军生活的彩色影片《在和平的日子里》。

“三反”“五反”的热烈开展与平稳结束，给人以不同的感觉。与此同时，朝鲜战争陷入胶着状态，与美国的谈判已经开始，停战只是时间问题了。报纸上集中宣传的已不是战争，也不是“三反”运动，而是大规模有计划按比例的经济建设即将开始，第一个五年计划正在制订。上级明确指出，欢庆解放与民主改革的阶段已经结束，现在的任务是建设，学生的任务是学好正课，学校团组织的首要任务不是别的而是学习。团中央领导蒋南翔并且指出，团组织要做到不要“捣忙”。他没有用捣乱这个词，留了面子。我立即想起毛泽东在《论人民民主专政》中的一段话，大意是我们熟悉的一些东西快要闲起来了，我们不熟悉的东西正在强迫我们去做，我们需要学习。我充满了历史感，乃至于沧桑感。

也是巧合，这一年秋天青年艺术剧院上演了苏联女诗人阿里格尔的诗剧《卓娅》，它的主题歌叫作《蓝色的星》，唱得软绵绵：

生活是多么幸福，
生活是多么美好，
我愿意永远这样生活，
让蓝色的星儿照耀着我。

很可能这首歌曲并不算成功，但是它带来了一种新的情调。北京召开了亚洲与太平洋和平会议，我们的团市委书记许立群还讲过有些市民不能正确地理解这种会议的意义，传说什么“要和了”。（按：“和了”云云是中国内战时期常见诸报端的语言。）我有一次机会和拉丁美洲的客人座谈。此前我读过一些对于世界保卫和平运动的报道，熟悉并崇拜像苏联的爱伦堡，法国的法齐、阿拉贡、约里奥·居里这些和平人士。我感觉到中国人的生活正在变得国际化。我也与苏联共青团的书记谢米恰斯特尼（后来曾任KGB的领导人）座谈过中国的青年工作。我在与拉美朋友座谈的时候朗诵了我的一首小诗，表达对于世界人民团结与捍卫和平的歌颂。

我们的生活中出现了世界、和平、生活、幸福、岁月、日子这些字眼，这些字眼令我感动莫名。我在新恢复的杂志《译文》上看到的头题小说是安东诺夫的《第一个职务》，描写新从大学毕业的女建筑师尼娜怎样在建筑工地上体验到了艰难与幸福，所谓走向生活，所谓和平建设，所谓城市与人的崭新的前途。我学会了在夏季喝冰镇的啤酒就炸花生米，使我美得像上了天。我常常在夏季的周日去什刹海游泳池，我想不到自己已经活得这样滋润。我与姐姐还购买了旧货留声机。那时的苏联唱片八角钱一张，虽然转速常有快慢的差别，我们还是从这个留声机上听到了尼基丁唱的《春天的花园花儿好》、米哈依洛夫唱的《沿着彼得大街》，尤其是聂恰耶夫唱的《列宁山》，“穿过朝霞太阳照在列宁山，峻峭的山岭使人神往……当我们回忆少年的时光，当年的歌声又在荡漾……世界的希望，俄罗斯的心脏首都，我们的首都，我的莫斯科！”它的抒情和阳光、赞美和纯净，标志着我的青年时代的福气，青年时代大唱《列宁山》那样的歌曲的人是幸运的，即使我后来发现列宁山毫无峻峭，莫斯科大学的斯大林式建筑显得傻气，而苏联的阳光明媚后边有着太多的麻烦和不明媚也罢。

而听到柴可夫斯基的第一弦乐四重奏第二乐章《如歌的行板》的时候我会感动得泪流满面，一听到收音机里放这个曲子，我就会恳求周围的同事或者家人，允许我关闭灯光，拉上窗帘，我要在黑暗中静听这首乐曲。我的这种表现，当然，也成了“生活会”上的一个话题，为什么为什么王蒙有这么多不健康的怪癖呀。

参加革命的时候我从来没有考虑过胜利以后的事情，北京的解放使我一直处于革命的大兴奋中，我甚至想，由于我年纪小便于隐蔽，我也许会被派到台湾去从事地下革命活动。我喜欢地下的革命生活，传单、印刷所、秘密接头、暗号、群众运动与情报传递……我看苏联影片《马克辛三部曲》，对彼得堡的工人运动如醉如痴……俱往矣。直到此时，我才明白人民掌握了政权的和平的日子有多么美好、多么快乐、多么迷人——但是回忆地下工作者的豪情与神秘，我又略感失落。

一九五三年我十九岁，十九岁的王蒙每天都沉浸在感动、诗情与思想的踊跃之中。这一年开始了我的真正的爱情与真正的写作。这一年内心的丰满洋溢，空前绝后。我想过多少次，如果有一个魔法，可以实现我的请求，我当然不会要钱，要地位，要荣誉，要任何古怪离奇；我要的只是再一次的十九岁。

感谢上苍，感谢历史，让王蒙在少年青年时代经历了那么多崇高、危险、浪漫、胜利、激情和阳光。显然，我们面临着新的时期、新的特色。我该怎么办呢？

23. 初恋

那是一个特别无拘无束的年代。许多男女生恋爱，我们只觉得特别美好，从来没有那些学生不能谈恋爱之类的想法。所以，我后来称这个时期为恋爱的季节。从一九四九年到一九五七年，那时的中国是爱情的自由王国。

前边我说到过周曼华，那只是童年的一些遐想。我在区里工作期间，常常和一些女中的团干部打交道，我虽然不是贾宝玉，但我同样有男浊女清之叹。我相信所有的男生都有过近似贾宝玉的想法，《红楼梦》首次把它写得那么夸张和生动，但毕竟不必大惊小怪。这些女生热情、聪明、长得好看，说话好听，都在男生之上。我相信没有青年的积极参与就没有革命，没有女青年的参与，就更没有革命。当你想到苏联的革命者的时候，你难道能够不想到永远的苏菲娅吗？

（苏菲娅是虚无党革命戏剧《夜未央》里的主人公，巴金的作品中屡屡提到此剧。苏菲娅发出信号，她的情人对沙皇总督进行了自杀式袭击。）

我对其中一位矮个子的梳长辫子的高才生突然感到非常亲切，一个周末，本来无事，我临时决定到这个学校找她谈谈工作乃至谈谈思想。从小经历的组织生活，参加区委组织的学校支部的党员假期学习，使我已经很喜欢谈甚至自以为很善于谈思想品德修养。

她来了。在她来的那一刹那，我的所有的遐想都消失干净了。她的绝对的纯洁与郑重，使我立即回到了工作中，没有余地，没有空间，没有任何其他念头。

然而我与芳就完全不同了。冬天来了，崔瑞芳到区委临时工作，使我感觉快乐。区委。大院子。冬天。“三反”“五反”。运动过后一切都会特别纯洁。一个女中学生党员，参加着火热的斗争。这些都令我心醉。头一年，就是一九五〇年夏天，她到由我们团委组织的“暑期生活指导委员会”来开过会。她的笑容与善意十分迷人。那时她是女二中的学生会主席。她从一九四七年就是地下盟员，一九四九年夏入党。她还担任过首届的少先队大队长。

到了一九五一年至一九五二年冬季，她来到区里做“三反”“五反”，我们已经是第三次见面了。

每个时期有每个时期的爱情。张生和崔莺莺有惊艳和幽会，贾宝玉和黛玉有赠帕题诗和你的心我的心的剖析。现在的青年人喜欢流行歌曲，“真的好想你”或者“爱就爱了”“我的心太软”或者“tonight,tonight”。而我那个时期，我知道的是苏菲娅、喀秋莎（驻守边疆卫国的战士，喀秋莎的爱情佑护着他）、刑场上的婚礼、绝命书……还有苏尔科夫的诗，他的不止一首诗描写小伙子对于美丽的姑娘的追求，而姑娘的回答是要看小伙子能不能得到劳动模范的奖章。

每当我想起瑞芳，我想到的是她从小革命的经历，她在学校担负的繁重的工作，她对自己的严格要求，她夜夜加班在那里统计“三反”“五反”的战果。她的笑容使整个区委大院光亮起来了。

我把一本薄薄的苏联小说《少年日记》借给她看。她后来说，我当时自己在读《安娜·卡列尼娜》而给她读的是一本类似儿童文学的书，使她愤怒，她也不想看。

对于我来说，爱情是风，是歌。我才刚往追求瑞芳上动了一下念头，忽然呼呼地，大风、飓风、龙卷风吹得我离了地，在天空逡巡，城市和乡村、星辰和山河都在我身旁旋转。我唱“从前在我少年时，鬓发未白气力壮，朝思暮想去航海……但海风使我忧，波浪使我愁……”我唱“我曾漫游过整个宇宙，找不到一个爱人，如今在我的故国露西亚（俄罗斯），爱情在向我召唤……”我唱“我的歌声飞过海洋，爱人啊你别悲伤，国家派我们到海洋，要掀起惊天风浪……”我唱“唱个歌儿给我听吧，快乐的风啊……”我也唱“正月里闹元宵，金匾绣开了……”有什么办法呢，中国的革命歌曲里头基本不唱爱情，也有几句，“一对对绵羊并排排走，谁和我相好手拉手”和“马里头挑马不一般高，人里头挑人就属哥哥好”。但是，它们未免太简单了，我觉得还夹杂着打趣，无法表达我的感情。

我得知她在班上写的作文《看苏联影片〈她在保卫祖国〉》被老师和同学称道。我得知她走在街道上被解放军的骑兵撞成了轻伤。我在“五一”劳动节之夜，在人山人海的天安门广场寻找瑞芳，而居然找到了，这一年的“五一”之夜我们一直狂欢到天明。

初恋似乎还意味着北海公园。漪澜堂和白塔，五龙亭和濠濮间，垂柳、荷叶和小船，都使我们为城市，为生活，为青春而感动。我们首次在北海公园见的面，此后也多次来北海公园。我们在北海公园碰到过雨、雷和风。东四区离北海后门比较近，常常有团日在北海举行。有一次一个中学的团员在那里活动，轮到我给他们讲话的时候，晚霞正美，我建议先用一分钟大家欣赏晚霞，全场轰动。

但我们第一次两个人游公园是中山公园，那天我一直唱《内蒙春光》里的主题歌：“草儿哟青青溪水长，风吹哟草低见牛羊……”所有的美好的歌曲都与爱情相通。同一天我们一起在西单首都影院看了电影《萨根的春天》。看罢电影，在我幸福得尥蹦儿的时刻，瑞芳却说，我们不要再来往了吧。大风吹得我天昏地暗。

芳情绪波动，没完没了，当然她只是个中学生，她怎么可能一下子就与我定下一切来呢？一会儿她对我极好，一会儿她说我不了解她，说是让过去的都永远地过去吧，一会儿边说再见边祝福我取得更大的惊人的成就。有一个多月我们已经不联系了，但是次年在北海“五一”游园时又见了面。此次游园给人印象最深的是海军政治部文工团演唱着《人民海军向前进》，铜管乐队伴奏。这个歌也永远与我的青春与爱情联系在一起。她事后还来电话说我不应该见到她那样躲避。唔，除了唱歌哼哼歌，除了读世界小说名著，除了含着泪喝下一杯啤酒，我能说什么呢？

是的，初恋是一杯又一杯美酒，有了初恋，一切都变得那样醉人。

一九五二年的马特洛索夫夏令营结束后，瑞芳她们参加了团市委组织的在红山口的干部露营，我去看了一下，走了。我走的时候工地上播送的是好听的男高音独唱《歌唱二郎山》，时乐濛作曲，高音喇叭中的独唱声音摇曳，而我渐行渐远。瑞芳说，她从背影看着我，若有所动。这时，我们的来往终于有了相当的基础了。回到市内，我还给我区参加中学生干部露营的人们写了一封信，说到我下山的时候，已觉秋意满怀。包括瑞芳在内的几个人，都对我的秋意满怀四个字感兴趣。

一九五二年冬天，我唯一的一个冬天，差不多每个周六晚上去什刹海溜冰场滑冰。那时的冰场其实很简陋，但是第一，小卖部有冰凉的红果汤好买。冬天的红果汤的颜色，那是超人间的奇迹。第二，服务部免费给顾客电磨冰刀，磨刀时四溅的火星也令人神往。第三，最重要的是冰场上的高音喇叭里大声播放着苏联歌曲，最让我感动的是庇雅特尼斯基合唱团演唱的《有谁知道他呢》，多声部的俄罗斯女声合唱，民歌嗓子，浑厚炽烈，天真娇美，令人泪下：

晚霞中有一个青年，
他目光向我一闪……
有谁知道他呢，
为什么目光一闪，
为什么目光一闪？

最后一句更是摄魂夺魄。

一九五三年以后，我再也没有滑过冰，也再没有听到过这样好听的《有谁知道他呢》，直到五十二年以后，我才在莫斯科宇宙饭店听到了一次原汁原味的俄罗斯女孩的演唱。而一切已经时过境迁，江山依旧，人事国事全非。我流泪不止。

那个期间我读过弗拉伊尔曼（？）的《早恋》，描写一个男孩把自己喜欢的一个女孩的名字通过粘贴后晒太阳的方法印到自己的胸上，还写他和妈妈怎样善待与妈妈已经离异的父亲与他的新婚妻子。小说的内容与我的心绪不沾边，但是小说对于人的心理的细腻描写仍然击中了我的神经，人与人、男与女、孩子与少年之间，原来有那么多风景、那么多感动。

我也读了屠格涅夫的《初恋》。它的孩子的初恋原来是父亲的情人的描写我很讨厌。一个小孩子爱一个大女人的故事也早就不适合我了。但是它的结尾处的抒情独白令我叫绝：“青春，青春，你什么都不在乎……连忧愁都给你以安慰……”我已经永远地背诵下来了。

我有没有初恋呢？我的第一个爱的人是芳。我的新婚妻子是芳。现在快要与我度金婚的妻子还是芳。但是，团区委的岁月，仍然是我的初恋，后来一九五五年至一九五六年我们有一年时光中断了来往，这是初恋的结束。初恋最美好。初恋常常不成功，这大体上仍然是对的。直到一九五六年夏天，我们开始了真正的青年人的恋情，一九五六年夏天的重逢使我如遭雷电击穿，一种近似先验的力量，一种与生命同在或者比生命还要郑重的存在才是值得珍惜的与不可缺少的。而所有的轻率，所有的迷惑，所有的无知从此再无痕迹。二〇〇四年我在莫斯科看芭蕾舞剧《天鹅湖》，我看到王子受了黑天鹅的迷惑，快要忘记白天鹅奥杰塔的时刻，舞台的背景上出现了一个窗口，是白天鹅的匆忙急迫的舞蹈，这使我回想旧事，热泪盈眶。人生中确实有这样的遭遇，这样的试炼，这样的关口，这样的陷阱。我们都有可能落入陷阱，万劫而不复。这样的故事我就知道不止一个。与真正的所爱告别，与莫名的一位草草成婚，等到想过来，再改变命运谈何容易？闹了一辈子，仍然是错错错，莫莫莫，心比天高，身为下贱，苦想一辈子爱情，最后把自己的情爱搞得臭气熏天……有什么办法呢？最最害了自己的往往不是旁人，不是对手，不是敌手，而是你自己。

我这一生常常失误，常常中招，常常轻信而造成许多狼狈。但是毕竟我还算善良，从不有意害人整人，不伤阴德，才得到护佑，在关系一生爱情婚姻的大事上没有陷入苦海。一九五六年我们相互的选择仍然与初恋时一样，我们永远这样。这帮助我避过了多少惊险。这样的幸运并不是人人都有。

24. 艺术生活

我喜欢工作和学习，我也喜欢假日，我差不多把全部宝贵的休息时间（这个时间常常被占用），用到了阅读和欣赏（电影与演出）上。

作为一名青年工作者，我享有一个方便：常常获得各种文艺演出的赠票。还在中央团校学习期间，我就看过青年艺术剧院演出的《爱国者》，表现一个女革命家，如何在酷刑之下坚贞不屈。女演员的嗓子沙沙的，有一种特殊的表现力。刑讯的场面是通过投影表现的，惊心动魄。演出前廖承志同志去中央团校讲课，还特别提到这出戏，当时，廖是“青艺”的院长、全国青联的主席。

我也看了两个版本的歌剧《刘胡兰》和歌剧《白毛女》《赤叶河》《血泪仇》。看完这些歌剧，我们的同伴，团区委的这些人，连喊带叫，兴奋得要命，充满阶级义愤，恨不得亲手把黄世仁毙掉。我在东单铁道部礼堂看《赤叶河》时，旁边坐着一个工人模样的人，他的口里发出了浓重的蒜气，我拼命抑制住自己的不适，努力说服自己，他的口气虽然不算清新，然而，他是我们的阶级弟兄，是最可爱的人，现在我面临的考验就是，以小资产阶级的观点来嫌弃人家的蒜味呢，还是以无产阶级的情感来爱自己的阶级弟兄呢？我当然选择后者。

我喜欢《刘胡兰》的旋律的晋剧味道与《白毛女》的河北梆子味道。“刀杀我，斧砍我，你不该这样糟蹋我……”一曲昂扬，二曲血泪，三曲绕梁，革命天生地与人民的文艺相亲。中国民歌民乐地方戏曲的忧愤、压抑、痛苦、火热、大喊大叫，天生与革命相亲，叫作一拍即合，绝了！

“洋（意大利）歌剧”也同样感动青春。我深深地为张权与李光曦演出的《茶花女》而激动，为《饮酒歌》而神采飞扬，为薇奥列塔与阿尔佛雷德最后的二重唱而悲痛愤怒，在女主人公死前，他们唱道："让我们离开这万恶的世界，去到那遥远的地方……"我想告诉他们，"让我们摧毁万恶的旧世界，缔造一个崭新的社会吧。"

普契尼与威尔第的艺术，也修建了通向革命的大路！

我也在春节前后看过小白玉霜的评剧《小女婿》与李桂云的河北梆子《陈妙常》。前者内容虽然浅白，唱得却是甜美温柔，深情动人。我至今能学两口："鸟噢入鸣林，鸡上窝喔喔噢，黑嘿了啊噢天安嗯……"后者我更喜欢的是音乐，是伴奏的笛子，也是表演。而不论深也罢浅也罢，戏里弥漫着的仍然是对于幸福生活的向往和得不到幸福生活的悲哀。

那时候当然没有其他手段，然而仅仅从电子管收音机里，我也听遍了各地民歌与接近民歌的创作歌曲。共产党来了，我才知道中国各地有这么多精彩的民歌民乐，而国民党与日本时期，北京的空气里震响着的只有流行歌曲、靡靡之音。共产党能不胜吗？东北的《五更小调》《王二嫂拜年》。西北的《十二把镰刀》《信天游》《在那遥远的地方》。云南的《小河淌水》《猜调》。山西的《绣金匾》。陕北的《兰花花》。新疆的《迎春舞曲》《新疆好》。内蒙古的《草原上升起不落的太阳》。西藏的《藏族人民歌唱解放军》。我特别得意的是，一听《兰花花》我就觉得不凡，"你要是死来你早早地死，前晌你死来后晌我兰花花走！"词与调，这就是革命的火焰。一个同事听到这里说："这个浪丫头！"我感到了太多的亵渎。我不喜欢。在一个人年轻的时候，文学与艺术、歌曲与音乐都包含了太多的神圣，它不能容忍"凡人"的说三道四，甚至讨厌幽默。年轻人容易做到伤感和激情，却还太娇嫩，容不下幽默感。

还有一个是内蒙古的歌手宝音德力格，她的长调我根本听不出是唱什么，但是我断定，她唱得太好了。

不久，《兰花花》大红大紫，苏军亚历山大红旗歌舞团的尼基丁在独唱中也用中文演唱了《兰花花》。而宝音德力格在世界青年联欢节上得了大奖。我不能不肯定自己，是有听力有耳朵的。

我有一两次是自己去买票看中央歌舞团的演出，他们表演的红绸舞十分动人。

我更有幸看了许多苏联艺术家的演出。乌兰诺娃的芭蕾。卓娅、米哈依洛夫、尼基丁、哈丽玛·纳赛洛娃（哈萨克斯坦）、塔玛拉·哈依

（乌兹别克斯坦）、拉西德·培布托夫（阿塞拜疆共和国），都令我叹为“听”止。尤其是米哈依洛夫唱的《伏尔加船夫曲》，深沉压抑。我相信这个歌加列宾的油画《伏尔加河的纤夫》也是十月革命的精神资源之一个组成部分。俄罗斯的文学与艺术太强烈太悲愤了，它必然燃起革命的熊熊烈火。

尼基丁唱的《春天的花园花儿好》，华丽柔软，略嫌奶油。哈萨克斯坦歌手哈丽玛唱的《哈萨克圆舞曲》，开阔明亮，回肠荡气。她的融笑于歌，令我倾倒。阿塞拜疆共和国的拉西德唱的《在那遥远的地方》《卖布谣》，表现力十分丰富，摄人魂魄。

我深信，艺术是生活的真味，是生活的升华，是生活的动力，是幸福的源泉，是精神的攀升，是人们赖以安身立命的家园。生活应该通向艺术，通向艺术的生活才是值得的生活，才是新社会新人的生活。

这样，我也就对那些过于缺少艺术细胞的人感到遗憾，甚至对他们有所轻视，至少是有所疏离。这种对艺术的痴迷此后也令我付出了惨重的代价。

何况我还在收音机里听柴可夫斯基，听贝多芬，听莫扎特，也听刘天华与瞎子阿炳。我知道人本来可以多么深情，多么文明，多么丰富，多么灿烂。而现实是……我想起了契诃夫的戏剧里人物的一句话：“多么野蛮的生活啊。”

我喜欢鲍罗金的管弦乐《中亚细亚的草原》，喜欢那种悠长与缠绵、无垠与眷恋的交织。我喜欢李姆斯基·哥萨柯夫的《谢赫拉萨达》组曲，即《一千零一夜》，它堪称华美流畅。我也爱唱格林卡的歌《北方的星》与德沃夏克的歌《母亲教我的歌》。所有的好的艺术成果都直入我心，深入我魂。我在团区委书记刘力邦的家里听过郭兰英的歌唱唱片，她的多情和纯正的声音同样令我陶醉流连。黄虹的《小河淌水》与《猜调》也给我以极大的喜悦。

我把更多的空闲时间放到阅读上了。我喜欢读爱伦堡的《巴黎的陷落》《暴风雨》和《巨浪》。我知道他确有写得匆忙和粗糙的地方，但是毕竟他有宏大的格局，鸟瞰的眼光，浪漫的色彩、缤纷的回忆与无限的情思。以爱伦堡的处境和经历，他的情思真是难得！深情应属爱伦堡，聚散沉浮尽是诗，万曲千折心有数，飘然回忆亦多姿！他大开大阖，抡得圆，写得有劲，叫作呼风唤雨，叱咤则风云变色，暗呜而山岳崩颓。他把历史、地理、战争、外交、政治，特别是苏联、法国、德国全部变成了他的小说材料，伟哉，壮也！他写主人公谢尔盖（我读的那个版本居然译作塞盖），用痛惜的怜悯的与刻骨铭心的情感写他的法国情人玛朵，（用同样的调子写法国、写巴黎、写塞纳河、写香榭丽舍大街），写德国的女共产党员安娜，写柏林和慕尼黑，写苏联各加盟共和国的人物，写莫斯科、列宁格勒、基辅和明斯克，写第二次世界大战，潇洒却又诚挚。我至今记得他写到的游击队的歌词：

快点打口哨，
同志，
是战斗的时候了。

我现在已经看不出这词有什么好处，但是当时这三句词也令我热泪如注。

《暴风雨》以后写到"二战"后的保卫和平运动，他的新书叫作《九级浪》，也算"与生活同步"。我记得他写到的法国的贪吃的闲散的主人公，他每次正餐，都给战争中牺牲的家人留下座位，惊心动魄。

我喜欢老托尔斯泰的《安娜·卡列尼娜》，他的笔触细腻生动，精当神奇。我从中开始感受到了爱情，感受到了人生，感受到了交际、接触、魅力与神秘，更感受到了文学的精雕细刻的匠心与力量。安娜与渥伦斯基的见面，列文与吉提的滑冰，安娜儿子阿廖沙的生日，一次次舞会晚会，安娜的梦与死，都使我体会到了真正的不朽。

我用更舒适更贴近的心情读屠格涅夫。丽尼的译本优雅至极。《贵族之家》的丽莎后来做了修女。《前夜》里的叶卡杰琳娜鼓舞了保加利亚的革命者。《前夜》给人一种特别饱满的艺术享受。

而陀思妥耶夫斯基令我震惊，他的行文像是大河滚滚，浊浪排空，你怎么难受他怎么写，他亲手摧毁你的（阅读中的）一切希望一切心愿，他让你绝望让你疯狂，他该有多么痛苦！

一九五二年的深秋与初冬的夜晚我在阅读巴尔扎克中度过。我佩服与感动的是描写的准确性，一切都如见其人如闻其声如临其境。人生有太多的精彩，而一切精彩只有在成为文学作品之后才能流传下去，比生命更光辉，比生命更永久。

我一遍又一遍地读鲁迅，《伤逝》是一首长长的散文诗。《孤独者》与《在酒楼上》字字血泪。我尤其喜欢他的《野草》，喜欢《秋夜》《风筝》与《好的故事》，还有《雪》：“那孤独的雪，是雨的精魂……”于是我也变得冷峻和忧愤起来，对茫茫人世，对麻木与冷漠者，对毫无恶意却每每做出伤害他人的事的人——如《祝福》中给祥林嫂讲死后对于再嫁者的惩罚的柳妈——鲁迅最善于写这种浑仔愚妇，我感到巨大的失落。

我同时愈来愈喜爱契诃夫，他的忧郁、他的深思、他的叹息、他的双眼里含着的泪，叫我神魂颠倒。我也特别喜欢汝龙的翻译，顺溜而且文雅，含蓄而且深沉，字字句句都深入我心，发芽生长。

二十世纪五十年代中期，苏联专家列斯里指导了青年艺术剧院排演《万尼亚舅舅》，我找来了焦菊隐译自英语版的《契诃夫戏剧集》，《海鸥》《三姊妹》《万尼亚舅舅》《樱桃园》，它们使我迷狂。日常的生活、风景、烦闷、失望与不断破碎着的幻梦，怎么让契诃夫看似毫不费力地一鼓捣，就成了那样动人的戏剧。那是充溢着人生的况味、人的气息、大自然的形体与生命的无限苦恼的戏，那些戏里的对白，更是诗一样的散文，这正是我的最爱我的寻觅。我背诵着这些戏剧里的台词，万尼亚说的“大雨过去了……”索尼亚说的“我们会有休息的……”《樱桃园》的结尾处作者对效果的说明，天外传来的奇特的声音，斧子落到樱桃树上，一个时代、一个阶级、一些人就这样毁灭了，然而塔妮娅梦想着新的生活，虽然没有人知道新生活是什么样子。这些，读来如得天启，如醍醐灌顶，如脱胎换骨，如五内俱洗，如灵魂升扬……我感到的是一种战栗、一种新生、一种解脱和一种恐惧。

为了购买《万尼亚舅舅》的门票，我不惜时间去排队。我还给中央人民广播电台剧场实况节目的编辑写信，要求播送。我得到了回信告诉了我播送的时间，但到时并未播送，不知其缘由。

超越一切的是法捷耶夫的《青年近卫军》，他能写出一代社会主义工农国家的青年人的灵魂，绝不教条，绝不老套，绝不投合，然而它是最绚丽最丰富也最进步最革命最正确的。古往今来，再不会有人写出这样的精神世界来了。纯净深邃的奥列格、幽谷百合般的邬丽娅、野性神勇的邱列宁，尤其是火一样花一样的刘芭……有这样的青年的国家只能是苏联，只能是列宁斯大林缔造的国家。

没有社会主义，没有十月革命，没有苏联共产党与国际共产主义运动，甚至狂想也想不出这样美丽的精神世界。

我相信，文学提升了人生，文学使男人英武而使女人美丽，文学使生活鲜艳而使战斗豪迈，文学使思想丰富使情感深邃使话语与岁月迷人，文学使天与地、月与星、鸟与兽、花与草，使金木水火土都洋溢着生命。文学与革命都追求献身，追求完美，追求圣洁，追求爱恋和永恒，文学是多么光辉的事业！

反过来，我不明白，为什么我们的某些作品，写合作化人物心里就只有一个合作化，写扫盲人物心里就只有一个扫盲，写养猪人物心里就只有养猪，把人奶让给猪喝。我们的人物为什么这样单打一，干巴巴呢？

这是我的幸运也是我的不幸，文学与艺术，对我不仅是审美的对象，更不仅仅是娱乐的方式，接受它们的时候，我的投入我的激动我的沉浸，使它们成为我的年轻的生命的价值追求、价值标准、价值情愫。美好、诗意、才华、深情、感动、凝思、升华和永恒，不仅是年轻的王蒙的接受美学，而且成为王蒙的准宗教：理想、追求、活着的终极滋味、人生目标、人生哲学、价值光辉。我坚信我们的社会主义共产主义的政治理念，因为它们比资本主义封建主义美好得多诗意得多动人得多。我喜欢青年人喜欢真诚的人性情中人，因为他们会与我一样地倾心于艺术，倾心于精神世界的升华。我与某些人某些做法某些言语格格不入，因为它们会破坏会麻痹我心目中的艺术的光环。有些事我很起劲很热衷，因为它引起我的诗意的想象。有些事我开始厌倦开始推托应付，因为它太没有浪漫的创意。文学使我更加热爱生活与事业，热爱与自己情投意合的朋友，文学又使我开始冷淡直到厌倦太普通太实际太缺少创造的浪漫与风险的日常生活。在文学与生活的比赛中，我常常让文学得冠军——而这是一种只知其一不知其二的幼稚与浮浅。年轻的王蒙这样一个心眼儿于艺术，又摆脱不了二十啷当岁的幼稚与肤浅，难免不毁了他自己。

几十年后我读英国作家毛姆的《月亮和六便士》，他以法国画家高更为模特儿，写一个居法的英国人，一个有良好职业与稳定收入的证券经纪人，在壮年时突然迷上了艺术。他的妻子大悲大怒，大意是，他的妻子认定，如果是有了外遇，她的对手是另一个女人，她完全有可能战胜一个同类。然而，一旦耽于艺术，她的对手是一种理想、一种追求、一种疯狂，十匹马拉不动他回头，他已经无可救药。他的妻子并且委托她的私人侦探，对外发布消息说丈夫是带着一个女人跑掉的，因为这会比为了艺术而出走正常与正当得多，她的面子会好看得多。

25. 走向文学

我有过一位女同事（也可以算间接的领导），原也是大学生中的地下党员。她博闻强记，喜欢咬文嚼字，也似乎有好强使性的表现。她讲过一句话，使我非常感动，她说她追求的正像一首歌曲所歌唱的："我们永远战斗在最前线。"

她后来突然调动工作了，有人说曾经见到她，烫着大花头发，人们分析说她可能去担任敌后工作去了。也有人说并无其事，她后来一切平淡无奇。

五年计划与安东诺夫的小说令我心潮澎湃。小说《第一个职务》写一个刚刚毕业的学建筑的女大学生尼娜，在巨大的建筑工地上的艰难与勇敢、眼泪与欢笑、沉醉与长进。然后激动人心的还有尼古拉耶娃的《收获》和巴巴耶夫斯基的《光明普照大地》（改编成电影《金星英雄》）。我曾经十分向往于杜鹏程的《保卫延安》的成功，而他后来写的《在和平的日子里》就更令我壮心不已。但我又感到了他写得太过用力，太苏联式，不那么自然。我读了赵树理的《三里湾》，我佩服他的群众化的语言和他对于北方农村的人情世故的洞察与表现，但是我不满足，对如火如荼的新中国的描绘，需要激情，需要浪漫，需要缤纷的幻想与色彩，而伟大的老赵，除了朴实，还是朴实，除了泥土，还是泥土。"老赵"的风格是无与伦比的、独特的，但不可能取代其他。我甚至于对于伟大的鲁迅所讲的白描也只承认那是一种风格、一种手法。可以白描，也可以斑斓绚丽，还可以如诗如梦如云如虹如霞如飞流直下三千尺的瀑布，中国的青年人有一颗颗敏锐多情的心，中国有那么丰赡的文学传统，我们有白居易也有李白、杜甫、李商隐、李贺、苏东坡和柳永。中国的读者，他们——我们有权利得到更多更美好更丰富的精神食粮、精神的盛宴。我们有权利使自己的生活丰富化和浪漫化，永在前线。

我还要老实承认，我的日常工作渐渐让我看到了另一面，千篇一律的总结与计划、冗长与空洞的会议、缺乏创意新意的老话套话车轱辘话……我打算报考大学去学建筑，我要在建筑工地上献出我的热情与才能，有点可笑，但确实是受了安东诺夫的《第一个职务》的影响。

我被领导断然拒绝。我其时已经是东四（比原来的三区扩大了已撤销的原五区的部分属地）团区委（已不是工委）副书记了，属于骨干，岂会让我再去做普通的大学生？现在回想起来自己也确实有问题，让你去的时候你不去，不叫去的时候你又闹上了，一句话，还是脱离实际。

我找来了高中的各科课本，我要自学。

说来不好意思，我相信自己应该有更大的学问、更高的能力、更精彩的成果、更宏伟的成就。我不愿意混同于庸庸碌碌，人云亦云，我不愿意原地踏步，照本宣科，颠过来倒过去，我要的是创造和前进，是苟日新，又日新，日日新，是一日千里。我是一个正在期待跑出成绩来的长跑运动员，我绝对不是每小时五公里走路就可以尽兴的。

我还要实话实说，“红学”领域的两个小人物李希凡、蓝翎的一举成名令我心潮澎湃。蓝翎本名杨建忠，是我们区的团员，他先分到师大附中三部（后来的一〇一中学），我们办理过对他的处分事宜，大约是该校团总支，上报了他的处分材料：不安心教师工作，不服从分配之类，后来处分与否我已记不清，但是他很快与李希凡一道调到《人民日报》文艺部则是令人艳羡的事实。人不能没有成绩，人必须有所作为！

我在《译文》（即现今的《世界文学》）上读到爱伦堡的一篇文章《谈作家的工作》，他的文字如诗如歌，他把文学创作的美丽与神奇写得出神入化，他嘲笑那些文学教条主义教师爷主义入木三分，他的文章让我感动得喘不过气。

原来作家的工作是这样美好，创造、构思、风格、设计、夸张、灵感、激情、个性、想象、神秘、虚构、朦胧……所有这些平常要慎之又慎的用语，对于文学都是最最起码的素质，如果你从事文学，如果你在文学上有所作为，你就整天是创造和灵感、神秘和想象了。再往高里要求呢？文学是真正的永远。文学比事业还要永久。谁那么清晰那么缅怀汉唐皇帝的文韬武略？谁能为几千年前的一场战役或一个工程而激动不已？谁又能不为楚辞、乐府、汉赋、唐诗而拍案叫绝？什么都怕时间，除了文学。

突然，一个想法像闪电一样照得我目眩神迷：如果王蒙写一部小说？长篇小说，长篇小说……

我有文笔，我从小喜欢作文。仅仅在二年级做造句，我就显得与众不同。我用注音符号造了一个很长的句子，因为里面的许多字我都不会写。老师出的题目是“因为……”我却造了一个大句子，而且文以载道，有一大堆主题思想，我平生造的第一个句子是：“下学时候，我看到妹妹正在浇花呢，我很高兴，因为她从小就不懒惰……”

更要紧的是我有独一无二的少年革命生活，我有对于少年或青年人的精神世界的少有的敏感与向往，我充满经验、记忆，尤其是爱与赞美的激情。在我这个年龄的人当中，没有人会像我看得这样高这样相对成熟。在站得高有经验相对成熟的人当中，没有我这样的年轻人、同龄人。我国作家在写农民写战士写工人。苏联作家笔下的中学生是作为儿童文学的题材来开发的。甚至苏联的写大学生的小说《大学生》与《三个穿灰大衣的人》我也觉得写得太孩子气，太往共青团团课教程上靠。而中国，连这样的偏于小儿科的书也没有。

就是说，我一定可以写一部独一无二的书，写从旧社会进入了新社会，从少年时期进入了青年时期，从以政治活动社会活动为主到开始了大规模有计划的经济建设，写从黑暗到光明，从束缚到自由，从卑微到尊严，从童真到青春，写眼睛怎样睁开，写一个偌大的世界怎样打开了门户展现在中国青年的面前，写从欢呼到行动，歌唱新中国，歌唱金色的日子，歌唱永远的万岁青春。

我还要写年轻人辨不清写不出，年纪大的人已经过景的少年意气、少年多感、少年幻梦、少年豪情、少年的追求与发现，人生的第一次政治抉择、第一次艺术感受、第一次爱情觉醒、第一次义愤填膺、第一次忧愁与烦恼、第一次精神的风暴……

这样一个写作的念头足以令人如醉如痴，如疯如狂，如神仙如烈士。敢于做出重大的决定，这不正是小小王蒙的特色吗？十四岁的时候敢于加入地下的中国共产党，十五岁的时候敢于退学当干部，十八岁的时候敢于如火如荼地追求自己心爱的女孩，十九岁的时候就不敢拿起笔来写一部长篇小说吗?

我知道写作并非易事。我应约给《中国青年报》写一篇谈团的组织生活的文字，改了五六次，改得我心灰意懒。联系我的编辑还是中央团校的同学、优秀的新闻工作者唐飞虎。我还写过一些其他东西，投稿后全部原样退回。我知道所有的给初学写作者的忠告都说是不要一上来就写长篇，应该从报屁股千字文开始练笔。但是我能走这样的路吗? 我的与众不同的写法只有达到一定的厚度与分量才有可能说服编辑同志。

我认为，人应该做点什么，人应该敢于发动新的进击，人应该集中自己的精神学习奋斗做事而不是随波逐流，虚度光阴。我相信了苏联影片《金星英雄》上的话，“生活中有急流也有缓流，我们要投身于急流。”其后我知道早在苏维埃时期，它的原作者巴巴耶夫斯基就被认定为“无冲突论”的代表人物，而在苏联解体之后，他干脆被视为一个低智商的马屁精。

近三十年后，我收到法国《解放报》的提问：你为什么写作?我回答道：因为生命太短促，而且美丽。我确实不仅仅是为了个人的出人头地，我坚决相信我们这一代人是不寻常的，我们亲眼看到旧中国的崩溃，我们甚至参加了创造伟大崭新历史的斗争，我们小小年纪便担当起了革命的重任，我们小小年纪便尝到了人生百味历史百图，而时代，历史，是过了这个村就没有这个店了，你如果不去写，你留下的是一大片空白，对于你，对于他和她，对于世界，对于历史。

26. 苦难与升华

写作唤醒了所有的美梦。写作激活了所有的情感。写作调动了所有的记忆。写作生发了所有的趣味。同样，写作使自己显得力不从心，千疮百孔，一无是处。如果你要写作，那么不论你曾经自以为或被认为多么丰富，仍然会显得贫乏，不论你自以为或曾经被认为多么聪明，仍然是太拙笨，不论你自以为或者被认为是多么富有想象力和创造力，你仍然是太平庸，太容易走在别人的已有的辙印里，而不论你怎么样自认为或者被认定是天生的福将，你仍然发现前景是十分地没有把握，甚至是带几分凶险。

我知道我并非不能够成功。但是通向成功的路途险恶坎坷。我知道我与众不同，但是不同之处尚未得到权威的认可。我知道写作会使我大露头角，但是我知道我为此要付出不知什么样的代价。我知道从此我的一切经历经验、喜怒哀乐、阴晴圆缺、伟大渺小、风雨雷电、鸡毛蒜皮都有了色彩，有了意义，从此生命的一切都不会糟践，从此生命的强音奏响了，生命的琴弦震动着王蒙的每一天每一小时每一分钟，从此王蒙做了唯有王蒙做得出来的事情。我挽留了伟大的时代，我挽留了美好的青春，我挽留了独一无二的新中国第一代青年人的激越，我挽留了生命的火焰与花饰。但是我为此要放弃，放弃，放弃许多我的最爱许多实实在在的生活与快乐。而正是我的最爱，我的实实在在的生活与快乐促使我拿起笔来，正是拿起笔来以后我只能面壁凝思，秃笔挥舞，神经兮兮，呆气十足，疏离我所最钟爱的生活、实际工作与群体。甚至于，写作会使我疏离领导，不论多么开明多么惜才，没有哪个干部科长处长局长书记会欢迎自己的部属一个又一个沉溺于文学写作。一个我所敬爱，许多国人所敬爱的领导人，曾经在私下场合说过，那么多青年都爱文学创作，中国会亡国的！我完全理解他的话，我并非不同意他的话。后来我多次说过写过：“不要拥挤在文学的小路上。”

周末晚上，与我们同址办公的区工会组织了露天舞会，《步步高》与《大学生圆舞曲》（苏联歌曲）的调子迷人，人们在跳，在体味新生活的开放与快乐，然而我不能去，我必须利用这个机会写。

一次我可以参加也可以不参加的集会，过去我会选择参加，把自己这一滴水珠投入人民的青年的汪洋大海之中，这是我的幸福，也是我的骄傲。但是我无法把写作的想法过分地与群体分享，我必须悄悄地在一个僻静的地方从事我的有点像冒险家的尝试。

我已经是团区委副书记，我有一间独立的办公室，我在办公桌上摆着各式卷宗，中央、团中央、华北局与市委团市委区委的文件，各基层团总支部（那时成立团委的基层还很少）的汇报、总结、计划与请示，各种报批表格。我的桌子上摆满了那时候常用的办公纸头：一种劣质价廉的片艳纸，以及复写纸、薄而软的美浓纸，还有订书机、订书钉、曲别针、胶水和纸夹。我拿起片艳纸写我的伟大的小说，门一响我就用其他卷宗把小说草稿纸盖上。我觉得我的神色有点不自然，说话有点魂不守舍，希望结束谈话，越快越好，我有点不合群，起码与过去不太一样，我无法判断旁人的反应。

只是在动笔以后才知道写一部书有多么伟大、艰难、捉襟见肘、黔驴技穷、殚精竭虑、左右为难、进退失据。你要考虑人物，你要考虑人物间的关系。你要考虑事件。你要考虑天气、场景、背景、道具、声响、树木、花草、虫鱼，日光和月光，朝霞和夕照，一年四季，悲欢离合，生老病死，是非功过……你是在创造一个世界，你成了你的世界的上帝。

（后来到了一九五八年，是敬爱的吴伯箫老师写了一篇文章，不点名地批判了“作家上帝”论，因为我的交代材料里坦白了这个思想。）

而你只有一米六八的身高，五十多公斤的体重，营养不良发育不良的身躯，十九岁的年龄，十八级的待遇，高中一年级肄业的学历，三百字报道、八百字短文的发表积累……事业总是那么伟大，文学总是那么崇高，革命总是那么无私，感情总是那么火热，而从事这一切的你总是那么渺小乃至于卑微！

而且你东想西想，一分钟一个主意，你徘徊犹豫，时刻站在十字路口。任何一段都有几十种上百种可能的选择，每一句话都有几十种上百种说法，每一个标点符号你也可以想上一次两次八次十八次。文学的自由使你变成了自由落体，落到了太空之中，什么都可能，什么都可以选择，什么都有可能成功，什么也都有可能不灵……这是多么恐怖，多么伤神撕肺！

你没有经验。你从来不读指导写作的书。你很少读文学月刊与新出的书。比你小两岁的刘绍棠已经名声大噪，紧随其后的从维熙已经崭露头角。你佩服感动得五体投地的邵燕祥已经巍然矗立。“在满天的繁星中我寻找着你，我凝视着你，你知道吗？”“一支歌吹得小河涨水，一支歌吹得彩虹出现”，燕祥的《地球对着火星说》与《芦笛》已经写入了我的心，写出了我的梦，我还能做些什么呢？

我的最最要命的失眠症又光顾了，我经历的是光明的进击，但也是一场真正的精神危机，我为写作的可能的成功前景而躁狂，为写作可能的以彻底失败告终而焦虑，为每阵风雨、每个声响、每个色彩、每个细节的触动而过敏，为每个失误、每个别扭、每个不胜其难其苦的畏难心理而悲伤。所有我曾经多次分析过批判过的“思想意识”毛病：患得患失、个人英雄主义、梦想一鸣惊人、不踏实、不甘心当螺丝钉、名利思想、自以为是、孤芳自赏、孤家寡人、脱离群众……都向我扑上来了，我变得脆弱了、病态了。

我写作的举动至少有点别别扭扭，有点影响我和领导和群众的关系，影响我的“进步”。一九五四年或者一九五五年，一批我这个级别的干部都提了一级，然而，没有我的事。当然。

毕竟我在写，白纸上写下了黑字，写下了记忆和心绪、思想和梦幻，写下了诗意和柔情，编织着过往的和可能的一个个最珍贵的日子，岁月留痕，友谊长在，时代交响，一份自己的与伟大祖国伟大时代的见证将有可能完成和保持下来，年龄并没有徒增，干饭并没有白装，头脑并没有白长，聪明并没有浪费，劳动能够开花也能够结果。

我的写作初稿越来越接近完成，我渐渐透露出了风声，我给几个要好的中学团委书记朗读我的初稿，我受到了一些赞扬，但也有人向上反映我的某些神经质的表现，我受到了团市委办公室一位负责同志的一点批评。

但我越来越破釜沉舟。我甚至想，如果我的小说成功，也许我能够被选派参加苏联和东欧社会主义国家操办的世界青年联欢节，去一趟，经过一趟苏联，这辈子也不算白活。一九五三年斯大林去世了，我写过一首诗叫作《斯大林还会回来》。我常常流着泪唱："阳光普照美丽的祖国原野，原野成为光明的地方，我们编了一首美丽的歌曲，来把挚友和领袖歌唱。"这词也是苏尔科夫写的，他担任苏联作协的第一书记，法捷耶夫是主席。

我开始读一些谈写作的文章了，我记住了萧殷讲的"从生活出发"。我看到曾经担任夏伯阳的政委的富尔曼诺夫在写作日记里说什么成名的想法使他疯狂，我也深有同感，同时感到写作需要非常坚强的神经，它的风险和机会都是太超常了。

是福还是祸？我似乎已经走上了写作的不归之路。在契诃夫剧本《海鸥》里老作家特里果林谈到写作，说是每个具体的东西都是写作的源泉，比如一个玻璃瓶子……这个说法如同天启，如同曙光一闪。而另一个背兴的青年作家特里波列夫，追求女演员败给了老特里果林（后来曹禺甚至对我说他的印象特里果林是一个老流氓），写作也永远赶不上那个老家伙，他使我同情，乃至同病相怜，虽然我并未有情场文坛双失意的痛苦。

我一遍又一遍地读《青年近卫军》，画出它的结构图。我想弄清那么多人物，作者是怎么样结构他的鸿篇巨制的。在一个星期天有一次我去南池子中苏友协听新唱片的音乐会，好像是萧斯塔柯维奇的一部新的交响乐。我突然发现，这就是结构，这就是组织长篇小说的法门。第一主题，小提琴和双簧管；第二主题，大提琴和大号，变奏，和声，不谐和音，突如其来的天外绝响，打击乐开始发疯，欢快的小鼓，独奏，游离和回归，衔接和中断，遥相呼应和渐行渐远，淡出，重振雄风，威严与震颤……我知道怎么写长篇小说了，乌拉！

27. 青年作家

我是在开始写作以后才阅读《人民文学》《文艺报》并且开始关注我们的所谓文坛风云的。此前，我的印象是大多数时文不好看。一个毛头小伙子，一拿起笔来就有一种全盖帽儿的雄心或者野心，这虽然幼稚，却不足为奇：如果我认为我写的是现有文坛的成果的延伸，也许我最好是不写，继续积极地当我的团干部，前途可能要更无量得多。

一九五四年《文艺报》上开始批判“一本书主义”，我完全读不明白，作家的任务除了一本书又一本书以外，难道还有什么别的东西更重要更神圣不成？一本书主义不好，两本书、三本书还是零本书、没有书就更好吗？

在对丁玲的种种批评之中，没有比批“一本书主义”更荒唐、更不得人心的了。我这个当时的局外人认为。

出现了对路翎的《洼地上的战役》的批评，批得崇高辉煌。我记得是宋之的同志写了这样的高屋建瓴的文字。而我最初读这篇小说时，感觉写得委婉深情，是那些年我读过的本国小说中比较动人的一篇，高于许多其他篇的一篇。例如报纸上登过一位著名老作家的作品，描写一个农村青年去结婚，一路上急人所急，难人所难，又是救病人，又是堵口子，又是排解交通事故……把新娘和亲友急坏了，最后在迟到多时、衣无完布的情况下举行了婚礼。这样的小说意思虽好，实在难于恭维。这个作品，倒是报上加了编者按大力提倡的。

而一九五五年开始的批判“胡风反革命集团”的斗争，更使我一头雾水。毛主席的按语是写得真棒，针针见血，字字轰鸣，不但振聋发聩，而且天翻地覆——也就头晕目眩了。这个事件引发了各机关的肃反运动，我们一个小单位，把炊事员揪出来了，他说了一点关于宋庆龄的话。有几天不让他做饭而是让他扫地。河北高中一位老相识，也是地下外围组织的成员，更是被揪斗了个不亦乐乎。我暗暗吃惊，觉得可忧可怖。我觉得做得有点过头了，但总归是英明伟大之举。我要从中好好学习提高。

而一九五四年我发表的《小豆儿》是非常革命的，是肃反题材（发表后我才明白我是沾了肃反题材的光）。在写完《青春万岁》初稿后，我开始写一点短东西。写完不贴邮票就把稿子寄到《人民文学》杂志。那时候规定，稿件邮递是免收邮费的。稿子上我在结尾处有大段抒情，安东诺夫的路子。我自以为小说的重点不在检举坏人，而在于突出新中国的青少年，面临着怎样的光明与黑暗的对比与急剧转变。我听说过一个因小儿麻痹后遗症而跛了腿的小孩的故事，她常常挨母亲的打，但是一九四九年以后同样挨打时她哭叫道："毛主席不许打人！"这位残疾女孩信赖着呼唤着共产党毛主席！她的故事令我涕泪横流。

我的《小豆儿》的抒情尾巴被《人民文学》杂志（当时是全国最有权威和地位的所谓"皇家"刊物）副主编葛洛全部删除。我很心疼，便写了信去抗议。葛主编接见了我，指出那一段我写得芜杂和俗气。这是我的"酸的馒头——sentimental"（感伤）主义首次受挫。

我的《春节》原是一篇散文，寄给《新观察》，编辑的退稿信说，我写得很有感情，但是太散漫了。接到退稿，我用二十分钟时间编了一个故事，把同样的内容串了起来，寄出去，立即在《文艺学习》发出并受到夸奖。我一直不好意思编故事，用编故事的方法写小说我总觉得近于以雕虫小技骗人。我后来终于承认，写小说离不开编故事。

唉，写小说不可太俗气，太俗了像卖狗肉包子。也不可太清高自恋：太自命清高了，你根本就不该涉足小说，这是一种自古以来就流行于酒肆茶馆，为引车卖浆贩夫走卒之流所喜爱的，有别于大说宏文的文体。

此前，经过千辛万苦，最后几周我像生了一场大病一样，头晕脑涨，眼冒金星，寝食难安，四肢丧力，全无把握，我写完了《青春万岁》的初稿。怕手稿丢掉，我把相当一部分稿子抄写到大型笔记本上，再买了大量五百字一张的竖写稿纸，往稿纸上誊。除了我自己我还委托我的妹妹王鸣与一位同事朱文慧同志帮助我誊写。誊也誊完了，时至一九五四年冬，距离开始动笔整整一年，我算有了一份厚厚的稿件了。

文学就是这样一种东西，任何得意者特别是失意者、赋闲者、自命怀才不遇的穷酸者、自恋者、梦游者、热情者有使命感者，也可能是妄想者、与编辑出版人员有私人关系者……都可一试，都有可能小试身手，而且，在计划经济的年代，差不多只有写作不由计划安排，你想写就写，写好了就能成事，那个时代有志于写作者何其多也。

同时，你一旦从事了那个叫作习作（一种酸酸的谦虚的说法）的事儿，你不管是怎么样地学富五车，有怎样的职位与学历，具备多么高尚的情操人格，多少经验阅历，多少才华灵感、奇思妙想和牺牲精神英雄气概……你仍然是不够用的，你最多只算是半瓶子醋。你仍然会多半搞得筋疲力尽，千疮百孔，漏洞百出，顾此失彼，人人得而讥之，得而批判之、教训之、领导指导之，至少是嘲笑之。

但是也确有这样的写作者，虔敬，献身，追求，忘我，一股脑儿把自己的全部身心献给了文学，这样的人很难容于人众，也很难容于同道，也很难得到知音。并不是所有的读者都喜欢匍匐着痛哭流涕着去仰视文学。他们宁愿去读书消愁解闷，借他人之故事言语浇自己之块垒。一个作家把文学想得太高太高，高入云端，高如上帝，而把自己按天使至少是按圣徒来设计。他们成功的可能性不超过百分之一。而多半会搞得最后鼻青脸肿——粉身碎骨。

我想起父亲的一位同乡、同学，来自老解放区，时任北京电影制片厂编剧的潘之汀老师。我找了他，他住在和平里新住宅区。我第一次看到新的居民楼，我很欣赏。潘老师的妻子是一位话剧演员。身材姣好风韵犹存的她对我说“赶明儿你写了剧本我们演”，令我醉迷欲融。

不久，潘叔叔来信说：“你有了不起的才华……”这样的说法又使我发了一回高烧，只如快乐死了一回，又一缕“香魂”慢悠悠甜丝丝活了回来。

他说他把稿子介绍给了中国青年出版社文艺室负责人吴小武。吴笔名萧也牧，他发表在《中国青年》杂志上的短篇小说《我们夫妇之间》受到丁玲带头的严肃批评。小说写一个男知识分子与工农出身的女士的矛盾，其中有一段写男要赏月，女则抱怨月亮不如烧饼，不能解决饥饿问题。这样的小说与这样的批判（丁玲的批判文章题为《作为一种倾向来看》），包括上纲上线的标题，今日读起来有喜剧色彩，但当时造成的却是货真价实的悲剧。此后吴小武的外形与言谈、声调与举止，都给我以背时晦气的感觉。

于是我昼夜苦等，梦里也看到了吴小武老师，得到了他的指点。我给他打电话的时候，声音颤抖，活像一个太监在与皇上说话。吴告诉我，是编辑刘令蒙在读我的稿子。直到次年春夏，没有消息，打电话也找不到刘编辑，忽然又从团市委领导处得到刘编辑在反胡风运动中“有事”的传闻，我更是叫苦不迭。

中国青年出版社就在东四十二条老君堂，离我工作与居住的地点很近。我骑着自行车去到出版社门口，看到一些戴着深度眼镜、说着南方口音的官话的一脸书气的编辑上班或者下班。我欲问无门，欲钻营无路，欲讨好无缘，欲交流不配，欲哭无泪。

我整整等了一年，我变得近于迷信了。我常常想，假如早晨天下了雨，就可能是《青春万岁》有了下文有了好消息的兆头。假如一只乌鸦向我连叫数声，我想这很可能是稿子被彻底否定的标志……到了一九五五年冬，吴小武并找上了中国作协青年工作委员会副主任、老作家萧殷找我谈话。我们是在萧殷老师家、东城区赵堂子胡同八号（后萧殷老师到广东工作，此院转售予臧克家诗人）谈的。萧殷老师高度评价了稿子的基础和我的“艺术感觉”，指出书稿主要问题在于主线，没有主线成不了书。

原来如此！原来我的救苦救难神灵活菩萨，我的祖宗娘老子就是您，伟大的主线！主线就是俺的魂儿啊！也就是俺的刽子手、丧门神！这样的词别说写出来、理解并且实行起来，过去咱是听也没听过。我只知道写长篇最难的是结构，哪里知道结构里还有个“主线”老人家，他老就长在小说的命门穴上！

身材高大，驼着背，不停地吸着香烟，手指被熏得黑黑的吴小武同志肯定了我的激情，说，这篇东西改好，你会取得大的成功。吴小武爱说的一个词是“磨”。“还要好好磨一磨。”他说。他这个磨字我听着很苦。萧殷老师则说准备由作协出具公函，给我请半年的创作假。

萧殷老师还谈到他因身体不好而正在注射的一种补剂，好像叫作什么“肝精”。他们二位也谈到了萧殷老师一本书的稿费的事。

白日放歌须纵酒，青春做伴好还乡！我找不到合适的词句，碰到高兴的事就想起杜甫，虽然杜甫的诗作与我的经历压根儿就不沾边。我以为，底下的事就该是一顺百顺，一通百通了。

……我现在常想一件事，如果不是这样的结果而是另一样呢？如果吴小武与萧殷是把我的初稿干净利落地否定了呢？我还有勇气继续努力吗？多么脆弱的青春、才华、激情和创造的冲动呀！除了感激这些恩师，我能从中得出点什么更多的体悟来呢？

在等待消息的这一年我还写过话剧剧本，我写在一间大办公室，午夜，挂钟敲响了十二时，各地传来与阶级敌人战斗的报告，事业波澜壮阔，工作人员却是一些凡人。平凡的人与伟大的事业，这就是张力之所在，戏剧性之所在。

我把这个剧本的草稿寄给了曹禺大师。我很快接到他的答复，他邀我到他家共进午餐。他那时似乎住在铁狮子胡同。他说我写得有味道，但是内容不易掌握，说不清楚。此后数十年，我有机会见到曹师，他常常回忆他初读我的习作时的感想。

团市委痛快地批准了我的创作假。我至今记得时任团市委副书记，后来曾任中共北京市委副书记与中央党校副校长的汪家镠见到我的作协公函时说了一句："作家协会，了不起！"是的，当时什么什么家协会的称谓是很唬人的。

一九五六年春，我应邀出席了由作协与团中央联合召开的第一次青年创作者会议。我尝到了梦想成真的滋味。怕骄傲，会议不叫青年作家，只叫作者。但众与会者还是跟得了气成了仙一样。我一下子就这样成了青年作家啦，真是又幸运又惭愧，仅仅一个《小豆儿》一个《春节》，只有汗颜。我想起了耀眼的鲁迅的书《致青年作家》与高尔基的同名书籍。大会安排我们住在正阳门旅馆，暖气热得我无法入眠。我确实感到了"烧得难受"的滋味，而"烧"云云，是北方的土话，指一个傻帽儿对好事承受不起。

以短训班方式开会，茅盾、老舍、周扬、陈荒煤等都给我们讲了课。茅公讲人物的出场，老舍讲语言。周扬讲文艺思想，他似乎宁愿与作家们拉开点距离，他一上来就说："你们是搞形象思维的，而我是搞逻辑思维的啦，哈哈哈……"他笑得得意扬扬。可能由于我是当时区的团委副书记，很被会议组织者看重，安排了当组长之类，但是我完全辜负了期望，根本没有考虑过自己可以从政治上发挥点优势，可以导一导别人的向，却只剩下了自惭形秽。《小豆儿》远远谈不上精彩，而写出来《海滨的孩子》那样漂亮的儿童文学小说的宋萧平却只算会议的列席者。

在这个会议上青年作者们最常说的词儿有这么几个，第一个词是“发”，可不是如今的发财的意思，指的是发表，谁的什么什么作品发了。这就立刻显得高人一等，谁的什么什么作品不发了，就是失败了倒霉了江郎才尽了前途暗淡了。第二个词是“集子”，因为大部分与会者都是写短小作品的，谁做到了把自己的短小作品集合出书，谁自然比仅仅在报刊上印成铅字又高明成功了许多。第三个词是“入会”，像刘绍棠什么的，早已经加入作协成为会员，又比我辈写了个把东西就来开会强得多阔得多了。

由于《小豆儿》，我在儿童文学组，我有机会瞻仰邵燕祥的风采，他写过《毛主席挖的甜水井》，算是儿童文学。他似乎是北京代表团的副团长。他穿着一件米黄色风衣，坐车时喜欢站在车门边。我觉得他的姿态像普希金，我正陶醉于普希金的《叶甫根尼·奥涅金》，我相信邵一定能够写出普希金那样的作品。

在这个会议上，我也有机会看到戴宽边深色镜框眼镜的刘绍棠，他常常叼着香烟，说话声大气粗。他可以毫无顾忌地谈论（出版）合同与稿酬，当时他正热衷于像苏联的潘菲洛夫那样，写出中国的《磨刀石农庄》，这部小说以鸿篇巨制、一部接着一部而著名，但是至少是在中国，很少有人读过。说是刘老弟还在会上提出，宁可少活十年，也要早出作品一星期。我在小组会上听到老诗人臧克家对刘绍棠辍（北京大）学搞专业创作的微词。先是刘考上了北大中文系，受到全国的称赞。后来，他不可能安心就学，被《中国青年报》的文艺部主任吴一铿同志调到报社“养”了起来。我在儿童文学组还结识了郑文光、刘厚明、柯岩等作家，并与他们时有快乐的聚会。文光是归国华侨，有点实力，家有厨师，我们不止一次能在他那里改善生活研讨乃至朗读作品。其乐何如！

会中，周总理会见了大家，并与大家在北京饭店大厅翩翩起舞。这是一代青年作者春风得意马蹄疾的空前纪录，也差不多是最后一次舞步匆匆、文思灼灼的阳光档案了。

会议组织了一次活动，众与会者与本市文学青年见面。我见到了组织这次活动的团市委某中层领导人，我才知道，我所艳羡的刘绍棠等知名青年作家，在我的同事某些团干部眼中是思想成问题、政治上不开展、亟待端正挽救改造的另类青年——我却并没有珍视我的干部资历与身份。而从刘等人的口中，我也知道他们是怎样带几分轻狂地轻视和厌恶一心热爱文学，却未必有成就的可能的青年人。他用相当不友好的话对另一个青年作家说：“你就撅他！唪儿他！千万别搭理他！”我和他们最终也无法完全打成一片。我一上来就夹在当间儿啦。

28.组织部来了个年轻人

走上写作路后，我知道了苏联报告文学（更普及的称呼是“特写”）作家奥维奇金的名字，知道他曾经在苏联第二次作家代表大会上与肖洛霍夫联手向作协的领导作家特别是西蒙诺夫挑战。包括《士敏土》的作者革拉特考夫专门发表了声明，谴责他与肖洛霍夫。他的“揭露阴暗面”的说法，令我如望禁果，惊喜惧交加。

一九五五年或者一九五六年，团中央发出号召，要全国青年与团员学习苏联女作家尼古拉耶娃的中篇小说《拖拉机站站长与总农艺师》，此书描写一个刚刚走向生活的女农业技术人员娜斯佳，由于不妥协地与一切阴暗现象做斗争，而改变了大局，使集体农庄的工作改变了旧貌。中国青年出版社将此书印了几百万册。当时农业问题，正像一切社会主义国家的农业问题一样，困扰着苏联当局与公众。

而我已经不仅仅是一个小青年，我是略有资历的青年工作干部了。我不相信娜斯佳有这样的运气，一坚持原则就马上势如破竹。我刚刚处理过一个事，一位陆姓团员，喜欢活动，并不服领导，到处提意见，受到留团察看两年的处分。我与一位曾在苏联团校学习过的市里管团的纪律检查的同志研究过小陆的问题，这位同志给我讲了一个概念：反对派。他说，总是充当反对派的角色，有可能最终变成反动派。他给了我很大的启发。

（此陆姓青年，名大彪，因受处分，连大学也没有被录取。后来他连连找我，我帮助他及时恢复了团籍，才被录取到一个相对偏远一点的学校——山西太谷农学院。他显然汲取了教训，见了我只知鞠躬哈腰，一家伙就“成熟”起来了。）

世事洞明皆学问，人情练达即文章。世事人情都告诉我，娜斯佳的故事恐怕是廉价的乌托邦。但是娜斯佳式的天真、热情与理想主义，对于我，一个二十一岁的团干部，一个初出茅庐的青年作者来说，仍然颇有魅力。文学有文学的性格，文学有文学的蹊径洞天，直到想入非非：生活中到处碰壁、不受欢迎、尴尬狼狈，但并无大恶，乃至不无几分可爱的人物，也许仍然可以入梦入诗入小说吧，谁知道呢？对于他们，我有同情，有叹息，有怜悯，也有轻视甚或也有欣赏。他们也许是成事不足，败事有余，改变环境不足，损毁自己有余。贾宝玉、林黛玉、晴雯或者芳官之类的青年，如果与我同事，肯定也会受处分被淘汰。但是，《红楼梦》中，有他们的一席之地，那是他们大行其道的地方。

我在改《青春万岁》，很顺利，我常常住到郊外，我父亲那里，中关村公寓，不受干扰。我已经找到了感觉，知道我在写什么，知道我正在写的与前边与后边都有着怎样的联结，知道什么时候应该承接前文，什么时候应该有所变化，有所旁骛。我愈来愈感到长篇小说的结构如同交响乐，既有第一主题，又有第二第三主题，既有和声，还有变奏，既有连续，有延伸、加强、重复又有突转与中断，还有和谐与不和谐的刺激、冲撞……结构的问题，主线的问题，与其说是一种格式一种图形，不如说是一种感觉，小说写作的音乐感韵律感与节奏感是多么地迷人！像作曲一样地写小说，这是幸福。什么地方应该再现，什么地方应该暗转，什么地方应该配合呼应，什么地方应该异军突起，什么地方应该紧锣密鼓，什么地方应该悠闲踱步，什么地方应该欲擒故纵，什么地方应该稀里哗啦……全靠一己的感觉。写作的人怎么会没有这种感觉呢？一一表述，另起一枝，抒情旁白，众声嘈杂，喁喁絮语，悬念如天，吊起胃口，原来如此，拍案惊奇，然后是余音袅袅，前后照应，会心尽意，天衣无缝或者故意卖个破绽，引人辗转反侧。写小说，有多少灵气就有多少招数……我定可如期改好，改得很好。我的感觉与悟性与我的设计、我的苦思冥想一致，我的感觉解决了所有我的设计与苦思冥想中碰到的难题。

当写作进入了找到感觉的状态，那可真妙。想了再想，好句子好情节好细节好抒情好刻画都油然而出，若有天助，若系天成，《青春万岁》本来就是那样圆润、晶莹、纯真、热烈、饱满、动人。《青春万岁》本来就呼吸在徘徊在飞翔在宇宙之间，等待着王蒙的寻找，等待着王蒙的发现，等待着王蒙的摭拾，等待着王蒙的抚摩。《青春万岁》比它的作者好得多，完善得多，可喜得多，英俊和美丽得多。作者可以一般乃至许多缺陷，可以羞煞愧煞，而《青春万岁》应该成为时代的天使，青春的天使，飞入千家万户，拥抱千千万万个年轻人的身躯，滋润千千万万个年轻人的心灵，漾起千千万万个年轻人的微笑，点燃千千万万个年轻人的热情。

在最最享受的状态中，我有余力再写点别的。我一直是这样，同时做一两件事情，互相调剂互相补充互相变化，避免单打一，避免重复与疲劳，互相促进又互为休整。于是我在一九五六年四月，在我二十一岁半的时候，写下了改变了我的一生的《组织部来了个年轻人》。

我可以以我的“区里的日常生活”（奥维奇金名作之题）写成小说了，我可以大大地诗化浪漫化我的日常经验了，我可以提出娜斯佳的故事的可信性这个大问题来了，我可以把我在剧本中没有完成却已经酝酿于心田的故事终于弄出个样儿来了。我可以表现我的经验、我的成熟、我的政治化、我的非同一般“文学青年”、我的入世与我的惶惑我的多情我的叹息我的艺术细胞来了，我可以把日子与事情写成诗篇，把诗心贯注到日子和事情上去。我相信我的忠诚和我的勇敢，相信我的世事洞明和我的摇曳多姿，相信我的“少共”风度和作家才气，我会成就一篇怎样的小说啊！

五月份我寄去了稿子，六月份责任编辑谭之仁老师向我转达了主持常务的副主编秦兆阳老师对此稿的欣赏之意，并提出了原稿写得粗糙的地方，要我修改。我很兴奋，像背诗一样地把全篇背诵了下来，改了又改，推敲了又推敲，我体会到了改了再改，精益求精，像绣花一样的自得其乐的趣味，我再也不是初学写作者的“小豆儿”的面貌了。我终于觉得闹得像一篇精美的“大作”了——约两万字，放到以后该算中篇了——我二次送去了稿件。

稿子在九月号的《人民文学》上登了出来，不是头题，头题是东北作家杨大群的《小矿工》。

我在山西太原看到了这期新出版的刊物。瑞芳时在太原工学院就读，一九五六年九月我去山西看她。“破镜重圆”，无限感动。

我是说去就去了的，她事先不知道。她此后多次说起在学校宿舍听到一双小皮鞋咯噔咯噔作响时的情形，这双镂花皮鞋是从崇文门国际友人服务部买的，是苏联进口货，二十余元，很豪华。皮底，小小铁掌，走起来清脆得吓人。我被她的同学们留住在女生宿舍的一间空屋里，想起来那时的大学可真自由。而且，她的同学们都欢迎我，而不欢迎另一个也许在打瑞芳的主意的什么人，并批判那个人有“挖墙脚”的丑行。我在太原与芳同在柳巷吃了西餐，在剧院看丁果仙的晋剧。一出《鞭打芦花》也令我泪流满面：被虐待的孩子为几乎“被休”的继母说情，“母在一人单，母去三人寒”，这样的善良何等感人。我们徒步从城区走到西郊移村，经过汾河上的迎泽桥的时候，她说由于有桥栏杆挡住了风，她感到了暖和。这令我觉得十分可笑，因为桥栏杆疏疏落落，不可能挡风。而感觉是绝好的。我们一起去了晋祠，回来时差点错过了最后一班车，而且耽误了晚饭。那时的公共交通艰难极了，久等不至，拥挤不堪，道路颠簸，尘土飞扬。晋祠虽然破败，毕竟发思古幽情，我们在一个类似船体的建筑上留了影。临别时我喝了汾酒，至今我是汾酒的知音。我喜欢它的小曲香味。依依惜别的时候，微醺中，我在车站广场的报刊亭里发现了这期刊物，我买了送给她。我匆匆翻阅着自己的作品，就像读旁人的东西，小说，当然是另一个世界，不但对于读者，而且对于作者，都有一种陌生感、神秘感、生动感。

我的原稿头一段是这样写的：“三月，天上落下的似雨似雪……”我以“天上落下的”作主语，省略了落下的“东西”二字，我喜欢这样的造句。发表出来改成了“天上落下了似雨似雪的东西。”我不明白，为什么改得这样不文学。

然而这并不重要，重要的是一篇洋洋洒洒的“东西”，似雨似雪的“东西”从堂堂的《人民文学》这块高级天空上飘落下来了！

我其实仍然沉浸在一九五六年夏的激动中。这一年暑假，在离开北京以前，芳去看了我，她的到来，挽救了乾坤，挽救了我的一生，没有这个挽救，我根本经受不住后来的考验。多少个画面、多少条街道、多少次接触、多少次想念，一时间纷至沓来，谁能不热泪盈眶？感谢生活，感谢上苍，一切都挽救过来了！

那时的北京到太原要坐一夜火车。那时坐火车从来没有想到过坐什么卧铺。与我同车厢的硬座席上有中央乐团所属陕北绥德农家姑娘们组织的民歌合唱团，她们在午夜高唱“提起个家来家有名，家住在绥德三十里铺村……”她们健康，茁壮，质朴，脸蛋儿红得像苹果。同行的还有笛子演奏家冯子存，他给乘客吹了《放风筝》。那时的文艺工作者和那时的公众都是天使，生活在新社会新型的列车上就像生活在天国。

而一出太原火车站，就到了五一广场，到处是吆喝叫卖，“老西儿”调子：“《大纵（众）电影儿》，两毛儿一本儿！”还有“玉茭子！玉茭子!”是卖青玉米的。

往事依稀犹入梦，如今面目已全非了。

说来可怜，我长大以后除了良乡的半年与天津的一晚上之外，我还没出过北京城呢。而太原，对于我来说，已经意味着一道道水来一道道山，翻山越岭又过了片片农田，真是个遥远的地方啦。沿路的似曾相识却无缘一见的地名，保定、正定、石家庄、井陉、娘子关、寿阳、榆次，也那么使人感慨：大地辽阔，爱情弥天，才华驰骋，列车飞奔。进入山西，要经过八十多个山洞呢。

太原的一切使我入迷，柳巷繁华，有上海饭店与西餐馆。海子边公园后门旁的面馆，有一位矮个子男性服务员，他的效率与态度绝对是那个时候的李素丽。迎泽公园还是一片野地。而太原工学院（今太原理工大学）新址的移村，那时还闻得见周围青纱帐的庄稼香气。移村紧连着西郊煤矿，常常看到矿工唱着小曲从校门前走过。夜间有挑着挑子卖醪糟鸡蛋的。我们还去了晋祠公园与郊区的双塔寺公园，在双塔寺，发生过芳的同班同学的风流事件。太原的气候更清爽怡人。一九五六年九月中旬我在太原的经历，甚至使我淡忘了《组织部来了个年轻人》这篇小说。

火车拉响了汽笛，车厢的收音机里播送着那一周的“每周一歌”节目，是一首湖北民歌：“金扇哟，银扇哟……咚咚锵……”（从此我一听到这个歌就百感交集）也是多情的歌曲。回想着新出的刊物，带着汾酒的与酱香、大曲香等不同的香气，怀着终于爱我所爱的对于上苍的感激，转着念头想回京后就提出与芳结婚的请求，推敲着“天上落下的似雨似雪”究竟有什么不妥，钻过山西境内石太线上的一个又一个山洞，越过一道又一道桥梁，哐嘁咣当，哐嘁咣当，夜色压过来了，正在吞噬一切。我迎接着组织部那个谁也不知是何许人也，谁也不知会碰上什么事情的年轻人的出世。

29. 这篇小说

我虽然有“童子功”，我虽然早已完全习惯于对一切精神现象做意识形态的分析，我虽然常常胜任地或勉力地进行批评与自我批评，但是文学、小说、诗，对于我，对于你，对于大家和后人，它不完全、不该仅仅是意识形态与思想分析的对象，不能够仅仅成为传声筒，成为观念的例证。

然而，甚至连我自己当时也有点混淆了文学与工作与现实的差别，小说的写作使我入了迷，使我自以为这不但是小说，而且富有所谓的现实意义，我曾以为我可以以这篇小说献给有关的领导机构。

其实，这本应是我的快乐和感动，我的酸楚和失落，我的小小的非常个性化的遐想与话题。和在太原火车站的告别一样，和穿过千山万水坐着火车听车轮的铿锵铿锵地响一样，和行进中的满足与晕眩一样，这应该是一种生活的滋味，一种莫名的欢欣和失落。这应该是我青春的自信和（荒唐的）天真、爱恋和悔恨，迟疑和献身、骄傲和流连忘返：就像我的入党和初恋，即使一遇就准，始终如一——也仍然黄河九曲，风波连天。

《组织部来了个年轻人》是我的诗。陆文夫不断地说，王蒙首先是一个诗人。他的话里也许包含着他认为我不怎么善于把素材故事化的暗示。然而，许多年了，最重要的写作的冲动来自对于我的诗情之弦的拨响。小说里写到天上落下的似雨似雪，这是诗；三轮车夫说不要钱，这是诗（其实没有这样的事，但是有一次我坐三轮到区委，车夫确实表达了对于区委的敬意与拥戴）；与老同志们交流，这是诗；见到了赵慧文，这更是诗。吃荸荠是诗，吃馄饨是诗，下大雨还是诗，槐花颂是诗，突然出现的“炸丸子开锅”的小贩吆喝也是诗。儿童文学作家刘厚明就注意到了炸丸子的吆喝声，叹息良久，而且说从“炸丸子开锅”里感觉到了王蒙的特点。或许应该是：诗意与平凡，入世与出世，小与大，俗与超脱，有与无，骄傲与谦卑，灵界与人间……

至少，这不是一个直奔主题的小说，后来，在我接受批判的时候，一位小领导批评说这个小说里有许多不必要的描写，例如，林震与赵慧文长谈后，提到广播节目的变化的文字便属多余。我能说什么呢？

它也是青春小说，与《青春万岁》一脉相承。青春洋溢着欢唱和自信，也充斥着糊涂与苦恼。青春总是自以为是，有时候还咄咄逼人。青春投身政治，青春也燃烧情感。青春有斗争的勇气，青春也满是自卑和无奈。青春必然成长，成长又会面临失去青春的惆怅。文学是对青春的牵挂，对生活与记忆、生命与往事的挽留，是对于成长的推延，至少是虚拟中的错后。是对于老化的拒绝，至少是对于生命历程的且战且进，至少要唱着青春万岁长大变老当然也变得炉火纯青。作为同样的青年，作者对林震二十四个同情，作为干部，作为已经执政的共产党党员，如果是在工作中生活中，作者只能把林震看作小儿科、爱莫能助却又为之长太息以掩涕。林震说什么党是心脏，心脏里不能有尘土，所以党的机关不能够有缺点。笑话！这样的天真烂漫或者幼稚可笑，这样的十足废话毫无意义，作者写的时候未必不明白。然而，这是愿望啊，和长生不老、心想事成、福如东海、寿比南山、海枯石烂、气冲霄汉、钢铁意志、牢底坐穿一样是我们的愿望啊，也是我们的审美幻想、审美对象。生活中缺少现实感的东西也许在审美中更加迷人。我们善良，我们天真，我们的愿望常常不能实现，因其不能实现就更要写到小说里。不是吗？在病历上、诊断书上、条例上、操作规程上、使用说明书上与法律上写不进的东西，难道就不能写在小说里吗？小说家言，是不能作操作的数的，是想象与趣味，梦幻与激情的产物，是与现实不完全吻合的果实。也许连果实都谈不上，只是花朵与花蕾，只是催促花蕾开放的一阵清风。

我的《组织部来了个年轻人》！它是我的另一套应该叫作心语的符码。它是我的情书，给所有我爱的与爱我的人。它是我的留言。有一天，没有我了，留言还在，这么一想已经使我热泪如注。它是我哼唱的一首歌曲。它是我微醺中的一次告白。它是我点燃灯火时，看到绿草发芽或者山桃开花时许下的愿。它是我献给生活的一朵小花。是我对自己、对青春、对不如意事常常有（我没有说不如意事常八九）的人生的一些安慰。它又是对伟大的时代、伟大的新中国、伟大的机遇与伟大的世界，对大地和江河山岭，对日月和星辰，对万物与生命的一种感恩，当然不无自得，不无飘飘然。它是我的问号、惊叹号和逗点。一个自以为是天之骄子的年轻人，一个被历史所娇宠的天选人才、少年意气的共产党员，才会有这样的倾吐、这样的诗篇、这样的袒露心扉、这样的心灵絮语，或者硬起头皮说出来吧：这样的文学撒娇。

所以毛主席说了作者有文才。当然是毛主席，一眼看了出来。而另一面，叫作大洋彼岸的一些人，在将此作收入意识形态挂帅的《苦果》（一九五八年出版于伦敦泰晤士出版社，副题是“铁幕后知识分子的起义”）中的时候，在反共主义的激动中仍然没有忘记说了一下：王蒙的小说有一种different style——不同的风格。是不同啊。比较一下那一年常常被与王同时提起的发表了影响甚大的“揭露阴暗面”特写的另一位写作人吧，与他的黑白分明、零和模式、极端对立，一念之差换转过来就万事大吉的对生活的审理与判断相比较，或者哪怕是与苏联的奥维奇金、杜金采夫相比，小小的王蒙是多么不同啊。

然而，与极其敏感又极其重要极其政治的题材相比，它的作者还是太年轻，太年轻，太年轻了。小说说不定与他本人一样有营养不良与发育不足，有孱弱与过敏，有钙和息斯敏的缺失。它的气象并不宏伟，它的自信并不坚决，它的分析并不面面俱到，它的展示并不有力，它的思辨并不分明，它在一个强有力的时代，在一个相信斗争、相信实力、相信意识形态决战的时刻，在一个奉“凡是敌人反对的我们就要拥护，凡是敌人拥护的我们就要反对”为圭臬的时刻，在核武器、北大西洋公约与华沙条约、暴力革命与坚信战争不可避免的年代，在镇反肃反、土改反霸、抗美援朝、“三反”“五反”、清理中层……万众一心铸造无产阶级的铁打江山的当儿，在一个大气磅礴然而粗糙得出奇的年月，嘀嘀咕咕地诉说两个一知半解、脉脉含情、纯洁无用、善良软弱的青年人的小小昏话……这不是荒谬的吗？呜呼哀哉，夫复何言！

我曾经开玩笑说，用小说克服官僚主义吗？不，还是用官僚主义克服小说更方便更可操作。这里需要的是另外的尺度、另外的价值判断、另外的说法。

如果不是用反对什么克服什么的标尺（尽管在作品的一些层面包含着反对什么不反对什么的含义），而是用阅读的角度，沉吟与遐想的角度，参考、自慰与益智、怡情的角度，从心灵的共鸣与安放的角度，从审美和形象思维的角度来看呢？什么都克服不了的小说却在“克服”（谁让王蒙这样习惯于用这个特定年代的词儿呢）着衰颓（这个词我在《青春万岁》里就事出有因地使用了，即老化），克服着无动于衷与得过且过，克服着遗忘与淡漠，克服着乏味与创造力的缺失，一句话，小说想留下青春。小说不是什么有力量的存在。小说作者在许多情况下属于弱者，强者可以从政从军从商却看不上从文。小说的仅有的力量在于打动人心，供读者一恸、一哂、一惊、一皱眉或者一笑。小说的可能性是通过打动人，多多少少地，常常是少少地，快快慢慢地，常常是慢慢地，影响一下现实。有时候因缘际会，小说也能红极一时，闹哄一通，时过境迁之后，你才知道那对小说与它的炮制者并非幸事，也绝对不能持久。

革命需要文学，需要文学的理想、批判、煽情鼓动。文学心仪革命，心仪革命的理想主义与批判锋芒。马克思说得多么好啊，无产阶级要用大炮来批判旧世界，叫作从批判的武器到武器的批判！文学也心仪革命的悲壮与浪漫、道德完成与自我牺牲。青年爱文学也爱革命，青年是革命的先锋，有时候还成为主力。革命使苦闷的、燃烧的、急躁的与诚挚的青春目标明确，阳光灿烂，想到就做，透体充实。然而革命也不会永远欣赏青春的空洞与摇摆、偏激与狂热、眼高与手低，脆弱与情绪化。而青春呢，当它发现革命的实际非常实际，革命的浪漫并非永久，革命的应许并非毫不走形地兑现百分之百，尤其是您哥儿几个设想的革命梦并非就是革命本身的时候，它会咕叽些什么呢？它会闹腾些什么呢？它会神经些什么、思考些什么、选择些什么呢？

那么，给他们几篇像样的小说读读吧。在一个全民欢呼好几年了的伟大崭新的地方，让我们也听一听各种内心深处心灵深处的潜流一般的声音吧。

这就是时过半个世纪，作者本人对于different style的《组织部来了个年轻人》的夫子自道。

30. 青春万岁

就在《组织部来了个年轻人》发表出来的时候，我的长篇小说《青春万岁》也完稿了。

我为它写了序诗：

> 所有的日子，所有的日子都来吧，
> 让我编织你们……

这是主要的感受，写作就是编织这些精彩绝伦的日子。尤其是一九四九年以后的日子，像画片照片，像绿叶，像花瓣，像音符，像一张张的笑脸和闪烁的彩虹。这就是新中国第一代青年的日子，没有比度过体味过这样的日子与编织这样的日子更幸福的了。在编织日子的激动中，我体会到写作是人生的真正的精神享受，是这种享受的峰巅。

我不会演奏任何乐器，然而我的写作是真正的乐器演奏。写《青春万岁》，我的感觉是弹响了一架钢琴，带动了一个小乐队，忽疾忽徐，高低杂响，流水叮咚，万籁齐鸣，雷击闪电，清风细雨，高昂狂欢，不即不离。而写《组织部来了个年轻人》是一架小提琴，升天入地，揉捻急拨，呼应回环，如泣如诉，如歌如诗。

我不懂表演艺术，然而我的写作就像是在舞台上演出一部话剧，写到哪个人物的心情与话语，我就不由得默默地乃至出声地学着那个人物的腔调，念念有词，自我导演，自我欣赏，自我评判，入梦难眠。

我是在写小说，但是我的感觉更像是写一部诗，吟咏背诵，泪流满面。我的感觉又像在唱一首歌儿，高亢入云，低沉动地，多少心曲，余音绕梁。我的感觉又像是在表演体操，跳跃翻腾，伸展弯曲，追求姿态也追求健美，追求尽兴也追求精当。

确实，对于一个初学作者，第一个长篇小说是比创世还艰难的工程，光在哪里，影在哪里，人在哪里，物在哪里，时间何点，空间何处，季节怎样运行，悲欢怎样交替，生杀予夺，祸福通蹇，起承转合，哭笑开阖，机遇灾变，全权在我。我的权太大了，空中楼阁，全凭君便，反过来说，天衣细缝，大河小沙，应防功亏一篑，如若变成豆腐渣工程，责任在你，罪过在你，不能原谅。太累了，累死人啊。

现在，这个我创造的世界终于有模有样儿啦。

我还有一个体会，不知道算不算迹近离奇，相信古今中外不会有第二个人这样想这样说。二十世纪五十年代初期我写作《青春万岁》的时候，我特别感觉到，写一个长篇，需要的是一种类似当“领导人”的品质：胸襟、境界、才能和手段。领导艺术，小说艺术，作为艺术它们有相通处。你需要统筹兼顾，心揽全局。你不能顾此失彼，以其昏昏，使人昭昭。你需要知人善任，恰逢其会，你不能张冠李戴，乔太守乱点鸳鸯谱。你需要胸有成竹，举止有定，你不能任意胡为。同时你必须应对突然和偶然，随机应变，飞扬灵动，不拘一格，时有神来之笔。你必须有时实话实说，把文章做足做透，而在另外的时候另外的人物另外的情节上面，你必须点到为止，含蓄从容，惜墨如金，留有余地。你有时穷追不舍纤毫毕现，有时则是雾里看花，月朦胧鸟朦胧。你有战略的与战术的考虑。有长远的与切近的安排。有所为有所不为，有所写有所不写。有时候需要开门见山。有时候需要声东击西，围魏救赵。有时候需要风云突变，出其不意，攻其不备。有时候则是投石问路，敲山震虎，把铺垫做足。有时候需要硬碰硬，正面拼搏，不避突兀。有时候欲取先予，欲擒先纵，与读者卖关子。有时候要知难而上，石破天惊，有时候要绕过暗礁，举重若轻，釜底抽薪，化险为夷。要保持虚与实的搭配。要注意急与缓的节拍。要平衡巧与拙的形象。要保持深邃与平易的观感。有时候要独具匠心，精雕细琢。有时候要借力打力，意在不言。最高的技巧是无技巧，进入化境，使艺术变得平常些再平常些，使手段服从于真情真意，大道无术，大智无谋。时而抓住机遇，夯实凿穿，颠扑不破，扩大战果，延伸领域，上穷碧落下黄泉。时而网开一面，穷寇莫追，余音袅袅，曲终人不见，江上数峰青。时而旁敲侧击，引而不发。时而疾风暴雨，十面埋伏。你不能拖拖沓沓，眉毛胡子一把抓。你要不耻下问，万事贯通，黑白两道，红绿逢源。你还要保持一点身段，爱惜羽毛，只见拈花而笑。你需要时时注意行云流水，道发自然，合情合理，不能强人所难，以意为之，矫情生硬。你对自己的部属、人物要有善意，要有理解，不能拒人于千里之外，不能漫画化脸谱化。有时候称得上明察秋毫，见微知著，目能透视如X光B超CT。有时候又要大而化之，一笑了之，睁一只眼闭一只眼——宽严适度，捣糨糊和稀泥。你得劳逸结合，疏密得当，不能一味加班加点疲劳作战。你要能细心又能放手，能出手又能拉回来，你要尊重你的人物，你不能越俎代庖，等等。我简直怀疑，一个从来没有做过领导做过组织工作的人怎么样组织一部长篇小说。

当然，以上说法会引起多数同行的反感。相当的文学作者更愿意撇清关系与表现批判意识和桀骜不驯。万物相通但又相异。话语权也是一种权，权的运用当然有共同规律。当然也有不同，我自然明白，“太”做过领导了，写起小说来也许会碰到另外的更难以逾越的大门槛。

一九五六年初夏，收音机里播放的每周一歌是歌剧《茶花女》里的《饮酒歌》，走到哪里都听得到“……杯中的美酒使人心醉……青春好像小鸟，飞去不再飞回……”我去邵燕祥家祝贺他与谢文秀女士的新婚。我拿去了序诗，他帮我改了一点，原文在“让我编织你们”之后是“这该多么幸福”，他给改成了“用青春的璎珞和幸福的金线，编织你们”。他说，这样也显得（字数）整齐一些。他在给我的信里还说“序诗是诗，而且是好诗”。

是的，这首诗是成功的，时至二〇〇四年五月四日，首都青年纪念“‘五四’运动八十五周年”的大型文艺晚会，是以“青春万岁”命名这场晚会的，而且，在会上朗诵了它的序诗，所有的日子，仍然活着。

《青春万岁》的写作中我一直是沉迷其中，我背得下每一段，我不但设计人物、情节、场景、道具，而且在不断的不出声的或者读出声来的背诵中，我掂量每个字的平仄、声母与韵母，圆唇与非圆唇音，我要求它们舒畅、婉转、优雅、洁净和光明。我写到一群“积极”的学生到苏宁家中，用革命的书籍与艺术品布置苏宁的房间，取代她原来的房间中的情趣的部分（如老明星的照片，徐讦的书等）。写完了，我提高一步，说是

“那个巨大的光明的世界，就在姑娘们的笑声中，胜利地冲击到这里”。我真是得意。

书中还有一段旁白：“我每每寻觅，一种光明的奇妙的生活……”这是王蒙学了法捷耶夫在《青年近卫军》里的旁白“我的朋友，我的朋友……”最后是在纷飞的战火中，用靴子做容器，喝下了战友用生命作代价舀来的带着战士的苦味与友情的浓郁的水。荡气回肠，荡气回肠！

耽于文学，这一下子就成了我的命运。念念有词，若有所思，时时走神，不太像一个好党员好干部好下属，像写作之前那样了。从每天的偶然经历中得到灵感，一阵小风我觉得恰恰像是某个人物在某一段所感受到的。一个灯泡有点歪扭，怎么有这样的灯泡呢？正好写到另一个人的家中。上公共汽车后的一阵拥挤，启发我写到小说的结尾。年轻人的一阵哄笑，又使我感到某一章的构思需要重新调整。谁知道我的写作过程？有预案的、有随机的、有突然改变的，有得意扬扬之后发现文本中怎么也容不下它的，有出去跑了一千米回来立即改变的，有看到一棵树突然改了主意的。生活的节奏、遭遇、触发、偶然事件与非偶然事件、天气与伙食、声音与气味、情绪与消化、血压与肌肉、山色与夜色、满月还是弦月、晴日还是阴天，都与小说的写作纠合在一起，都带给作品以绝妙的影响，都改变着作品的面貌。写小说的人有福了！写小说的人的一切遭际都是宝贵的。连没有意义也是一种绝妙的小说题材，连失败也是小说的最好契机，连尴尬也能通过写作变成潇洒，连狼狈也能因笔而成为绝佳的幽默，连不知所云也能成为妙语如珠——人生是怎样地准备了这样的满汉全席、中西合璧的盛宴，丝丝入扣，滴滴销魂，用来款待小说作者！

小说之所以是创造，不仅在于它给读者提供了新的人物故事场景，而且尤其在于它的创作是一个不确定的过程，它时时给作者以新的惊喜，可能五分钟以前作者还没有想到过——也没有梦到过这一段，而五分钟后它从笔底流出来了，涌出来了，首先是给作者以新的冲击，令作者一蹦八尺高，我怎么写得这么棒！我绝了！其次才能给读者以冲击。这固然有点可笑，有点容易造成作者的自我欣赏，自说自话，自以为天下第一。但是反过来想，如果一篇东西作者自身都不感动，它能感动读者吗？未必能有什么人像王蒙那样歌唱新中国的诞生、新中国的朝气、新中国的第一代青年人了。如果没有《青春万岁》，难道不是一个时代的遗憾吗？

而这部书却命途多舛，半个多世纪前，即一九五三年开始写作，一九五六年定稿的本书，先是打入冷宫近四分之一个世纪。一九七九年后才出了书。时过境迁，这本书并没有受到专家们的重视。然而，时至今日，它仍然不断地重印，平均每三年就要印一次，从未中断，前后已经发行了四十多万册，又过去了四分之一个世纪了。新中国成立以后，到“文革”结束为止，文学史上有许多极其重要和精彩的书，然而，哪里还有其他书，能这样继续不停地发行着尤其是被年轻人阅读着呢？为数很少。

一部不无幼稚的“早年间”的书，却经受住了时间的考验。对于一个写作人，应该满足了。

31.我喜欢这样

小说（《组织部来了个年轻人》）发表没有两天，《人民文学》杂志的一位工作人员骑着摩托车到西四北小绒线胡同27号我的家，给我送来了四百七十六元人民币的稿费。四百七十六元，相当于我的八十七元六角四分的月薪的五倍以上。这也够惊天动地的。

先是听到对号入座的工作部门同志对小说的爆炸性反应：主要是“我们这儿并不是那样呀”之类。其实这些人多是我的熟人、好友。接着，由韦君宜、黄秋耘主编的《文艺学习》杂志，展开了对于《组织部……》的讨论。我收到这一期大规模讨论的杂志的时候真是乐不可支。第一篇无保留地称赞小说的文章题为《生活的激流在奔腾》。第二篇就是严厉批判的了。一篇批判指出：林震不是革命的闯将而是小资产阶级狂热分子。一批青年作家，刘绍棠、从维熙、邵燕祥也还有刘宾雁等都写了文章赞扬这篇小说。而一批我的共青团干部战友，包括李友宾、戴宏森、王恩荣等著文批评之。后面这几个人也是我的朋友、熟人和半熟人，王恩荣同志还是我的老同学，是我介绍他参加了地下党的外围组织。我从身份上说正好处于赞成的与反对的两组人之间。然而我又是小说的作者，对小说负有不可转移不可推卸的责任。这本身也奇了。

看到作品引起这么大动静，看到人们争说“组织部”，看到行行整齐的铅字里王蒙二字出现的频率那么高，我主要是得意扬扬。我喜欢这个，喜欢成为人五人六，喜欢出名，喜欢成为注意的中心，我在心里这样说，相当不好意思地说。

与此同时，我的《青春万岁》修改稿已在中国青年出版社三审通过。我们订了合同，我得到了预付金五百元。

也算一夜成名，虽然这种说法令人恶心。正在筹备复刊的上海《文汇报》驻京办事处负责人浦熙修命工作人员、著名电影评论家梅朵先生找我约稿。他们已从作协等处得知我的长篇小说即将出版。作协领导、老作家刘白羽同志在《人民日报》上撰文预告了文学新人的成绩，他说张晓的《工地上的星光》与王蒙的《青春万岁》反映了文学新人的成果。于是《文汇报》的人带着预付的五百元现金要求自次年即一九五七年一月一日起全文连载《青春万岁》。我给他们讲了该小说的故事性不强，也许不适合报纸连载。但他们坚持要载。

到了一九五七年一月，我没有在报上看到连载，我问是怎么回事，过了一段时间，他们说是计划选个五六万字登一下。我不快，便退回了五百元，宣布此事作罢。

与此同时，批判《组织部……》的调子渐高。出现了一些传闻。《中国青年报》的张总编辑与佘副总编辑，两位关心我提携我与我私交甚好的领导，找我谈话，他们忧心忡忡，他们认为我捅了个大娄子，他们告诉我已经有人将此文与王实味的《野百合花》相提并论了。他们让我做好思想准备，要有自我批评。他们还引用一位刚刚调入我区工作的老区来的女领导同志的话说："王蒙，有点不听话呀。"

同时，组织讨论的《文艺学习》的主编与副主编韦君宜与黄秋耘也找我谈，说是他们原没有想到此事闹得这么大，不好收场。黄是连连叹息，背诵小说里的词语，并表示可能遇到麻烦，他本人则对小说一百个欣赏。他的表现是既感动又无奈。韦则表达了对我的器重与爱护之情，同时试图帮助我认识到小说中的一些缺陷，以便正确对待批评。韦的爱人是杨述，时任市委文教书记，我知道韦的意见里包含着市领导的意思，我必须好好听取。

君宜还转达了杨述对于我在《北京日报》副刊上发表的散文诗《新年》的批评，说是那篇东西看不出时代特点。是的，我写了时光，却没有刻意去写肃反、合作化、总路线等时代的特色。但是我以为，那种对于时光的珍惜与敏感，也绝对不是旧中国的文人写得出来的。

到了这时候，我自幼受到的党的教育训练就起作用了。有则改之，无则加勉。我表示一定认真听取意见，提高认识，三省吾身，闻过则喜。同时，我也辩解，《组织部……》不是反对党的东西。当然，不论动机如何，如果有很严重的后果，我当正视与汲取教训。

一九五七年二月，《文汇报》突然（我的感觉是突然）发表李希凡的长文，对于《组织部……》进行了猛烈的批判，从政治上上纲，干脆把小说往敌对方面揭批，意在一棍毙命。我一惊，我并非没有想到与该报的相处上的小小不顺遂，但是我很清醒，从政治上往对立面打，需要认真对待，这是大事，而其他只是小事一桩。

我放不下自己的光荣历史的包袱，我无法相信李希凡比我更革命，我无法接受李代表革命来揭批我。我很快给公认的文艺界的最高领导周扬同志写了一封信，说明自己身份，求见求谈求指示。

早在中学生的暑期学习团管伙食的时候，我就听过周扬的报告。有关领导还特别说到过，新解放区的学生只知道丁玲艾青，他们哪里知道周扬的地位和影响！

想不到的是很快我接到了回信，约我前往中宣部他住的孑民堂一谈。顾名思义，孑民堂就是蔡元培字孑民住过的地方，是一个古色古香的中式大会客厅。此后，我在文化部上岗时在此办过公，至今仍有时在此会见外宾。我与孑民堂确实有缘。

周扬开宗明义，告诉我小说毛主席看了，他不赞成把小说完全否定，不赞成李希凡的文章，尤其是李的文章谈到北京没有这样的官僚主义的论断。他说毛主席提倡的是两点论，是保护性的批评，等等，令我五内俱热。

周扬也和我讨论，他说他和一些老作家老领导也讨论过，是不是人年岁一大就注定了要思想僵化呢？能不能说只有青年才反对官僚主义呢？这些问题的提出令我汗颜，我怎么可能主张只要青年不要领导不要老革命呢。我只是略微解释了一下，我并没有试图把林震当英雄典范来写，在小说中，我要表达的是对林式人物的命运颇感困惑而不是树立榜样。

我的说话大致谦虚适度。我看得出周扬的满意，通过开青年作者会，我也知道一些青年作家是怎样地口出狂言，惹恼领导。这时周皱着眉头说，有一个表现很不好的青年作家，叫什么呢，他扬言苏联十月革命后的文学成绩不如革命前，中国延安文艺座谈会后的文学成就不如座谈会前。你对此什么看法？

我完全体会到了这个问题的敏感性与严重性。我知道他说的是刘绍棠。我回答说，谈这样重大的问题，应该有更全面的材料、更深入的研究、更严肃的立论，而不能随便一说。

我的含蓄的回答使周扬喜形于色。他一再表示对我的态度的赞许，重复我的话，同时嘘寒问暖，关切备至。甚至说，你怎么这样瘦啊？检查过X光没有？没有肺结核吧？

形势突变。我听了毛主席在中央宣传工作会议上的讲话录音。主席说，有个王蒙写了一篇小说，什么什么，一些人准备对他围剿，把他消灭。主席说，我也是言过其词。主席说王蒙我不认识，也不是我的儿女亲家，但是对他的批评我就不服。比如说北京没有官僚主义。中央出过王明，说自己是百分之百的马克思主义，百分之九十就不行？北京就没有官僚主义？反官僚主义我就支持。王蒙有文才，有希望。主席又说，小说有缺点，正面人物写得不好。对缺点要批评，一保护，二批评，不是一棍子打死。

主席说着说着找不着香烟了，便说“粮草没有了”。据说是陆定一连忙给主席送去了烟。

如此这般，化险为夷，遇难成祥，我的感觉是如坐春风，如沐春雨。我同时告诫自己，不可轻浮，注意表现，在自天而降的幸运面前更要谦虚谨慎、戒骄戒躁、如临深渊、如履薄冰。

《北京日报》的记者对我进行采访，我的回答刊登于报纸后由新华社发了通稿，我是说各种对小说的议论批评对于我还是有帮助的，包括棍子式的批评，也有令人警惕的作用。当然，把小说看成政治上的异己之作是不符合事实的，我赞成对于作品进行两点论的分析，我还要提高改善自己的写作质量，大意如此。于是各方赞扬王某的谦虚谨慎，严格要求自己。但是吴小武对我说，你说棍子也有好处，这是不对的，棍子就是棍子，不能欢迎。

近半个世纪后的二〇〇五年，写到这些事，我涂了两首旧诗，七律，《感怀》。诗曰：

此生多事亦堪哀，九命七羊叹妙哉。
误解方愁诚似巧，夹击复笑妒犹猜。
河东皓月千山静，案底闲花四海开。

大块文章皆胜景，逢源蜀道过蓬莱。

激浪排空海未惊，沧桑一粲意从容。
朝云妩媚诗千里，暮雨迷蒙雾几重？
尴尬风流成百味，纵横嘲谑也多情。
可怜犹梦如椽笔，写过春秋写月明。

头一首诗的第二句“九命”，俗说狗（或猫）有九条命，听北京人这样说过，而在新疆的少数民族中，我也听到过这种说法，而羊通祥，指常常逢凶化吉。

第三句谓浅者但知什么聪明不聪明，哪里知道境界与心胸。

妒犹猜，即猜忌之意。

第五句暗含反“三十年河东，三十年河西”其意而用之。

第六句含“满园春色关不住，一枝红杏出墙来”之意。闲花云云，指文学，谦词也。

第七句的大块不是文章的定语。用李白《春夜宴桃李园序》意：“阳春召我以烟景，大块假我以文章。”大块是指大自然，语出《庄子》。

第八句，指在艰难的道路上常有师友相助。蓬莱指仙境。此句亦含“两岸猿声啼不住，轻舟已过万重山”诗意。

第二首，朝云句或可指《青春万岁》。

暮雨句或可参考我在二〇〇五年《收获》杂志上发表的中篇小说《秋之雾》。

“朝云暮雨”，语出宋玉《高唐赋》。

而《尴尬风流》，是作家出版社二〇〇五年出版的拙作新书的题目。

如椽笔，可参阅拙作旧诗《秋兴》。

尾句“春秋”或指拙作“季节系列”。而“月明”，或指拙作《青狐》。

北京市文联也召开了座谈会谈这篇小说。我从而结识了林斤澜、邓友梅、葛翠琳等作家。青年作家都对《组织部……》大唱赞歌，真心支持，情绪激昂地抨击棍子。而老作家（其中不少是在高校工作的名人）则谈笑风生，海阔天空，闪转腾挪，行云流水，不溅水滴，不沾泥点，与作品与批判都保持着绝佳的距离。我的印象是有点不知所云，但又都很学问，很教授，很潇洒，很老练，很成熟，与毛头小子们果然不同。林斤澜着重谈小说技巧，不谈意识形态与政治思想（这个选择他一直延续至今）。端木蕻良谈到了李长之叔叔在《文艺学习》上发表的批评文章，关于典型问题，李说写北京有这样的干部，是不典型的。端木老师则说自己与李都是教条主义——我的印象是，教条主义是一顶十分惬意十分暖人的帽子。

此后，传出来一个说法，说是市文联一位中年作家撰了一个词："五小闹北京"，指的是除我外，邓友梅的《在悬崖上》，还有刘绍棠、从维熙，可能还有邵燕祥几个人的作品引起了一些动静。文坛上的"词儿"，比作品多多。正如杜甫诗："水深波浪阔，无使蛟龙得。""江湖多风波，舟楫恐失坠。"流行歌曲《卖杂货》也唱："风波浪里危险多。"与当时的总的情况相比较，这倒也不足挂齿，它并没有引起我的足够的注意。很久之后我才明白，文坛多事，成为水深浪阔的险地，除了抓斗争的方针外，文坛本身的不忿儿、不服、白眼儿红眼儿、恶语伤人或者伤人不带恶语，也构成了每次大动干戈的舆论基础、群众基础。

32. 大起大落

这里我要补充交代一下，一个是由于团市委领导的关心，我自一九五六年秋，到四机部所属的七三八工厂——北京有线电厂任团委副书记。我原来说过，写完反映中学生的《青春万岁》以后，我要再写一部反映大学生的作品。团市委领导王照华同志说，不要老写小资产阶级了。我就去了工厂。

工厂位于酒仙桥电子工业区，是第一个五年计划的一百五十六项重点工程之一。工厂的对口援助单位是列宁格勒红霞工厂，从厂长，到总设计、总工艺、总会计师，一直到车间班组，都有相应的苏联专家与我们并肩工作。

一九五七年一月二十八日，我与瑞芳在京结婚。她还有半年的大学没有上完。《组织部……》的所得稿费已够我们购置了当时条件允许的一些装备，包括玻璃书柜、书桌、半软沙发椅等。我沉浸在新婚的幸福里，只想着天天与芳在一起。

林默涵老师将他打算在《人民日报》上发表的《关于小说〈组织部来了个年轻人〉》的清样给我，征求意见。这也是毛主席说过的，批评谁先送过去看一看嘛，可以批评也可以反批评嘛。

此时萧殷应约正给《北京文艺》（现名《北京文学》）写一篇关于《组织部……》的文字，他约我交谈。我告诉他林默涵文章的事，并告诉他，林文指出来的几处写得不妥的文字与小说结尾，都不是我的原作，而是《人民文学》杂志编辑部修改的结果。萧殷非常重视这一情况，并强调此事必须说清，才是对党负责的态度。我在给林默涵同志的回信中说及了此事。

于是中国作协党组书记邵荃麟约见我，说是要就作家与编辑的关系问题开一个座谈会，要我参加。我同样感到了邵对于我的呵护有加。他说话中提到秦兆阳同志为人有些骄傲，看来作协领导有意对秦有所批评。秦因发表《现实主义：广阔的道路》一文，提出改“社会主义现实主义”为“社会主义时代的现实主义”，即现实主义就是现实主义，时代变了，但现实主义的精神不变……而引起了主流理论家的头疼。张光年同志发表专文批评了此文。

谈完话邵荃麟派他的专车送我回家，我感到荣幸。那时他住在大雅宝胡同的一个小院。

在此座谈会上，我对编辑部的修改抱一分为二的态度，我完全无意抱怨编辑部，更无推脱“责任”之意。我比较不赞成的修改主要有两处：一是写到林震怎么样注意到赵慧文的白白的手儿，这是我那时写男女之情哪怕只是友情的时候最不喜欢的写法。一个是结尾，我的原作是林震同志敲响了区委书记周润祥同志的办公室的门，被删掉了，多少影响了小说的调子。对此，我并未在会议上挑明。此外，我认为他们修改的问题不太大，也有改得好的地方。例如原稿说什么刘世吾的“鹰一样的眼睛”如何如何，不妥，改掉了。座谈会上茅盾发言时就提到了这个例子。我觉得茅盾的发言有他“民主人士”的分寸，给我一种零度倾向的感觉。

有关发言都刊登在《人民日报》上了。我接到了一封信，是一个年纪不轻的女作家写来的，我记得她的笔名是“布文”，但此后怎样找也是查无此人。她在信里说，本应以此为契机把编辑们的问题好好说一说的，但想不到王蒙是那么令人不愉快的老练，给他们留了情。我按照她说的号码给她回了电话，她笑着说“算了算了，现在也没有像我这样多事的啦……”

文坛的深浅，其时我是一无所知。过了几十年，我才知道更重要的背景，说是毛主席对于编辑擅改《组织部……》稿事震怒了，他老人家说是这样改缺阴德。

有趣的是我其时对《人民文学》编辑部的意见远比对《文汇报》小，我的发言中倒是有不点名地说《文汇报》的话。该报的承受力很强，我发完言恰好看到了梅朵与他的妻子姚芳藻。他们见我边点头边笑，苦笑加傻笑，令你没了脾气。很快，浦熙修与梅朵登门拜访，千说万说一定要选载

《青春万岁》。也幸亏有这么一选载，否则，一切要等四分之一个世纪以后再说了。

三弄两闹，《组织部……》的事不但化险为夷，而且变成了我的一件大幸事。当年“五四”，我被评为“北京市青年社会主义建设积极分子”。

全国团代会上，团的中央委员（也可能是候补委员）候选人名单上出现了我的名字，后未成——估计是由于基层对我的反映不算正面。

我反省，我当时有点精神危机，工厂的生活我并没有钻进去。拥挤的公共汽车，挤得满满当当的工人宿舍（原来按苏联图纸修的是家庭用单元房子，变成集体宿舍，坐便式马桶工人用着不习惯，乃蹲到“圈”上大小便），排着长队买饭的大食堂，机器运转的噪声与机油气味，给我以新的印象也使我感到隔着一层。我定不下心来。我老觉得我应该有焕然一新之作，又作不上来。我不那么喜欢和同事谈荤笑话，谈级别和待遇，谈平常的话题。我这时满脑子是文学、艺术、激情、理想、深思、忧郁、悲哀、追求、大地、天空、繁星、永恒、色彩与交响……不能容忍一分一厘的世俗、庸俗、流俗。远比此后四十年就是二十世纪的最后十年的一些中年作家的情绪更为偏激。我对反世俗的劲儿的切肤刻骨的体会太深太深。厂里其实对我很好，他们已经没法做得更好。厂里给我一间宿舍房，除了四面白墙，那里只有一张床和一把椅子，待在这样的房间里我有一种空白的感觉。而每天下午，一看到太阳走向西边，我就觉得心神不定，恐慌，觉得自己在虚度光阴，觉得自己的生活和情感渐趋贫乏。

我对契诃夫的迷恋也使我变得自恋和自闭起来，契诃夫的核心是对于庸俗的敏感、嘲笑与无可奈何的忧郁。一个人追求一个有醋栗树的院子，他得到了，他傻呵呵地怡然自得，他显得更加愚蠢乏味。一个女孩，过着好好的日子，迎接新婚，突然悟到了她的生活是多么庸俗和无聊，她抛弃了一切世俗的幸福，断然出走。看多了契诃夫的书，你不由得怀疑起那个叫作生活和日子的东西，世间有多少重复，多少从俗，多少随波逐流，多少干脆应该算是麻木的东西，有你不多，没有你不少，不想则已，一想，不免慌了神儿。

我应付过了《组织部……》带来的危机，我的应对还算老练得体，我希望我的面目焕然一新，然而，新起来谈何容易？我甚至于想写一篇能够弥补《组织部……》的不足的作品，我定名为《无果花》，正像熟悉刘世吾那样的老气一样，我熟悉年轻人在事业中的只开花不结果或只结酸果。然而，在为新的作品规定了题目以后，脑子里变成了一片空白。

说来惭愧，新婚乍别，我感到了一种酸楚。在班上缺少激情和投入，回家来孤孤单单，心神不定，心慌意乱，心浮气躁，我不知道这是一种什么躁郁综合征。是成了“名人”烧的？是终于患上了文学原植物神经紊乱？是新婚乍别症？是小资产阶级脱离工农？还是“反右”前夕，密云欲雨的低气压造成的经络不通、脾胃不畅、水土不服？

就是在这种情况下，一九五七年的大鸣大放时期，外国人叫作百花时期，开始了又转变了，结束了。

我被邀请到有关文艺工作的各种征求意见会上。我注意不要放炮。我甚至在市委宣传部召集的一次会后，体已地告诉邓友梅，说话要慎重，根据我的了解，领导方面并不喜欢那些“鸣放”。

我还挤出了时间与芳一起参加自费香山旅游，赶上了大雨雷电，吃的是西餐。此后多次我去寻找那个我与芳住过一夜的地方，找不到了。那个地方叫作“香山别墅”。这是唯一的一年，北京试办了自费周末旅行。“反右”之后，这些“资产阶级”的东西都一锅端了，直到改革开放，四分之一个世纪以后。

我常常想起托尔斯泰的《苦难的历程》第一部《两姊妹》，书的开头描写夏天的克里米亚海滨，一个苍白的现代派诗人贝克与妹妹达莎的结识。根据小说改编的影片旁白说，这是最后一个夏天了，人们还在享受，还在腐烂，然后风暴掀起，烈火熊熊，天翻地覆……（大意如此）。我也想起影片《马克辛三部曲》中的圣诞夜场面，腐烂的资产阶级与贵族，狂欢放纵中掀起了女人的裙子，却不知道已经迎来的不是享乐，而是革命，不是纵欲，而是末日。

我被邀参加了中国作协党组扩大会议，批判丁玲、陈企霞。我惊呆了，我惊异于为了批丁玲先从陈企霞的男女关系问题入手，发动柳溪同志以受害者的身份揭露她的一度的情人陈企霞。怎么是这样的手段？

我也印象深刻于康濯发言时的特别激动的湖南口音与身体的大幅摇摆，楼适夷等回想起“左联”时期与鲁迅关系处不好时的痛苦，许广平同志听完发言后的面红耳赤。她回想起鲁迅病重中常常还要接受胡风、冯雪峰的来访，也很激动。

我始终记得骨瘦如柴的邵荃麟的自问自答。他说，也许有人会问，毁损一个丁玲这样的老作家大作家是否应该，他回答说，越是大作家革命的作家党员作家越是要接受党的挽救、党的帮助，是他们的错误思想首先毁损了他们自身，而我们的批判斗争，正是为了爱护帮助他们。

我不认为有谁在这个时候会提出类似“不要毁损”之类的“不同政见”。我认为他的发言反映了他自己的矛盾，然后他用特别高尚和感人的说辞来说服自己，平息自己的内心波澜。可惜此后的事实是，通过这种特殊的爱护与帮助，把一个作家帮到地狱里去了——而后是邵荃麟的下场比丁玲惨得多。

我又为能参加这样的高级别会议而自得。我感觉到风浪来了，考验来了。我积极有加地参加过新中国成立后的各项民主改革运动，反封建，反把头，反会道门，“三反”“五反”，私营工商业改造……从反胡风我就有点没想到、吓了一跳之感。我知道我已经算不上积极分子了。我跟不上，从心眼儿里不喜欢这样的运动，只盼望着这样的运动早日结束。这次的“反右”更是既激动人心又肝胆震颤，怎么大鸣大放的结果变成了这样？我觉得不舒服，别扭，生硬。我叮嘱自己，可不敢大意，可得好好学习学习啦，同时一切要听领导的，想不通也少说话，又没有你的事。至少，有这样的特殊重要会议要参加，我可以免去许多天在东直门与酒仙桥的两头等上公共汽车之苦。

我感到愧悔的是，我主动向作协领导郭小川同志反映了冯雪峰老师与我的唯一的一次个别接触中谈及文艺问题的一些说法，他说苏联是大国沙文主义、教条主义，说肖洛霍夫的《一个人的遭遇》是篇普普通通之作，却被吹了一个不亦乐乎。我还在大会上发了一次言，表示了批评丁玲冯雪峰之意，也表示好好学习提高认识。这不是一个光荣的记录，用现在的语言，人们会，人们可以，我自己也应该狠狠地责备自己。我应该忏悔。对不起冯雪峰老师，他在家里接待我，是对我的器重与照拂，我却从里头找出了“材料”。

我从小受到的一个教育就是，什么事都要向党汇报，向党坦白，然后，怎么都有救。

应该说，开头，甚至此后，文艺界的领导对我印象比较不错。但我知道，工厂方面对我不会那么感兴趣，我的文艺活动太多了，常不在厂，不在团委办公室，完全一个特殊人物。团干部间也流传着一些说法。

车间里的几个工人文学青年，在一个周末请了萧也牧来厂与工厂的文学社团成员见面。厂党委的宣传部领导立即说，萧是受过批判的，对党是不满的，怎么能请这样的人来厂？我听了很尴尬，很不好受，我没法做出反应。因为受过批判一定对党不满，因为对党不满，应该予以批判，这样的严丝合缝的逻辑令我无言。

这里有一个小的因素，我不能说成败仅仅决定于细节，但我敢说非主要矛盾也能起意想不到的大作用。我的新婚住房在西四北小绒线胡同，我的工作地点在酒仙桥，公共汽车走一趟谈何容易？上下班时间汽车站排队等车的场面人山人海，一个小时过去了，你仍然上不去车。我试过几次骑自行车上班，太累。东直门一带道路常翻浆，动辄修路。有时晚上厂里还有会，我是能躲就躲。瑞芳假期从太原回来，只待那么几周或几天，遇有市区开文艺会，而且确有重要内容，我可以晚点离家早点归家，我很快乐，但是厂里的同志怎么样反映我就不知道了。

我其实仍然重视在工厂的经验。欣欣向荣的新兴厂区与福利区（现称生活区），一家一户的单元房子作为单身集体宿舍，用得不伦不类。大部分人还不习惯用抽水马桶坐便，许多青工蹲在马桶盖上大小便。动力、机修、冲压、表面处理、装配……车间的分工，车、铣、钳、镗、刨……的工种，我在冲压车间参加过劳动。广东青工用电炉子在集体宿舍做饭的方法，与苏联专家打交道的经验，青年监督岗与青年突击队的工作，都是迷人的。我曾经想过写一篇反映工人生活的新作，但是愿望与认识，以及创作的感动，更不要说创作的完成，这些并不完全是一回事。尽管如此，进入二十一世纪，我在中篇小说《歌声好像明媚的春光》中还是运用了不少在酒仙桥有线电厂工作的经验。

我生活在一个路口，我不知道下一步会发生什么事情，我确实觉得，自己有些不对头，某些事情将要发生了。

33.《冬雨》与《尹薇薇》

也不能说这一段我完全丧失了文学的“灵感”。一九五六年秋末冬初，我发表了短篇小说《冬雨》，一九五七年初春，我写下了《尹薇薇》。

《冬雨》取材于我的一次真实的经历。初冬，阴雨渐渐变成了霰粒，低气压，坏天气。我的小说的开头的第一句话是“今年的天气真见鬼”。公共汽车，拥挤的人群，不文明的推搡与碰撞，阴郁的心情。近似“多么野蛮的生活呀……”的契诃夫式怨尤——当然没有出现同样的句子。这时有姐弟俩在车窗玻璃的雾气上画指画，画得很好，使粗鄙的乘客们出现了笑容，出现了一点美好的光辉。

这里有契诃夫，而且有泰戈尔：把儿童看作天使，把童真童心视为良药，追求一种纯净、快乐，如婴儿赤子似的返璞归真。也许事后回想，其中还有老子：“能如婴儿乎？”“如婴儿之未孩。”

我写得简练而且自然。是内心流淌出来的散文诗。只用了两千字。一口气写罢，全不费功夫。正好年底这一期《人民文学》编一期短篇小说的专号，拿去两周，发出来了。估计是抽换了其他稿件。

原团区委的领导刘力邦同志转来一封读者来信，信中说他十分感动于此篇，并说到了才华呀契诃夫呀什么的。刘力邦还特别嘱咐我读了这样的信不要骄傲。

也有一些文友在称赞此篇的同时说：“怎么你的作品中出现了淡淡的哀愁？”

这恐怕也是真的，在我痴迷于文学与并非无视也并不对之特别糊涂的现实生活工作之间，有某种不和谐、不搭调，有某种分裂和平衡的难以保持。这时候，历练与身份，生活与人，简单地说就是王蒙这个五十三公斤重的小伙子已经压不住文学了，我有点拉不住自己的文学之车。文学这辆怪车神车正在向诗化、梦幻化、温情化、边缘化与自恋化等超现实化方向驶去。

批判我期间，W撇着嘴说到了此篇小说，用细细的声音说："怎么两个小孩一画画全车厢就温暖了光明了，简直莫名其妙嘛，虚无缥缈嘛。"

没有办法，W是大学生，是主管团市委的宣传工作的，是爱读书包括读文艺书的人。

直到一九八〇年，我首次赴美国，遇到了汉学家欧大伟（David Arkush）博士，他除了给我看他当年在哈佛大学时写的硕士论文《论王蒙的〈组织部来了个年轻人〉》外，还从图书馆复印了《冬雨》的英语译文给我，该译文发表在一九六一年，是捷克的一家外国文学刊物发表的。斯时我在三乐庄从事副食生产。

至于《尹薇薇》，写于一九五七年早春，那几天我患了感冒。先是张弦，后来是一些报刊的编辑来看完。由于毛主席的干预，我从文坛顽童忽然几乎变成了宠儿。一位女编辑当面对我说，开始，我们读了你的作品（指《组织部……》），我们以为你多么严肃和盛气凌人，一见面，才知道王蒙其实是挺乖的。另一位女编辑看到我正在病中，二话不说先到胡同口买了一盒羚翘解毒丸来。

病中我读鲁迅。我忽然想起亲友中的一些女性，她们原来也是地下党员、盟员、学生运动中叱咤风云的人物，这几年，大多结婚生子，暮气沉沉，小毛病也暴露了不少。我乃写一个第一人称的"我"，去看望老同学尹薇薇，发现尹的生活毫无亮色，甚至把大学年代她专门研究的白居易的诗稿《香山集》也卖给收旧货的了。尹忙着摆弄孩子，满室的尿布。尹对保姆的态度也极恶劣。结尾是"我"不吃饭而告辞，尹薇薇送别时若有所动，向"我"说了一句："风大了，竖起你的大衣领子！"

这里有契诃夫，也有鲁迅，例如《在酒楼上》。这一段时间我喜欢屈原的诗句："何昔日之芳草兮，今直为此萧艾也？岂其有他故兮，莫好修之害也……"那么这里也有屈原。而且，这里也有《红楼梦》中的贾宝玉呢，宝玉老是慨叹：好端端的女孩儿，一结婚就变成了另一个人。

而且，这里有法捷耶夫与《青年近卫军》。这本书的按照斯大林的意见修改的第二稿中，一位老党员苏尔迦来到他多年未见的年轻时的女友叶李莎维塔·阿历克塞叶夫娜家，他本来想获得李莎维塔的帮助，而李莎维塔对当局发了牢骚。苏尔迦乃改为投奔另一个口头一切均好好好的党员福明，结果被福明所出卖。按照斯大林的指示，作者需要令人信服地说明，为什么这个敌占区要靠一帮孩子抗击德寇。但是苏尔迦与李莎维塔的见面写得非常动人，时光的无情，生活的消磨，未成眷属的往日情人的陌生，艰难时刻的昏花老眼，期待与失望，错误的失望与更加错误的自投罗网，都是如此动人。我显然在写到老友——当年的情人——时隔多年的相见时汲取了法捷耶夫的手法。

这篇东西写得浅，有点幼稚。最初，我给了《北京日报》副刊。后来责任编辑辛大明把清样退了回来，说是最后一分钟主编周游决定不用。稿子证明，责编遵命做了许多修改，如把尹薇薇有两个孩子改成了一个孩子（按：当时尚未实行一个孩子的计划生育政策）。我把它转给了《人民文学》，《人民文学》的编辑把所有《北京日报》上改过的东西又都恢复成原状。然后在“反右”高潮中，我自己叫了停。然后在“反右”高潮快要过去了的时候，我主动交出了业经编辑们改得乱糟糟的原稿。

后来的事情发展在于，批判期间，《尹薇薇》成了一大问题。内部印成了绝密材料，一个个神情诡异，似乎犯了什么大事。

一位相对年轻一些的同志，在发言中说：“就在尹薇薇们咀嚼着他们的渺小的悲哀的时候，一列列火车拉着建筑材料在平原上飞跑，一座座大桥矗立起来，一座座水电站开始发电，一台台崭新的车床铣床飞速旋转，一处处农业合作社喜夺丰收……你与你的尹薇薇，是多么渺小、多么卑鄙！”

他讲得义正词严，雄辩滔滔，极具说服力与煽动性煽情力。除了不合逻辑与略显俗气以外符合一切要求。

直到二十世纪八十年代末期，我偶然地找出了《尹薇薇》的原稿，我把它化用到新作《纸海钩沉——尹薇薇》中，发表在《十月》杂志上了。为此还获得了《十月》杂志的冰熊奖。

这两篇短东西是我的一个时期的写作的结束。我愿说它们是我的婚前写作、童男子写作的最后篇章，虽然后一篇可能是完稿于新婚之后不久。一个青年人，不论男女，童真时期与有了伴侣以后，心情感受是颇为不同的。前一个时期，他或者她比较别扭，有些夸张，耽于幻想，磨磨叽叽，往往立论于太空之上，抒情于镜子之前，奇想于回忆与联想之中。后一个时间段呢，又可能找不到感觉，江郎才尽，眼高手低，好为人师，嘲笑和恶毒渐渐取代了灵气和善意……

有一句话是我很久很久之后才有所觉察的：风大了，风大了，风大了。是预兆吗？是巧合吗？是文学的谶语？是本能的直觉？大风起兮，云飞扬，竖起领子兮，难无恙！

34. 我与五十年代

一九五七年五月，在“鸣放”的关键时刻，我在工厂接到通知，说是市委将派车来接我去机关看一个文件。我等了几个小时，又通知我不去了。

后来我明白了，这是我的命运的一个关键情节。毛主席在当年五月十五日写了《事情正在起变化》一文，提出了反“右”派的问题、批判修正主义的问题，给高级干部看，先在高级干部中做好从反对官僚主义、宗派主义、主观主义的整风运动到反对“右”派分子的猖狂进攻的指导思想的转变。当时有一种说法，就是对那些要重点保护的党内外人士，可以提前给他们打招呼，给他们看这篇文章。我是怎样从可能被重点保护，经过一个下午，最多两个小时，改为不再保护了呢？详情不是我所能知道的，是福是祸也不是我能说得清的。但是我可以认定，这不是市委的事。当时的市委宣传部副部长、当过团市委书记的张大中后来曾经明确地告诉我，市委宣传部未过问过我的划“右”派的事。他说市委文教书记杨述还曾提出王蒙的运动中的“问题”由市宣传文教口抓，但有关党委部门不同意，说王既然是团干部，就不能特殊，只能由党团口抓。其中含义不难推测。市委主持工作的副书记刘仁同志，对我也是呵护的。我在六十年代由作协出面调动去了新疆，他事先不知此事，后来知道了，很不高兴，他身边的人告诉我，他自言自语几次：“怎么调到新疆去了？”

我不知道回忆录写到这里出现了什么问题，从一九五三年开始写作以来，我的回忆太围绕着个人的遭遇了。其实我比较不喜欢一味地说个人那点糗事，委委屈屈，得得失失，恩恩怨怨，酸溜溜，灰溜溜，叫苦连天。尤其是一个写作者，如果他的写作离不开个人的那点得失悲喜，离不开他个人周围三尺三方圆的那点破事，烦人不烦人，丢人不丢人啊。

还是放眼世界，放眼中国吧。五十年代，开玩笑吗？新中国，土改镇反，整顿财经，平抑物价，解放海南岛，进军西藏，抗美援朝，上甘岭战役，立足未稳的新中国顶住了强大的美国战争机器，别了司徒雷登，再评白皮书，中苏友好，斯大林逝世，第一次全国人代会，制定宪法，一定要把淮河修好，思想改造，高校改革，批判《武训传》、胡适、俞平伯，潘查希拉（和平共处五项原则）万隆会议，五年计划，三大革命运动，三大社会主义改造，鼓足干劲，力争上游，多快好省地建设社会主义；五十年代中期提出了十五年超过英国的目标……多少雄心，多少举措，多少新章程、新招数，多少尝试，多少胜利，多少远景！天行健，自强不息！

我的青春是高调的。苏式的说法是从胜利走向胜利，时代的荣誉、智慧和良心，磐石般的团结。中式的说法是，照到哪里哪里亮，天大地大不如党的恩情大，人民江山万年长。我经常处在满意、赞佩、自信、骄傲、服膺、掌握着历史的舵轮、战斗在最前线的自我感觉之中。

清除了北京市区的垃圾，修起了王府井百货大楼，建设了什刹海体育场、什刹海游泳池、交道口与新街口电影院，取缔了妓院——见纪录片《姐姐妹妹站起来》，取缔一贯道——见纪录片《一贯害人道》，都令我和许多人欢声载道。

批《武训传》我实则没有想到，因为我初看此影片时没有发现什么问题，尤其是王蓓饰演的小桃，这样一个自我牺牲的女性更使我感动。后来批起来了，杨耳即许立群撰写了有力的批判文章，更使我如醍醐灌顶。许立群是团市委第三任书记。

《武训传》是批得“体无完肤”了。武训与小桃，尤其是小桃在银幕上的形象，仍然使我悲伤。我还看过王蓓饰演的婵娟，在话剧《屈原》中，同样善良、纯洁、悲剧式地献身。后来我知道，她嫁给了作家白桦。

批俞平伯的《红楼梦研究》使我大受鼓舞，对于小人物的支持使多少小人物包括王蒙跃跃欲试。

批胡适离我太远。大胆地假设，小心地求证，无论如何不像有什么深刻的含义，包括反动意味。我早就读过鲁迅讥讽胡博士的文字，对胡没有什么好感。我只是感觉到，我这一代人太幸福了，选择了革命的这一代人就更是史无前例地幸福。而前几代或者说是此前的所有的中国人太倒霉了。我至今记得茅盾谈思想改造的一些文字，他说，他们这个年龄的人的思想，好像一个旅行箱子，上面盖满了各地的图徽标记。而革命的新思想也盖在上面了，与各种陈旧的痕迹混在一起。

批胡风我比较震惊。早在新中国成立前夕我就从香港的“左”翼出版物上读到了党的文艺理论家与胡风论战的文字，未得要领。他变成反革命集团我则始料未及，并想斗争太严酷也太惊世骇俗了。

毛主席的关于合作化的文字催人奋进。例如作家秦兆阳深受农业合作化形势的鼓舞，写了热情洋溢的长篇小说《在田野上，前进！》一次印三十万册，大量发行，到处可见，后来还降价出售。

除四害，打麻雀，我有幸亲历，人们站在房顶上，敲锣打鼓，竹竿乱舞，喊声震天，使众麻雀惊飞，无地可落，眼见着只只麻雀过劳心脏破裂，坠地而亡，真是一大游戏，当然，从飞鸟保护的观点看，这样做太残酷了。那段时期，北京的许多副食店出售“炸铁雀”。我听过传达，毛主席对此还是留了活话的，他说，如果最后认为麻雀不应消灭，也不要紧，从国外进口一批麻雀就是了，他讲什么都是举重若轻。

敲锣打鼓，庆祝中国进入社会主义，宣告农业、工商业和手工业社会主义改造的完全胜利，也令人额手称庆。只是过去我认为社会主义至少要够得上苏联的架势，拖拉机呀、康拜因呀、重工业呀、托儿所呀什么的，中国这么快就社会主义了反而令我从对社会主义的向往中变得冷静了些。

五十年代中期一件大事是苏共二十大，赫鲁晓夫做了关于斯大林的秘密报告，此前，贝利亚的处决，苏联领导人马林科夫被赫鲁晓夫取而代之，苏联医生集团的平反，等等，已经令人觉得苏联有事了。我们听了各种传达报告，学习了中国共产党政治局讨论、《人民日报》编辑部撰写的专文《关于无产阶级专政的历史经验》与《再论无产阶级专政的历史经验》。

一些西方国家的知识分子共产党员退党。《文艺报》发表文章批判退党的美国共产党党员作家法斯特。巴金写了一篇，对法斯特还是比较客气的，紧接着，《文艺报》便以《呸，叛徒法斯特！》为总题发表了声讨组文。波兰、匈牙利的事件使我感到意外与沉重，我觉得没有比发生这样的事件令富有崇高理想的共产党员更难过、更沉重的了。伊姆雷·纳吉最后被处决，更使我认识到阶级斗争、政治斗争的你死我活、不做铁锤便做铁砧（季米特洛夫语）的性质。参与了事件的著名马克思主义理论家文艺家卢卡契被宽大，保住了命。匈牙利领导人卡达尔说：“卢卡契本来是待在书斋里的，现在，回他的书斋去吧……”令人唏嘘。反顾自身，我益发感到自己与自己一类人的软弱渺小。

都说是希望在中国。我记得曾任团中央副书记、时任清华大学校长的蒋南翔同志的名言：苏共二十大后国际共产主义运动的风浪中，中国共产党最稳定。因为中国不搞个人崇拜，中国不搞肃反扩大化，中国不搞给领导人祝寿，用领导人的名字命名，等等。彭真同志还说：祝什么寿？过一年离死亡近一点就是了，还祝寿，低级趣味！

而毛主席这时的关于人民内部矛盾的论述和“双百方针”更是为社会主义学说开了新生面。这时提出进行反对官僚主义宗派主义主观主义的整风运动，令我看到了国际共产主义运动的曙光。

毛主席对《组织部来了个年轻人》说了话，我当然感恩戴德，心里三呼五呼万岁。但是我从来不认为这仅仅是毛主席对我个人的恩典。毛主席嘲笑苏联《文学报》转载了陈沂、陈其通、马寒冰等人的实质为批判“双百”方针的文章，而南斯拉夫的一家报纸转载了钟惦棐的《电影的锣鼓》是物以类聚、人以群分。这不是正说明，毛主席既反“左”也反“右”，允执厥中吗？

紧跟着却转入了规模空前的“反右”运动。我的精神不再高调，我处于守势。我对报纸上揭出来的那些“右派”，并没有那么大的政治肝火，我怕。我会出事吗？我问自己，我不明白。我忽然想起一句不伦不类的话，“没有功劳，也有苦劳”，当时还没有此后的发展，叫作“没有苦劳，还有疲劳”。

我不安地苦笑着，不妙。

35.新的一页

一九五七年十一月，领导通知，我回团市委参加运动。团市委主持工作的书记张进霖同志对我直言，要解决我的“思想问题”。

我的第一个反应是，诚然，党太英明了，我就是有“思想问题”，否则，一向指向哪里打向哪里、积极带头的我，为什么在“反右”运动中觉得那样勉强？甚至有点格格不入？我多么愿意清除掉所有的格格不入和勉为其难啊。

这时全国的“反右”运动已经开展起来，我的感觉是目不暇接，日新月异，眼花缭乱，而运动也有点横冲直撞，莫知就里。一次我接到通知去团中央礼堂参加对刘绍棠的批判会。刚坐下，有人在背后拍我的肩膀，回头一看正是刘绍棠，我不禁魂飞天外。会上，另一位青年作家、熟人邓友梅发言精彩，对刘的批判文情并茂，揭了刘也检讨了自己，还告诫了从维熙，语重心长。他的发言赢得了与会者的掌声。主持会议的老作家老革命公木做手势制止了鼓掌，说是不要鼓掌了，邓友梅业经所属单位研究，乃是“右”派分子。大家目瞪口呆。离奇的是过了不久，传来消息，公木老师公木领导也划成“右”派分子了。

这样去团市委参加运动，我反倒觉得有了着落。团市委的干部大多来自地下党里的大、中学生党员，文化高，年纪轻，经过地下斗争的生死考验，立场坚定，积极进取，善于分析，热情敏锐，弱点是脱离生产生活实际。凡是运动，一到团市委，都如火如荼。“三反”“五反”后期，有个民主补课阶段，即发动各单位群众给领导提意见。不论是（中共）市委区委，都正常地过去了，团市委则群情激昂，热泪盈眶，把领导斗了个不亦乐乎。团市委搞的“反右”，也是十分刺激，我去报到的时候，机关揪

“右”派的指标早已超额完成了，仍然不断扩大着战果，一张又一张足以吓死人的从政治上下毒手的大字报贴到了墙上。在团市委，反“右”派是真正成了群众运动，成了政治歇斯底里，欲罢不能了。

有一位名为李鲁的同事，衣冠楚楚，风度翩翩，很自然地留一点小胡子。他本人没上过大学，但他的妻子小田是一位皮肤白皙、善于辞令、被认为很“强”的大学生党员。小田是南方人，善于分析，我行我素。她的自备茶杯上写着“TB（肺结核）大王之杯”，以防止别人随便使用。

有一次我在街上遇到李鲁，他上下打量我，唉声叹气，摇头不止：“王蒙，你怎么这样……”我才明白，是说我穿衣不整齐。我曾被认为是名士派头，不修边幅。其实绝对无意自诩名士，只是尚无这方面的知识与自觉，包括经济实力也还不够就是了。

什么原因，不知道，李鲁一上来就被团市委揪出来了。我到达团市委后，一次无意在一间地下室（可能是资料室），碰见了他，他抬起头来，太可怕了，他的眼睛像是盲人的眼睛，满脸罩着一层雾气，使他与外界隔离，他的面部肌肉像是死人。我才知道，资料室大概权且充当了他的隔离反省室，吓得我回身就跑。

据负责我的“问题”的王静中讲，李鲁对一个女中学生有猥亵行为，运动后期，作为触犯刑律者，他被捕并判处八年徒刑。还传出来过他劳改中在清河农场织袜子。刑满释放后，他回乡务农，后去世。

机关还有一个划为极“右”分子的广东人老王，说是他在反省期间手淫，被人发现，成为“右”派乃不齿于人类的狗屎堆的证明。

怎么会不吓人？好好的团市委，瞬间变成了看管阶级敌人的拘留所。

团市委所属一个单位，一位女同志批判该单位的“右”派分子，由于激动，当场气晕过去，这种义愤也令人震惊。

团市委当时抓出一个“右”派比发现一个苍蝇还方便。王静中是抓运动的骨干之一。他戴一副小眼镜，个子不高，很能分析问题。其时他刚刚离了婚。他找我谈了许多次话，中心是要帮助我转变，要把我拉回来，为此，就要挖、找自己的错误思想错误观念。他常常用归谬法，你有A问题，一个人怎么可能仅仅有A呢？有A就有B，然后是CDEF……直到Z，直到Z+，Z的无限次方。

王静中小火慢攻，启发诱导：你对区里的部门有这样那样的看法，那么对市里呢？对中央呢？对国务院呢？对国际共产主义运动呢？你在斯大林的事出现后有糊涂认识，那么对资本主义国家呢？对敌人呢？对反共宣传呢？对唯心主义呢？对贝克莱大主教呢（贝是列宁在《唯物论与经验批判论》中批判过的主观唯心主义者的代表）？

他的逻辑并非无懈可击，然而势能比逻辑更重要，他负责审查我帮助我批判我，我负责接受批判忏悔旧我。他的逻辑的优势与威严显而易见。

我对王静中与他领导下的几个人采取的是全面合作的态度。我相信自己确有问题，该整，这是大前提。而组织上的目的是教育我，批判从严，处理从宽，今后从严，过去从宽，我相信党的政策历来如此。我相信王静中等同志对我是与人为善，他们都很尊重我，很客气，在批判最严厉的同时与我一个桌上吃饭，给我布菜，鼓励我要有好的态度，要我再检查再交代，再交代再检查，再上升一点，再深挖一点，再再再一点又一点永远点点点。我相信他们，真心相信对我是帮助是挽救是一片热忱。我也相信自己确实需要认真清理一下，我确实偏于软弱、过敏、多思，不够无产阶级。同样，对不起，我也深知，我极清楚：想怎么样你，这是完全无法抗拒的，任何微小的抗拒，只能带来更大的危难，你只剩下一条路，举双手投降，说啥就是啥。本来思想问题抓不着看不见，不能称不能量度，全看怎么分析。

对我的批评都与文艺问题有关，王静中表示他是懂文艺的，他也从艺术上批。如指出《组织部……》中有哪些败笔。

王静中的名言是：关键在于鼻子与屁股。什么言论，什么文章，用鼻子先闻一闻，自然明了；屁股坐在哪里，看法自然不同，屁股决定取舍，屁股决定觉悟，屁股坐过来，你就会发现自己的问题有多么严重，不解决怎么得了？怎么得了？什么叫觉悟？什么叫聪明？聪明和觉悟就在于对阶级利益的敏感。你连自己的问题都敏感不到，你有什么聪明？你最愚蠢。你现有的一切都是建立在沙上的，要无情摧毁，你是有前途的，但是要换一个灵魂。

王静中还有一个独特的说法，叫作“革命的阿Q主义”，就是要敢于承认自己犯了大错误，承认了比不承认好得多，既然敢承认就证明能够改正，既然能够改正就证明能够汲取经验、成长壮大，坏事就变成了好事，现在越是承认自己错误极大，未来就越是光明无比。这样低头认罪就是伟大胜利。

第一，我佩服他的分析帮助。第二，我分明感觉到他批判我时的快感。

我还必须承认，如果是我批判帮助一个人，如果是我“帮助”他，我的振振有词，不一定逊于他。

开了一天会，除我外共六个人，文明批判，有理有情，但也称得上慷慨激昂，金声玉振，六个人赛着看谁讲得更好、更巧、更深、更严正、更具杀伤力和爆破力。六个人都比被帮助的人高明万倍，六个人都有一种幸福感和被信任感和庄严感。也许当初对一个突然人五人六起来的人还有某些不解，某些羡妒。多么渺小！多么卑鄙！当说完这样的话也可能有一种自己从而伟大和高尚起来的满足感油然而生吧。

然后挂起，直到一九五八年五月，确定戴帽子。半年前，清华的团委领导人阮铭先生已经向该校全体团员宣布了王某的帽子，我妹妹时为清华学生，大惊，告我。我为此找过王静中，王静中说尚未定性。

时过境迁后，人们透露，是在中宣部周扬主持的一次会议上决定了我的命运的。北京市委杨述副书记坚持不同意戴帽子，单位负责人王静中坚持一定要划，争了很久，王静中提出一系列王自己检查交代出来的错误思想为根据，如被启发后想了想，觉得海德公园的办法也不赖。最后周扬拍板：划。

在批判会后三天，我照了一张照片，我开玩笑说是普希金的风格，我拿着背在肩上的小棉袄，一脸的光明与潇洒。整个青年时代，我没有照出过这样帅气的照片。只有一个晚上，我很慌乱，一夜无眠，不断地起夜小便。

王静中已经欲罢不能，搞完我后，又把他的一位副手几乎打成“右”派，只因名额限制，开除了该副手的党籍，却没有给他戴成帽子。此后王静中两次吞安眠药自杀，一次在庐山会议后反对“右”倾机会主义之时，救回来了，他只承认是严重神经衰弱，安眠药吃多了。最后他终于在“文革”一开始时死去了。他的心情有特别不好的一面，他的老婆很白净漂亮。传出来是他办不了事。“文革”后团市委给一批被“文革”迫害至死的同志开追悼会，王静中的追悼会我也去了。这就叫不堪回首。我在追悼，在告别一个时代。

总体来说，王静中收拾我并无个人动机，团市委的“反右”，我没有发现公报私仇的情形，像二十余年后的一些文艺作品所表现的那样。人人为事业为原则与同事友人亲人突然撕破脸，大义灭亲，血箭封喉，这更要命。撕破脸，这三个字是当作正面语言公开提倡过，而心慈手软，是要不得的。那时候整天学习《东郭先生》与《农夫与蛇》，那时候有多少狼与毒蛇呼唤着人民的铁拳。

这里有一个重大得多的前提、原则，那就是，人们认定，党的领导是代表着工农劳苦大众，代表着世世代代受压迫受剥削的底层人群，代表着最最弱势的群体，虽然那时还不时兴这样的说法。人民有权利复仇、清算！这样的意识形态的特色和魅力在于，无产阶级失去的是锁链，得到的是全世界，让资产阶级在这样的意识形态面前发抖吧！总算到了这一天，把几千年来颠倒了的再颠倒过来！就是要覆地！就是要翻天！铁树开了花！哑巴说了话！世世代代的奴隶的黑手掌握了大权！只要想一想世世代代的杨白劳、喜儿、斯巴达克斯、汤姆叔叔（《黑奴吁天录》又名《汤姆叔叔的小屋》中的主人公）受了多少贫穷、痛苦、侮辱、压迫、血海深仇、黑咕隆咚苦井万丈深，那么，请问，作为一个城市青年，一个知识分子，一个狗屁作家，一个养尊处优的却又打着无产阶级先锋队的旗号的干部，就不应该受受人民的严厉教训吗？你怎么被整治也是有理的，你怎么被轻视也仍然具有优于杨白劳的命运，你怎么被批判也优于喜儿的屈辱，你怎么丢脸也胜过做牛做马的工农。你当然已经具备了原罪心理，一想到自己包括上一代人与工农大众的距离，四体不勤，五谷不分……我就认定自己是一代一代欠着账的，必须通过自我批判改造，通过自虐性的自我否定，救赎自己的灵魂。

有了这个大前提，接受批判并非难事。也不是事后诸葛亮们用钙含量骨硬度的信口开河红口白牙能闹明白的。

等候处理期间我阅读了大量西洋文学作品。我爱读狄更斯。尤其爱读《双城记》。“这是光明的年代，这是黑暗的年代；人们走向天堂，人们直接下了地狱……”（非原文）的句式深得吾心。从狄更斯那里，我越发明白，人生充满试炼，好人须历经险恶，命运无常，千钧一发，祸福生死，相隔一层薄纸，而最终最终，光明战胜黑暗，人必须挺住，不能失却信心。狄更斯的著作大大地帮助我度过了一九五七年、一九五八年那一段特殊的日子，虽然我的遭遇与狄更斯所写的内容风马牛不相及。

我也重读了《苦难的历程》。它的主人公与故事对我来说极其陌生，但是它的题记，什么人要在“血水中洗三次，在碱水中洗三次，在清水中洗三次……”令我感动万分。与这样的清洗九次相比，我的日子算是够舒服啦。

我与那些与我私交甚好的朋友文友一起谈起的时候，我们也一致认为自己应该接受批判，应该晾晒灵魂，把恶臭的霉变清除，方能有无限光明的未来。特别是想起我在“七三八”工厂的精神危机，我更认为对我的批判非常及时，非常必要，这才是主要之点，其他则是细枝末节、鸡毛蒜皮。

而且我相信，通过一次这样巨大的震撼，这样一种史无前例、雷霆万钧，除了咱们这儿哪儿也搞不成甚至也不敢想的事变，中国社会将会焕然一新，这儿将会成为全世界最光明的地方。为了大事业，牺牲个把小文人也是值得的。

我给身在太原的瑞芳写信，详细论述对我的批判帮助是必要的正确的有益的。然而，她根本不相信这一套，虽然她也读了狄更斯与托尔斯泰。她在学校，拒绝接受将她搞成官、骄、娇、暮、怨“五气”的代表，不惜与校领导决裂，离开了学校。现在一切明白，如果我与她一样，如果我没有那么多离奇的文学式的自责忏悔，如果我没有一套实为极“左”的观念、习惯与思维定式，如果不是我自己见竿就爬，疯狂检讨，东拉西扯，啥都认下来，根本绝对不可能把我打成“右”派。我的这种事实上的“极左”与愚蠢也辜负了那么多其实想保护我的领导同志。归根结底，当然是当时的形势与做法决定了许多人的命运，但最后一根压垮驴子的稻草，是王蒙自己添加上去的。在这个意义上，说是王蒙自己把自己打成“右”派，毫不过分。

36. 置之死地而后生

置之死地而后生，这句话我一听就觉得残酷，但身临其境了，就明白了，必然如此，只能如此，岂有他哉。

包括父亲，也表示对发生在我身上的事的拥护。他早已吓破了胆。他虽然早在一九四六年就去了解放区，但因一贯自由散漫而又学无专长，一直“不得烟儿抽”。一九五五年结合反胡风各单位搞肃反，追起他的历史，他因在担任青岛师范校长期间当过日伪的国大代表，他自感罪大恶极，他表示他已做好接受人民的处决的准备。

父亲尤其鼓励我去参加劳动（改造）。他反复引用俄苏科学家巴甫洛夫的名言：“我爱脑力劳动也爱体力劳动，但是我更爱体力劳动。”

我在少年得志的时候还有点“不健康”情绪，包括青年作家同行也说我或有“淡淡的哀愁”。一九五八年翻车以后，我却只剩下“健康情绪”了。健康的年代你和我和他都可能有不健康的情绪与表现。而不健康的年代，你再不健康就只有死路一条，于是活下来的都愈来愈健康。

等候处理期间我被派到少年宫工地参加建筑劳动。我高高兴兴地一次与同伴共抬八块城砖，每块砖十八市斤。最多时我与另一人抬过十二块砖。我咬着牙大桶挑水、挑洋灰、挑沙子灰，用完右肩用左肩，我学会了换肩，就更能挑了。给抹灰工供泥供各种灰，用一长长木柄圆勺，上下挥舞，其乐如游戏。我曾经悲哀地想过，我太早地政治化了，我没有童年。现在，终于补偿上一些了。夏天大雨，工地宣布歇工，我与暑期回来的芳一起去新街口电影院看西班牙电影《骑车人之死》，冒着暴雨打着伞挤公共汽车，没赶上片头，电影散场了大雨未停，我感到很幸福。

我热爱生活，我享受生活，这是无法改变的。一九五七年八月一日，我奉命去京郊的门头沟区斋堂公社（乡）的军饷大队（村）的桑峪生产队（自然村）。我背着行李什物，在京包线的雁翅火车站下车，走了三十六里地才到达桑峪。我第一次走在大山大河之旁，我看到了筑路大队与采石队的劳动，满耳都是大河哗啦哗啦与钢钎撞击在山石上的声音，满目都是山峰相连，一峰比一峰高，一山比一山远，而河流湍急，水道曲弯，浪花飞溅，青白白青，再没有什么柔情、什么温馨、什么腻腻乎乎、什么心灵的火花，而只有钢铁的火花、巨石的威严、大水的决绝、山道的绵延。我感到的、我既恐惧又欢呼的是空前的粗犷与充实。

从桑峪继续往深山里走，是这里的乡政府所在地斋堂，北大的“右派”，包括才露头角的评论家乐黛云就在那里。当厄运成了规模的时候，厄运就变得容易接受了。又不是我一个人的事，天灵灵，地灵灵，“点儿”走到这一步了。

但是劳动改造也并非易事。在山区我学会了背篓子，弓背弯腰前行，左右手的拇指与食指围成一个环形，遇坎可以小歇，摘下一绊可以卸载，我最多短程背过一百五十斤新收玉米，那是用大花篓。我的铁锹也用得不错，但是我没有什么眼力见儿，手也拙笨，锄草、平地，有些需要用脑用眼睛的活儿我干得不好，我的过于乐观、过于不拿自己当外人、与农民说说笑笑也令一些人看不惯。我需要进一步学习灰头灰脑、低声下气、摧眉折腰、谨小慎微。

东北有句俗话，“小火炖吊子，慢慢来”。“右派”的含义是慢慢体会的。《青春万岁》已经打出清样，却不能出版了，参加首次青年作者会议的人们，基本上全军覆没。尤其是从报上看到邵燕祥也落马的消息，只能使我苦笑。到了一九五九年，刘少奇同志在党的全国代表会议上讲话，说“右”派分子就是帝国主义和蒋介石反动派的代理人。我有一种终于弄假成真的感觉。木已成舟，需要以舟为戒，以惩效尤，岂有缓冲转圜的余地？

“土改”也罢，“三反”也罢，肃反也罢，延安时期的整风抢救也罢，都有一个运动后期，落实政策，纠偏平反，宽大处理，欢声雷动，直到给受到错误审查的同志赔礼道歉。我还有许多同命运的人幻想“反右”后也有这么一场好事，我一想到这种可能就恨不得呼天抢地，叩头流血，不用来真的，只一想已经感激涕零。

然而，没有。与过往记录不同，与历次搞运动的传统不同，“反右”以来，从此只剩下了再反“右”再反“右”，再强硬再强硬。就因为这个运动最玄乎，最不具体，争议最多，没有或很少铁案，只有似是而非的泡沫案飞花案分析案论说案，如果开开一个口子，如果平反三个五个，有可能稀里哗啦，阵脚大乱。

使我不安的是芳，我们才结婚不到一年，我到远郊劳动去了，不能见面，她的处境也不好，怎么办呢？我们每天都通信，有时一天两封信，我的信全部是报喜不报忧，看我的信像是在欣赏山水，在学习提高，在搞农村调查，在补充学识。这样多的信我们一直存着，直到“文革”初期，才干脆一把火送它们到了子虚乌有的渺渺之境 。

规定是两个月休息四天，第一次休假后芳乘火车送我到了雁翅。买不到硬座票了，我们俩干脆买了软席，偷偷摸摸，怕被人看见。却像一次小小的新婚郊游。这样的事也只有我们做得出来。

我想到在批判我的关头，我曾经中午一人悄悄地到附近的欧美同学会吃西餐。我没有别的意思，我也远远不是浮华者奢侈者，我接受批判，同时深信早晚能化凶为吉，化坎坷为坦途，我必须照顾好自己的饮食起居，必须兴致勃勃地生活下去。

一九五八年十月十五日我的大儿子王山出生。直到他三个月了，我才第一次见到他，因为秋收、深翻地和“大跃进”，延迟了休假。我给三个月的儿子唱那个年代的影片《徐秋影案件》的插曲，东北民歌《丢戒指》，王山随着我啊啊地叫。不久，这个影片与歌曲也都在报纸上受到了批评。已经愈来愈是这样一种无奈的情况了，你喜欢什么，它多半就快要挨批了。

长到二十多岁，第一个给我以深刻印象的农村是桑峪。当地人自称来自山西洪洞大槐树下，口音特别，称叔为“绍”，称累了为“使”得慌或“使”着了，称有病是没精神。出门即山，梯田步步高，核桃树枣树，桃花梨花，荆蒿蔓草，花朵蜂蝶，山路崎岖，沿沟而上，山形险峻，移步换景。奇峰、奇石、奇路、奇田、奇溪、奇涧、奇谷，一个神仙世界。登高望远，山村如画，山外公路，车辆如梭。春夏秋冬，阴晴寒暑，日月星辰，风雨雪霜，端的是无限风光，无限变化。这是哪儿来的机遇，脆弱的幼稚的神经纤细的王蒙能到这里一游一走一干活一锻炼一成长！

我就是这样想，真实又乐观。

根本不存在别的选择。

这里是老区，农民中就有老党员老游击队员。又赶上了千年不遇的“大跃进”，花样翻新，包括不吃油而把食用油点到玉米地里。食堂化，吃饭不要钱，吃一次馒头，消息传到几十公里外，到了这一天，各地亲友来桑峪白吃。最高还吃过油炸黄米（黍子）面年糕蘸蜂蜜。农民相信这是最耐饥的食物，谚云：红薯一溜屁，切糕二里地。秋季早战，每天凌晨三点前起床，先是背萝卜白薯，放入匆匆挖出的窖中，后来全部冻坏。接着深翻地，翻出阴土，造成减产。全民作诗，“大跃进”民歌响彻云霄。扫盲落实到人，三个月要消灭文盲。立秋节气家家门框上插着核桃叶。石块垒墙、石板代瓦盖顶子的民居简陋，但是好看，绝对比日后小康了挣了不少钱的农民盖的瓷砖贴面、塑钢门窗的新房好看。团市委的下放干部们，一面劳动一面高唱“共产党领导把山治呀，人民的力量大无边！盘龙山上锁盘龙呀……”“阿哥阿妹情意长，好像那流水日夜响……”

前一首歌大约出自影片《降龙伏虎》，后者出于《芦笙恋歌》。属于下放革命干部者，按期休假，他们看过这些电影，我们是看不上的。《徐秋影案件》则是在农村露天放映的。《芦笙恋歌》的原著是彭荆风，也已在“反右”运动中落马。

一九五八年四月，毛主席的《介绍一个合作社》文章中，提到形势发展觉悟提高，腐朽的意识形态土崩瓦解，过去的剥削阶级不想变也得变，有少数带着花岗岩脑袋见上帝的人无关大局……

文章气势与内容都使我们深为触动。我们这些人互相提醒不要变成花岗岩脑袋。一位爱讲笑话的“分子”说过，我们是反动派，但不是纸老虎，最多是纸老鼠，这次他又说，我们做不成花岗岩，最多做个花岗碴儿粥（碴儿即苞谷糁子，为当地常吃的食品）。此话传了出去，本以为会被批一通，结果尚称温馨，没怎么样。大概“左”派们听了这种玩笑也忍俊不禁。另外，糟蹋自己硬要说也可以算是认罪伏法，是放下架子的表现，不无可爱吧。这段时间，我们的口才就都放在自我糟蹋上了。如领导让我们评改造的“上游、中游、下游”，我们干脆自称“下流”。谈到何时被揪，便说那时脸色与“屁熏”的一样。说到谁谁死了，便说无非“臭了一块地”。说到自己怎么“定了性”，划成了什么什么，便说

“这回踏实啦”。

我们也参加了工具改革，什么什么都要“车子化”，还到北京参观了北京下放干部们搞的工具改革展览。我实在想不出什么招改革工具，但也要做冥思苦想状，在纸上画了一些改进后的背篓子的图，无疾而终。

夏季，报上出现了快乐的言论，说是现在的问题是粮食太多吃不完，要考虑今后三分之一田地种粮，三分之一种花，三分之一休闲。到了冬天，却只剩下了一天喝两顿玉米䃾儿粥的份儿。拼命灌稀粥，灌得肚皮快要胀炸，五脏疼痛挪位，仍然不饱。然后只剩下了尿尿。大便少而且只有苞谷皮皮，第二天风一起，大便居然毫无痕迹，真是干净得很。于是你病我病大家轮着生病，我也是一会儿长“针眼”，一会儿拉稀，一会儿发烧，一会儿咳嗽不止。乡里有一个中医，是跛子，他的老婆是哑人，但很健康。他帮助了我们艰难地挺了过来。

即使这样，桑峪的经历仍然使我兴奋，我与大自然、与农村农民一拍即合。茫然中使我兴奋，宽阔中使我慰安，山野中使我得趣。我得到了新体验，新知识，新感觉。例如当地农民对于酒的评论，他们只承认白干酒，他们说葡萄酒是“酸泔水”，说啤酒是“马尿”。他们说“北京出（产）什么？就出大粪。”他们还说北京的东城富人多，大粪有劲，价钱也比西城区的粪高。我们的淘粪队长李三，是当年的游击队长。他一再嘱咐我们，越是脏活，越要做得干净利索。我也难忘公社化时家家把自己的腌好了的咸菜缸往食堂里送的情景。我也不能忘记立秋节气时家家门上插上一枝核桃叶。小子何德？与闻其盛！

也许这当真是阿Q精神？也许我当真忘记了自己的严峻处境？也许我的细胞里有中国失意文人徜徉山水之间的遗传基因？我毕竟还年轻，没有什么好着急的。山风清爽，山色斑斓，山径崎岖，山石踊跃，山野辽阔；水光鲜丽，水波粼粼，水道弯曲，水声如语；星空如洗，皓月如银；地块参差，田亩雕砌，草木旺盛，虫鸟飞翔；地气徐来，炊烟袅袅，农事辛劳，节气分明，民风朴厚，民俗亲近……美哉桑峪，秀哉山村，何缘相亲相依大半载，如诗如梦也哦！

37. 一担石沟

一九五九年春季，桑峪远山梯田上的梨花盛开，洁白如雪，（花瓣）翻飞如蝶，最美丽的季节到了，我也到了告别桑峪的时刻。此后，我再也没有机会到这个名叫屁股峪，需要爬一个小时山路的地点去看梨花了。这儿有一株我平生看到过的最大的梨树。团市委的下放干部，主要是市团校的工作人员回城了，我们这些另类被分配到潭柘寺附近的南辛房大队一担石沟。

一担石沟山势更加陡峭，梯田更加窄小，许多远地都已荒废。这里在“大跃进”中成立了造林大队，由市委、团市委、《北京日报》等单位出资、出人造林，远山油松侧柏、近山苹果蜜桃，还想搞点副食生产补助机关。由一位王姓主任负责这里的工作，上述单位的干部轮流前来劳动，一至两个月为期。我们编为八班，为长期工。另有一个七班亦是长期，人数较我们少，属于历史有问题者。七班有一位同宗，旗人，说话极雅致，客气，温柔，标准老北京，略带女气，满脸带笑地用多礼的腔调对我介绍说：“您老八班是右派分子，我们七班是历史反革命分子……”他的调门与社交场合互相介绍：“这位是张老板，那位是刘二爷……”绝无二致。所谓语言暴力的另一面会成为语言的润滑与失义，成为语言的程式化空心化与社交化，就像英语称呼谁都是dear。我不知道，英语民族枪决一个犯人的时候是不是也要说“请过来，我亲爱的”。反正我听过老舍先生对于丁玲的批判，他说“……还有您，陈明同志，您的思想也是反动的……”他的第二人称尊称称谓，绝对一丝不苟。这位七班的老王君说起什么分子什么分子，也满溢着老北京“旗人”的穷而好礼，优雅规矩。如果那五（邓友梅小说中人物）在场，该也是这样说话的吧。

这里我接触到了更多的帽子人物。我发现，相当一部分不是由于“右”，而是由于太“左”才找了倒霉。一位少年得志，已经是副局级的很红的青年纪检领导干部，在运动高潮中上交了自己的日记及与弟弟的通信，结果兄弟俩同时划为“右”派。一位团的纪检骨干，在运动基本结束的一九五八年七月一日——党的生日，慷慨激昂地大讲坚持延安传统的重要，痛批一些人进城后忘了本，学了陈世美停妻再娶，甚至堕落成“右”派。他的调门高了些，干脆，他就是“右”派。一位耳朵背，一副愚忠模样的同志，到了“扫五气”和向党交心阶段，狠狠地交了一回心，把自己骂了个狗血喷头，结果是请君入瓮。一位女性热爱文学，少有成果，便在运动后期把自己的没有地方发表的作品初稿交上去了，据此，右而派之。

当时已经有一些对苏共二十大、对赫鲁晓夫的非议传出来了，一九五八年苏共在赫鲁晓夫的控制下把布尔加宁、莫洛托夫、马林科夫等定成反党集团，一位小干部表示对赫鲁晓夫的不满（王按：他可能是为了表现积极），说“把莫老头接到咱们这儿来吧”，结果把他定成右派。一位长相漂亮、目光如水、出身名门文化教养很不错的女性，当了“右”派以后一再称颂对自己的批判如何“深刻”。还有两位非知识分子出身的同志，则主要是为人有问题，犯浑、爱吵、说粗野的话，弄成“右”派。我们班有一位理发师傅，自称不是干部，当不了“右”派，他是因了对统购统销乱讲话定成“反社会主义分子”的。他说这个他的“独有帽种”的时候，字正腔圆，抑扬顿挫，清晰得使人认为不派他去外地搞推广普通话，乃是人才的浪费。有他在，常常义务为大家理发，保持了八班的良好形象。

八班有班长副班长各一人，领导大家。造林队办公室的王主任比较适合抓生产，他对改造思想的任务不太钻得进去。一次他听八班的总结批判讨论会，睡着了，鼾声大作。于是二位班长挑起了担子，树立了很强的领导意识，并说能领导这么一些人也不简单，将来回忆起来是有意义的。他们极力组织思想批判，用运动中自己领教过的方法与语词自己搞自己。动辄深夜开会，抓住点什么就猛斗一气，一次斗得《北京日报》的漫画家李滨声几乎晕倒。“恬不知耻！”“自取灭亡！”“反动本能！”“欲盖弥彰！”时过午夜了八班还在喊叫不停，最后是其他班的具有革命干部身份的其他临时来参加劳动的同志提出意见，认为八班夜夜鬼哭狼嚎，丑调百出，扰人清梦，恶心讨厌……后来才稍稍降了一下斗争温度。可以说这是风欲静而树不止的奇观。

公平地说，不能把责任全推在二位班长身上，众“右”派也有一种受虐狂，有一种积极性，愿意（？）互相批斗，尤其愿意至少是习惯于把自己身受的一切强梁粗暴施之于人，己所不欲（而不得不接受后），（驾轻就熟地）转施于人。不欲已受，必授他人。不欲，则授受最亲。常挨打的人打人容易凶狠，被冷淡的人容易冷淡旁人。这也是人性的一个变种。

二位班长还有雅兴抓文艺，下令我写一个反映“右”派改造的话剧剧本，并称这对国际共产主义运动也是有意义的。我明知没有法写，但也天天熬夜，做苦思状。

无电灯，熬夜用明捻儿烧煤油（人们管这样的灯叫作“秃小子”）的灯照明，冒着黑烟，第二天所有的人五官黛黑，尤其是鼻孔，黑得出奇。我说，这样的灯冒出的烟中未充分氧化的碳分子太多，被众人笑道“王蒙的脑子里净是没氧化的碳分子……”无法再说下去，其实改善一下灯的状况不难，但是这里也有一种受虐狂，有一种对科学与科学主义的轻蔑：都“右”派了，要科学有屁用？你鼻子不熏黑，谁来熏呢？

文艺活动倒还颇有成绩。我们中有一位少年宫的音乐老师，他指挥我们合唱，旧调新词，表达改造决心。“挑水来上山呀，我们的意志坚，不管风大天又寒……”歌词是新作，张永经（后任北京市广播局局长）作词，音乐老师作曲。“一担石沟石头多，石头满地满山坡……”也是张作词，用的是《亚克西》的调子。“啧噶啧噶撒拉拉崩”，用的是江苏民歌，什么词忘了，但调儿实在好听。通过这些活动我初步养成了唱歌看指挥手势的习惯。

值得一提的是，一唱歌，就要齐声高唱希扬词、李焕之曲的《社会主义好》，尤其要大声唱出“右派分子想反也反不了”句，一面唱一面互看莞尔，是为了表明立场的转变与彻底的服气吧，我想是这样。但从革命者方面看来，不知是何观感。

这里的学习、小组会主题是认罪，这个逻辑颠扑不破，很绕人：只有承认自己反党，才证明有可能改成不反党。想改成不反党，必须确认自己反党。声称自己没有反党，就是与组织（说你反党）唱对台戏，证明至今仍在反党。表白不反党是反党的铁证。自责反了党，则更是确实反了党的供认不讳。但存有希望：未来尚可能不再反党。却毕竟是铁案如山，永无翻身之日。翻过来掉过去，难逃反党恶名。这也像那个著名的难题，你到了某地，说实话要烧死，说假话要淹死。这又像那个著名的某某条军规，神经正常的人不准退役，精神失常的人不可能申请退役。

有一位团市委的原统战部副部长，大龄未婚，有洁癖，是从协和医院来的，可能受医科教育中了“毒”（其实他的本业不是医疗而是行政），死脑筋，怎么也不承认自己反党。他讲的各种鸡毛蒜皮的事例与ABC式的理论令大家觉得只有白痴才琢磨这些小儿科心思——话语。大家又气又笑又骂，批斗帮助，喊口号，挥老拳，苦口婆心。他一天服，两天翻案，最后斗他也斗不起来了，大家喊什么不投降就灭亡之类，他也随着喊，喊完了与大家一起笑，笑着笑着又急迫起来甚至哭起来，急火攻心起来。而且他认定：我与你们不一样，你们是反党的，你们都承认了，那是有材料的！我可没有这方面的罪恶，我这儿什么材料都没有。这么一说就更讨厌之至，他当然是害群之马，咬群之驴。悲剧变成了喜剧、闹剧了，喜剧闹哄大发了又终于变成了悲剧。一致认为小子浑蛋一个，自找倒霉，活该！

他喜读医书，有一个习惯，对照医书找自己的症状，今天认为自己得了A症，数天后来了新的医学资料，他改认定自己属于B症，谁劝他不要自己找病，他就又与你研究起现代医学的成就与重要性来，保准把你吓得退避三舍。

若干年后，他终于得了癌症，去世了。愿他的在天之灵安息。轻薄了、放肆了。

作家从维熙也在这里，他居然还找我谈创作问题，我觉得他不识时务了，我觉得他在找倒霉，我又觉得他实在迂腐。

需要一写的是徐宝伦，他是我在河北高中时那个地下支部的首任书记，比我大两三岁。他是东北人，冬天喜欢戴支棱着“耳朵”的三片瓦帽子。后来他调到市委研究室，很合适，他喜欢研究理论，他关心的多是“共运”的大问题，喜欢使用大概念大名词。新中国成立前他就对我说过，全中国人民都应该认识刘枫同志。一九五五年《人民日报》上发表过他的理论文字，关于订立爱国公约问题的，令我羡慕佩服之至。我听说他的爱情生活不顺利，有一次他和他的女友吵架，他竟然拉住人家的围巾，几近暴力。他性情急，我知道。

在造林队遇到了他。他介绍说，他由于说过可以用“斯大林主义”一词以概括斯大林的纲领与实践而被划。眼光“远大”，与众不同。

在一担石沟，我看到他的搪瓷饭盆下面压着一张纸，上面写着一首唐诗：

残阳西入崦，茅屋访孤僧。
落叶人何在，寒云路几层。
独敲初夜磬，闲倚一枝藤。
世界微尘里，吾宁爱与憎。

虽然我早就喜欢李商隐了，对这首《北青萝》并不熟悉，也不算激赏，我默诵了一会儿，向老战友徐轻轻一笑，我的笑容带有劝他放宽心思的潜台词。他则向我苦笑了一下。

我问：“你怎么样？”

他做了一个手势，说：“过去的事，全冻结了。”他的冻结两个字拉着长声。我咕哝了一句“想开一点……”无法再谈下去。那次我还向他借了几块钱，可能是因为快要休假了，我身上的钱已不够在路上使用。

半个月后，休假完毕，徐没有回来。问谁，都态度严肃，后来知道，就是这次休假，他在市委六楼图书馆自缢了。

我很吃惊。他怎么会这样？除了政治的原因以外，我相信这也与他爱情上的遭遇有关。我不能不感谢我的爱情生活的幸福。此后许多“运动”，我坚信挺不过来的人往往是因了腹背受敌，在社会上在单位挨斗，回到家也得不到温暖。青年人向往革命，这是理所当然的。但是革命是烈火熊熊，它燃烧着旧世界也可能烧到自身，不要以为轻易地可以成为无往而不胜的革命家，不要以为革命既已成功，你就永远优越。不能不察。

我连忙找组织，说明我还欠着徐一点钱，后来徐父来料理丧事，我还了钱。但我心里的震惊与遗憾是无法消除干净的。

由于徐的自杀，市委从此对“分子”们的出入加强了管理。芳恰逢此时去与市委同楼办公的团市委领工资——顺便说一下，对我比较优厚，没有扣减工资——被有关人员白眼相待，是她一生中很少受过的侮辱。

从维熙与原《北京日报》的几个人后来又进了大墙。据说与他们同一单位的副班长在这一事态发展中起了作用——说什么他们几人传看了南斯拉夫的“党”的纲领。结果是送去劳动教养。事态变得更加沉重了，我也更加默默无语。

已经没有心软心疼的余地，谁倒霉至少暂时只能是谁扛着，王蒙能够做到也必须做到的是照顾好自身，争取不跌入更凶更险的深渊。何况与此同时是一日千里的大好形势，要过共产主义关了，要“公社，我的一切都是你的，除了牙刷”（马雅可夫斯基）了。出版社追回《青春万岁》的预付稿费，我写信告诉芳，马上货币就要废除了，我们不必焦心。天行健，自强不息，不惜一切代价，跃进出一个最新最美的图画来，为了告慰先人先烈民族社会，我不能沉沦，我不能自戕，我不能胡来，我仍然相信革命相信党，相信伟大的时代伟大的毛主席，相信有一只巨大的手仍然在保护着我，相信个人与国家早晚有更加美好的未来。

38. 从一担石沟到三乐庄

我在一担石沟创造了个人饭量的最高纪录，也是秋天深翻地，我发明了一种跃起踩锹法，即跳起后以全身体重置于一足，再用此足踩到锹背上将锹板压入土中，不论多么坚硬的土质，都会被足足实实地切入翻起。但这样干活消耗极大，我一天中午吃了六碗拌面，折合干面一市斤半。

我自幼身体不强，在团区委工作时，有领导当着我的面说，此孩太聪明，早熟的结果很可能是早夭。我的身体好转起始于一九五八年的劳动，初到建筑工地时感到手指变粗，腰腿变壮，肩膀经得住压。我坚信体力劳动对我有起死回生之效。到了桑峪，劳动使我浑身血脉畅通，心明眼亮。我这里只是说一个事实，无意为极“左”的知识分子政策涂脂抹粉。我甚至至今在想，如果不是用野蛮的与强制的办法，而是用文明和自愿的办法，能不能号召多一点专家教授去搞两年体力劳动呢？我坚信体力劳动有益身心健康。

还有一个愉快的经验，我曾几次骑着马去南辛房大队给马与驴钉铁掌。我敢骑马，不害怕，注意姿势，没有铲过屁股。我身躯灵活，认镫并不太死，随时可以跳下。我还有几次兴起，甩两鞭，跑几下颠几下，当然绝对注意不能累着马，不会让马四蹄出汗。

有过一两次，马欺负新手，走着走着突然跑回马厩，我的头顶撞到了马厩的门框，撞出了血，但幸亏我的个子并不太高，没有出什么事，我对与马共舞的兴致也没有受影响。

在一担石沟我摆弄过草莓，单是草莓的名称也令我快乐。我相信，波兰圆舞曲中唱的“有个姑娘去到林中寻找红莓果”中的红莓果就是草莓。也有艰苦的工作，给灰窑背石灰石，垒窑。

一担石沟与桑峪不同，没有那种大山，而是许多陡峭的小山峰小山头。有好几个山头被削成了平地，可能做过当年单干时的私人场院，站到高处下眺，相当好看。我的草莓田也是一个近处的小山头。

在一担石沟我还打过猪草和割过荆条，这两件活都需要较好的眼力，我完成得不好，但也是一种狼狈中的新体验。

潭柘寺是京郊的著名风景区，一担石沟由于入沟时有两块圆形巨石而得名，圆形石上甚至于可以看到方形的孔心，是挑担子的痕迹，说是二郎神挑着这两块巨石追赶太阳，把石头放到了此处。这里山头林立，石头众多，树木葱茏，花草繁茂，常有松鼠出没。但还有一部分秃山。我们实行雨季造林，冒雨到林场苗圃挖出幼树，栽到预先挖好的鱼鳞坑中。我学会了一些树种名称，什么大久保（桃），什么阿尔巴特，什么油松、侧柏、马尾松，等等，我们也偶尔畅想一下未来：荒山变成花果山，平原变成米粮川之类。

生活、爱情、性是无处不在的。八班传出了一些绯闻，我浑然无觉。而另一些朋友，激动地说这说那，并揭露绯闻中的某些女性角色含有政治目的：为了摘帽子而靠拢改造得“好”的积极分子。这样的传闻我第一不信，第二听后深为痛苦，尤其为女性痛苦，做名女人难？做女“右”派更不易，不信让那些名女人来“右”两下试试。第三不明白，我怎么看不出来？王蒙这样的木头人怎么还能写小说？第四，做积极分子真好啊，当了“右”派也要当积极分子呀，会有桃花运找上来呀。

事过多年以后，我忽然想起，为什么就不能从最最美好的意义上看这一切呢？到处有日月星辰，到处有春夏秋冬，到处有生命的热度，到处有犹未了的青春，到处有男子与女子的相亲，虽然已经批倒批臭，虽然已经置之死地，虽然已经不算人民，但是仍然有拥抱和狂吻，有瞬间的不顾一切，有和山脉河流一样节拍的颤动……如果该死的王蒙多一点活性野性少一点目不斜视与中规中矩，也许他的《失态的季节》《布礼》什么的会写得有魅力得多吧。

与桑峪比较，一担石沟的一大优点是吃得好，大体按干部标准吃饭，不必向贫下中农看齐。我坚信，只要吃饱睡足，劳动越辛苦越对身体精神有利。但是很快就到了一九六〇年冬季，中国的一个饥馑之冬。粮食问题困扰着全中国，一担石沟虽然养着几头猪，对机关副食少有裨益。造林队转交给了报社作战备用，一担石沟从此静静地歇息在那里，再没有“大跃进”中的盛况，留下了我们用拆自古建筑的高级材料修起的古色古香的几间大房子，存放纸张和一些印刷用品。而那里种的树，除死掉的之外，几十年后也渐渐长起。

市委系统的副食生产开辟了新点，位于南苑西红门大队三乐庄。离城市是更近了，环境是更单纯了，对于我来说已经没有太多“深入生活”的意味了，但是到了三乐庄以后休假能够方便一些，说好了两周就可休一次。于是一九六〇年移师三乐庄，粮食定量从每月四十五斤一家伙降到三十二斤。一位原团市委统战部长，因被认为统而不战，定性“右”派，他到了三乐庄后写决心书，内有一句：“为改善机关同志的副食供应而奋斗。”我劝告他删去了此语。

但三十二斤的定量让人慌了神。找窍门找到了酒上，听说酒也产生热量，便想办法到大兴购买乌七八糟的色（shai）酒。为此我受到了批评。有一位原来风度翩翩、出身高贵的人，被发现偷吃辣椒。班长跃跃欲试，准备借此大抓批斗，被制止。而且团市委第一把手，农民出身的张进霖书记亲自来看望在三乐庄劳动的另册人士，嘘寒问暖，极尽安抚，号召多休息，渡过难关，直到表态：“你们夜间把尿桶干脆放入房间，这个措施是正确的。”

来三乐庄后人员少了，副班长原属于北京日报社，他们到别处去了，原七班的人也另有高就。人们尤其是班长，似乎有点失落。他本想再抓几场斗争，没有搞起来。一次抓住了那位原团市委的统战部长，在气势汹汹之时，此公“擅自”回京了，人们等待着他的“下场”，传来的却是另外的消息，此公找了团市委第一把手，领导同志打招呼不要没事找事地七斗八斗了。从此班长的黄金时代宣告结束。我们也有一种即将掀开新的一页的感觉。

从桑峪到一担石沟再到三乐庄，这也是一个从浪漫主义到现实主义的过程，与世界万事万物一样。一次比一次离北京更近，一次比一次人数更少，一次比一次更有务实的目的，一次比一次更带有熬时间的应付性质。生产副食就是生产副食罢了，不必再闹得鸡飞狗跳。这里是平原，地势开阔，视线辽远，到处是望不到头的青纱帐，到处是粮食作物，与梯田的观感乃至气味都大不相同。只是三乐庄地势低洼，一片盐碱，弄不好颗粒无收，才被公社基本放弃。我们学会了次生盐碱化一词，整天挂在嘴上，找了农学书籍，但仍没有办法。

估计这里离市区也就二十公里，一次深夜宣布次日休假，我乃骑上一辆破自行车返家。夜深人静，玉米叶子哗哗地响，路途全靠星光辨认，有的时候星光不见，全凭感觉。夜路走了一个多小时，才到了永定门。我惊异于人的适应性、人的克服困难的能力，还有人的勇气与地位的反比。

由于离市区近，我们离领导也近多了。团市委有一位同志多次与我们座谈，内容一是鼓励改造，一是反修，大家争先恐后地骂赫鲁晓夫，这么一骂，似乎找到了“自己人”的感受，缩小了与革命人民的距离。遇到这种时候，当然就要得罪了，修正主义者们！

一九六一年五月一日，依例休假，但严令不可以回北京，我们当然懂其中的考虑。我在宿舍内正在看一本书，忽听到熟悉的声音。是瑞芳，她穿着一身干净的衣服，穿着我们结婚时我给买的翻皮正皮两样相拼的半高跟鞋，精神奕奕、仪态从容地带着一盒点心来到三乐庄。我不知道她是怎么找来的。她的到来使我激动流泪而又神经紧张。我面红耳赤，无地自容。她怎么不告诉我就来到了这里！这里哪里是她来的地方！我与她出来并告诉她不可对这批“右”派太热情。我的怯懦使我至今脸红。

说什么好呢？一位和我关系很好，应该算是“难友”的人，分享了芳带来的小点心，同时背后说：“王某的爱人是资产阶级。”还好，没有把她“五一”来访的事提到批评会上。

至少有五件事，我可以将芳与俄罗斯历史上的十二月党人的妻子相提并论——那位俄罗斯女子曾到西伯利亚与自己的丈夫会合，见到丈夫先吻他的镣铐。第一，她不受侮辱，宁可决裂吃亏。第二，她坐火车送我去桑峪一直送到雁翅。第三，她曾陪我在一九五九年的春节去桑峪给农民拜年。为此她甚至受到亲人的指责，认为她与“右”派太无界限，她不惜与一切对我不好的亲人决裂。第四，她此年“五一”节穿着半高跟鞋找到了南苑。许多看过她的书的人看到这里都说她太伟大了。第五，后面要写到的，一九六三年我决定要去新疆，我与她通电话，她三分钟不到就同意了。此后不但去了乌鲁木齐，还去了伊犁，去了公社和巴彦岱大队。

在杨述同志再次关心与催促下，一九六一年秋，我算是摘掉了帽子，叫作“回到人民队伍”来啦。本来早就可以完成这个过程了，但是三乐庄的“分子”们常常陷于混战，关键在于我们的班长，他“右左”“右左”得你毫无办法。恰恰在当了“右”派以后，他尝到了做领导和抓斗争的其乐无穷。第一，他干活还是比较不错的。第二，他动辄放弃休假，而除了他以外，别人那个时候的唯一盼头便是到了日子能回家休息两天。凭这两条他就是表现得最好，无人匹敌的了。

实在拦不住休假了，他也要布置休假期间写思想总结，开两次会议汇报休假不忘改造的情况。我曾经不无小人之心地猜测，他肯定与爱人夫妻关系不佳，否则怎么可能老不回去？此后多年，当我看到一篇报道说某位艺术家或某位干部怎么以单位为家从不休假的时候我都会猜测他们的家庭关系是否有问题。抱歉的是，大部分我猜对了。三乐庄诸公一散伙，我也就听到了班长与妻子离异的消息。那位知名艺术家的家庭也是很快就解体了。

39. 告别郊区劳动

一九六一年冬，我写了两首新诗，一首是《鸟儿》："不，不能够没有鸟儿的翅膀，不能够没有勇敢的飞翔，不能够没有天空的召唤，不然，生活是多么荒凉。"

另一首是《宫灯》："点点暗红的宫灯，像城市的美丽的眼睛，顾盼我吧，我也注视着你，心中温煦如干罂醇酒。"

形势已经有了一点松动，处境（表面上）已经有所好转，至少算得上是人民了。我的心情已经有了一点温暖，"三面红旗"仍然高举着，但斗争的劲稍稍平缓了一些，知识分子和一些相对比较实事求是一点的干部，不敢相信但仍然充满幻想，也许终于能够做一点事情了？

一九六二年春天，我正在三乐庄大田干活，收到人民文学出版社约稿信，编辑张慕兰——评论家许觉民的爱人，要求与我见面。当然这封信是杨述的爱人韦君宜（时任人民文学出版社总编辑）关照发出的。确实，除了爱人的温暖支撑住了我以外，我一直有"贵人"相助。我的经历、我的为人、我的所谓"才"，使我很少处于绝望状态。在整个"反右"过程中，《中国青年报》张总编辑、佘副总编辑，也一直关心着我，他们的多次谈话帮助了我度过这样一个艰难的时刻。我至今记得佘世光同志的名言："不论什么情况什么事情，不能有对党的丝毫不满，不满像种子，它会生根发芽长大，直到不可收拾。"但后来一九五九年，他被当成"右"倾机会主义分子批了一通，不久平反。

人民文学出版社的信可能促进了团市委对于我们这些人的出路的考虑。很快先是把我们调回城里，组织了一个调查组到房山、延庆等地调查青年生活文娱学习婚姻等诸方面的状况。陈家台、大次洛，这些长满核桃、杏、梨、枣的山野与斋堂沟大同小异，但人们说话的口音又不同了。我们在王浒同志率领下来到这里，不但开座谈会，整理材料，还货真价实地参加劳动，插白薯秧，间谷子苗。这方面的经验帮助我写出了短篇小说《夜雨》与《眼睛》。前者在《人民文学》后者在《北京文学》上发表了。王浒同志是汪家镠同志（后曾任中央党校常务副校长）的爱人，这时也小有麻烦。三乐庄阶段，虽然已经进入了我们下放劳动改造的后期，规模日小，但不时有人补充进来，原因多样化。其中有一个中层干部，虽然来了，仍然摆着架子，并从我们原八班的人的斗来斗去的现象，说是看到了资产阶级的本性、丑恶面目之类。

到了暑期以后，我分配到了北京师范学院教中文去了。

就这样，连续四年的体力劳动生活草草结束。我想，雷声大，雨点小，虎头蛇尾，草草收兵，是宇宙间许多事物包括政治运动也包括文艺作品的发展规律。想想我们这些人，反“右”斗争、批判改造、脱胎换骨云云，讲得何等惊天动地，烈火惊雷；结果，做点农活，搞点副食，自行胡乱开会批评检讨一通，说一大堆虚恭一般的废话，一、二、三，哨也没吹就散伙了。

我说过，四年的劳动生活我仍然阳光。虽然这一段时间我也常常吟咏薛宝钗的咏香诗：“焦首朝朝还暮暮，煎心日日复年年”，而且没当“右”派前，硬是体会不了这首诗的沉痛。

回想在桑峪大山中的跋涉，一担石沟山峰之重叠峻峭，三乐庄之一望无垠，我却又心胸朗阔起来。何大自然之雍容而人事之局促焉！何人之不能回归自然而斤斤于荣辱得失也！宠辱无惊，说着好听，做起来是多么困难啊。

有一次休假，“革命干部”们都是搭自军响至雁翅的班车，再从雁翅上火车到门头沟。但所有有帽子的人，都选择了凌晨三时起床，夜行山路十八公里，到雁翅火车站的办法。以至有人查问这样做是什么意思。到底是什么意思我也说不太清，可能吧，一个是认为我们这些人应该多吃点苦，应该多锻炼锻炼。一个是都是一个等级的人一起走，反而会轻松些，更主要的是凌晨在大山中、在湍流旁、在乔木灌木花草中行进，这是何等地开阔快活。人生中再没有几次这样星夜走山路的机会了。

我也为在一担石沟挑水上山的火爆场面而大笑。雨季造林后几天，需要及时补水。平常空手难以攀登的崎岖山路，挑满了两桶水飞跑而上，成为一场没有明说比赛的大比赛。为了抄近路，甚至不走已有的路而是另辟蹊径，走在杂草棵子、乱石丛中，连蹿带蹦，连滑带溜，势如黄羊野鹿。平时空着手走到那里肯定要打滑的地方，压上分量以后，反而脚下生根，稳如泰山，步履坚实，一步一个脚印。同时要检查水的保持情况。有一个人由于丢水太多，最后只剩下了两个半桶而被指是“阶级斗争”的新动向。挑水的人的姿势千姿百态，有的腰被压成了八道弯，受到大家笑骂，有的一副骄蛮样子，活像是金牌获得者——并没有人赏识夸奖。有的连说带笑，有的气喘如牛，有的咬牙切齿，被称作是做“操狗”状，有的闷头苦干，我则一边使劲一边说便宜话：“本人挑担，重量在若有若无之间……”劳改不忘牛皮，劳动是乐生的第一要素，既然马克思这样说的，事实自然如此。而下山的时候，由于往下狂奔，嘁里咣当，众桶齐鸣，出溜到井边，谁也不知道自己是怎么跑下来的。

在南苑，第一年风调雨顺，大萝卜长得令人击节赞叹。而秋收时我负责看青，每夜拿着六节电池的大手电和军棍到处巡逻，一面看月亮一面背诵李白的诗。“天生我材必有用，千金散尽还复来……”“明月出天山，苍茫云海间……”深深打动我心，但我绝无任何具体想头。看青中认识了市河北梆子剧团的一位看青者，他老哥不但给我讲了好多尚小云、李桂云的逸事，还款待了我许多烧烤的青玉米。对不起，我们俩也搞了点监守自盗。皎皎明月夜，天涯沦落人，青烟独袅袅，新黍香喷喷，已弃轻飘梦，常怀惭愧心，午夜观獾走，薄明喜鸟吟。个中的美感与至少是肚腹的满足感，在当时是一个奇迹。

除了月夜读李白与闲听戏曲大家的逸事外，我看青的结果是结余了若干粮票，带回北京补助家里。到一九六一年，我已经有两个儿子了。夜班看青，有粮食的补助。

南苑我们的副食生产基地边是一大片坟地，我们奉命在那里迁过坟，面对烂棺木与骷髅遗骸，我们无喜无悲无惧，有过我辈经历的人早已做到了山崩不惊，地裂不动。我看青时常常到坟地一带小坐，夜深人静，在那里可以听到市区方向顺风传来的话声笑声，旁观俗世，兼思彼岸，遐想万年，不过如斯。在那里有时还听到一种叫“地牛”的虫子的叫声，闷声如牛，暗鸣如虎。据说这种虫子是把嘴伸入地下才叫唤起来的。我也数次听到猫头鹰的啼叫，由于我认知上已经得悉猫头鹰乃是益鸟，便不觉难听，更不觉不祥。“右”派与猫头鹰，当然是前者更晦气。

既空前又绝后，在三乐庄的这个护秋之月，我第一次感到与秋天，与月夜，与庄稼，与星空，与城乡，与坟墓，与虫鸟獾狐，与李白和苏轼，与唐诗和宋词，与地球的自转和公转，与阴历和阳历是这样近这样亲，一种与万物融为一体的感觉，一种挟飞仙以遨游，抱明月而长终的感觉，一种独来独往飘然遗世自由逍遥含泪微笑的感觉，一种既悲凉又凄美、豁达、清幽的感觉太美好了，太美好了，比什么都美好！

难忘的还有劳动期间的休假生活。在桑峪，说的是每两个月休息四天，秋天农忙，加上跃进的热火，曾经时隔三个多月才休息一次。在一担石沟，每月休息四天，大致符合每周歇一天的规矩。到了三乐庄，则是两周休息两天，休息是更正常些了。

休息时我与芳喜欢做的一件事是到北海前门附近的茶座上要一点酱油瓜子，喝茶，闲聊，盛夏则可能点一点冷饮。柳条拂面，水波荡漾，阳光在头顶的席棚缝隙中与水波上闪烁。鼻孔里飘动着些微的鱼腥与荷叶清香气息。我们谈劳动中的趣闻，谈读书，谈电影新片与最近流行的歌曲。我们也谈我们的孩子、我们的家事，计划财务收支与购物目标，就是经过在北海茶座的商谈，我们购买了一台郑州产红灯牌两用四电子管收音机，所谓两用就是它可以带电唱机，我以为它能让我听到洪亮的意大利美声独唱呢，实际效果很差。

而且每次品茗清谈都讲许多有希望有趣味的事情，得出共同的结论就是生活可爱，形势大好，身体健康，思考有收获，困难正一步步克服，幸福正一点点缔造，明天更美好，前途极光明！

……回忆种种，郊区劳动有关记忆，多属正面。但是我仍然落下了做梦、梦呓乃至噩梦的毛病。直到十余年后，二十余年后，我有时会在刚刚睡下不久梦中骂人，家乡话与北京话，童年记忆，荤素全席，外加呻吟、憋气，据说煞是吓人。一担石沟期间有一位先生认为我的梦呓乃是思想有问题的表现，提出指责，未获响应，我也未因此再遭不测。

上述噩梦的主要特点是梦中骂人，骂得筋疲力尽，四肢如铁，显然与体力上的疲劳有关，与心情上的表面豁达开朗，实仍有压抑多多有关。

另外还有一种梦，与其说是噩梦，不如说是酸梦。我与芳一九五七年结婚，那时她的学业未完，我们分别生活于太原与北京，此后我下去劳动，又分了手。我休假回京，她有时住在她母亲与姐姐家，有时住在我家，两处一在西四，一在崇文区光明楼，当时认为相距甚远。我们的休假都采取突然宣布式，为的是怕说早了影响劳动情绪与改造自觉。两端都没有电话，我都是突然回家，但是不知道芳在哪里。有时我先到了西四，见没有芳，赶紧倒公共汽车无轨电车往光明楼走，谁知此时她正坐在从光明楼到西四的公共交通车辆上，来回一找，休假时间能丢掉相当一部分。好久好久了，直到早已时过境迁，也许我们是共同住在某个外国的宾馆里，同一张床上，我仍会在梦中来回坐车，互相寻找，擦肩而过，失之交臂，而且电话不通，呼叫不灵，停电停灯停车，苦不堪言。

而有一次临时休假，正碰到芳在我的家，而且她刚好买了一个西瓜，正好我们一起吃瓜，这是我那个年代最快乐的记忆之一。

你可以有大的快乐事业，社会、人民……这些你都没有了，你也仍然会有小的快乐，西瓜、茶水、买到了便宜的处理货物。反正你应该快乐，你必须快乐，如果你是想活下去而不是不想活下去的话。

这是我一九八九年写的小说《我又梦见了你》的一个来由。

从我个人来说，这四年的劳动经历仍然宝贵，可以说是缺什么补什么，这四年我经历的，正是我过去从没有听说、更没有亲历的。从国家来说呢，稀里糊涂弄了那么多高工资的农工生手（再降级降薪也比雇农业工人昂贵啊），也没有什么人研究这种劳动对知识分子到底起了什么样的作用，政治社会经济财政效益到底如何。一笔糊涂账，似乎太大方，太粗糙了。

颇有领导自觉与心胸的班长薛德顺，被分到了一处养兔，他本来就是做这方面工作的。其他人有的去中学教书，有的到机关做事，还有一位降格从中级领导当了小领导，各归各位。一时夤缘时会在大时代与大家热闹了一阵子，乃至可以说是威风了一阵子的班长或不无寂寞。攀援之心，人皆有之、施展之心，人皆有之、耍闹之心，人皆有之、非（被认定派定的）分之心，人皆有之。王侯将相，人五人六，宁有种乎？而能实现一番发挥一番的机遇是这样少有，或者，只能变形地假实现代实现那么一下两下，望梅止渴，画饼充饥，优孟衣冠，自作多情，梦里吃肉包，吹牛皮自慰……这还是好的，弄不好就只能饮鸩止渴，剜肉补疮，捉襟见肘，铤而走险，直到吮痈舐痔，丑态百出。

说实话，班长此人，原是做总务工作的一般干部，他在带领我等度过一段特殊时期中显示了他的沉稳、决断、坚忍、阴狠、要言不烦、善抓要点、指挥组织精明强悍、富有想象力的种种特点，他的潜力不小，他的志向不凡，他的“领导”不俗，他的知识面狭窄，他的水平不高。

如果有各种条件，他并非不能成就一番事业。悲惨的是，“文革”一开始，他自尽了。我设想，当了“右”派，才当了班长，领导了一批原来的局级处级干部和作家画家演员以及名门之后的人物，竟成为他此生的一大亮点，在一担石沟才是他的“黄金时代”！一个人有所实现有所发挥，用家乡话是一个人有舞台要吧要吧，谈何容易！多少人怀才不遇，多少人郁郁而终，多少人刚露头就挨了一闷棍，多少人有这有那就是没有机遇……悲夫！

40. 邵荃麟与冯牧

应我的请求，作协党组书记邵荃麟与我见了面。我给他的信里附上了我的旧体诗。诗中有“疾首煎肠忆旧时，风花雪雨曾相欺”“肩挑日月添神力，足踏山川闹自然”之语，无非是接受教训，努力改造，并无二心之意。

邵荃麟的接见本身就表现了极大好意。他一见而先称赞我的旧体诗写得真挚。他说，经过一番惊涛骇浪，愿意与我谈谈心。他说，已告诉《人民文学》杂志向我约稿，还要介绍我成为作协会员。他说丁玲对说她“反党”想不通，这里可能有一些下意识的东西。他的“下意识反党论”固然奇特，但他说这些事时有一种客观感和距离感，确实这也不是他能做主的事。我想起他在批判丁陈会议上的发言——关于毁损作家的问题来了。后来形势的发展恐怕早就超出了他老的想象，大火烧、小火炖、浓烟熏、唾沫淹的结果越来越不像是挽救帮助，更与今后写出好作品无涉了。

但是他主要与我谈的是一个观点，不但可以写先进人物，也可以写中间人物，写人物的转变。

我已经记不清是谈话前还是谈话后我看到了《人民文学》杂志的头题，西戎的《赖大嫂》。写一个农村妇女，从赖皮厚颜到提高觉悟的故事。

当时正在搞什么文艺八条、十条，从政策上试图搞得合情合理一点，把反“右”派以来“左”了又“左”的文艺思想稍稍规范一下。邵的“中间人物论”也是这样应运而生的。他无法从更大的方面调整政策，只能说点中间人物之类的小打小闹，无非是让文学创作松动一下。

邵荃麟的好意无可置疑，但是他能做的也有限，我还得自己努力。

这期间传出了海默的电影《洞箫横吹》受到老革命家保护的消息。《洞》片挨了棍子，后由于李先念同志看后觉得无大问题，乃转危为安。

《文艺报》上讨论《达吉和她的父亲》，使一篇已经被戴上了“人性论”帽子的小说有了重见天日的可能。

刘绍棠在《北京文学》上发表了滑稽梯突的短篇小说《县报记者》，多么不可思议，刘整成那个样子，反而变得笑声不断了。

燕祥在《人民文学》上发表了短诗《夜耕》，使我想到他在北大荒的劳动生活。为了避免麻烦，我没有与他们当中任何人联系。

从韦君宜的《月夜清歌》、汪曾祺的《羊舍一夕》等作品中，都折射出他们几年来下放农村的经历，他们都以最美好的心情概括与回味农村劳动的生活，在苦水中培育出怡人情性的鲜花。汪的作品还运用了点心理独白、视角转换的手法，在那时已属空谷足音，令人感动了。

那个年代我最着迷的是茹志鹃与李凖，后来才知道了浩然。在万马齐喑的年代，他们是少数能够歌唱的天之骄子，他们明媚春光，他们欢声笑语，他们紧随时代，他们宣扬先进，他们独领风骚，他们是文学的骄子，时代的宠儿。李凖的《李双双小传》本来是歌颂公社的食堂化的，但是在不搞食堂之后，他仍然能起死回生，写出性格生动火红的李双双来，拍了电影，得了奖。他的《耕云播雨》《龙马精神》都使我羡慕，心向往之，知自己实不能至。毕竟对农村生活没有李老兄熟悉呀。

而从阅读上给我以满足和亲近感的是茹志鹃，她仍然多情，她语言如歌如诗，她变成了我的唯一，既符合“大跃进”精神，也保持着语言与人物、题材与叙述的细腻的艺术感。我决心向茹志鹃学习，用心血歌颂时代。但不久她也受到了（老是写）“家务事儿女情”的非议。那确实是一个你想尽办法歌功颂德，想尽办法靠拢跟随，就是不让你歌颂得成，就是不要你靠拢跟随的时代。

问题是你没有哪怕是只唱颂歌的权利。究竟什么时候算是改造得及格了，什么时候恢复写作与工作的公民权呢？没有人知道。

“焦首朝朝还暮暮，煎心日日复年年。”我常常吟咏《红楼梦》中的这两句诗。我也想起了为“批修”而阅读过的苏联作品，其中有一个说法，说是斯大林时期的阶级斗争日益尖锐化理论毒化着人们的生活。真是毒化啊。没有切身的体会，你永远不明晰“毒化”这两个字的确切。

那一段我读到艾芜的《雨》，同样歌颂“大跃进”，但写得丝丝入扣，多情多姿。法捷耶夫的一篇评论里高度评价安东诺夫的《雨》，说是像这样的小说，如果契诃夫有知也会称赞的。我找来了安的《雨》，果然精彩，而且比咱们放得开。

我读到了欧阳山的《在软席车厢里》，题材新颖，竟然写到了一个干部因写作而放弃了官职，最后失败的故事。我读到了菡子的《前方》，写解放战争，写战斗英雄、死难烈士，通篇用第二人称，如信如诗，直叩心扉，实属佳作。

我也读到了陈翔鹤的历史小说《陶渊明写挽歌》与《广陵散》，我只觉得作者有一种寂寞的心趣。回忆起来，他老也是批胡风的积极分子呢。

浩然的《喜鹊登枝》我是从《北京日报》上看到的，我佩服他的轻盈多姿，只是觉得浅得近乎廉价，更像极优秀的命题作文。

那一段我喜欢读的还有柳杞写抗日战争的《长城烟尘》，王汶石写大炼钢铁的《黑凤》，丁玲的长篇选载《在严寒的日子里》，还有秦兆阳的长篇选载。但所有这些长篇都未完工。王汶石的写“大跃进”的中篇，开头极吸引人，写下去却不知所云、不知所终了。

《青春万岁》的出版事宜重新提到了日程上，令我不胜唏嘘，却根本不敢相信其可能实现。

中国青年出版社请了当时《文艺报》的负责人冯牧代审，冯对此稿印象颇好，只要我把太多的写到苏联文艺作品对于那时的中国青年的影响的地方删一删。这是我第一次到冯牧家里拜访，他眉清目秀，口齿清晰，忙忙碌碌，随随便便，他一直是这么一副风度，不太像文人，更加不像领导。

有惊无险地度过了“反右”关口的黄秋耘对我关心备至。我常常到大雅宝胡同他家去看望他。每次他都是唉声叹气，无法可想。他在此年十月告诉了我“精神又变了”的消息，他指的是北戴河八届十中全会的“千万不要忘记阶级斗争”的强调。他回顾了他亲历的“整风”“反右”时期的同样场面，他在邵荃麟家中，见到邵接了一个电话，立刻神情一变，紧张地说：“要收了。”他还说到邵荃麟的匪夷所思的想法，说是二十世纪六十年代初期，作家们想写“大跃进”中的种种画面与教训，又不敢写，他设想能不能出一个内部文学刊物，只限于领导干部阅读参考。文学内参？旷古未闻。

他的说法令我产生了更加古怪的念头，不，不是念头，只是一个调侃罢了。我想说的是，如果阅读文学作品有级别限制的话，能不能搞个上限，即办一个只准二十三级以下员工和农民看的刊物？当然，我没有敢多说，我流露了几句，黄秋耘也没有听懂。

黄秋耘早年从事党的秘密情报工作，喜爱文学，喜爱罗曼·罗兰，尊崇人道主义。二十世纪五十年代中期，他写了《不要在人民的疾苦面前闭上眼睛》《刺在哪里》，为一些人和事不平，后来又写了《锈损了灵魂的悲剧》，为一篇揭露阴暗的作品张目。二十世纪六十年代，我得到了他老的极大的关心友谊，我永远忘不了他住的那套房子，他始终忧心忡忡，无可奈何，他使出了浑身解数，却无法帮我发表什么新作。

从此，昙花一现地发表了一点小文字的摘帽"右"派们再次销声匿迹。我的姐姐告诉我，上面已经传达，摘帽"右"派，就是"右"派，仍按"右"派掌握。姐姐唯恐我再找不素净，每次见面，不忘猛浇冷水降温。形势一变，文艺十条八条之类，偃旗息鼓，就跟没有发生过那回事一样。我的所有稿件都被退回。《青春万岁》再次搁浅。黄秋耘不断地给我出主意，一会儿说辽宁的《鸭绿江》开明一点，一会儿说天津的《新港》可能方便一些。但是我的稿子寄去，都没有戏。

这里有趣的是并没有文件或口头传达说什么什么人从此不要再出现了。一切决定于精神与气候，精神一变，气候一变，一切自然改变，谁都不愿意往枪口上撞，当然。同时谁也不会正式告诉你根据什么你就歇着吧，你就名存实亡吧……没有通知，没有禁令，胜似通知，胜似禁令。你已经无法可想。邵燕祥刚刚在上海发表了一篇《小闹闹》，写一个襁褓婴儿，也受到德高望重的老评论家唐弢的猛烈抨击。

甚至连说过《青春万岁》好话的好人冯牧，当形势一变，别人问到他对王某长篇的看法时，他甚为尴尬。

41.《夜雨》与《眼睛》

我总算赶上了发表两篇差强人意的短篇小说。

这时写小说已经不像当初那样一泻千里，而是步步为营，着着长考。但是我还是写出了北方山区农村的生活气息、季节、作物、天气、地形，写出了那里的生活，而且，不顾一切地、尽全力地往好的思想主题上靠，往我的四年劳动生活的体会“收获”上靠。

《眼睛》写一个在乡村文化馆做事的大学毕业生，他怎样地受到以农村英雄人物林燕子为代表的劳动青年的教育，提高了精神境界。

我相当精到地描写了一个镇文化馆给人的嗅觉感受。书页上手指留下的汗污味，旧书陈年纸张的霉潮气味，新书的油墨味，书架的木料与油漆的味道，还有人的体味。我也写到了一到下午，一到阳光光束照过来，就会在书架间看到的灰尘颗粒。

我描写了一个农村姑娘，用两块小手帕系着两只辫子。她的黑色半截裤裤腿下面，小腿上沾满了尘土。

我写到晴空晶蓝如玉，细鳞似的发光的白云，伸展成大扇面形，白云下的庄稼显得葱郁黑碧……大路上有青骡子驾着大车，车上是茄子冬瓜，而路边的田地在浇大白菜，闻得见生菜气味。

……所有这些我都写得真实，显然过去只会写城市，写“小资产阶级”的王某，现在也能勾画两下农村的牧歌了。

经过批判劳动改造，我死死掌握了几条，一个是要写农村，要写出真实的生活细节和场景。一个是要坚决地从生活细节中提炼、组合，绝对地构成符合一切口径、有利于正面宣传鼓动、令各方面看了乐得合不拢嘴的新篇章、新故事、新人物、新作品。细节不怕真实与开掘。体验不怕深刻与多方面。关键在于构思、取舍、重新组织，写出新的面貌，使作品的面貌合意可心。

类似的“体会”我也听黄秋耘讲过，他说赵树理就曾经说，现在的写作关键在于细节力求真实，大的真实就要服从大局了。

《眼睛》写一个大学生苏淼如（瞧这名字），遇到一个农村女孩来借《红岩》（笔者乘势不无夸张地却也是言之有据地渲染了万众抢读《红岩》的盛况），但此书早被抢借一空，苏自己有一本，他要寄给自己在大城市工作的女友。在邮局寄书时，从《妇女杂志》的封面上看到，那个来借书的女孩乃是大名鼎鼎的模范人物林燕子。（当时有一回乡知识青年的典型名邢燕子，她的名字已经家喻户晓。二十余年后，我与她共同参加过党的中央委员会会议。）是苏有眼不识泰山，错过了与英模人物接触的机会，他极受震动。

下面情节的发展则是王式思辨的产物了。等钢笔写到这里，我的逆向双向思维开始启动：如果她不是什么什么燕子而是一个普通农村女团员呢？难道事情的本质有什么不同吗？英模人物与普通劳动者之间，有不同之处吗？于是，情节改为经过多方查询，证明向苏借书未果的女孩并不是林燕子，但是苏发现，她长着与林燕子同样的“清亮的，充满热情的，望得很远又很坚定的眼睛”。

乌拉！我毕竟写出一点与众不同来。

那个不知名的女孩，走了五十里山路到苏这里借书，后又走了二十里路去县阅览室，抄了一夜《红岩》，以便过一次主题团日，以《红岩》动员秋收。苏曾告诉女孩，读小说的目的并不是配合秋收。但是事实证明，配合秋收，比一个知识分子的阅读趣味更伟大。小说最后，是苏从邮局要回了自己欲寄的书，走山路送到她们所在的紫李子峪去，苏还答应了馆长分配的工作，给农村青年讲一课文学阅读。

我先将小说拿给韦君宜与黄秋耘看。黄特别提出最后证明女主人公并不是林燕子，这使小说不落窠臼，颇有意趣。韦将它拿给了《北京文艺》（现名《北京文学》）的编辑部主任周雁如大姐。周是老区来的文艺工作者，她极诚恳敬业，爱护青年作者，甘为他人作嫁，深受好评。当天晚上正好赶上东北一个剧团演出白刃的话剧新作《兵临城下》，我得到了周大姐给的票，有一种回归（精英）社会、回归文艺界的尴尬风流感。

另一篇小说是《夜雨》，写一个农村姑娘在新婚前决定拒绝到城市里结婚，坚决留在农村生活劳动。这个内容没有太多新意。那是一个面向农村以农村的需要与好恶为价值标准的年代，对于城市，某些人既羡且妒，既要享用之压服之改造之又不放心之，有一种本能的距离感与异己感。当时喜欢说的忘本不忘本，关键在于是否保留得住农村习惯，从方言到大便一定要蹲坑。

但是我很喜欢小说的结构，那是一个钢琴奏鸣曲的路子，窸窸窣窣，窣窣窸窸，滴滴答答，答答滴滴，哗哗啦啦……是雨的渐来渐长渐大起来的过程，也是主人公秀兰的心潮澎湃的过程。而“小麦正在灌浆，核桃已经坐果，谷黍还没有出齐青苗，白薯栽秧才刚刚开始……”“院里的大核桃树，巨大的树冠阻挡着稀疏的雨滴下落。秀兰索性拔开门闩，开开大门，迎街站立，尽情承受着……晚来的初夏的小雨。她想起自己的小镐，镐楔已经脱落了，雨后点种，是要用的啊……”

已经有一种体贴，有一种感情，有一种认同和靠拢。这也不易。然而毕竟不是自来的涌喷，它摆脱不了那种“疏影横斜水清浅”的感觉，勉力为之以意为之的感觉，靠新趸来的生活经验，靠不断学习提高的标杆，靠多方思谋、百般尽力的愿望，靠千方百计的手段，仍然与出自内心的写作激情写作动力写作灵感不是一回事儿啊。

此前，写作是我对“日子”的编织，现在则是编织生活。日子是刻骨铭心的经历、爱憎、悲欢、生命的体验与呼唤，灵魂的激越与颤抖。生活是客观的存在，是被观察、被体验、被认识、被分析的对象，是人物、细节、环境诸要素的综合，是文学的素材，是待加工的原料。

我当然重视生活，离开了生活的日子是光秃秃的，可能是神经质的与病态的。离开了日子的生活呢，又太冷漠太客观了啊。

当然，编织生活也是快乐和光彩的事业，毕竟与编织日子有所不同了。

此前我还写过一篇硬碰硬的小说稿《光棍刘》，歌颂“三面红旗”，歌颂一个硬汉式的钢铁英雄。我写他在“大跃进”中大家疲累不堪的时候翻跟头为大家助兴，写他一个光棍是如何心灵手巧，连缝衣服烧菜都会。写得太教条了，被《人民文学》退稿。

此后我又急于写很多东西，写学习雷锋，写农村的放羊儿童，写地下党的活动，都未成，也没留下稿子。这里固然有气候的原因，也有我自己的原因，我很难这样捆绑着手脚如临深渊如履薄冰地继续把舞跳下去。我也深深体会到，在特殊不利条件下急于写出东西，发表东西，只会搞得不伦不类，并不是好作品。多么狼狈尴尬，越是有被封杀的危险越是想挣扎一个出路，越是挣扎着写的越不成样子，更要加倍地被封杀。我无法再这样写下去了，这对我来说未必是坏事。

我也深信，不仅我一个，所有在这个时期仍然坚持写作的同行，都有类似的体会，甚至他们已经养成了习惯，认定写作就应该如此，只此一法，再不能放手放脚了。

有趣的是我这两篇作品一发表，就收到了读者来信。有一封是一个北大哲学系学生写的，他从我的作品上判断，几年不见，我是下农村改造思想去了。他一直关心着我惦念着我。

这又是最大的酬报了。哪里有这样的读者？在中国写作，付出的是奇怪的代价，回报的是绝非寻常的爱惜。

不断地写着，明知难办了仍然是急于“发”。我是属于初得大名便速冻保鲜起来的那种“青年作家”，统共只“发”过四个短篇小说，太惨一点了。

其中值得一说的或者还有《等待》一篇，写一个男青年夜晚在图书馆等待一位女青年。不管多么艰难，多么麻烦，只要写到了爱情哪怕只是爱情的萌芽，只是柏拉图式的关于爱的思想，文学就回来了。我相信我写得非常抒情，别的全忘了。后来，二十余年后，我把它写到《初春回旋曲》里去。在后一篇小说里我称我的旧作为《初春》，我把旧作新作、往事新事、怀念与失落、一去不复返的昨日与尚未适应的今天混在一起写，跳跃的同时是映衬与对比。现在，《初春回旋曲》也已经是早年的旧作了。而“等待”呢，这个概括其实是不差的，我必须等待，我还要等待下去。

42. 大学校园与市文代会

一九六二年九月，我分配到北京师范学院（今首都师范大学）中文系做教师。那时那里的校长是杨伯箴，他曾任华北局城市工作部中学委的书记、北京团市委书记，我们早就相识。用一个略感厚颜的话来说，“他是了解我的”。我是无法再在团市委待下去了才到他那里去的，自是狼狈；但我自己没上过大学，却可到高校里执教，这又使我有些微的得意。我给以研究鲁迅为专业的现代文学史教授（当时只是讲师）王景山做助教，王先生很文雅、善意，政治上也很正面，他本是党员，“反右”中丢掉了党籍，但没有帽子。

开始，一切顺利，我与不少同学谈得来，他们当中后来有管过《小说选刊》的冯立三、成为大型文学期刊《当代》的负责人之一的汪兆骞、做过《文艺报》编辑部负责人之一的何孔周等。我与他们一起去香山春游，我重新尝到了学生生活的快乐。我给学生上过一次辅导课，讲鲁迅作品的语言，受到他们的欢迎。

不论何时校园里尤其是教室阅览室里有许多青年，叫作莘莘学子的。有操场与体育设施，有教室实验室，有图书馆，常常在布告栏看到乐队、社团和各种教学方面的通知布告。它的气氛是美好的、清洁的，说话不带脏字荤字，词汇比我待过的机关工厂农村显得文雅一大块。这个学校由于历史不久，建筑也多显崭新干净。学校的教工食堂办得不错，烤饼做得很香，买饭很方便，基本无须排队，只是觉得在这里吃饭太“费”粮票。我在这里学到一些新东西：例如大学里要教授“三个基本”：基本观点、基本知识、基本技能技巧。我在现代文学教学中也深深感受到周扬同志的权威地位，一切作家作品的评价，唯周扬之马首是瞻。应该说这是一个好地方，给我分配了一个好差事。但我作家之梦未断，到了这里并无归宿感。倒是有快乐感与新鲜感。

北京师院期间，有一次我与黄秋耘相约在颐和园游了一次泳。初夏，我们从知春亭出发，游到十七孔桥的龙王庙。距离是四百米。当时我的游泳技术尚不过关，腿的动作不正确，扑腾半天走不了几厘米，只有靠不断地改成仰泳前进，到达目的地时我喘成了一团。黄是广东人，早就会游，他并介绍说秦牧青年时代游泳曾参加竞技并获得了名次。此后，当我去新疆，他去广东，各自东西南北之时，黄还慨叹：畅游难再矣！

我也与父亲去工人体育馆的游泳馆游过泳，觉得又享受起来了。父亲一次爬上五米高的跳台，站在头里半天不动，后面的小孩子们着急，便说老头怎么还在运气呀？良久，老人家横体而下，足足拍了一声，胸腰全部拍红。时先父年五十岁。

对鲁迅的散文诗《雪》的研读，是这期间的一个收获。结合教学，我认真精读了鲁迅的《雪》，顺便说一下，鲁迅的创作中我的最爱是他的散文诗《野草》。

《雪》中写道：

> ……朔方的雪花……却永远如粉，如沙，他们绝不粘连，撒在屋上，地上，枯草上……在晴天之下，旋风忽来，便蓬勃地奋飞，在日光中灿灿地生光，如包藏火焰的大雾，旋转而且升腾，弥漫太空，使太空旋转而且升腾地闪烁。
>
> 在无边的旷野上，在凛冽的天宇下，闪闪地旋转升腾着的是雨的精魂……
>
> 是的，那是孤独的雪，是死掉的雨，是雨的精魂。

《雪》文中对于北方的雪的描写苍劲孤独，悲怆奇崛，给我以极大的震动，我以为正是这些描写才成就了《雪》的风格，才现出了鲁迅的风骨。因此我无法接受高校教材中袭用的大体是冯雪峰先生的解读法：南方的雪象征自南方而来的（北伐）革命，而北方的雪象征的是北方的军阀统治。我写了《雪的联想》一文，给王景山先生编的我们教研室的墙报用。我强调了文学作品中的“兴”的作用以及它与“比”的不尽相同，认为兴就是联想，联想是文学诗学的一个重要范畴。我们可以假定鲁迅写《雪》的时候并非有意识以北方的雪自况自喻，但是，既然是鲁迅，他的书写对象上就浸透了鲁迅的悲怆与伤痛、孤独与奇崛。雪与人间社会的关系可以不是比喻的关系，却必然是联想的关系。这篇文字我寄给了甘肃文联的谢昌余同志，他转给《飞天》编辑部的一位余先生，余先生保存了二十年，直到二十年后才在《飞天》上发表。而我个人，早就丢失了此稿啦。

这里还有一句没有说出的话："反右"前的王某，怕是南方的雪，曾经"纯美如处子的皮肤"，却终于"不知道是什么形状"啦。直到六十年代我才感觉到了朔方的雪的形象的感人与内蕴的痛苦。

我报名参加了教师的英语夜校，但是没有坚持下来。

随着党的八届十中全会的精神的贯彻，我也得到一些善意的"招呼"，盖我所辅导的班是"大跃进"中招的生，其中有些出身好、是党员和当学生干部的学生，功课方面可能不是最好的，而一些较富文学细胞，读得进文学，又很喜欢找我交流请教的学生，被认为极可能有专而不够"红"的麻烦。呜呼，我这个老党员老团干部竟然吸引了专而不"红"的学生，反而忘记了与许多"红"得相当透，但暂不够专深的骨干接近，这使我颇感沮丧。

教研室同人，大致对我很好。个别正当红的，或有政治上的白眼。这也是没有法子的事。

在师院期间我参加了市里的一次文代会，这当然也说明院方和市领导对我的关照。会议开幕式上，市委副书记邓拓代表市委致辞，他很有学问也很潇洒，长着一张农民的脸孔，但是身材与举止令人想起魏晋文人喜欢用的"玉树临风"四字。他讲到北京的郊区是多么美丽，乡村的气象是何等迷人，他的风采很有文人气。

其时，他的《燕山夜话》与《三家村札记》正在或即将在《北京晚报》上连载。我倒很为他的七律《留别人民日报诸同志》而感动，此诗发表在《人民日报》上，我是过目不忘，诗曰：

> 笔走龙蛇二十年，分明非梦亦非烟。
> 文章满纸书生累，风雨同舟战友贤。
> 屈指当知功与过，关心最是后争先。

平生赢得豪情在，举国高潮望接天。

他的诗有文人气，也有干部风，最后两句表明他对总路线、“大跃进”、人民公社“三面红旗”的拥护。前三句和“屈指”句里颇有苦涩，但还是用健康的东西把握自己。我还可以推断，“屈指当知功与过”一句是天成的，是出自肺腑的心声，他办《人民日报》屡受主席批评，当然要屈指论功过，“关心”，则是因“屈指”而求颔联求出来的，先要文辞再有含义，正好在此表示一个正确的积极的态度，乃要“后争先”，自谦常常落后，关心的是迎头赶上。政治正确了，话却不一定完全自然。

他在市文代会开幕式上的讲话中也谈到了反修防修和培养接班人的问题，讲到文艺方向问题时他举了一个例子，说是有一美术学院学生，一拳打破一面镜子，然后对着镜子画自画像，以此证明“现代派”的洪水猛兽对我国青年也有影响，文艺必须掌握正确方向。他虽然什么都讲到了，但他的举例比较个案，没有太多的杀伤力。

主持开幕式的是北京文学艺术界联合会的主席老舍，老舍激动地赞扬邓拓的讲话，说邓拓是领导、学者、诗人、词人、书法家、金石（印刻）家、新闻工作者的前辈以及“欣赏家”，刚说完，又立即纠正说应该叫作“鉴赏家”。老舍与邓拓，互相推崇，互相谦虚，互为唱和，互为应答，气氛绝佳。邓身为领导而又精通专业，老舍是专业上的大家而又兼挂领导职务，至少有领导的名分，二人互补互抬，应和起来相得益彰，真是美煞了。

会议上是茅盾讲了话还是印发了茅公的文章，我记不清了。反正小组会上众人争谈茅盾先生的“生活、思想、技巧”三点论。我首次见到浩然，他大眼睛，双眼皮，厚唇，大嘴，一副诚笃忠厚的样子。他说话略带结巴，更显纯朴。我不久前读过他的一些短篇，觉得他的写作路数大体与刘绍棠初年相同，清新明丽，新人新事，清水芙蓉，尽收眼底，但没有浓度与深度，多是点到为止。他激动地讲自己的心得，一定要提高思想，有多少思想，就有多少（可以发现可以使用可以表述的）生活，有多少思想，就有多少（有用武之地的）技巧。括弧里的字是王在四十多年后加的，我认为我理解他的话的含义与用意，他讲的内容符合当时的实际情况，当时作家创作上的关键问题、最大的难点是怎么样才能跟得上思想。

他也粗略地讲了他的颇受注目的“反面取材法”：你发现了一个服务态度不好的服务员，你不应该去写一个不好的服务员，而应该努力去创造一个服务好得没法再好的服务员的文学形象。你看到某村干群关系不好，你立马去写干部如鱼得水、干群不可分离的一个村落好了。

三点论使我略觉不足，除了生活经验与思想觉悟（这两点未必是作家们的长项）外，原来只有雕虫小技是作家的吃饭的本领，那么艺术呢？感觉呢？语言呢？激情呢？形象思维……呢？

我发言时问能否把第三点“技巧”一词改为“艺术”二字，被与会诸先进否定了。有一位老同志，表示不赞同我的意见时，特别强调“刚才那位发言的人我也不认识……”提醒我想想“你以为你是谁”，不免惶恐无地。

还有一个细节令我汗颜。文代会是在民族饭店举行的，能进新中国成立十周年的献礼建筑民族饭店，我也觉得光彩。但报到后才知道，饭店客房是为家在远郊区的代表准备的。我那时已住到师范学院的宿舍，勉强可以算郊区，我申请了住房，结果发现是两个人一间房，我进屋的时候同室学长正在吸烟，吞云吐雾，咽喉发紧，难以忍受。看来还是无所求好啊。本来嘛，芳在家里还等着我呢，我跑到这里住什么民族饭店！我快快乐乐地，甚至是急急忙忙地跑掉了，生怕有人在身后追逐。

我回程坐的是另一路不太熟悉的公共汽车，下车站也颇陌生。我看到了我们的宿舍在不远处矗立着，便想抄近路从一处建筑工地上穿插过去，结果不知怎么的绊倒在沙堆上，又绊倒在钢筋和木材上，受了点轻伤。这种经验，我后来——十七年后，写到《夜的眼》里边了。

至于此次市文代会到底研究了些什么，提出了解决了什么问题，那就毫无印象了。我只记得，叨陪末座虽然与有荣焉，毕竟“谁难受谁知道”。

43. 日子

一九六一年、一九六二年搞了一阵子“调整、巩固、充实、提高”，形势稍稍缓和了一下。只些许地一缓，生活就有不同了。

一九六二年后，至少是我的小家成员聚在了一起。一九六〇年我们又添一子王石，山呀石呀的命名都与我正在山区劳动有关。石出生在困难时期，刚一岁半就送到赵登禹路街道托儿所。每周六接他回来，他都要哭闹半夜。每周日晚上送他回托儿所，他往往高兴地说是“划船去”，及至一下7路车白塔寺站，他明白了是怎么回事，便号啕大哭。有一次是我抱着送他，他哭得太厉害了，我心乱如麻，回家以后，下决心把他接回来再说，及至我再到了他的托儿所，却隔着门缝看到他在玩滑梯，才没有中断入托。现在有一首流行歌，叫《心太软》，我就是有这个问题，没有大出息了。

一九六三年年初，学校给我解决了一间宿舍，是租的全国总工会干部学校的楼房。不久又调整到一楼的一处两间打开的大屋子，而且是花砖地。我总算住进一处四白落地、墙面平直、白灰顶子、端端正正的大玻璃窗、标准的木门的房屋了。过去，我多半住的是胡同里的小房，开间小不说，墙壁歪扭，门窗不正，纸屋顶此漏彼破，半夜是老鼠的天下。

房屋向阳，而此前我们住的是南房。向阳房舍，阳光灿烂，使我们大为兴奋。我唱起了那个年代流行的古巴歌曲：

美丽的哈瓦那，
那里有我的家，
明媚的阳光照新屋，

门前开红花。

那个年代讲亚非拉（美），为了突出亚非拉，成立了东方歌舞团。比起古巴歌曲来更普及的是印度尼西亚歌曲：“美丽的梭罗河，我为你歌唱”——《梭罗河》，“风儿呀吹动我的船帆”——《星星索》，“你爸爸还在过着动荡的生活，他参加游击队打击敌人，我的宝贝”——《宝贝》。这些歌至今打动我的心，当时这样普及印尼歌儿，多半也与苏加诺的政治取向有关。

直到二〇〇五年我才首访印度尼西亚，在屡次成为恐怖袭击的目标的巴厘岛，在海滨沙滩上吃烧烤的时候，我们点唱了这几首歌曲。同时朋友们告诉我，你不要去梭罗河了，唱唱歌就行了，说是河水已经干涸。

遇到星期天两个儿子也来到我们的新家景王坟，俩小子在楼道里跑上跑下，响动很大，我们极力控制，收效不佳。不久，一位老师就贴出招贴：“请勿喧哗”，我与芳一面教训孩子，一面相视坏笑。已经很久了，连恶作剧的心情也没有了。

此处只供居住，我们吃饭多半到学校教工食堂，做得很好，两面焦的火烧鲜脆金黄。但是一吃食堂就更觉粮票太“费”。有时我们到甘家口商场去吃，能吃到狮子头、木樨肉什么的，也吃过裹着鸡蛋的炸油饼，深感营养在我，丰富满足。芳已在市一〇九中学任教，学校同人与领导对她很好，她的工资不低于任何大学毕业生，只是上班下班要倒三四次车，很多时间用在路上。

也有几次，我们悄悄用电炉炖肉，焖饭，不怎么合法。但体会到了过小日子的快乐。

整个教工宿舍楼有一部电话机，这已经够好的了，过去要打电话只能去找公用电话，市内通话四分钱一次，传呼，二分，传呼纸条上写简单两句话，三分。而现在我随时可以使用了，优越呀。只是有几次，我睡得太早了，睡下了，外面又有电话来找我，工友喊一声：“王先生电话！”我略带狼狈地披衣去接电话。

这期间我们还在东安市场用两元人民币买过一把不锈钢西餐刀子，买过咖啡与可可粉，更买过两张旧唱片。内有帕瓦罗蒂的《我的太阳》，我的留声机放不出帕的升C高音，遇到他的最激越的高音，转速就顶不上去了，变成走调怪声。

我同时也买了意大利“神童”的唱片，一面是《我的太阳》，一面是《鸽子》，他唱得十分忧伤，芳有时不敢听他的片子。

当时的苏联唱片是八角钱一张，而这两张旧唱片是五元一张。

那个时候能够使我心情解脱的只有两样，一个是音乐，一个是风景。

有时候我突然大唱一阵青年时代喜爱的歌曲，更多的情况下是听唱片听广播。我购买了最畅销的《世界名歌二百首》，我感谢这本简谱歌本帮助许多人度过了那个禁忌多端、精神生活也陷于饥饿的年代。我听说一位敬爱的领导人批评这本书编得不够革命。我很庆幸他是事后说的此话，而且，他老人家毕竟没有下禁令。我们的精神食粮与五十年代比已经划窄了许多，这个不行那个不可下去，将会伊于胡底呢？

这里面有大量的俄苏歌曲，也有丹麦的“在森林和原野是多么逍遥”、布拉姆斯的“快睡吧，小宝宝……”还有亚非拉的民歌。

我喜欢听柴可夫斯基的《旋律》，喜欢贝多芬的《命运》和《田园》，看完苏联影片《没有说完的故事》之后，我又爱上了柴的《悲怆》。影片中，一个干巴巴的教条主义者听着柴的第六交响乐睡着了。即使为了证明自己不是不学无术的教条主义者，我也要好好听听《悲怆》，它的简单的主题令人鼻酸。苏联还有一部类似政论片或散文片，叫作《海之歌》，有点装腔作势，不知所云，但又确实投合了那时的一些人的思绪，好像也唤起了我的一点文艺情绪。

我也听民族的东西，小白玉霜的《小女婿》的唱片我也买了，至今我会唱“鸟入林，鸡上窝，黑了天……”我爱听花四宝花五宝的梅花大鼓，以及单弦牌子曲《风雨归舟》。

歌曲与乐曲的秘密究竟在什么地方呢？为什么听上一会儿我就两眼含泪，感动莫名？为什么一听音乐我就攥紧拳头，摇动头颅，心随律动，好像许多小蛇爬到了脊背上？为什么一种声音能使我融化、飞扬、颤动、匍匐，忘却一切却又百感交集、爱恋一切同时万念俱寂、激昂灵动而又只剩下了一个苦笑？

我为什么要写作？原因之一是追求这种音乐的效果，我太不幸了，我没有学过作曲和器乐，我只能用文字代替音符，用句式代替旋律，用章节控制节奏，用抒情代替提琴，用叹息代替大管，用叙述代替定音鼓，用刻画代替竖琴的弹拨，用小说代替乐章。

我从小对自己的童年不满意，又受父亲的儿童教育畅想的影响，我相信假日就是儿童的节日，我拼命带山和石他们去动物园、颐和园、香山、西山八大处和北海公园。我培养他们坐在茶座上嗑瓜子的习惯，认为这是人生的一大享受。

我曾经与弟弟一起骑自行车逛西山八大处，来回骑了五十公里。还有一次我从父亲居住的中关村步行到卧佛寺，太远了，累得不行。幸亏碰到团市委书记张大中与市委副书记杨述，他们的车把我们带到了中关村。

紫竹院离我们的住处不远，我们在雨中游玩过，我们在那里照相留影，还在活鱼食堂吃过鱼，味道好极了。后来几次再去，再吃不上那么好的活鱼了，是好事难再吗？是自己的问题——第二次三次吃什么好东西也失去了最初的惊喜了——吗？是食堂的厨艺没能保持下来？

早在一九五七年我买了那台旧的“卓尔基”苏制相机，三百元，相当于很多人的半年工资。我们这个时期也能自己照相了。芳有一张抱着孩子、在穿过树冠的散落的阳光照耀下留的影，神态极其光明，我给它命名为“社员都是向阳光”——这是一首歌唱人民公社、歌唱三面红旗的歌曲的题目。

只要不是政治运动的最最风口浪尖，高等学校的教师生活还算优越潇洒。王景山先生一次见到我买咖啡，便与我切磋咖啡的煮法，其实我哪里知道咖啡应该怎样炮制？我的喝咖啡完全是受到父亲的好洋的影响。但我想，王先生问我，一定是以为我是见过世面的人，是看得起我，我怎么能回答不知道呢？不知道怎么样做，你买咖啡不就更恶心了吗？我便汗流浃背地给王先生胡说了一回咖啡煮泡法，至今想起可笑复可羞。人就是这样，有些大的人丢了就丢了，而没准什么鸡毛蒜皮，硬是不敢面对，曲为掩饰，最后更加丢人。

应该说这一段的生活还是不错的，但个人也罢，上边也罢，似乎对这样安安静静地过日子并不甘心。国际国内，党内党外，形势似乎都不容踏实。反帝反修反反动派反错误倾向反披着羊皮的豺狼反打着红旗反红旗者，都还在热潮中。一路走来，是那样高调那样激烈那样尖锐那样红火，谁敢降温，谁敢降速，谁敢降调？历史的车轮一直在超高速旋转，人民群众一直在高声呐喊，四海翻腾云水怒，五洲震荡风雷激，包括王某，要革命，要写作，要一鸣惊人，要出杰作，要脱胎换骨，要活到老改造到老，要继续付出代价，代价尚未付清，王某仍须努力，能踏实得下来吗？

不能。

44. 在八大处反修

西山八大处是我十分喜爱的一个地方。它比香山更自然也更佛教。山势舒展，山路纯朴，山林大体自然。常绿树与落叶树、乔木与灌木、花和草都很繁盛。远望一片苍翠。八处景点是八处佛寺。一处长安寺与八处证果寺（秘魔崖）偏于南北两隅，二处到七处连成一片。上到七处宝珠洞可以鸟瞰北京城。那里的地势有一段平缓的道路与辉煌的牌坊，令我想到唐僧取经，所谓西天，当是类似西山八大处中的六处香界寺与七处宝珠洞这样的地方吧。

八处在二十世纪六十年代曾有一作协的创作别墅。市文代会上我听浩然说到他在八处写长篇，应该就是《艳阳天》吧。能把宣传功能鲜明的小说写出那么多生活气息，算是难为浩然了。另外，我在郭小川的一首诗里看到他有在那一类别墅待过的迹象，他的诗描写待在山上渴望快快下山投入火热的生活的急迫心情。

而长安寺一直是中宣部的一个培训中心，组织干部学习的地方，至今。

一九六二年秋，我得到邀请，中国文联将在长安寺举办为期两周的读书会，内容主要是反（苏）修。

从一九五九年下半年以来，中苏关系已经成了仅次于粮食问题的人们关心的话题。我的心情一言难尽。

有什么办法，我是在天真的童年、少年时代毫无保留地以全部心灵接受了苏联的影响尤其是苏联文艺的影响的。保尔·柯察金直接影响了我的生活道路选择。《喀秋莎》是我学会的第一首苏联歌曲，我的政治意识、青春觉醒、阳光感受、献身愿望都来自这首像“明媚的春光”（出自

《喀》的歌词）一样的歌。无论如何，苏联的小说、苏联的诗、苏联的音乐、苏联的歌曲都令我醉迷。由苏联而俄罗斯而乌克兰而格鲁吉亚。由文学与音乐而电影而绘画而芭蕾舞民间舞红军舞蹈而俄语的卷舌音，我都痴迷。我也没有忘记斯大林。我会唱许多歌颂斯大林的歌：“阳光普照美丽的祖国原野……”“在高高的山上有雄鹰在歌唱……”“我们辽阔的祖国日新月异……”一九四九年新中国刚刚成立，十二月份就到处为斯大林贺寿，毛主席其时正在苏联，参加了贺寿大会，还给斯带去了寿礼，包括山东出品的萝卜青菜和河北鸭梨。一九五三年斯大林逝世时全国哭成一团。

我曾经为中苏友好的词语而感动，首长致辞的时候有过这样的话：“中苏友好是万古长青的事业。”万古长青，只这四个字也让我心满意足，阳光灿烂。

斯大林去世后我渐渐感到了中苏关系中出现了新的不确定因素。我的心情十分费解，我觉得一个有着费奥多洛娃五姐妹的重唱《田野静悄悄》、庇雅特尼斯基合唱团的合唱《有谁知道他呢》，有柴可夫斯基的《第一弦乐四重奏》，有那么多伟大作家的民族是不可以敌视、不可以战胜的。我永远爱他们。

然后首先是我自己的“翻车”。然后中苏斗争愈演愈烈。我知道此事非同小可。我知道此事与中国的“反右派”之间有一点小小的关系。很可能中国的一部分老“右派”有亲美的问题，而另一部分相对年轻一点的“右派”有亲苏的问题。那么亲美亲苏，都有点冒傻气，政治上太嫩了点。当然还有人因为“反苏”而划为“右”派，那是顺手耘锄罢了。我的许多“不健康”的情绪、“不健康”的思想，都与苏联有关。从小太受苏联的影响，是我的原罪之一。而且这里有国家利益民族利益问题，苏联本来就不像想象的那样梦幻，当初苏联老大哥叫得未免肉麻，苏联的麻烦至少不比中国少。从长远看，中国必须摆脱苏联附庸的形象。这些我从一上来就不是不懂。我始终认为这是毛泽东的无法宣示的两大战略举措，为中华民族建立的两大奇勋：一个是一九四九年保留住香港不动。一个是和苏联决裂，摆脱开苏联和社会主义阵营走自己的路，最后又和美国开始发展某种往来。

但是我仍有悲哀，我少年时期的精神支柱又塌陷了一角一端。丁玲艾青包括胡风等“左”翼作家“左”翼知识分子打倒了，我不免怅然若失。

而苏联现在是往臭里搞，我再明白事理也还是忧心忡忡。

这样的事可不能开玩笑，我必须努力学习文件，反修防修，站稳立场，一切听上边的，就这么斗下去，来不得半点差池。

西山读书会的安排十分惬意，上午读书或讨论，下午看参考影片：《雁南飞》《晴朗的天空》《人与兽》《湖畔》，还有一部描写冷战中分属两个阵营的一男一女之间的爱情的故事片。此外给我们放映了一些纪录片，有呼啦圈舞，有西方评论人士对苏联文艺的“新浪潮”的分析和报道。读书会的伙食营养、花色极好，易消化、光洁素雅，在经过六十年代初的粮食困难之后，能到一个地方连吃两周高级伙食，不能等闲视之。何况秋高气爽，山色宜人，我和“同学”们一起于月夜从二处游到四处五处，树影婆娑，山寺宁静，月光清寒，石路如玉，与白天匆匆来一趟游八大处的感觉完全不同，人生真有美事呀。

各省来的多是当地文艺口头面人物，有文联作协负责人，有刊物剧团负责人等。而北京市来的三个人，一是钟敬文教授，一是画家尹瘦石，一是我，都是有过帽子问题的，不知为何这样安排。

文联学习部王部长、联络部沈慧部长（女）在这里盯摊，二位都是老延安。沈慧同志能干爽利令人愉快。人们说，她是延安时期的几大美女之一，其他还有张颖（曾任剧协党组书记）和陆璀（曾任对外友协副主席）等。她说起在延安的时期，说：“那是我的黄金时代。”我后来把此话说给父亲，父亲想了想，说：“我在想什么时候是我的黄金时代，我想的结果是我的黄金时代还没有开始呢。”他的话让我感到绝望，一九六三年，他已经五十二岁，在我的心目中他已经没有多少未来，他还能等到什么样的黄金时代呢？

文联党组负责人与副主席刘芝明以及副主席田汉、老舍等来看望学员，讲话聚餐，十分红火。刘芝明曾在中共中央东北局负责过宣传方面的工作，主持过批判萧军。他到北京后工作并不顺利，他给人的感觉是喜怒不形于色，脸上如戴着面具。而田汉老舍两位大作家则精神奕奕，情绪饱满，位居人上。共进晚餐时，钟敬文老先生向刘芝明同志表示他要好好学习，要控诉赫鲁晓夫，因为他的“犯错误”是上了“赫光头”的当。我也紧接着表示决心，说是对自己的“失足”感到痛心。刘芝明安慰我说：“你还年轻嘛……”他还小声嗫嚅，王某，很聪明嘛。

田汉讲话大骂赫鲁晓夫这个“光头”，他打趣说，“虽然我也是光头”，幽默而又鲜明坚定。能这样讲话也是一种自信和受信任的体现。

老舍也讲反修，说是现在苏联不行了嘛，世界要看中国，要看毛主席了嘛。在这样敏感同时具有核心性复杂性的问题上，他同样讲得同仇敌忾，有一种政治上的坚定与使命感，（被）信任感与光荣感乃至满足感。听到党外高级人士这样心明眼亮地论述世界共产主义运动的分歧与前途。我佩服，又黯然，由他老人家包括田汉同志来论述国际共产主义的运动的争论与前途，似乎不那么顺溜，不那么自然。你又不能不钦佩党的领导的深入人心，怎么指怎么打，万众一心，从来没有疑问。

我听得专心致志，点头称是，心领神会，醍醐灌顶。从“反右”以后，我深深明了，在咱们这里，没有比领导的态度更重要的了，生杀予夺，吉凶福祸，全看领导对你的印象。我下了死的决心，一定要明白表示，反复证明，王某是最最尊重领导、服从领导的。不信你试试?

我的小组会批修发言受到同组学员赞扬，因为我是钻到这些反面教材作品的创作构思、艺术思维里分析批判的，我断定苏联的这些文艺作品，确实用艺术的语言传播着和平主义、人性论、颓废、消沉、对革命的失望……我确实认为，批修的另一面就是给自己打预防针，就是改造思想，就是弃旧图新，我的发言必须触及灵魂（当时此词尚未通用）。一位外地的老领导鼓励我说，你确有才华，今后只要是方向正确，定能做出巨大的贡献。我很感谢，同时深感方向正确云云，谈何容易。我也奇怪，为什么凡是离文艺界有点距离的，都知道文艺界应该走什么方向，都能敏感到文艺工作的方向问题，丝毫不用费力就能知道该如何纠正文艺工作的方向错误？而凡是搞了文艺的人，从事文艺创作的人，都那么糊涂，那么不争气，老是不知道正确的方向在哪里，老是给领导添忧增乱。或许这就是不识庐山真面目，只缘身在此山中？看来只有从未上过庐山的人才明白得了庐山的方向。可怜的文艺呀，闹得人失去了方向感，不知道东南西北，更分不清“左”与“右”了。

这个读书会上当然有浓厚的政治空气，大家都讲学习，讲政治，讲斗争，讲思想改造。只有一位地方的歌舞团创作员说了几句笑话，说是他们那里的俏皮话是：“六盘山上高峰，红旗漫卷西风，今日条条在手，何愁不受批评……”

众人一笑，没有人认真。

也是在这个读书会上，我第一次阅读了作为反面教材印发的《伊凡·杰尼索维奇的一天》，我不觉得他写得多么深刻，但很真实，其中写到舍不得很快将午餐吃下去，因为一天只有吃饭这一会儿属于自己一节，特别真实。连连的跃进加班中，我有过类似的体验。作品还写到被流放者用“小胡子爸爸”称呼斯大林，则是到了新疆才明白的，维吾尔族有这种称呼，布鲁特大大、撒卡拉阿卡（小胡子爸爸、大胡子大哥）都是很普通的、有时带有反讽意味、有时又是很亲切的说法。

全世界的两极对立的冷战格局确实惊心动魄。一边是美帝、苏修、各国反动派，一边是毛主席、中国、阿尔巴尼亚，还有一些国家的加括弧，括弧里注明“马克思列宁主义”的共产主义政党。你能掉以轻心吗？伊姆雷·纳吉原来是匈牙利的领导人之一，他最后被枪决了，与他混到一起的著名马克思主义文艺理论家卢卡契则只是因为他是个书生，勉强保住了性命。何去何从，能大意吗？我当时常说的一句话是，对于一切教训，王蒙不敢忘记，不能忘记，也不会忘记。

那时候经常自收音机里听到对于修正主义的批判，从一评苏共中央公开信到九评，当读到苏共言论的引文时，广播员用一种特殊的、不屑的、平板的、反讽的，干脆说是阴阳怪气的调子，一听到这种调子，你不由得产生你台面上端上了一盘红烧苍蝇的感觉。

而集中学习是一项美差，把旅游、疗养、学习、转弯子、改造思想舒舒服服地结合在一起，这样的学习一开头，就注定了是百分之百的圆满成功。

45. 大风大浪的预感

不久前中国文联开了一次全国委员会扩大会议，在西山读书会上放了周总理与周扬在此会上的讲话录音。总理讲话中提到，是周扬翻译介绍了《安娜·卡列尼娜》到中国来（文本有一部分是谢素台译的），周扬立即表示这是他的一个失误。总理说，介绍这些名著，要有一个好的序言或后记，引导读者正确理解阅读名著。周扬也提出一个著名的论点：越是精华，越要批判，因为遗产中的精华，才被众人接触，而即使是精华中也难免有毒素，如不批判，危害更大。这样的雄辩，确实高明，令人怵然。

那时的意识形态工作的一大特点就是动不动搞当头棒喝，击一猛掌，令人时时如大梦初醒，一头雾水，一身冷汗。

周扬的讲话中提到了王蒙的名字，他说："王蒙，搞了个'右'派喽，现在，帽子去掉了，他还是有才华的，我们对他，要帮助。"

黄秋耘早就告诉了我周扬讲到我的话，并说这样讲对我是有好处的。

周总理讲话的中心意思是要迎接阶级斗争的大风大浪。他讲到他爱唱"洪湖水，浪打浪"，说有一张照片是他与演员们一起唱这首歌的情景，照片上只有一个习惯于洋嗓子的歌唱家圆张着口，与大家不协调。他讲用交响乐队在乐池或台上伴奏，使人听不清唱词，他只好躲到离舞台远远的地方。我想他的意思还是提倡音乐演出的民族风格民族形式，也属于端正文艺工作的方向范畴，但火药味儿不算浓。

他讲道，有了越剧《梁山伯与祝英台》啦，为什么还要搞一个小提琴协奏曲呢？这时中央乐团的指挥李德伦递了一个条子，讲到协奏曲的成功与受群众欢迎的状况，周总理当场读了李的条子，而且说感谢李使他增加了对情况的了解与有关知识。周总理的虚怀若谷感动了我。

周总理讲话的核心不是这些具体问题，而是阶级斗争。总理要文艺界做好准备，要在阶级大风大浪中接受考验，在这样的大风大浪中受到教育，增长才干，提高觉悟，克服弱点，等等。

总理讲得语重心长，苦口婆心，乃至忧心忡忡。到底是什么风什么浪呢？他没有具体讲，我甚至于想也许这个问题当时他也弄不清。反正是风浪要来了，非同一般的大风浪要来了，他看出了趋势，他预感到了前面的考验非同小可。他要告诉朋友们，我是爱你们的，你们要准备啊！

文艺界人也爱他，据说他早在重庆就与一批“左”翼文艺家建立了良好的友谊。北京人民艺术剧院的话剧演员在演出完毕，卸妆以后的午夜时分，吃夜宵时会惊喜地发现，周总理与他们在一起，总理为他们的演出成功而干杯，一次喝光一玻璃茶杯茅台酒。而当演员们劝总理早点去休息的时候，总理会略带烦恼地说：“你们怎么不懂，我现在就是休息嘛。”

我想起许多这样的征兆。韦君宜说过，她参加一次教育界的会，说到防修防变质的事，大家举了许多例子，说明现在青年的思想问题有多么严重。

从韦君宜的叙述中，你看不到她本人的看法。是真的要变修了吗？是真的如临大敌了吗？是紧张过度了吗？她似乎也弄不清，她似乎也蛮为难、蛮紧张。

不要说黄秋耘了，他说到陈翔鹤的《陶渊明挽歌》与《广陵散》找了大麻烦，由于后一篇作品的后记中写道，如果嵇康在今天，也会是一个什么文艺家协会的负责人，被康生指责为借古喻今。说是康生还指出，田汉的戏《谢瑶环》中奸臣采用的酷刑中有一种叫作“猿猴戴冠”，那就是指“戴帽子”。联系到同一个时期郭沫若的历史剧《武则天》，内中有上官婉儿私通谋反者一节，武后因惜才饶恕了上官，但在上官婉儿额头上刺了一朵梅花，以示惩戒。黄说这样的细节，他看了觉得极不舒服。黄秋耘说起来，十分保密，而且叹息不止，还能说什么呢？不久，他的历史小说《杜子美还家》与《鲁亮侪摘印》也都被揪出来批上了。他一直是摇头，叹息，紧张，小心翼翼而又不以为然。

更高层也更典型的人物应该是邵荃麟，他是陀思妥耶夫斯基的《被侮辱与被损害的》译者，这很有象征意义，因为，我相信一大批，一大大批共产党人，是出于对被侮辱与被损害的人们的同情，出自解民倒悬的正义感才走上了革命道路。时任中国作协党组书记的邵荃麟瘦得两颊深陷，我见到他老，往往担心他细瘦的身躯支持不住他的相对巨大的头颅。

形势有变，《青春万岁》审了又审，除冯牧外，团中央一位书记也参加了审稿行列，认为小说没有写知识分子与工农的结合是一大缺陷，但谁也不拍板，谁也不负放行或否定的责任。稿子又到了邵荃麟同志那里。邵再次找我，他毫不掩饰他对稿子的欣赏，语言啦、诗情啦、细节啦、王某会写散文啦，他说了一大堆。然而，出版不出版，他也是左右为难，沉吟不已。怕的是有人批评：书里没有写知识分子与工农相结合。在我们国家，出一本长篇小说，也是大事。要不你再摆一摆？要不你找个地方出版社悄悄地出来？他这样说。我知道，又没戏了。我知道，他也颇感无奈。

高高低低的领导都预感到了大风大浪的逼近，但是没有人说得清风浪的来源与形式、内容与层次，更没有谁知道文艺界应该做什么样的准备。他们谈论的口气像是在谈论一次台风，或是一处峡谷险道，或是一次过关考试，更像是在谈论一次无法预测的地震。他们谈论的是一个客观的他者，一个身外的伟力，一个无法抗拒的威胁；不由他们做主，不由他们决定，不由他们欢迎或不欢迎，无法避免，无法逃脱，无法对之做出什么评价或者分析。

可以对之简单地解读成，毛主席的性格与决策是主宰这一切的伟力，但那太廉价。我们的政治生活中有另外的重要词汇：形势（所谓形势比人强）、规律（所谓不以人的意志为转移的客观规律）、历史（所谓一些阶级胜利了，一些阶级消灭了，这就是几千年的文明史），原则（所谓不能拿原则做交易），包括理论（科学的、坚定的、高瞻远瞩与战无不胜的），等等。

我还常常考虑一个词，就是惯性，从一八四〇年以来，中国的历史充满了激昂、悲壮、牺牲、热血、坚决、抗争、轰轰烈烈、如火如荼。它怎么可能安静下来，稳定下来，和平下来，建设起来？尤其是毛主席，他要的是轰轰烈烈，再轰轰烈烈，如火如荼，再如火如荼，高屋建瓴，再高屋建瓴，势如破竹，再势如破竹，随时都沸腾着热血，随时准备着冲锋、炸药包和手雷，一直到了此后很久很久。

还有一个事例，我现在讲起来可能是我的过敏。在一担石沟后期与我们一起劳动的有王浒同志。他说起过，市委第二书记刘仁曾经个别问时任团市委书记的汪家镠：你说为什么不能搞包产到户？汪按照经典理论回答说，那样的话会两极分化，产生资本主义……刘叹道："你那个马列主义……"共同劳动的几个人一起琢磨，没有人能理解刘仁同志的问话的意思。倒是让人惶惑，那个时候任何平民都知道只要包产到户就能解决粮食问题，可包产到户是大忌大禁，说包产到户无异谋反。后来在新疆，一位平素不甚关心政治的大学毕业生，就半公开地说，解决中国的农业问题，很简单，搞包产到户就是了。大家都笑，都知道他说得对，都知道不行，这里没有任何深奥，只有常识。伟人之所以有失误，往往不是误在高精尖上，而是误在常识上。如果轰轰烈烈搞了半生，最后不得不搞包产到户，从意识形态的亢奋性上来看，该是多么扫兴、多么沮丧啊。

新中国成立初期我们学过的《干部必读》中有《整风文献》，其中《反对党八股》一文中毛主席提到共产党不能靠吓人吃饭，而要靠真理，靠实事求是，靠科学吃饭。又说，讲演做文章发指示，不能靠吓人，要靠真理，靠有用。毛泽东几次提不要装腔作势，借以吓人，当时看着不知道是指什么，有的老同志说是指王明，我当然还是不甚了了。到了二十世纪六十年代中期，才品出点味儿来了，但是仍不敢想，更不敢说。毛泽东喜欢用一个词，齑粉，没有毛泽东的文章，我根本不知道这个齑字。毛主席常说要把反动派化为齑粉，经过一九五七年、一九五八年，我已经初步尝到了化为准齑粉（花岗踖子）的滋味了，可不能再化一次。

……叹曰：

历史方一瞬，此生或无缘。
人生不再少，化齑情何堪？
欲渡冰塞川，欲攀雪封山。
烈烈或轰轰，凄凄犹惨惨。
寂寂又唧唧，谁人好种田！
焦首朝朝暮，煎心日日年。
犹有一搏志，放眼望和阗！

46. 到新疆去

如果只求苟活，不化齑粉，也还好办一点，但是我要写作，要发表，这就难了。

我是一个刚刚露头就被砸下去的作者，《青春万岁》的出版已经遥遥无期，到一九六三年为止，我只发表过五个短篇小说和一点点散文之类，又面临着彻底封死的局面。越是要封杀或变相封杀，我越是急于发表东西，我变得急火攻心，饥不择文。事后想起，这也是一种急躁，一种轻浮，一种失态。这种心态，既无法改变不利的外在处境，也写不成什么真正有价值的作品。我反而对于在高校教学更不安心了。

在西山的学习对于我来说最重大的意义不在于认识了苏联修正主义的本质，而在于从这里出发去了新疆。

有一些从各省来的文艺工作的领导参加了西山读书会。他们与我闲聊时便介绍当地风土人情，令我神往。我想来想去，觉得在北京高校干不出什么名堂，尤其是我明白，我们的文学要的是写工厂农村，实际主要是写农村农民，在高校待下去，就等于脱离了生活，脱离了社会，脱离了火热的斗争，永远别想再创作了。而写作是多么迷人。记得我一九五八年下乡前看过一部日本影片《姐妹》，仅仅是那富有生活情趣的对话也叫我沉醉。我只想再接触一下文字工作，我只想再使用一下修辞的技巧，我只想再在文字中说几次“你好”“快乐”“缤纷”和“想你”……此生无憾。我不能就这样在小小的校园里待下去，我要的是广阔的天地，我相信的是毛泽东所说的要经风雨见世面，“这个风雨，就是群众斗争的大风雨，这个世面，就是群众斗争的大世面”。我与一些省区来的领导同志探讨去他们那里工作的可能性。江西、甘肃和新疆都表示欢迎我去。我觉得新疆最有味道，去新疆最浪漫最有魄力。同时，新疆文联的负责人刘萧芜同志恰恰从苏联回来路过北京，我与他见了面，加上参加读书会的新疆作协秘书长、《新疆文学》杂志主编王谷林同志，当时就可以就我的调动拍板。于是我决定了去新疆。

却又不仅仅是为了写新疆，决定去新疆与写出新疆写好新疆之间应该有不短的距离，何况我的写作还有先验（无待创作与作品检验）的致命伤残。我之所以提出去新疆是由于我对生活的渴望。渴望文学与渴望生活，对于我是一而二、二而一的东西。我渴望大千世界，我渴望男女老幼，我渴望日月星辰，我渴望阴明雨雪，我渴望爱怨情仇，我渴望逆顺通蹇，我渴望喜怒哀乐，我怎么能才二十多岁就把自己囚禁在校园里？我渴望遥远的边陲、相异的民族与文化，即使不写，不让写，不能写，写不出，我也要读读生活、边疆、民族，还有荒凉与奋斗同在艰难与快乐共生的大地！这是一本更伟大的书，为了读它，我甘愿付出代价。

我给芳所在的学校打电话，找到了芳，芳说她同意去新疆，她喜欢新疆的歌舞。都这时候了，我们还有着怎么样的近乎荒唐的好心情啊。

新中国成立初期有几首新疆的维吾尔风味歌曲在各地流行，可以说，新中国的建立自然而然地带来了一个全国的民族民间艺术节的举办。“咳，我们尽情地跳跃在五星红旗下面，我们快乐地迎接着美丽的春天……”下面本应是过门“多多多多拉多拉，骚骚骚骚骚拉多”，但唱多了孩子们便唱道：“人人都说辣椒辣，我说辣椒是甜的……”大家会笑成一团，但绝不是解构而是快乐无边。另一首叫《伟大的毛泽东》，我从妹妹那里学到了，用汉语标上的当地的维吾尔语歌词：“巴哈米孜能巴哈班尼达黑毛泽东……”（我们花园的园丁是领袖毛泽东），使懂一点维吾尔语的瑞芳的同学皮云凌大吃一惊，她是独自一人从新疆来到北京上学的。由于她的积极，她很快入了团还当了团干部。后来却在天津上大学时划了“右”派，她跑到了新疆，又被揪回来，一言难尽。

韦君宜支持我去新疆，并说去新疆一个是可以写一些少争议的题材，民族团结啦，伟大祖国啦，美丽的边疆啦什么的。一个是，她说，我可以改变一下那种比较纤细的风格。这正是我所想的，我不能只有北海白塔和西单大街的灯火，我更需要的是茫茫大漠，雪峰冰河，天山昆仑山，绿洲草原，胡杨骆驼刺，烽火边关。

黄秋耘则叹息良久，劝我至少先不要带家属去，以留退路。他吟诗相赠："……文章与我同甘苦，肝胆唯君最热肠……且喜华年身力健，不辞绝域作家乡。"我想的则是没有金刚钻就别揽瓷器活，敢于全家一举赴疆，就一定有信心做出成绩，做不出成绩就自己负一切责任，不会吃后悔药，也无颜怨天尤人。

秋耘主动提出要借给我钱，支援我的远行。王谷林同志写信提醒我这种情况可以向组织申请一点补助，我申请了，立即得到了八百元补贴，在当时，这个数字相当惊人，是我的月工资近十倍。我顺便说一下，当时我们中文系的总支副书记是毕玲，是后来当了外交部部长的吴学谦的爱人，而人事处长，批钱的，是总工会领导李颉伯的爱人。怎么能说不是到处都有贵人保佑呢？同时，从中也可以看到一点"民心"，友善仍在人心，忠厚仍在人心，爱护仍在人心。王蒙回忆起来，永远心存感谢，永远不敢忘记。

各方饯行，王景山先生请我们吃萃华楼，施无已老先生请我们吃了湖南馆子，他是湖南人。通过读书会相识的钟敬文老师则设了家宴，他是广东人，与秋耘相熟，给我饯行的时候我、芳以外秋耘与尹瘦石兄也来了。钟先生家里有一些书法竖轴，其中有一幅写的是诗，描写一种朦胧的情感，黄秋耘一边读一边叹道："赵慧文（拙作《组织部来了个年轻人》中的人物），赵慧文啊。"而我已觉隔世。

我找了一些有关新疆的书籍，越读越是发烧。我跑到阜成门外的新疆餐厅先尝新疆的味道。尤其是当时正上映影片《冰山上的来客》，异域风情，神秘的大自然，歌舞翩跹，如诗如梦，能不神往？恨不得插翅飞向天山脚下。我学会了不少影片插曲，一时"花儿为什么这样红""穿过千层岭咳，越过万道河，谁见过水晶般的冰山……""戈壁滩上一股清泉，高山顶上一朵雪莲"的高唱响彻家中。

确定了要求去新疆，在读书会上就向有关领导提出来了。先是刘芝明同志表示"大力支持"，中国作协也支持并协助完成调动手续，证明去新疆的大方向是正确的。我对韦君宜同志说，这也是"穷则思变"。当时批判主义的时候有一种说法，叫作穷则变，变则通，通则富，富则修。这种说法给人一种越琢磨越没辙的宿命感。

一起在一担石沟劳动的副班长的妻子与芳同样任教，她名郑兆南，曾在《北京日报》工作，是一个极其积极热情的人。前不久，一〇九中学的支部通过了她的入党申请，但是区里没有批准，显然是因为她先生的帽子的原因。她为了给我们饯行，忙了一个通宵，在狭窄的房子里堆满各种菜肴。她和她的先生都发表了热情的讲话，鼓励我们到新疆做出什么了不起的成绩。我感谢他们，却也感到他们的天真和——对不起，我说一句“忘恩负义”的话——几近张扬。我觉得他们仍然保持着习惯性的高调。他们用的语言大致仍然与我们在五十年代初期用的差不多。果然，后来我得知，《北京日报》一批帽子人士包括从维熙的进入大墙，与副班长有关，也许他只是天真烂漫？而天真烂漫也会害人害己。而郑兆南在“文革”中的命运，更是惨绝人寰。

为出席郑老师的饯别晚宴，我来到了北京日报社的家属院，我顺便看望了一下漫画家李滨声先生的家。他住的地方是一间门房，大约七平方米，东西叠着东西，家具压着家具，人也几乎摞上了人。那是一个沙丁鱼罐头式的家居。那样的日子不应该忘记。

对于去新疆，我与芳也是极其兴奋。出发前我在王府井一个牙科诊所修补了牙齿，买了一件中式丝绵棉袄。芳则买了一件大衣和一条呢料裤子，与她的母亲、姐姐合影留念。

一九六三年十二月下旬，新年前夕，我们破釜沉舟，卖掉了无法携带的家具，带着一个三岁一个五岁的孩子，出发赴乌鲁木齐。无直通车，先到西安，住了一夜车站附近的解放旅社，游了大雁塔，吃了褡裢火烧（由于含油太多而肚腹不适，但含油如此之多又显示了农业形势正在迅速好转），再坐四天三夜火车，缓慢地行走在路基尚未完全轧实的兰新路上。张掖武威，乌鞘岭红柳河，嘉峪关玉门关，这些地名就让我激动不已。我吟诗道：

嘉峪关前风嗷狼，云天瀚海两茫茫，
边山漫漫京华远，笑问何时入我疆。
乌鞘岿峰走铁龙，黄河浪阔架长虹，
多情应笑天公老，自有男儿胜天公。
日月推移时差多，寒温易貌越千河，

似曾相识天山雪，几度寻它梦巍峨。

…………

我到达后，把一些诗寄给了原师范学院的同人，他们回应说我还是有一番雄心壮志的呢。

47. 红旗如火

我受到了新疆维吾尔自治区文联的同志们的很好的欢迎和照顾。我分到《新疆文学》杂志做编辑。这是我第一次真正进入了文艺单位，我们最初住在南门，离人民剧场、人民电影院、八一剧场和新疆生产建设兵团的黄河剧院都很近。到新疆后不久我就有机会在这些剧院里看演出，觉得非常快乐。

我们虽然是北方人，仍然觉得新疆的冬天不可思议，去厕所或者公用自来水龙头挑水，就像去一座冰山。走在大街上无时不在打滑，因为道路好像千层玉面峰糕，一层雪（然后部分化成水然后成冰）压着一层冰雪，每层冰雪上再有一层黑渍，这黑色主要来自煤炭，乌鲁木齐冬季包括家用都是烧质量良好的工业用烟煤，到处是黑烟袅袅。人们开玩笑说，在冬季，乌鲁木齐的麻雀也是黑褐色的。尤其是自行车，在冰雪上骑，冰雪上刻出了一道道细辙——车轮轨迹，后轮入辙，晃悠一下可以挣扎出来，前轮入辙入轨，就只能摔倒。对于儿子山、石来说倒也不错，他们走在街上就可以打冰出溜了。

而室内温暖胜春。生土坯做的火墙，砖砌的炉灶，洋铁烤箱，陶瓷温水罐，炉火熊熊，炉风呼呼，窗玻璃上冻着厚可二十毫米的霜花，我甚至从中悟出了因纽特人住的房子是用冰建成的道理，小学课堂上想不通的事，一到新疆就想通了，在绝冷的室外气温下，冰房子不会融化，而且冰房子的保温性能超过了其他。

那时的乌鲁木齐也特殊情调，橙红色调的大楼，比荷兰流行的建筑的橙色还艳，市民的土泥顶子房屋，洋铁皮顶房屋。尤其是到处播放着的维吾尔语歌曲，十分不一般。购物用公制，买一斤肉不说买一斤，而说买五百克。民族特需物品：乐器、花帽、皮靴、铜壶、地毯与毡子，还有莫合烟，这时我才知道，苏联小说中所写的马合烟，就是新疆的莫合烟。我想起了特瓦尔多夫斯基的长诗《华西里·焦尔金》，其中一段极其精彩，他说："战士的马合烟，就像战士的妻子，又苦、又辣、又凶恶，让你满是眼泪，但是你须臾不能离开她……"

我说什么呢？我这一辈子算是富有挑战意识的，敢于挑战自我也敢于回应挑战。我敢于做出决定，我也有文字感、语言感、思想感，我还有游水的爱好……同时，我也是旅游迷，五岳寻仙不辞远，一生好入名山游，一辈子几十年，我想看一看、知道知道、尝尝各地各时各种各个的滋味。与旅游二字相比，我更喜欢的词是"漫游"。漫游更放松也更自在甚至更诗意。我时时梦想着成为一个漫游者。即使在激情如火的新中国成立初期，我看到一幅国画，比如什么听松图、观瀑图、卧石图或者钓雪图——孤舟蓑笠翁，独钓寒江雪嘛，我就会产生一种漫游的冲动……我为此感到过苦恼，觉得自身的情调太酸腐。人生也罢，时代也罢，历史也罢，祖国也罢，世界也罢，成功也罢，挫折也罢，对于我来说不仅是一个价值范畴，而且是漫游范畴，审美范畴，认识范畴，享用或消费范畴。这最后的说法可能有些令人不习惯，乃至觉得刺耳。在改变自己的生存环境，经历一些过去从未经历过的事件与地域的时候，我常常沉醉于体验、欣赏、惊喜、新奇与好奇。这可能是我的毛病，使我与一个好的工作者、实践者、办事者相差一道门槛：我在入乎其内的时候又常常神游物外。恰恰是在发现了周围事物的陌生以后，我欢呼的是世界与人生的丰富与快乐：一切都有意义，一切都不会白白糟蹋，永远要观察与谛听，品味与汲取，铭记与回味，编织与延伸，赞美并且叹息。啊，这种八面来风，受用不尽，故国如画，踏遍青山的感觉真好。

价值判断会因人因时因地因背景而异：拿我来说，少年辍学闹革命当干部，青年戴帽，中年赴疆，还断断续续地担任和不担任点什么什么职位，从价值意义上，福祸短长，优缺强弱，成败利钝，清浊高低……可能看法说法论法不一，各种说法看法论法会因时因地因人因潮流而异。但是这一切选择与命运的旅游漫游意义，绝无疑问。人就是要读万卷书，行万里路，识万种人，做百样事，懂百样道理千样行当万种风物。老王就是游了太多太多，看了太多太多，开眼开了太多太多，探险探了太多太多，获救获了太多太多，遇难遇了太多太多，呈祥又呈了太多太多，才成了今天的老王的。我观了景，我审了美，我碰了壁，我有见又有了点识。我陶醉，我歌唱，我少年得志，我低头认罪，我落入泥沼，我凌风抱月，我入地狱（我不入谁入？），我上天堂，我狼狈憔悴，我富贵荣华，而富贵于我如浮云！

到新疆给了我多少漫游的趣味、快乐和启迪！我带着小金鱼从北京到乌鲁木齐。我登大雁塔而思唐玄奘与极其务实的猪八戒。我观冬日长安而念汉唐盛世。古人吟道：长安不见使人愁。王蒙曰：长安不过是过路的一站，长安过客，还要远走天山。我咀嚼漫长的河西走廊，金张掖，银武威，嘉峪关，红柳河。我欣赏秦岭与八百里关中平川。我喜欢火车钻山洞的威严与一下子走出了山洞的豁然开朗。我喜欢车轮打在铁桥上的铿锵与大江大河的汹涌澎湃。都一九五八年了，我在运动里出了事儿了，我还想过我最理想的出路就是做火车上的侍应生，每分钟都经过一个新地方，每次列车都见到一些新乘客，每一站都是一个故事，每个人都是一个角色……永远行进，永不停止。

到达乌鲁木齐之后，首先给我冲击的是火车站上播放的各族歌曲，然后是建筑，是盛世才时期的南门大银行；是模仿塔什干风格的苏联援建的人民剧场。是南门外的大清真寺。是铺面的从右到左的横写维吾尔语招牌。是各个会议上的翻译过来再翻译过去的开法。是文联的俄罗斯清洁女工娜塔莎。是上厕所如登冰山。是各家堆着自己的煤山。然后是零下二十摄氏度、三十摄氏度，有时候达四十摄氏度的严寒，是冰雪之神，是炉火之花，冬季的室内炉火轰轰地响，一间屋就像一个火车头。维吾尔谚语：火是冬天的花朵！有这样的智慧和表达的民族有福了，我怀着怎样的热烈与维吾尔人相会拥抱！世界真奇妙，大地真奇妙。我从来如此感觉。

我到新疆几天后就去看望自治区党委副秘书长牛其义同志。这话要从北京团市委书记张进霖同志的关心说起。我决定了去疆，张进霖知道了，提出一定要到家里看我，不但看望，而且当场给与他一同出过国的原新疆团委书记牛其义写了一封信，说是“我们的年轻的老干部王蒙同志到新疆工作去了，他的情况他会向你汇报，请多加关心鞭策帮助……”内中含义，无须演绎。

张进霖的送行，还谈了另一个主题，就是我应该争取重新入党。

他的送行，他的关心，他的话题，都超出了我的预料。这也可以说是人心难测，但不是从负面意义上而是从极正面意义上，从最好的意义上理解这个难测，叫作好心难知。正像生活中有难测的陷阱与地雷一样，生活中同样有平时无意显山露水的好意与援手，他准备着，必要时或适合时，他会毫不犹豫地及时雪中送炭。这就叫人心自有一杆秤。这就叫好人必有好报。在一个严酷的时期，在恶斗成风之时，人们会掩盖自己的善良而仍然行其善良，正像有的人会掩盖自己的丑恶而终于会暴露自己的丑恶一样。

不用说，牛秘书长对我极友善，事后，牛秘书长甚至向文联打招呼，说是张进霖同志告诉他，应该在适当时候解决我的重新入党之事。不久，牛其义又建议我去吐鲁番看看。于是编辑部安排我去吐鲁番，用现在的话来说，是去采风。

去吐鲁番的中间站是达坂城。达坂在维吾尔语里是山的意思，但是达坂城是一个回族自治村。我想起了歌曲“达坂城的石头，硬又平啊……”到了新疆，就到了歌曲里，漫游之旅也是歌曲之旅。

吐鲁番的每一处每一人每一景都让我感到新奇和雀跃。我看到了冬暖夏凉的纯土（泥）质拱形圆顶大屋子。我看到了晾晒葡萄干的通风土房。我看到了长达几百米的大葡萄架。我看到了坎儿井。我拜访了地质队。我拜访了种植葡萄的专家、先进工作者伍明珠女士。就在书写这个回忆录的二〇〇五年年底，我从中央电视台的人物节目中看到了对伍明珠的介绍，顺致最崇高的敬意。我像欣赏新编交响乐一样地欣赏人们讲说的维吾尔语。我吃高粱馕和苞谷馕。我长途跋涉到了正在施工的塔尔郎大渠工地，与农工一起用餐一起跳舞。我独自一人从工地沿铁路走了三个多小时，从晚饭后开拔，一直走到将近后半夜。需要我警惕的只有狼只。我奇怪我已经这样有胆！自视越低，胆子就越大，越像个男子汉。毛主席说过高贵者最愚蠢，卑贱者聪明的断语，至少是语出有因。而我要说，高贵者怯懦，卑贱者大胆，绝对如此。并愿一切高贵者、走向高贵者、梦想高贵者引为警惕。我到达了三个月内只有两个乘客的夏甫吐拉（意为桃子）小站。由于这里难得有旅客，我的到达获得了车站工作人员的热烈欢迎，不但给我绿叶牌香烟吸（此时我已略能吸烟了），而且给我煮了卧鸡蛋的挂面。而且，他是北京老乡。在新疆的一切漫游都是那样地神奇，如同进入了童话故事。

不久，我在《新疆文学》上发表了散文《春满吐鲁番》。王谷林同志对我很好，据说他还曾推荐我担任编辑部主任。同时他的领导意识也是当仁不让，一篇小文，他一会儿让你这样改，一会儿让你那样改，高屋建瓴，好为人师。但是我仍然高兴得无边无际，我来新疆是来对了呀！

友人张弦得知我到了新疆以后，说我“真有勇气，真有性格”！

许多年后，一位教授发现，老王的特点之一是敢于做出大胆的选择，他的生活历程中有许多拐点……

48. 喀什噶尔与叶尔羌

平津学生大联欢那一年，有一个新疆歌（经王洛宾改编）也在学生运动中普及起来：

“温柔美丽的姑娘，我的都是你的，你不答应我要求，便向喀什噶尔跳下去……”

那时的喀什噶尔比梦还遥远。这个地名也给人以新奇感。都说如此也确实如此，到了新疆以后，空间与时间的观念有所变化。二十世纪六十年代，从自治区首府乌鲁木齐到伊犁，走三天。到喀什，走六天。到和田，走九天。一九六四年春天，经数天跋涉即将到达喀什市的时候，我乘坐的八座嘎斯69经过喀什噶尔河，看到那湍急的流水，听到人们介绍这就是喀什噶尔河的时候，我兴奋得真想跳下去呀。

是自治区党委副书记兼政府副主席武光同志带我去的南疆，一次走了托克逊、库尔勒、库车、阿克苏、喀什、和田、于田各地，直到最最边远的民丰县，又名尼雅，因其境内流淌着尼雅河而命名。

在和田，我们听了新玉（此二字是周总理给起的）歌舞团的青年演员萨拉买提（健康之意）的演唱，她的青春、阳光、纯洁与奔放令人倾倒。我更加坚信，被这样的人儿歌唱的事业是正义的与战无不胜的，我更加坚定了好好改造思想的决心。我写了一首旧诗，可惜没有记下来。（一九七五年，我又去了一次和田，在歌舞团团部见到一妇人斜靠在楼梯上大声说着生气的话，几近骂人，略显粗犷，后来得知，她就是萨拉买提。）

后来在莎车我还见到英俊秀雅、文质彬彬的自治区党委文教书记林渤民，他兴致勃勃地与我谈话，提出要求：一个是长期下去，一个是学维吾尔语。他举例说，深入生活如同搞恋爱，搞恋爱怎么能通过翻译进行呢？他说一定要下去，现在，就像皮球一样，怎么往下按，一撒手，又浮上来了。林是“一二·九”时期参加革命的大学生，带点文气。我唯唯。学语言，与我的想法一致。

我担心的唯有芳，她一个人带两个学龄前儿子，那个时候工作又多，有事无事都讲究加班加点，搞疲劳战，真不知道她怎么招呼。后来听说，有时周六了都没有时间去幼儿园接孩子，山儿由于与一邻居家小孩在一起，有时被邻居捎回来。石儿则常常单独一人最晚才被接走。唉，大人的事情……小孩只能任人摆布了。

六月了，我正式在麦盖提县红旗人民公社住了下来。这里是叶尔羌河流域，叶河是一条季节河，冬春季基本无水，没有桥梁，汽车过河就在河滩上颠簸，摇得五脏乱颤。夏秋大水漫流，无固定河道，宽阔恣肆，不失雄奇，有的地方水仍然很浅，汽车仍然可以穿行。汽车穿行时要关闭严实，防止进水灭火，过了河后，打开前盖，水箱的水已经沸腾，慢慢晾凉。也有水太深过不了河的时候，只好大家在河边等待。

叶尔羌河流域被当地人称为刀郎地区，包括大县莎车、英吉沙、岳普湖和麦盖提等，它们的语言、风俗，尤其是歌舞颇有特点。维吾尔族为自己的雄浑的音乐遗产《十二木卡姆》而骄傲，但刀郎另有自己的《刀郎木卡姆》。他们歌舞时手拿着类似拨浪鼓式的“萨帕依”，这在南疆本来是乞丐乞食时的标志动作。他们的歌舞更加粗犷野性，唱歌发声也更加响亮豪迈。跳起舞来顶盘子顶碗，富有杂技性。

这一年自治区党委确定将麦盖提县红旗人民公社树为标兵。第一书记王恩茂并根据这里的情况提出“三多（粮、棉、畜）、五好（条田、道路、林带、渠道、居民点）、一强（人强）”的口号。新疆耕地多，经营粗放，比较有可能重新规划，重新布局，集约经营，一张白纸上好画最新最美的图画。

红旗人民公社所在地原名洋达克，即骆驼刺，可以想见其贫瘠。民风淳朴，有耐性，服从指挥。公社书记史玉堂，勤恳严厉，每天从早跑到深夜，田间地头，检查督导，雷厉风行，说一不二。据说他一上火会下令民兵把对手捆起，所向披靡。

根据林书记的指示，县里配了一位助手兼翻译给我，他名叫阿卜都米吉提·阿吾提，是文化馆的工作人员，他留着风度翩翩的小胡子，永远依老例戴一顶富有维吾尔特色的巴达穆黑白花帽。他的汉语虽然有限，但是我的猜测能力足以招呼一气，又译又蒙全无语言障碍。问题是他老兄常常鞋底子上抹油——开溜，三天两头他要回县城，说好第二天回来天知道他什么时候回来。人们说他娶的老婆是二婚，对方又年轻又漂亮，他怎么能不频频回家亲热？他溜之有理，倒也培养了我独自与南疆少数民族农民打交道的本领。

我们一起访问了三八大队女队长买合甫汗，她参加过国庆观礼团，到过北京。她当过童养媳，对旧社会叫作苦大仇深，讲话也很有力量，尤其是她讲话时爱做一种摊开手掌向前伸展的手势，令我觉得是与世界接轨的手势。边听边调动想象的补充，一幅翻身道情的画面，一幅大干社会主义、劳动者成了社会栋梁的图景历历在目了。

我们还访问了先进人物大队书记库万——即库尔班的爱称。他一面交谈一面接手摇电话，自称“我是库万书记”。他身高块大力大，双掌如扇，双鞋如船。他像是童话中的人物。人民是何等可爱，人民有何等伟力，我自幼培养成的民本直至民粹思想燃烧起来了。

由于是标兵，来自乌鲁木齐的记者亦不在少数，他们今天发稿，明天校对，左一个电话，右一份电报，令人佩服。

可能是史玉堂书记听到了记者们对他的作风的一些说法，一天他召集众外来人士开会，急赤白脸，口出不逊，有所训诫。我突然不甘寂寞，想幽一默，便说了几句引得外来客人哈哈大笑的话，意思是并不存在什么需要计较的问题，天下本无事，庸人何自扰？史大怒，向我发火，说是我去县里应该向他打招呼。我明白了，什么叫外省，什么叫处境，什么叫基层，什么叫土皇帝或土政策，而我如果回应，是多有不便的。是我多事与自取其辱了。

只有一个字是管用的，就是“忍”，虽然年轻时我非常讨厌这个“忍”字——还有什么“忍为高”的箴言。在麦盖提我看到这样一个情况，有一位农民，到公社来找书记说点事，他的住地离公社还要走几十公里，他来得很早，但是书记走得更早，他就在公社的办公室外半蹲半坐地等了一整天，从不到早六点等到夜十二点，没有离开过一步。这种忍功与等功简直不可思议。我知道一般维吾尔族农民到什么地方去是自带干粮的，我也知道他们舀起大渠里的夹泥带沙的水就喝。对南疆维吾尔族农民吃馕的过程有一种描写，说是把手中的干馕向大渠的上面一抛，水会把馕冲下来，等冲到你手边，你捡起再向上方一掷，再等它冲下来，有这么几次，干硬的馕已经变得松软潮湿，吃起来非常可口。这种吃馕术有一种至少是纪元前的先民的纯朴与诗意，有一种梦幻的色彩。这种生活方式，当是文学描绘中的天堂，是后现代的最高理想，是作家们拼死拼活（却也不无装腔作势）要守卫的先民天人合一之梦。但是当我问到那位在公社办公室等了一天的农民的时候，他回答他一天没有吃什么东西。

光在北京，哪怕在北京远郊区，更不要说在高级机关与文教单位工作上十年八年，你不可能了解国情，你不可能明晰实际，你仍然高高在上，你仍然凌空蹈虚，你仍然百无一用是书生。这是去新疆的另一方面的体会。新疆有一类基层干部有一些名言，值得深思。例如，“有本事有什么用？在戈壁滩上劳改的，有本事的人多了。”还有“作家有什么不好管？到我们那儿，一个科长就管得他们服服帖帖……”还有论述民族划分的，我听到过一个基层干部问锡伯族小伙子：“既然你们民族也允许吃猪肉，还搞个锡伯族干什么？”后一个例子，使我想起著名的“只有两家”论，就是说诸子百家，其实只有无产阶级与资产阶级两家，众多的民族分野，其实只有吃猪肉民族与不吃猪肉民族两家，不失为一种简明概括，这种简明习气使我们付出了太多的代价，而我们的人，是太喜欢太习惯于简明概括了。有时候说深了说复杂了反而不可理解，显得是你自己另类，叫作“有问题”。

我们需要正视，有时候还要适应（实在对不起！）这种粗糙与粗暴，缺少知识与土皇帝土政策习气，惯用的说法称之为“强迫命令”。我们需要通过普及教育、开阔眼界、完善法制来逐渐改变这种粗暴粗糙粗野粗鄙。但是视而不见是不行的，许多伟大事件的过程里都包含了这些强迫命令的努力与牺牲。当然他们也会把好事办成坏事。同时你也无法否认他们会被骂得体无完肤地、千疮百孔地完成了一件件好事。仅仅咒骂也没有用，敌视野蛮与愚昧本身，也可能成为一种更可恶尤其是更凶恶的野蛮和另一种类型的愚昧。对野蛮必须耐心，对愚昧必须有所同情至少是理解，必须抱帮助的态度。

在北京郊区劳动的时候，同命运的一个相当有头脑的人说过：“我们应该生活得粗一点。”他没有发挥解释，但是他的话对我起了很大的作用。

我在麦盖提写了《红旗如火》与《买合甫汗》两篇报告文学，寄回编辑部。收到回信颇有表扬。九月底，我启程回乌。我是坐拉小麦的车走的，他们喜欢开夜车，太累了，就把车停在路边，人钻到车下小睡片刻，再走。这同样带给我狂喜，如果一直是西单到东单，前门到地安门，你上哪里想象这样的生活去？

……其后过了三十多年，我在一九九二年到喀什，阿卜都米吉提·阿吾提还到我的住地来看我。我还要提到麦盖提县委宣传部长颜景文，他原在团中央工作，他的爱人原在亚非学生疗养院工作。他们工作环境的反差也够鲜明的。他们对我十分关心呵护，请我到他们家用餐，他们到乌鲁木齐市出差的时候还去看望了芳，给我带东西等。到处都有友情的温暖。

49. 大漠孤烟直

对于一个只知道城市大街、商场机关、灯光车流，加上一点华北平原、京郊山谷的人来说，塔克拉玛干的边缘，塔里木的腹地，当然完全是另样的经验。

苏联造的嘎斯69（一种越野吉普车）行走在叶尔羌河附近的时候，我突然在荒凉的碎石滩——更正确一点应该叫作戈壁滩上看到几条巨大的烟柱，顶天立地，飞沙走石。定睛一看，原来不是烟而是尘土组成的。我觉得惊心动魄，便问那是什么。当地人习以为常，说是旋风把沙石卷到了天空，便成了许多根黑褐色擎天巨柱。我不知道这是否也算是一种龙卷风，没有连成一片，就是说没有成气候的龙卷风。我也无法想象，在这样的参天烟柱旁边劳动是什么滋味，风一错地方，会不会把自己卷到高空中去呢？

边塞的一切都令人赞叹、惊奇、服膺而又有些恐惧。大自然大自然，到了这里才知道什么叫大自然啊。

我像一块海绵，尽情地吸收着南疆人民生活的汁液。我还在有意无意地忘却和丢掉北京，忘却和丢掉大城市，百货大楼与西餐馆、剧场与电影院、会堂与办公处所、沙发与写字台。什么熙熙攘攘，什么车水马龙，什么声光电化，什么鳞次栉比，我本来就不喜欢用鳞与栉形容人的住所。看看我能不能做到，我也能成为新疆人，我也能变得粗犷、简明、开阔与坚忍，与少数民族的农民完全打成一片！

我已经完全改换了视角，一次在麦盖提县看到一场露天电影，影片中出现了北京的画面，我想的是，北京，多么遥远的地方！

戈壁滩上的植物令人肃然，梭梭柴、骆驼刺、红柳、沙枣、胡杨，它们生长得坚硬，不规则，枯干，疙里疙瘩，伤疤斑痕，多棱多刺。它们绝无江南植物的柔润多汁，婀娜妩媚，它们只能以旱抗旱，以枯御枯，以歪就歪，以稀而瘦减风，以绝不艳丽柔媚而和光同尘，知白守黑。它们是置之死地而后活，置之不毛而成为戈壁滩的稀疏毛发。它们仍然是戈壁滩的生命的象征，而灰色的铁青的碎石才是戈壁滩永远绷着的绝对无情的脸。

我走过的南疆地区大致位于天山之南与昆仑山之北，两边的山都不大看得见，又总是模模糊糊地看着远方的山影。路经天山的时候由于道路曲曲弯弯，视线总是被遮蔽着，身在此山中，反而感觉不到高山。我有时怀疑没有走过类似的山路的人能不能正确地使用“遮蔽”一词。

面对这样的环境，你无法不感到个人的渺小，不感到人与人携起手来的必要，不感到一味自吹自恋自怨自我循环自我按摩的没劲。

和田地区有一个皮山县，不知道为什么它地势较高，似在丘陵之上。五月底到那里，那里的玫瑰花刚刚开放。维吾尔人很喜欢把玫瑰花瓣用糖腌制了吃，使我想起地理课堂上讲过的保加利亚的玫瑰，是他们的主要土特产之一种。皮山在南疆很不一样，清爽精致小巧，山水清丽，我觉得更适合在那边办一个疗养院。

南疆北疆，维吾尔族农民都喜欢种玫瑰花，没有完全解决温饱事宜也罢，照种玫瑰不误。

而于田的妇女大都戴面纱。蒙头的面巾上另外用针别上一顶更像玩具的小小花帽。奇特的装束使你蓦然心动。伟大的中国，你究竟了解了多少？

麦盖提是严峻的，走出农田和村庄就是荒原，没有中间，没有过渡地带。大队与大队、生产队与生产队之间，也往往是荒野。绿洲是被戈壁滩所分割的，在被分割与包围的情况下坚守着的绿洲显得悲壮。坐上公社书记专用的六根棍四轮马车，坐在车上花花绿绿的地毯上，在铜铃的叮叮当当之中，一会儿走过人家，一会儿走过果园，一会儿走过荒地，一会儿咯噔噔走过渠道。新疆到处是灌溉用的水渠，一会儿水渠把车子颠得酥麻，一会儿车子把渠道轧开口子，搞得四处跑水，大家也司空见惯。

入夏以后的果园十分诱人，尤其是杏园。我在北京一担石沟也看到过杏树林，知道个“大香白（白杏）”与“老爷脸（红杏）”，但是从来没有见过麦盖提这样大的杏树与杏果，它挂在树上根本不像是杏而更像是蜜桃。其甜度也是内地的杏望尘莫及的。它兼有杏、桃乃至部分李子的味道。吃的时候你觉得不仅是吃一种水果，而且是在吃一种文化、一片边疆、一段奇遇。南疆时兴把这样的原生杏直接晾晒，在多日照、少阴雨的地区，很容易地制成了干果。把甜酸可口的果脯吃完，一个带壳的杏核还完整地保存着，你再去（多半是找块石头而不是锤子）砸杏核吃，大部分是甜核，杏仁很大，很耐吃。

我在麦盖提还第一次吃到了油桃。此前在吐鲁番我已经学会了夏甫吐拉——桃子一词，到这里才知道这不叫桃子，而叫托哈其，第二个音节是小舌浊辅音，很难发，我学了半天也学不好。我找了维汉词典查，才查出它的学名叫李光桃。它比普通桃子更加鲜脆，也多了一种生青菜味儿的芳香。

少量地吃过南疆的无花果，真正盛产无花果的地方不在刀郎地区而在阿图什。最有趣的是人们吃无花果的时候，常常是先由一个美丽的姑娘用双手把无花果一拍，拍成扁饼，再递给你吃那绿中带白，清新爽口，还夹带着姑娘手掌上的香气的果子，能不销魂？

而南疆的哈密瓜，完全做到了出神入化，不可思议。我在麦盖提时，一天下午吃过一个小小的甜瓜，只觉得是杀口的甜。（杀口云云，出自北京卖瓜人的吆喝，但我直到三十岁了，到了南疆，才知道什么叫真正的杀口。）到了晚上，我除了其渴欲燃以外，再也不想吃任何其他东西了。一个小瓜顶一顿饭，若非亲历，我难以理解更难以体会。但是这样的甜瓜，我也没有再次碰到过。许多美丽与稀奇、危险与恶劣，一辈子只能遇到一次。

通过米吉提的介绍，我认识了文化馆的另一个小伙子伊明，他教我唱维吾尔族歌曲《阿娜尔姑丽》，是电影《阿娜尔汗》的主题歌。这是我认真学的第一首维吾尔文歌曲，过去会的类似王洛宾改编的新疆歌儿，其实已经并非完全的原汁原味，而是经过了汉化加工。我学的是影片主题曲的新创歌词，汉译是：“我的热瓦甫琴声多么响亮，莫非装上了金子做的琴弦……星星月亮，我们客人，红柳沙丘，我们陪伴……”表达戈壁滩上的爱情与婚礼，节奏分明，呐喊呼啸，有许多半音抒发着一种决绝的感情，如悲似喜，旋律非常丰富，令人耳目一新。我唱 “响亮”一词的时候，发出来的音颇类似维吾尔语中的“打战”一词，使教歌的朋友伊明又笑又怒，对我友好地训斥不已。

南疆人特别喜欢石榴花，而阿娜尔的意思就是石榴。他们喜欢用石榴比喻美女，也喜欢给女孩命名为石榴——阿娜尔姑丽或阿娜尔汗。唱起来你能体会到那种对美对爱情的无限火热、无限深情。我毕竟能用维吾尔语唱一首地道的南疆歌曲了，哪怕把响亮唱成打战也罢，我唱起来十分得意也十分过瘾，胸臆为之一舒。

后来我才知道了这个歌的更加原装的文本，民歌歌词的内容有点像陕北的“信天游”，有许多段落，唱思恋的甜蜜中的痛苦，头一句是“到了夜晚睡不着觉呀，小伙儿，快把巢里的乌鸦赶走……”

这首歌的特点之一是不停地于爱怜中不失幽默地呼叫着“巴拉，巴拉”，像英语情歌的呼唤“baby”，后者现一般译为宝贝，而“巴拉”可译为孩子，可译为小伙儿，也不妨译为宝贝之类，但是歌词用“巴拉”的多是指男孩。

这首歌的歌词的译配者名段焜，是西北民族学院的老师，他做过大量维吾尔民歌歌词的译配工作，对向内地普及维吾尔歌曲很有贡献。可惜，他在“文革”后期自杀了。他的死似乎不完全是政治运动所造成。

维吾尔歌曲的感情充溢饱满，压扁了再释放。几乎所有歌曲都很浪漫，都呼天抢地，欲生欲死。我是一唱钟情，再唱难舍，三唱已经震撼了融化了我的灵魂。

我想到一个词儿：胡。中国历史上称少数民族为胡人，称从少数民族地区引进的物品为胡什么什么，如胡琴、胡瓜、胡麻、胡杨。我不禁吟道：“胡语胡歌亦动人，苍凉一曲泪沾襟。如麻往事何堪忆，化作伤心万里云！”

刀郎地区的舞蹈也粗犷有力。中央民族学院艺术系专门来了两个人，一个是李老师，一个是达斡尔族青年舞蹈家满素荣，她们俩与乡亲们举行了多次麦昔来甫（歌舞联欢），刀郎舞她们一学就会。满素荣还为乡亲们表演了蒙古族、达斡尔族的舞蹈，青春，欢快，劲力，乡亲们大饱眼福，我也沾了光。米吉提目不转睛，心荡神驰，打着战对我说：“健康，健康！！！”文艺的大众化，到民间去发掘艺术宝藏，确也别开生面。对于我来说更是补了一课。

到处有生活，我不知道胡风当年说这个话有什么用意，我也不知道人们批判他这个说法有什么用意，反正我这么说只是因为我有亲身的体会，它永远是我的快乐和意义的源泉，有生活，快乐和意义便在生活中了。难道在生活以外？

麦盖提农村还有一种只有少数人才会演奏的弹拨乐器：卡隆。多弦，但没有筝的那种太多的余音袅袅。我到过一个老者家里欣赏他的卡隆演奏，音律十分丰富，他弹拨的样子也比较阳春白雪。后来，我才知道，印度、巴基斯坦、南亚的许多地区，也都有这种乐器。

我自己也奇怪，虽然多有不顺。虽然是一个那么与我过去熟悉的地域不同的地方，我立即投入，无须磨合，如鱼得水，乐在其中。青春、善意、决心、理念，是万能的钥匙，它们打得开每一个生活与人的大门。

在南疆还听到过邻国乃至附近地域发生疑似二号病（霍乱）的消息，许多地区通行时先要验大便，没有大便合格证禁止通行。突然一天，我略感饭后不适，想起二号病来不禁心慌意乱。加上得到一个消息，我所在的自治区文联音乐家协会一位同志，在库车出差时早上爬到老桑树上够桑葚，老干折断，他摔死了。这样的死亡使我深受刺激，极为不快。偏偏那一个晚上天气最热，同住在公社招待所的其他人都搬到户外露宿去了。我在屋，憋闷窒息，出屋，星光闪烁，枝叶轻摇，小风阵阵，而且小腹隐隐抽搐，恐怖异常，过了最最不妙的一晚，而第二天，就风平浪静，万事正常了。

我至今不理解为什么会有这样恶劣的经验，这乃是反生活的经验，这样的事，在我一生中算是很少见的。

50. 寂寞的冬天

到了二十世纪九十年代，我写过一首小诗，标题是《健身篇：拉力器》，只有二十个字：“一条，两条，三条，多少青春，多少肌肉，忽然展翅，不飞！”

痛矣哉！

我从麦盖提回到乌鲁木齐的时候，拙文《红旗如火》已经排好，最后一刻，还是抽掉了。文联内外，“王某是不可用的”云云，已经家喻户晓。都什么时候了啊！

宏伟而又周严。普天之下，莫非铁打江山。这个江山不缺人，不少才，要栋梁有的是栋梁，要计谋有的是计谋。你想效力，哪有你的份儿，你哪里配！

而形势紧了一步又一步。邵荃麟的“中间人物论”，夏衍的“离经叛道论”，田汉的《谢瑶环》，以及赵树理的一些所谓反映“大跃进”的小说，方纪的《来访者》，方之的《出山》，陈翔鹤、黄秋耘的历史小说，张庆田的《“老坚决”外传》，无一不被批判。更不要说已经揪出来的影片《北国江南》《早春二月》《舞台姐妹》。“文革”开始以后，这些批判被称作假整风，可就这一假整，已经使人万念俱灰，魂飞天外。

旧文章也拿出来再批判，丁玲、艾青、萧军……皆在再批判之列。

各种各样的批判文字包括批判苏联电影和文学作品的文章，虽然离我们远一点，但也起着拧紧螺丝钉、为意识形态的斗争加温加油的作用。我记得《文艺报》上的一篇批判苏联女诗人的文章，是说那个女诗人的文字里有色情的暗示。读了令人心堵。

一面是批上加批，一面是红了更红。“山连着山，海连着海，全世界无产阶级联合起来”的歌声大义凛然。“革命人永远是年轻，他好比大松树冬夏常青”使你相信中国现在是人人革命满门忠烈的大好形势。“人民公社好，人民公社就是好”越是没了词儿啦越要不停地叫好喝彩。“大海航行靠舵手，万物生长靠太阳”精神振奋，气宇轩昂。胡乔木词曰：“大海航行歌四起，营地乐，胜家乡。”一个又一个电影上是掏出手榴弹咬下弦，抛出去，轰然爆炸，以至我的孩子、我的亲戚老太太玩游戏也是不停地“哒、哒、哒、哒、呼隆、啪、咕、咕……”我们的床我们的室内室外的地都是假想的战场。

还有城市的“三反”“五反”，还有说是农村三分之二的基层政权不在共产党手中。农业学大寨，工业学大庆。两条腿走路。蚂蚁啃骨头，鸡毛定上天。硬骨头精神。三条驴腿的精神。穷棒子精神。所有的论断都那么刺激，都令你热汗冷汗轮流浃背。周扬在社会科学工作会议上讲哲学社会科学工作者的任务，小人物打倒大人物。许多人讲解国际共产主义运动的中心从德国迁到了英国，从英国又迁到了俄国，言外之意是如今该迁移到中国来啦。有的领导干脆明说毛泽东就是当今的马克思。到处都讲革命的锋芒不能阉割，革命的锐气使得凡夫俗子失魂落魄。张思德、白求恩、老愚公的形象深入人心。反修的檄文越写越冲，语言如炮火，写字如射击，英勇豪壮，华丽周详。广播电台的广播员用怪调读着修正主义的谬论，令人神经抽搐。什么意共领导陶里亚蒂，什么法共领导多列士，他们的画像我们在新中国成立初期都打着游过行的，如今都在点名批判之列。而陈毅外长的记者招待会（他向帝修反叫阵，让他们一起打过来，并说他等这一天已经把头发等白了）振聋发聩，热血沸腾。

遇到这种局面，作协就号召写报告文学，而我印象最深的是黄宗英的《小丫扛大旗》，她仍然充满激情，她叙述一个回乡知识青年，说她的表现她的话语证明她是“党的嫡亲女儿”，我太感动了，太羡慕了，嫡亲的说法使一切庶出旁出干的表的后的拐弯的有过不孝不肖记录的忘恩负义的儿儿女女子子孙孙一律滚开，少挡道！

全国正在搞“四清”——农村社会主义教育，我被派去准备长期下乡搞社教，参加了几天学习，又被退了回来。光我们文联就退回了多人，一个画家因海外关系，一个少数民族音乐家因亲属外逃……都没有参加“四清”的资格。

终于，我明白了，已经毫无办法。我已经尽了力，拼了命，舍了身，然而，还是无用，因为不——能——用。

这种打击、这种考验甚至超过了戴帽划“右”，那是运动啊，而运动终有了结，平缓，往回找补的那一天。现在呢，运动已经结束了七八年，帽子已经摘了好几年，反而出现了准无期实际剥夺公民相当一部分权利的局面。

我想起从一本苏联小说上看到的说法，这种貌似革命的极“左”的疯狂，真是对我们的生活的“毒化”啊，怎么会闹到了这一步！

此后许多年，我读到了聂绀弩的诗：“哀莫大于心不死，名曾羞与鬼争先”，还有“文章信口雌黄易，思想锥心坦白难”，真是字字泣血！

一九六四年的冬天，我无事可做，我无甚可食而天天消化不良，胃脘疼痛。我去中医院看病，一位说话上海口音的医生忽然发现我就是王某人，马上说了许多仰慕的话，更令我尴尬狼狈，无地自容。他给我开了许多香砂养胃丸之类的药，全无效果。

还有机会听传达也听报告。周扬批判鬼戏。林书记介绍赵燕侠当兵表现很好。总之，一切都是大好的。

然后到人民剧场看毒草片，当一个个片名大字显现出来的时候，我感到的是彻骨的恐惧：一部电影正在被乱棍打死，乱箭穿身，全民讨伐。一个个电影人文艺人正在成为千夫所指的罪犯，每一个镜头、每一个特写、每一句对白，都使我心神不安：是这里有问题吗？是这里不能允许的吗？一部电影，竟然是这样的下场！

有一位师范学院的毕业生分到了新疆工作，他到乌市找到了我，非常热情，令我紧张。我特别给他写了一信，勉励他多找组织交心，提高觉悟之类。我不是小组长，我胜似小组长。

偶然也读一点古书，读文学作品的感觉如阉人参加朋友的婚礼，读史的感觉则惊异于为什么国人先人逢治世的时候少，逢乱世的时候多。一个乱世几十年上百年几百年，对于历史是一瞬，对于一个人是一生两三生，无药可救，无法弥补。我有什么办法？对于历史，那只是小问题。宁为太平犬，毋为乱世人，我懂了。与历史相比我仍然算幸运者。中国历史上有多少文人才人被砍头，被腰斩，被杖毙，被车裂，被赐鸩！李白杜甫苏东坡……谁过过好日子？过不上好日子却还有好诗词留存。而读苏联柯切托夫的《叶尔绍夫兄弟》《州委书记》，便知道苏联的日子也不好过。鲁迅说，中国的历史只有两种时间段，一个是暂时做稳了奴隶的时代，一个是欲做奴隶而不可得的时代，这话太沉痛，太绝望。有见地，利刃见血，谁受得了？但我也禁不住想和伟人大师讨论：能不能就这样地全部否定呢？能不能留点活话，留点余地呢？奴隶性很可能是有的，正像有征服和取胜的欲望一样。生活不也是有的吗？而只要有生活，有日常，有日子，亲切性或亲和性、创造性、趣味性、独立性与智慧，直到王侯将相，宁有种乎的挑战，彼可取而代之的雄心，能够全部是零吗？我们一代代已经活得够不容易了，而达到人类的理想社会大同社会为期尚远，能不能让我们燃起一点希望，看到一点光明呢？

直到这个时候，我的心窍才有了一点松动：也许我王某人并没有什么了不起的大错大罪，也许某种意义上恰恰是中国在重复历史上已经有过的不幸的记录，那是一种历史的惯性，乱世的惯性，一种争斗的惯性的延续，是我国夺取政权与保持政权即反夺取政权的严重性尖锐性残酷性的效应，是已有前车之鉴的过分强调阶级斗争的“左”的错误！

我有点沮丧，但我不感到石破天惊。我只能等待。我读历史。我不套历史但是必须参照历史。不习古就无法知今。不知道中国历史就算不上中国人。越是伟人越是容易刚愎自用，越是天才越是容易独来独往、脱离实际、脱离生活、脱离群众的利益。我们的伟人说起老百姓的罐罐坛坛是何等地不屑啊。而另一方面，越是伟人，他个人的存在能起到的作用越大得无可比拟，成也萧何，败也萧何，河东是萧河，河西也是萧河，来日方长，要抓住一切机会充实自己。日子虽然被毒化，日子仍然可以过得充实，有意义，有收获，有快乐也有滋味。如普希金的诗，那过去的不仅会变成亲切的怀恋，而且会带来许多美好的日子里得不到的营养，维生素从A到Z。

51.行行重行行

终于，一九六四年年底，文联领导刘萧芜找我谈话，先说你在麦盖提与史玉堂吵，两个人都不对，都是个人主义。（这样的分析对我已经属于温柔抚摩性质了。）又说经与区党委林书记研究，希望你去伊犁农村劳动锻炼，兼任人民公社一个副大队长，学习语言，深入生活，将来（注意，是将来，不是现在）还是可以拿起笔来的嘛，希望你写出真正的好作品。他还说，如果需要，你也可以带家属一起过去。他又说，过了冬天吧，那边宣传部有一个同志叫宋彦明，是我们的作者，现在宋在北京给女儿看病，等宋回到乌市，我们和他说说，你再出发前去吧。

几个月的赋闲才是最难过的，一听新的安排，我非常高兴，何况是伊犁，大家赞不绝口的伊犁。我到今天仍然认为，在当时情况下，这已是最佳安排，这已经反映了刘萧芜、林渤民等同志的最好用心，我欣然同意。同时很欣赏“劳动锻炼”一词，它有一种模糊性和灵动性，它可以做到八面合适，无懈可击。我想起了赵树理的名作《锻炼锻炼》，谁能拒绝锻炼呢？汉字文化真是无与伦比。

做去伊犁锻炼的准备。一个是把不远万里接来的一位亲戚老太太打发回去，我们无权在乌市过小家庭的日子。一个是暂时把孩子送到北京，争取芳与我早日相会伊犁，一个是取消在乌鲁木齐的家。看来，来到乌鲁木齐还不算完，还得西去，还得走了再走，得一直到我国的最最西陲，到伊犁河畔去。国之不泰，民何以安？

一九六五年四月到了，乌鲁木齐正是解冻化雪的泥泞季节，我们刚刚给住房搞了一次大扫除，给炉灶火墙刷了白，屋里飘着白灰香。通知我该上路——去伊犁了。

伊犁是河名，也是哈萨克自治州的名称。具体地点叫伊宁市，但新疆人都称伊宁市为伊犁。我打好了行李卷，凌晨起床，与芳在家门口告别——她还要照顾孩子和亲家奶奶。我坐公共汽车赶到碾子沟长途汽车站，先在晨曦中爬到车顶装行李，看到司机的行李网确实罩住了自己的行李卷了，才按号挤上了车。三天后到达伊宁市，住了两天绿洲饭店。

来前就闻名已久。伊犁河谷是一大片绿洲。从乌市出发，一过三台海子——赛里木湖，就是雪松连着雪松，牧场连着牧场，农田连着农田，村庄连着村庄了。无怪乎有塞外江南的美誉，但伊犁并不像江南，伊犁就是伊犁自身。它小巧舒适，随意自然，高高的白杨，满城绿荫，明渠绕城，流水潺潺。宽大的街道，一部分俄罗斯风格的建筑——历史上这边就有俄罗斯人定居，十月革命后更有大批白俄的人迁来。这里的民俗与南疆颇有不同。南疆的女子戴花帽，这里的女子戴头巾围巾。南疆的男子也戴花帽，这里的男子戴短檐“夏普开”（又被汉族人称为“砍土镘帽子”）。南疆的货币称呼与汉语相同，称“毛钱”或“蒙（一千）块”。后一种说法还是在二十世纪五十年代初期人民币旧制留下来的。这里的货币称谓将元称为“素姆”，将分称为“铟”（tin），将一角称为十铟，将二角五分称为二十五铟。南疆称奶牛为“衣耐克”，这里则称为“斯衣尔”，而哈萨克语称男根才是“衣耐克”。

伊犁的民族成分也比南疆更多样，哈、维、汉、回、柯（尔克孜）、蒙、乌、俄、锡（伯）等一应俱全。与南疆相比，这里有更多的酒、（羊）肉、歌、酥油与蜂蜜，更多的养蜂人，更多的水磨，更多的植树人、伐木者、放木排者、牧羊与牧马人、钓鱼人和更多的骑马而不是骑驴者。

我到达伊犁的时候正逢一个民族节日，我看到斯大林大街上一排排系着花头巾的少女挽臂唱歌前行，为之神往。

我预感到了全新的生活见闻与经验即将开始。我又转寂寞为兴奋，转枯待为跃跃欲试了。这也绝了，如果是太平盛世，人反而会小打小闹，原地踏步，约定俗成，养尊处优，庸庸碌碌，大同小异。不是赶上了这种年月，你哪儿来的这些千金难买的经历，特别是巨大反差，巨大与迅猛的变化？

在绿洲饭店与几个哈萨克族年轻人相遇，当他们知道我是来自自治区文联的时候热情邀请我与他们一起小坐，弹着冬不拉给我唱了《艾妮姑娘》，他们说这个歌流行于哈萨克斯坦那边。这使我吓了一跳。那是一个谈苏色变的时代，更是在一个谈阿拉木图而色变的地方。一九六二年五月二十九日，伊犁地区发生过边民外逃事件，使中苏关系更加恶化，并从此撤销了苏驻伊犁的领事馆。我一想到闹不清这几位哈萨克族青年的政治身份就紧张，而我相信如果他们弄清了我的处境，也许比我还紧张。怎么办呢？生活已经毒化到如此地步，陌生意味着危险，言语尤其是唱歌，又会带来什么？

幸亏两天后我走了，到了伊宁县红旗人民公社，地名巴彦岱（蒙古语，富庶之地），距伊宁市区五公里。宋彦明把我安排到这里，也是多行方便，有不让我太脱离城市生活之意。

伊犁的维吾尔老百姓主要分两部分：一部分叫“塔兰其”，这是蒙语，意为种麦者。盖因早先北疆一带地广人稀，为了边境的安全，清廷乃提出从南疆向北疆移民，传说制定了若干优惠政策，其中有可以抢一个女子做老婆。故至今，北疆的习惯是如果男女同骑，女前男后，因为男子要谨防女子逃逸，而南疆的习惯，永远是男前女后，夫唱妇随之意。从南疆来的维吾尔人，比本地的游牧民族善于农耕，故被唤作塔兰其——种麦者。

另一部分人是后来从南疆迁移而来者，原因是伊犁地区相对比较富庶，交通比较便利，自然条件也好一些。而巴彦岱地区，是后来的南疆人为主的地区。

经过一个熟悉的短短的过程，我分到了二大队一小队参加劳动，后任二大队副大队长，住到了一小队社员阿卜都热合曼·努尔家中。此老汉个子矮小，被戏称为“半个子阿訇”。他曾临时做过几天为清真寺号令祈祷的事，有时又被人称为“麦僧”，但他自己不承认。他一直受穷，“土改”后才结的婚，对方是丧偶、无子的寡妇赫里倩姆。可以想象，赫里倩姆年轻时相当漂亮，轮廓鲜明，皮肤白里透红。他们现在住的土屋小院，都是原来赫里倩姆从亡夫那里继承下来的财产。为了避免纠纷，阿卜都热合曼坚持把原来院落的主要部分给了住隔壁的赫里倩姆的继女萨蒂姑丽，而他们只要了小小的一隅。从院落的格局，可以看到从前伊犁这边还是比较富裕的，一个中农居然有这样大的住所。

我来到这里还有一个缘由，他们家有一个养子，原是兰州孤儿院的孤儿，汉族。一九六〇年困难时期，甘肃饥馑的情况极其严重，孤儿院办不下去了，迁到了伊犁。这个十岁左右的汉族孩子，被阿卜都热合曼家领养，起名为阿卜都克里木，行了割礼，正式成为穆斯林阿家的后裔。克里木五官端正，讨人喜欢，能说很好的汉语，正好暂时充当我的翻译。他对我讲到他自幼丧父母，被醉鬼舅舅殴打的情景，与被收养后第一次尝到的家庭的温暖。

他们家有一间小小的（约四平方米）厢房，原来放一些什物，其中有一张未经鞣制的生牛皮，发出腥味。房中有一个矮矮的炕，能够住下一至两个人。根据它的布局，我去伊宁市巴扎（集市或市场）买了一块羊毛毡子，铺在小炕上，上面放一条旧灰棉毯，再放一条结结实实的久经使用的褥子（这条褥子似乎是来自故乡河北沧州的为数不多的上一代传下来的旧物），再放上同样来自北京的被子与荞麦皮枕头，就是很好的床榻了。

躺在那里，一是觉得牛皮味儿有些怪，慢慢也就习惯了，又不久主人把它拿走了。厢房有一处小小的玻璃窗，但窗玻璃上已沾满尘烟，完全不透明了。还有令人纳闷的是，这间小房的门歪歪斜斜，门楣处露着一处三角形的大缝子，直若有意为之。

我在这里入住没有三天，金三角空隙便显示了它的重要意义：两只燕子飞来做了窝，一公一母，情深意长，叽叽喳喳，沟通信息，友好切磋，抱怨牢骚，哼哼唱唱，示爱友好。一天过去了，一个香巢已经构建完好。真是不能小看幼小和柔弱的东西啊，只要坚持，许多大事它们都能做到。

而老乡们激动起来，他们说，老王真是一个好人啊，你看，那么多年别人住的时候燕子就不来，老王一住进去，燕子立刻就来了……

燕子筑巢与主人品行的关系，这是无法证明的一个课题，但是老乡的反映仍然使我快乐，这至少是一个美丽的说法，一个美好的想象，一句美丽的话语吧。年逾而立的王蒙，自命不凡的王蒙，正处于不尴不尬的状态，别的做不到，还做不到无害生灵、善良谦逊吗？

从此我与一对燕子夫妻同住一室，每天凌晨，被它们的呢喃叫醒，农民都是勤劳的，也该醒了。然后它们下蛋孵蛋，燕子是最讲情义的伟大的鸟，雌鸟孵蛋时雄鸟不离其左右，并负起了照料雌鸟饮食的任务。孵出雏燕以后，年轻的父母又捉虫哺育，令人感动。一天早上，我看到一个雏鸟落到了地上，我连忙援之以手，将它放回巢里，但是它立即被其“父母”再次啄抛到地上，奄奄一息，旋即灭亡。我懂得了大自然的竞争淘汰的规律的严酷性。可能此雏有病，只有舍了它才能保住小燕全家。也可能它原来无病，不慎自行失足落地或被兄弟姐妹们挤到了地上，已经受伤，留之无益，只能淘汰，牺牲个别，保存整体。呜呼！何堂堂男子，革命人，却不懂小燕之道理焉！

……青春是伟大的财富，信任是永远的靠山，率真是制胜的法宝，好奇点燃了学习的热烈，友善铺就了向前的坦途。王蒙仍然快乐。王蒙仍然充实。王蒙仍然立志扎根边疆与少数民族农村。王蒙坚决要做到许多旁人做不到的事情。例如，三同，与贫下中农同吃同住同劳动，我不相信有谁做得比我还扎实。

52. 在生产队里

于是，我有了一个新的世界：号称花园城市的伊宁市和离伊宁市不远的伊宁县农村，伊犁河畔维吾尔人聚居的庄子，公路边的村舍，用生土坯和歪歪曲曲的木材建造的屋子，用生土硬夯出来的院墙。“文革”前夕，我参与了“学大寨”和“四清”的高潮中的农村工作。这里还是靠近中苏边境和发生过边民外逃与闹事事件的敏感地带，是穆斯林与非穆斯林混住的民族聚居地区。

我的这个世界不仅对于一个长期生活在北京市的写作者是陌生的，甚至于对于一个新疆本地的汉族读书人来说，也主要属于漫游的范畴。我有点得意。我没有沙漠探险的经验，我没有大海遇礁的经验，我没有战斗在火线的枪林弹雨中的经验……现在总算是进入了一个有点崭新的、未必是容易获得的天地啦。

我已经学会了一句维吾尔谚语：男子汉应该经历多方。直译是男孩子的头顶上应该遭遇一切。这也符合毛主席关于知识分子要经风雨见世面的命题。维吾尔人还喜欢嘲笑一个男人的“契达玛斯”，其意是经不住，受不了，忍不下，易于生气或者易于悲伤——像个娘儿们了。也就是说，一个男子汉，应该咬紧牙关，承受住一切命运和压力。

相对来说，新疆的农业劳动不算太重，其中一个重要原因是新疆不怎么兴用肩担、挑，而运输物品主要靠一种叫作“抬把子”的器具，以红柳条编成一个矩形的下凹的长方形“浅子”，四个把手，一前一后两个人抬起来走，这样对体力的消耗要比挑担轻多了。有时候两个年轻人搭伴抬抬把子，边走边唱革命歌曲，显得很有精神。

但正因如此，人们不太注意对担子的平整、柔韧、弹性、舒适的要求。以我的房东热合曼家为例，他家挑水用的担子真是奇特已极，一根桃木棍子，不但疙里疙瘩而且拧如麻花，压在肩上，不但硌人挤肉杀皮，而且滚来滚去，转来转去，不似绞肉机，也似磨挤碾轧，实我闻所未闻，见所未见。

但是我还是主动承担起了大部分挑水的任务，春夏秋三季，我走出去三四百米挑水，冬季要远些。

维吾尔农家很注意享受生活。他们常常连着房屋搭一个大棚子，或者也许应该叫作廊子，因为它是一个高于院落的土台，又大又方，把生活起居的区域（英语应该叫作living room）尽量往户外延伸。到了夏天，由于有葡萄架、瓜架，遮阴乘凉的地方就更加宽敞。刚过严寒季节或者已经到了相当寒冷的时候了，但凡有一点可能，他们都愿意在户外饮食、待客、活动包括聊天儿——维吾尔语叫作“啪唧”，西北汉语方言叫作谝传子。热合曼有一句话，我觉得他说得平实而又形象：吃空气，天气只要稍稍受得住一点，他就说：“出来吧，吃吃空气吧。”

热合曼养着一头奶牛，一只毛驴，一头驴驹，一只狗。赫里倩姆一天挤两次奶，每次收获也就是一公斤左右，我这才理解欧洲农家养奶牛吃鲜奶是怎么回事。他们主要不是喝鲜奶，而是用慢火熬奶，起出奶皮子（其实略等于土鲜奶油），做奶茶或者其他食品，如放入面片汤，掺上菠菜馅包馄饨。他们有时会卖掉脱脂奶，有时会用脱脂奶和面打馕。吃着含有我所崇拜的营养丰富的奶制品的食物，我感到了自己的福气。

才做了母亲不太久的毛驴性子有点倔，有时候和老头较劲，你让我去某地我就是不去，于是老头也认真起来，两方硬碰硬地拔河或顶牛较量。后来驴驹长大了些，老头骑驴出动的时候，小驹跟在后面，自由自在地跑动，母驴显得放松多了，也随和多了。

院子后部主要是苹果园，有一棵结特别大的果子的树，但因易染病害，终于被伐掉了，成果太大了，就难以存活，树亦如是。有两棵称作“二秋子”的苹果树，就算最好的品种了，果肉比较坚实，味道酸甜。还有一种色白、含淀粉多、吃起来很面的，则被称作“洋芋（土豆）果”。赫里倩姆身手矫健，遇到芳来了，她会在一刹那间上到树上，站立在树上与我们说话，从树梢发出悦耳的笑声，摘或摇下果子给我们吃。

与老爷子的户外“吃空气”论相呼应，赫里倩姆更喜爱的是约邻居在棚下或树荫下共坐喝茶。伊犁维吾尔人喜欢喝的是湖南茯砖，或称茯茶、卡拉（黑色）茶叶。伊犁哈萨克人爱喝的是江西砖茶，称青茶，也有时喝一种带特殊香气的米星茶。熬一大锅茶，兑上盐巴，再放上浓而厚的奶皮子，味美无穷。

维吾尔人有一句谚语，有钱的人容易把钱用光，有茶的人容易把馕吃光。直译是馕没了，因为有茶，钱没了，因为富有。他们的习惯是就着奶茶吃馕，也许更正确地说是就着馕喝奶茶。馕坑维吾尔语叫作“土努儿”，我喜欢译作“土炉”。打馕我觉得是农村妇女最重的活，先在一个巨大的陶罐里点燃柴火，等明火苗熄灭，柴火变成红炭以后，女人几乎要把头钻入罐口里，把做好的馕坯贴到馕坑壁上，而馕坑壁在方才柴火燃烧时已经饱吸了热，馕坑壁的预热与火炭的余热夹攻，馕熟得两面焦黄，香气扑鼻。

最使我印象突出的是一个五月的晴朗的下午，我在离“家”不远的地方平地，阳光直射，汗流浃背，约两个小时后休息，我便回家喝点水。结果发现，在我走时已经成局的赫里倩姆的茶桌边，仍然坐着当初的客人，众女宾，她们不停地喝茶，不停地掰馕吃馕，不停地谈论家长里短。最后最后，还要把茶叶渣子放到嘴里咀嚼，既不浪费茶叶的香味，也还有利于清洁牙齿。问题是我们都劳动了一段时间，叫歇了，她们的饮茶却并未结束。

女人的口腹之乐主要在于喝茶，男人的主要享受是吃饭或饮酒。这一点与欧美一样，他们对于喝茶吃馕认为不算正式的饭，虽然也耐饥。必须正经做一下拉面条、包饺子、抓饭、肉饼、汤面……才算是吃了饭。做了饭了，尽男人吃，剩下，女人尝一点，没有剩下，算了，再煮一点茶吃点馕就行了。家里买的砖茶，三分之二都是由女人消费了。日常生活开支，主要是购买砖茶。我有一次看到她刚刚烧好的，尚未“勾兑”其他成分的“原茶”，我觉得，这茶的浓度可与中药相比。而只要少喝一次茶，赫里倩姆就会半睁着双目，唉声叹气地诉苦：“没有茶了，头痛死了。”像法国女人早上没有喝到咖啡一样。

这个公社的二大队，一部分“社员”住在公路边的巴彦岱，大部田地在靠近伊犁河的“庄子”。庄子距巴彦岱四公里，那边的房屋显得更简陋。我在那边劳动时，午休时间去过伊犁河，过去，这条河也与喀什噶尔河一样，是在歌曲里被我知道、被我熟悉的。初夏时分，伊犁河岸到处是小紫花。伊犁河的河岸被河水冲得陡峭奇绝，水面宽阔，河水流淌急速，时有沙洲、芦苇、飞鸟，河对岸有察布查尔县的牧民燃起的篝火，有时羊叫马嘶牛吼的声音传来，我看了听了心潮激荡不已，我觉得我是首次这样亲近地靠拢着大地，靠拢着一条大河，靠拢着自然。虽然水急，我还是在近岸处下了水，游了泳。有一种说不出的慰安与满足。

从前唱苏联歌曲《喀秋莎》，有一句词是“喀秋莎站在峻峭的岸上”，我不懂什么叫“峻峭”的河岸，我见过的岸大体是比较平坦的，这次，也知道什么叫峻峭的河岸了。而且伊犁河这个河岸时时在轰然崩塌，而人们听之任之。

后来有一个机会我陪一位画家到伊犁河边来，他看了河以后，说：“没有什么嘛。”我无话可说，是我少见多怪了。

庄子与公路之间有一大片苜蓿地，给马种的饲料草，我过去在内地没有见过。有一次下小雨，四周迷迷茫茫，脚下都是一样的苜蓿。我走在苜蓿田里迷了路，闻到一股浓浓的类似白薯秧的味道，绿色的苜蓿叶绿中透着紫与红，我相信马吃起来是很香的。突然，雨变大了，传来了闪电惊雷，我吓了一跳。大片的草，大片的田，和大片的海大片的人群一样，带几分不可抵达不可摆脱更不可控制的威力。我深一脚浅一脚，磕磕绊绊地寻路夺路，最后反正是走出来了，雨也过去了。回想一下，这成了极美好的经历。

在庄子上干活，下工以后往巴彦岱方向走，只看到公路这边是一片烟雾。红尘云云，其实是很具体很实在的。

有一次我参加修路的劳动，劳动中看到一辆辆的长途公共汽车从我们面前驶过，有从伊犁往乌鲁木齐方向走的，也有相反方向的，我看到许多坐在车上的干部模样、城里人模样的人，我不知道当他们看到路边有一个戴眼镜的文弱样子的人在拿着砍土镘干活，在抬起头来茫然地看着过往的车辆的时候有什么印象。我也不乏坐车（包括火车与汽车）飞驰电闪般从村落前或穿村而过的经验，我也没有少看到过好奇地却也是茫然地看着车里的过客的村中老少男女。现在角色调换过来了，当真有趣。

我曾经作诗记录我初到这个村庄的生活：

濯足泉边听水声，饮茶瓜下爱凉棚，
乳牛傲客哞哞里，雏燕多情款款中。

蚕豆花开苦豆锄，蔷薇花谢马兰疏，
家家列队歌航海（指歌曲《大海航行靠舵手》），户户磨镰迎夏熟。
…………

是不是我的漫游感已经不可救药了呢？我仍然是那么欣赏，那么享受，那么生趣盎然，那么喜欢每一个平常的、明明相当沉重的日子。

因为相信。二十世纪五十年代，共和国的第一代青年是相信的一代。我们相信美好，相信理想和理论，相信民族团结和人间友谊，相信工作，相信文件、会议、社论和总结，相信歌曲，相信领导，更相信人民，相信青春和微笑，相信春天和花朵，相信红旗和军号，相信马恩列斯毛泽东直到西班牙共产党领导人伊巴露丽。相信建设新生活的愿望，相信历史，相信历史的运动即使呈螺旋形，总的趋势仍然是向前进步。相信历史的曲折终将跨越，个人的不幸毕竟算不了什么。相信爱情也相信文学，相信电影也相信大报告，相信作家协会与人民公社，相信劳动创造世界，相信品格，相信道德和修养的必要性，相信光明的快乐的公正的生活终将变成永远的不可逆转的现实。

我们的错误是轻信而不是不信，马克思早就说过，能够原谅的人类弱点恰恰就是轻信。

还有好奇。我喜欢接触和尝试一切新鲜的东西，一切新东西至少有一个优点，给你以新鲜的经历与经验。

53. 在生产大队

伊宁县红旗人民公社二大队的队长叫作马木提·乌守尔，他原是一生产队队长，在农业“学大寨”的运动中有一些先进事迹，到北京、大寨等地参观学习了一回，回来后担任了大队长。

他身材魁梧，嗓音浑厚，留着神气活现的小胡髭，堪称美男子。他喜欢嚼食一种新疆烟草制作的小球丸，叫作“那斯”。据说那斯非常刺激，嚼食那斯比吸香烟更令人上瘾。他确实对于队上的事情非常上心，他有一次走在大渠上自言自语谈队上的工作，被人听见，传为佳话。

我到达巴彦岱的时候是春天，不久天就热了，但马大队长仍然穿着厚厚的条绒棉衣。我才知道，他无钱买夏季的衣服，所以换不下身上的衣服来。说是他夫人比较能花钱。队里已经破例给他预支了一些钱，仍然不够用。也许他原先的夏装已被夫人卖掉了，维吾尔人喜欢买卖交易，买一双靴子穿上一个月又卖了，这是常事。哈萨克人称维吾尔为“萨尔特”，商人之意，也可能略带贬义。还有一句对于维吾尔人的交易癖的描述，说是如果一天没有生意做，就把左口袋里的东西卖给右口袋。

人民公社实行工分制，每天劳动完了记上分，年底结算。问题是工分结算往往只是在口头上进行，假设你一年挣了三千工分，每分折合两角钱，你应该分六百元。减去你从队里领过的口粮、现金、肉类等，折合二百元，你应该分到四百元。但你不可能得到这四百元，因为队里的钱已经被各种有特殊原因的人（如一个工伤，如一次抢救，如马木提这样的人事出有因地去哪里哪里开会，尤其是那些特困户，家里都是老幼弱病残……）预先支取走了，队里基本上没有任何钱可以用来开支——兑现工分收入。例如，一些地富分子，他们天天出工，不敢请假，工分很多，但是钱常常到不了手。

还有一个极可爱之处，维吾尔语对于作家、记者或者记工员，都是用同一个词儿：穆合皮尔或者亚孜务其，不像汉语里一说什么“作家”，还真有点儿“腾云驾雾”。比较起来，最晕头转向的作家是中国作家，这与语言词汇关系极大。

这样，你对马大队长便有爱莫能助之感。我也见到过大队长夫人，被“全体人民”认定了能花钱的一位女性，她走到路上哼哼唧唧，娇滴滴地说是这儿痛那儿疼，看看她那个破衣烂衫的样子，你也绝对看不出奢侈浪费的影子。

伟岸的马大队长的生活完全取决于这位病恹恹的女性，诚如西谚所说，男子统治世界而女子统治男子。

无他，仍然是只能是挖肉补疮，再从队里支钱给大队长，然后当然只能是更多地拖欠其他社员的工分所得。这不能不使大队长感到尴尬。

生产队开会的一个重要内容是说明全体社员创造的微薄的钱，为什么看不见，分不着。有一位油嘴滑舌的老汉族农民，叫S，他一次在队里开会时放言：“光知道说没钱，为什么不想办法？听我的，马上就进钱！”

等大家问他的妙计的时候他说：“所有干部，都把老婆拿出来，砌一盘大炕……”

下面笑骂成一团。居然还有一个老太太响应，此老太太据说过去有过从事某种古老职业的经历，她说，她当年，挣的是“天罡”（银圆），一次“生意”，比现在干一年还挣得多呢。

大队书记叫阿西穆·玉素甫，稀疏的小黄胡须，认真的工作作风，从不疲倦的身影。他也基本不识字，但说话做事都很有条理，也相当沉稳老练。有时候他认为青年人太不懂革命传统，不知道旧社会的黑暗痛苦，激动地对青年人进行忆苦思甜的教育，特别是讲他少年时被毒蛇咬了的情景，为了怕毒液流到周身，他死死勒住了被咬的胳臂弯处，他给我们看，到现在，他的那个胳臂有一段较上下细一圈。他一讲能讲一两个小时。

大队还有一个副大队长，叫塔里甫，他瘦高，较弱，有一个小孩，患有严重的佝偻病，十多岁了，不能起立。孩子长得非常俊秀，两眼如水。我急切地与塔里甫谈补钙的事，他说事实并非如此，他们遵医嘱给孩子补钙，无效。过了两年，孩子死了，全村的人去送葬。

在大队，我协助塔里甫抓过水利。

队里的会计也叫阿卜都热合曼，俊秀聪明，大眼睛，更像一个演员。他喜欢读书，还能画画，配合社会主义教育（四清）运动，他画了不少连环画。

有些连环画画的是他的亲戚的“反动历史”或“反动罪行”，会计的特点在于，你让他画什么，通过绘画批判谁，他都努力画好，该把谁画成魔鬼就画成魔鬼，该把谁画成恶棍就画成恶棍，同时，他照常去这些涉嫌阶级敌人的人的家，照常尽后辈之礼、后辈之劳务。他把公私分得很清，公事公办，私事私办。而且不仅这位会计，别人也大致如此。

队里的出纳叫伊里泰，他很活泼、友好，会说一些汉语。一次在巴彦岱至伊宁市的公路上我们二人从两个方向对面骑自行车相遇，他手里正提着一瓶酒，便热情相邀，到路边的青纱帐中，拧下自行车铃的盖儿，以之作酒杯，我们一人一杯，为友谊与各自的家庭干起杯来。他本来有更好的“前程”，但他娶了一个地主的女儿，影响了官运。应该说伊犁的“四清”，搞得比较温和，没有怎么样。如果在别处，仅此一事不知会搞得怎样鸡飞狗跳。他的妻子叫玛丽亚姆，大眼睛非常动人，永远是求助乞怜的样子，她一口一个“伊里泰哥”，声音与言语都是甜甜的糯糯的，令人不能不为之动容。

有许多以共产党为敌的人士，总是不停地大骂党的农村干部，有一个简称叫作“村干”，似乎是村干们无恶不作。毛主席等领导，也在整顿农村基层干部方面做了大量工作，搞了许多运动，农村干部有“春天的红人（指刚上台），夏天的忙人，秋天的穷人（指无法兑现社员的工分收入），冬天的罪人（一入冬就该搞‘整社’之类的事了）”一说。

但是我要说，我喜欢我的这些大队同事、大队的干部，同情他们。我的唯一一次大队级特权享受是去了一次瓜地，足足吃了一回瓜。马大队长吃起瓜来踢里秃鲁，听声音更像是在喝水，像是哪吒闹海，他根本不需咀嚼，自然瓜子吐出，瓜水下肚。吃完瓜，伊里泰笑着告诉我说是某大队干部与看瓜老汉的女人有染，我无法判断他是开玩笑还是当真。

看瓜的老汉须发皆白，他的女人高高大大，年轻得多，但是此女子特别主动告诉我，她的男人并不老，而是少白头白须。不知道她为什么要告诉我这个。

他们在瓜地里盖了两间简易的土房，房子歪歪扭扭，但是房前栽了许多鲜艳的花。

看瓜的女人送过我一只黑白花的猫咪，它是我见到过的最有智慧和尊严的猫，它的故事我写在《狂欢的季节》里了，我认为这是我写得最好的故事之一。

对了，有一次阿书记悄悄告诉我，说是当天凌晨他被叫醒，是一个女人向他哭诉被某生产队队长强奸。那位K队长，是小队干部中最有仪表的一位，最初，我感觉他的容貌像果戈理。我吓了一跳。很快K队长被免了职。但公社的公安特派员透露，很难算是强奸，他们俩早已相好，而且有些不雅的细节证明，女人没有拒绝而是合作做了爱，公安特派员学了学样子，不无轻佻和男子的坏水，令人发笑……这就算是我在伊犁农村劳动六年所知道的最坏的“村干”了。

大队民兵中也有一位帅哥，据说一次他与一位带几分傻气的女孩子在民兵活动室野合，被不知何处的灯光把影子打到了窗帘上，第二天，一批青年向我形容他们观察到的皮影戏，令人哭笑不得。我不想听也不想相信这样的故事，我不喜欢一群坏小子嘲笑一个傻丫头，只因为她接受了另一个坏小子的要求。却无正当理由捂住耳朵也找不出证据来不信其有。

一九六五年五月开始，我担任副大队长，成为他们中的一员。根据上级布置，我每天清晨教他们维吾尔新文字，结合学习毛主席著作。我完全想不到，学习对于他们是这样困难。只要一开始学习，健壮英俊的维吾尔农村干部立时哈欠连天，鼻涕眼泪，苦不堪言——他们确实宁愿去完成土方或者割草。

我跟随书记大队长检查夏收秋收，大雨中检查房屋漏雨状况与人民生活，调解农家纠纷，评比收割进度与生产队学毛主席著作的情况，推选学习毛著积极分子……每天忙活，更主要是参加一生产队与六生产队的劳动，也东串串西走走，参加婚宴也参加割礼，参加公社社员的互助劳动，例如别人盖房时，我们帮助去上房梁与椽子、顶棚席子。我也常参加丧葬乃孜尔（祝祷聚会），参加歌舞饮酒聚会，听到各种艾买提赛买提（犹言张家李家）的家长里短，乃至私密、逸闻、传说、笑话。我很快就成了这块土地上的一员了。

……这样的经历有点神奇，有点以意为之，叫作“心想”在先，而后“事”居然就“成”啦，这样的事态发展是心造的、理论造的、人为的而不是自然的，这是一种比在京郊劳动更加奇特的生活变异，这是一个连续性的中断。世上的事儿本来就有自然而然，随缘生就的，也有刻意为之，硬要如此的。而我没有任何别扭，没有任何陌生感与距离感，我得意于我的适应性、可塑性与包容性，我完全投入到这样的生活里了，亲切而且温暖，似曾相识而且难能可贵，脚踏实地而且大长见识，津津有味而且大有可为，苦在其中，乐更在其中也。那么我究竟是在干什么呢？我在追求什么，忙碌什么，达到什么目标？我自己也说不清楚。好在每天的生活里都包含着新鲜的经验，都不失为一个很好的、很有趣味的学习。此后许多年，当人们尤其是外国人问起我究竟在新疆干了些什么的时候，我回答说：我是在那里学习维吾尔语的博士后啊。预科三年，本科五年。硕士三年，博士三年，博士后再两年，不正好是博士后的学习培养吗？

当然，这里也有一个重要的原因，叫作“你别无选择”。

於可训教授在他的《王蒙传论》一书中说，王与新疆曾经是相濡以沫，此后，他们可以相忘于江湖啦。

说得深刻而动人。不过，我要说，不是说此后完全可以相忘了，不，相濡以沫的客观与主观的要求，不会随老王的回京与复出而终结。

活着，我们大家也许永远需要相濡以沫。

54. 快乐永存

我去伊犁的时候恰逢社会主义教育运动，至少，我到的时候未发现什么斗得死去活来的紧张气氛，倒是都挺轻松和善。

工作队里毕竟来了一些干部、大学生之类的人，文化高一点。有些年轻干部，不开会时就教农民唱革命歌曲。“我们走在大路上”，用维吾尔语唱就是“达格达姆哟露梦埃迷孜”；“大海航行靠舵手”，就唱成“丁唉孜达帕拉霍特如勒其塔依尼扑蒙唉”。语言一变马上就产生了新鲜感。喜欢唱的也多是上过中学的回乡知识青年，他们唱得很好。上工时，走在泥泞不堪的路上，一唱歌果然就豪迈起来了。在两旁的高高的白杨树荫下，几个身材很好的年轻人排成一排高歌猛进，场面很是感人。你果然感觉很好，你努力感觉一切都是欣欣向荣，而自己如果有消极悲观情绪，只能说明自己活该倒霉，自取灭亡。

那个时候的歌曲都是多么阳光，那个时候的歌词又是多么一厢情愿，哪怕只有一点点唱而后成真，也够美好而且神奇的啦。尤其是《我们走在大路上》它是李劫夫的作品，李曾任沈阳音乐学院院长。他的歌曲的特点是直截了当地唱出政治口号：意气风发，斗志昂扬，毛主席领导我们前进，沿着正确的方向……几乎不做艺术方面的加工。但是他的作曲感情真挚，雍容大方，丰满高贵，坚定沉稳。一句话，他的歌之大气、豪迈、高人一头，旁人非能望其项背。

在八大处时，一位参加读书会的音乐方面的头面人物曾经对我说过，他觉得《我们走在大路上》的旋律脱胎于法捷耶夫作词的苏联歌曲《莫斯科你好》。后者唱到“向前进，高声唱，我们走过大街穿过花园，你永远，年轻，因为你是我们的莫斯科”的时候，我是常常会与《我们走在大路上》的副歌混淆起来。当然，一首好歌影响了另一首好歌，这也是正常的事。

可惜的是这样衷心歌唱社会主义的音乐人，却因十余年后给林彪的词谱曲而一蹶不振。

此时正提倡在农村建立社会主义的文化阵地，要队队搞文化室。这里的文化室主要靠社教工作组的年轻干部与队里的会计出纳等有文化的青年农民共同构建。没有房子，就硬性腾出来生产队的木工房，摆上毛主席著作、一些政治宣传的小册子，还有汉文与维吾尔文的报刊，墙上也挂上毛主席像和毛泽东与鲁迅的语录，说就是文化室，倒也算差强人意。县里搞过一次对于文化室的检查评比，这里煞有介事，又是派人到巴扎（集市，这里指伊宁市）购买报纸杂志，又是调派了好几个劳动力来搞卫生与布置环境。但检查一过，书报收起，被近水楼台者拿去包东西、糊窗户、擦玻璃或者引火……渐渐不知所终。检查组前脚走，木工后脚进驻，进屋仍然是锯刨锛凿的声音，仍然是锯末与刨花的香气。我算是知道了一些农村文化工作的内情了。这事说简单也很简单，在温饱尚大成问题的那个时期，你用木工房充当文化室，除非你另盖一处木工房，否则木工到哪里去干活去呢？

几天的文化室活动给青年人留下了美好的印象，他们对“老三篇”等的内容也很有兴趣谈论，一时雷锋呀张思德呀白求恩呀老愚公呀直到焦裕禄呀，都谈得很热闹。这里，老愚公与各位共产主义英雄人物并列，也很出新意。

我曾被吸收参加社教图片展览的文字说明的编辑工作。颇感荣幸，又觉不过如此。其中有本地大巴依（财主）易卜拉欣（简化译成乌拉音）布鲁特（小胡子）剥削农民的事迹——罪行。我从而认识了些参加这一工作的记者与画家。那个年代农村的活动运动各类名堂极多，新闻与文艺，还要包括卫生工作者，动不动成群结伙地下乡。这种做法有它的简单处，也有它的一种气势和魅力，更有一种历史的与道义的根据：阶级观点与重农主义。世界上真正有贡献的、最受苦的、最被轻视与忽略的就是农民、贫下中农、整个社会整个历史都欠着农民的账，是文化人就对不起农民，共产党不组织种种的补偿还债事宜，谁还能做得到呢？

画家本来就很辛苦，登梯爬高，纸、布、笔、刷、颜料，衣服也经常被墨、被颜料、被尘土弄得相当肮脏。在农村，他们的样子与“苦力”分不出来。记者们提倡要下去蹲点，一下乡就是一两年，一个个也是艰苦朴素，土意盎然。

紧挨着巴彦岱二大队，是新疆生产建设兵团农四师的工程处，女作家毕淑敏是出生在这里的。工程处一是有一个百货食品商店，购物方便，二是常演露天电影，当地农民都可乘机免费看电影。我一到那里就看上了电影，有时人太多，我就跑到幕布背后去看，左右相反，幕后的布块也可能有些不够平滑之处，但总体效果仍然很好。

其中印象最深的是看了电影《草原晨曲》，是“大跃进”之作，由于“大跃进”时期我在北京郊区劳动，许多片子没有看过，想不到能在这里补上。此片写包钢建设对于蒙古族生活的影响，玛拉沁夫编剧，其中有一首主题歌，歌词是海默写的：“我们像双翼的神马，飞驰在草原上，啊哈嗨咿……为了远大理想，像燕子般地飞向远方……”

歌曲非常好听。我们一生产队住在庄子那边有一户困难人家，有一小女孩名字也叫玛丽亚姆，她特别找我教她唱这首歌，有趣的是，一唱到“啊哈嗨咿”她就把它改成典型的南疆维吾尔调子。

这个玛丽亚姆是个小大人，什么都不论（lin），带点野性，聪明绝顶。她的学歌令我高兴。村里人对她的父亲有些风言风语，说是他在公路上被一辆汽车擦身而过，他摔倒了，从此他讹上了人家，三天两头地去找开车司机要钱，并因此而不怎么出工劳动。维吾尔农民对住院治疗尤其是开刀手术看得比较重。有一位割过阑尾的农民，见人就说自己“吃”过匕首，掀开衣裤让所有的领导看自己的伤疤，并以此为由基本上不出工，吃集体，靠组织。这儿的百姓过去的口头语是“有胡大（老天爷）呢”，意即一切自有上苍的安排，个人不需发愁上火。一九四九年后改成“有组织呢”，表达了信任，也表达了依赖，什么叫信赖，我到这儿来后才体会到了此词的妙处。

从二大队走到伊宁市，也不过一个半小时左右。我很有兴趣地步行过几次。先经过一片苹果园。然后是公社一大队所在地叫作汉兵。然后是解放军的摩托连。然后有一点硝碱不毛之地。然后是皮革厂和长途车站，长途车站附近挤满了出售莫合烟、卷烟纸，还有不知从哪里来的从领导人到雷锋再到电影演员剧照的小画片之类的摊贩。那边有一个大的供销社十门市部，在伊犁很有名。它的售货员都是维吾尔族，卖有很好的蜂蜜与鲜奶油和酥油，这是此地最有名的特产。

再走一走到了阿合买提江路口，树木茂密，西公园和伊犁日报社位于这里。社教工作队里有一位苏州人，是医科大学的新毕业生，他告诉我一个故事，一天他想到伊犁逛逛公园，他想树多的地方一定就是公园，他没有问公园地址就到了伊宁市。结果，他找不到，因为伊宁市到处都是树，看不出公园与非公园的区别。

接着有一排小饭馆，羊肉与洋葱（当地称为“皮牙孜”）味道极其诱人。门口挂着小黑板，上书“大半斤三角，小半斤二角五分”，这里称五两的拉面条拌肉臊子为“大半斤”，而称四两一碗的面为小半斤。此外有烤包子和馕，新出炉，颜色红亮，麦粉香与肉香葱香扑鼻，活活爱煞人也。而且我到达伊犁的一九六五年，风调雨顺，伊犁的形势大好，外边买馕免收粮票。

再往前走是西大桥，从这儿往东就是机场。桥下有一位俄罗斯公民，他始终在那里卖莫合烟和蜂蜜，有时还有哈萨克族人民喜欢吃的奶制品。即使后来“文革”开始了，一切接近私商的行为都受到了迎头痛击，但是此位长着山羊胡子的俄罗斯同胞，一直坚持小本营商，不受潮流所动。是的，伊犁就永远这么伊犁！

我在生产队劳动时听到过几位年龄较大的农民唱俄罗斯民歌，我一听就听出来了，我一说这是俄罗斯歌，唱者也很兴奋，觉得我懂行。我还从他们的歌词中听出了“捷乌什卡”（姑娘）一词，我也跟着唱。老农问我捷乌什卡是什么意思，我告诉他们是“克孜”（维吾尔语），他们更高兴了，感到恍然大悟。

再往前走就更热闹了，尤其是兵团农四师主管的绿洲影院、绿洲食堂等。我在绿洲食堂吃过一次回锅肉，还喝了白酒，微醺中唱着歌走回巴彦岱，也算一乐。但由于肉太肥，消化得不佳。

最繁华的地方，伊犁的“down town”是红旗大街与解放路交叉的路口，那时本市的最高层建筑是三层楼房，而这儿就有几座三层楼：绿洲饭店、邮电局、商业局和伊犁区党委，几幢建筑都是斜对路口，围成一个八角形的中心广场，使你觉得辉煌。相当偶然，会有一部小轿车驶过，多一点的是北京牌吉普或苏制嘎斯69。再多一点是俄式四轮马车，与南疆的六根棍大同小异，但外观更洋、更讲究一些。有时候还有附近的哈萨克牧人骑着大马来逛伊宁市的。可以想见，这里的车辆确实不多。

从这边往东走，有三层高的红旗百货大楼、红旗食堂、红旗小吃店。再走过去便是著名的汉族巴扎了，说是汉人街，其实更多的是本地民族居民的集贸市场，包括我的房东，买卖牲畜农具工具山货都要到那里去。我也在那里采购过一条厚厚的羊毛毡，铺在土炕上御寒解硌。

汉人街一带有许多民族特需物品的生产作坊与批发零售商店，如靴帽、铜器、乐器、大布（民族手织粗布）服饰等。还有一批旧货寄售商店，也算特色。我曾经灵机一动，把一块不好的天津造“五一”牌手表寄放在那里企图出售，未果。此表原价八十元，寄售价为二十五元。

……什么是边远地区，什么是边陲小镇的风情与启示？从北京到这里非常遥远，时差近三个小时。而越是遥远越是祖国辽阔广大的证明。这里十分平凡，这里永远低调（根本不需刻意保持），这里就是那个需要脚踏的所谓“实地”。由于常常停电，这里到处都卖煤油（这里称石油）和式样标准的煤油灯与桅灯。桅灯在这里又称马灯，因为它不是用在桅杆上而多是用在马厩里。这里除了百姓还是百姓（“官”是凤毛麟角，不大可能混迹于汉人街的人流中，或来到了这里他们也就成了百姓了）。这里不在意也无来由去过问权力、荣誉、财富与地位。这里的文字的东西很少很少。这里人们关心的核心就是生存，就是今天最多明天，就是余华小说的主题“活着”。这里人们围绕着生存而生活而不是围绕某种理念。这种平凡这种日常这种亘古如一的日子有一种顽强，有一种无法抹杀的存在的坚实性，有一种自在自足自保的力量：夫唯不争，故莫能与之争，为天下谷，以言下之，以身后之。活着的力量正是天下最顽强最不变的力量。

而且，这个美丽的绿洲，这里的生活被浩瀚无垠的戈壁滩、沙漠与荒山和人迹稀少的原始森林所包围。后者更有一种大自然本身的威严与宽广。后者更像是世界的本来面目，后者给你以无情的参照：永恒，寂灭，不仁，空无，包容与安息。后者在无言中似乎告诉给你许多许多。

当然小地方有小地方的少见多怪，我的到来也引起了一些当地文学爱好者等的传言，有希望能得到写作上的帮助的，也有一些信口开河的说法，不值一提。

到了伊犁，我基本上过的是“三不管”的生活，是一个自由王国里的王子。然而无形中自己又是一个无罪的罪人，是一个脸上刺着金印的流放者，战战兢兢，如临深渊，如履薄冰。在绿洲饭店邂逅的那一位哈萨克族干部，唱过艾尼克孜的那个人，一天突然跑到巴彦岱找我，使我大为紧张，不知道他是什么政治面目，有无什么目的。我找宋彦明去谈这件事，谈得一向谨慎的老宋也感到莫名其妙，他觉得我的紧张太过分了。用他的客气的语言来说，就是“你可真注意保护自己呀”。呜呼。

还有一件我不快乐的事，农村的邮递不正规，想起来就送一次信。芳与我的通信频率相当高，平均一天最多两天一封信，但是邮递员三四天直到一周或者十天高兴了才投递一次信。我发现，不来信就好久不来信，来信就一来好几封，我们通信的时效性出了问题。我便找了一次机会到乡邮局去，找到了一位有一面之交的邮局工作人员，到他的分信室里查信，一查，果然找到了在二大队的邮橱里已经堆放了好几天的几封芳给我的信。我悻悻地又是侥幸地拿走了信。过几天我再想去查信，由于在邮局碰到的是生面孔，碰了钉子。我非常难过。结婚已经九年，除一九六一年的下半年和一九六二年、一九六三年共两年半的时间外，没有稳定的家庭生活。远走万里，走了再走，连通信都不能及时收到。而前景又将如何呢?

我只能继续锻炼耐心，锻炼低下头来，锻炼谦虚谨慎再谦虚谨慎，锻炼忘记各种的虚妄，虚无缥缈，锻炼自己平凡些再平凡些，锻炼自己融化于众人之中，锻炼自己等待于无所等待之中，即无所等待于任何等待之中，最好的等待就是忘却，最沉静的风度就是无——无忧，无为，无欲，无梦。

然而这里仍然有一个观念，有一个关键词，有一个思想，能以起死回生，化消极为积极，变被动为主动，使无所事事变得意味深长，使虚度岁月变成与时俱进。它是零风险，它不被剥夺，不需恩准，没有手续，不看气候。它就是学习。有此一着，死棋变成了活棋，变成了大有可为的棋。

55. 逆境中的小小胜利

一九六五年夏天，我的兴奋灶集中到如何与芳团聚上。好在刘萧芜同志有言在先，可以把老婆接过去。芳早早与她工作的学校领导打了招呼，领导态度明确：不放。芳在那里工作得很好，属于骨干教师，在一个工作人员单位拥有制的环境里，不放就是不放。但是我们从来有信心，除了无力回天的大形势外，别的事，下决心去做都有希望。毕竟我们有我们的经历与特点，实际上仍然受到了许多照拂。例如芳所在的学校的校长张树荣，言语行事，有不俗的表现。他终于同意芳的离开，他说了一句：“王蒙，厉害！”其含义非我们能够破解的了。

于是芳下决心，利用暑期把孩子送到北京的姥姥、奶奶家。而我也回到了乌鲁木齐，说办就办，只能成功，不能含糊。自治区文联出了函，而动作全靠芳一人。当时芳显得不卑不亢，大模大样，很有派，很有底。她抓住了几条：第一，我们要的是下去，接近基层再接近基层，符合毛主席的指示，方向是对的。第二，自治区有关领导提出来的，王某人可以将家属接到伊犁。第三，教师工作调动，暑假是个机会，抓紧办于公于私都有好处。如此这般，那种体制下最难办的人事调动事项，硬是让她几十分钟就拿下来了。

我还记得她到市教育局去办理手续的情景，她穿着一身灰色的面料与式样相当出色的北京产女式干部服，精神奕奕地去了位于红山的市政府教育局。我则在对面的西公园等她。这个状况使我想起苏联影片《晴朗的天空》，该影片的结尾处是主人公的妻子在克里姆林宫外等着，特写镜头突出了她的脚与鞋，通过脚与鞋的动作渲染了她的不安。从白天等到黄昏，从微明等到天色大黑，她的丈夫从克里姆林宫走出来了，这个受尽冤屈的空军军官拿出来的是一枚勋章。

我等的事情远没有那么翻天覆地，这里的男女角色也是颠倒了的，但是它对于我们的生活、我们的日子并非小事。原来市教育局也还要扣一下人的，说什么上面有指示，不能放走任何一位教师。我等了一个小时的样子，她出来了，一脸的喜气，她据理力争，若要让别人不动摇首先是自己不动摇，最后，当然是办下来了。我们面对着乌鲁木齐西公园的称作鉴湖的一池秋水，观赏着边疆地区的早到的秋意——已经有不少的落叶乃至黄叶，感到的是心想事成的喜悦，是夫妻团聚的欢欣，是来日方长的指望，是不幸中仍然有着的大幸。芳的心愿很简单，我的心愿也是同样的简单：只要有你就行，只要在一起就行。希望不断地变成失望，同时，一旦变成了失望，又产生着新的希望：团聚在美丽的神奇的伊犁，漫步在白杨林荫大道与伊犁河边，与少数民族的农民朋友生活在一起，见人之未见，学人之未学，知人之未知，深入宝山，必不会空手而归。严酷的生活，强力的时代，有多少人鸿雁东西，有多少亲人天各一方，有多少家庭破裂，有多少家庭妻离子散……而王某何幸，有温馨家室存焉，有夫唱妇随存焉，有避风的小巢存焉，有未来的不知猴年马月终可实现的希望存焉。希望迹近渺茫。希望终非绝望。希望符合常识常理常规，现实倒更像疟疾式的病态。有希望就比没有希望强。真正抱有希望的人就完全不必着急。在阶级斗争已经是风声鹤唳、山雨欲来风满楼的乱世，夫复何求？不幸中有大幸焉！不幸中有关爱存焉！

小托尔斯泰的《苦难的历程》上有类似的话，娜嘉的第二个丈夫罗申表示：大地正在燃烧，人们正在疯狂，国家正在撕裂，这个时候，能够指望的只有你的温柔的心。善哉斯言！

说干就干。我们把不远万里从北京运到乌市的家具迅速处理，大部分寄存到朋友家，提供给朋友使用，我在朋友们的帮助下拉着排子车在乌市的街道上迅跑，把写字台、书柜等送出去。一个旋转软椅两把软椅和一张沙发圆桌准备带往伊犁。我联系了一辆往伊犁拉水泥的大货车，由于水泥比重大，车槽子空着三分之一，正好装我们的东西。三下五除二处理了一切，乌市的家马上化为乌有，我甚至为自己的敢于决定、敢于改变现状、敢作敢当而有些自得。我相信，一般人看来落了难的王某人，仍然享受着特殊的优待，就是文联的同事，有多少人夫妻两地分居，许多年了无人过问。

我与芳在好友陈柏中、楼友勤伉俪家住了一宿，我们无法说更多的话，但是大家明白，心照不宣。次日凌晨即起，赶到老满城回族司机马师傅的车那边，我与芳坐在驾驶室里，行李头一天已由文联的车子送到装好，开拔，出发，就这样开始了新疆生活的一个新阶段，最无奈，然而也是最有趣的阶段。

没有想到，从北京到了乌鲁木齐已经够远的了，仍不算完，还要往西走。我吟诗道："行行行行复行行，行到边关再复行……"后来的句子忘记了。其二曰："死死生生血未冷……"

头一天经过昌吉、沙湾和新开发的城市石河子，还经过了玛纳斯、克拉玛依和去往兵团农六师奎屯的道口。我想起了脍炙人口的吕远所作的歌曲《克拉玛依之歌》，它早在文艺整风期间就被痛批一顿。这个批判是在人民剧场进行的，用的是日丹诺夫批列宁格勒文艺界的办法，放一段音乐，由部门与文联领导人批一通。晚上住在乌苏县招待所，凭区文联的工作证住进，又找到了一点残存的干部感觉。房屋整洁，窗外白杨摆动，我心戚戚。第二天住在五台，是个前不着村，后不着店，专门为旅客、车辆歇脚而修建的交通住宿点。在那里，我与芳共到兵团农五师开的饭馆用餐，我居然要了一份回锅肉，还点了白酒。何以解忧？唯有杜康。微醺中似喜似悲，但仍然服膺于时代的伟大与强悍。

与其他功课相比较，地理不是我的强项。到了新疆以后，才知道地理是多么贴近、多么亲和、多么有趣。在行进中、迁徙中学习地理、温习地理、验证地理也发现和阐释生活，人生一乐也。

第三天经过荒芜的克可达拉——意为蓝色的荒野，这个词在蒙古语中与维吾尔语中是一样的。经过三台海子——赛里木湖，它是同等海拔的最大的高山咸水湖，它倾诉着这里原来的大海身份。此湖水蓝如玉，晶莹透亮，前所未见。天更蓝，白云更白，水里天上，一样地清晰。沿湖岸汽车要跑一个多小时，多大的湖呀。三台完了二台，则是枞树林区，时有放牧的哈萨克人与林木工人经过。圆木房子如同童话世界。趁汽车休息时间，我与芳在枞树林前合影留念，是马师傅为我们按的快门。我们俩都穿着购自喀什噶尔的出口转内销风雨衣，我戴着鸭舌帽（新疆叫砍土镘帽子），居然还有点当时实是臭不可闻的"作家"形状。然后进入伊犁河谷，经过霍城，据说离中苏边界只有四十多公里，思之血压升高。经兵团农四师五〇农场，再往下，就到了我们的新家，我们的又一个故乡：新疆维吾尔自治区伊犁哈萨克自治州首府伊宁市了。

56. 伊犁的烹大虾

一到伊宁市，我陪芳用差不多一小时逛完了伊宁市的精华部分，她来以前我写信说伊宁是共产主义的样板，因为这里分不清城市与乡村、公园与街市、知识分子与工农（这里的少数民族知识分子掏出皮夹克——匕首——来都会宰羊，点起火来都会打馕，给个鞭子都会赶胶皮轱辘大车……）。这里的处长科长和他们的家属都喜欢在家里养羊养鸡腌蛋腌咸菜腌雪里蕻发酸奶直到做土造啤酒或其他饮料（把糜子米发成“泡斯”，把葡萄做成半酒半醋的东西），而且常常自己动手盖小房搭凉棚垒灶修炕打造木器以及理发搓毛线。我说这些话还受了艾青写石河子的一首诗的影响。他写道：“你说这是乡村，却有许多工厂，你说这是城市，却有拖拉机在响……”艾青在“右”派一番以后，在王震同志关心下到了新疆石河子。

她对我的共产主义城市的规模可能略感失望，但仍然掩盖不了重新团聚的欢欣。我们一起到红旗食堂用饭，她对菜单上的所有炒肉片炒肉丝回锅肉粉汤肉都不感兴趣，她居然向服务员问“有没有烹大虾？”令我晕倒。是白痴吗？在新疆，不但吃不到虾，那时吃鱼、吃米饭、吃鸭、吃鹅直到喝啤酒……都是罕有的奢侈。是轻狂？是忘乎所以？

而这又是何等地快乐！一个进入了另册。另一个也碰到了致命打击。离开了大城市，再离开次大城市。不能“用”，不能上台盘也不能工作。实际上已经被剥夺了许多公民权，受到了各种贬斥。需要走开再走开，靠边再靠边。你不知道下一步还有什么风波、什么麻烦。欲穷千里目，更下一层楼。退一步。再退一步。《武家坡》里薛平贵的戏词说得好：“再退就没有路了。”然而，不，再退仍然有路，再下仍然有更下的一层。正像天外有天，山外有山。地下还有地，后面的后面仍然有后面。但你们仍然在一起，不离不弃，同甘共苦。你们欣赏着边陲花园城市的美妙风光，你们侈谈着也向往着共产主义。你们在饥饿的记忆犹新、还没有完全吃饱的状况下去吃小小的对当地来说却是大大的餐馆，你点了烹大虾！你想到的是烹大虾！你根本拒绝承认逆境，拒绝所有的艰辛！你是在任性吗？你是在做梦吗？一个吃过烹大虾的人，在完全没有条件吃烹大虾的时刻与地点，你能毫无惧色毫不含糊地提出吃烹大虾的命题，这就是我们的宣言我们的告示我们的精气神儿啊！

我的体会是，所谓逆境，一半是自己的心理的沮丧造成的。如果你自己不认为是逆境，不受逆情绪的控制，绝大多数情况下，叫作人莫予毒了。

烹大虾，你好！可惜的是当时还不知道澳洲龙虾和大鲍翅，否则，芳一定会点澳洲龙虾吃外带大鲍翅以及冰糖燕窝的！

到达伊宁的头几天我们住在宋彦明家。宋与他的妻子对我们睡地板十分不安，我认为地板极好，隔潮，有弹性，与床板无区别。宋就芳的工作安排与有关单位谈判了一回。文教处先说把她分到伊宁县，吉里圩孜——红星公社所在地，距伊宁市四十公里。但是宋坚持还是往市里分。最后，芳分到了市二中，解放路上，旧称三座门，绿洲影剧院对过，西大桥——机场路旁。二中过去称为维吾尔学校，俄式建筑主楼，地板地，雕花包皮革的门，讲究的窗扇与窗户。这个学校历史悠久，地点适中。我们找了一辆手推车——也叫拉拉车，把行李和少量家具器皿装上，向学校推车搬家。路经西大桥，我们俩推着上桥有点吃力，这时来了一位留着小胡子的方脸健壮的维吾尔人，他帮助我们把车推了过去。他问我们到哪里去，我们说是二中，他说他就是二中的语文教师，便一路帮我们推。我们临时住在原团委办公室，而他住在对面的单身宿舍。

他就是（后来的）著名作家祖尔东·萨比尔。天涯何处无芳草？天涯何处无奇缘？

我们首先暂住在校团委办公室，想不到来到这里仍然与共青团有这样的奇缘。

到了冬天，芳分到了新落成的教师家属房，平房，大致算是一明一暗，一进门，算明，有八平方米，再进一个门，是约十二平方米的主房，对着解放路二巷，一条宽宽的胡同。主屋的窗户很低，据说当地居民有席炕而坐，隔窗观景的习惯。我是多么珍惜，有了自己的一个方方正正的窝，属于自己的避风港。我的岳母习惯说的一句俏皮话是：新盖的茅房三天香。新的总是好的。由于是新抹好的墙，而这墙是先将麦秸泥抹在砖上，抹得光滑锃亮，再刷上一层或多层石灰，取其白净。我们进家的时候四壁尚未干透。与北京不同，伊犁地区不是夏潮冬燥，而是夏干旱而冬季多雪潮湿。房间里一生火，温度一升高，新麦秸里混藏着的麦粒纷纷发芽，墙上满是绿苗。我对自巴彦岱来访的农民朋友开玩笑说，这是我种的实验田。

类似的故事是伊犁的电线杆子，新伐的木头，一头刷上沥青，栽进地里，过几天，电线杆子发芽了，长出鲜嫩的绿色枝条。可能多数情况下，这只是木头内部的生命汁液在起作用，这样的枝叶当然不会成长，只能凋落。但是我仍然愿意把它看成伊犁这个神妙的地方的土地与风水的活力的证明，什么是伊犁呢？为什么说伊犁是塞外的江南呢？噢，那是一个栽上电线杆子也能发芽的地方。

好也罢赖也罢，又是一番日子。

我劳动，我喜欢麦场上的工作尤其是扬场。抄起木锨，选择方向，金色的麦粒如虹如瀑布如雨点如精美的几何线段如臂膀的延伸，瞬时落成一堆，转眼成小山中山大山，麦秸麦麸与尘土随风而去，飞腾如烟如云如雾，肌肉紧张，上肢伸屈，姿势衔接，心情舒展，不是体操，胜似体操，不是舞蹈，胜似舞蹈。不但表演收成，而且表演健美，不但表演力气，而且表演洒脱与熟练，有节奏，有韵律，有扬扬自得，如诗如乐曲。扬场要等风，有时候轻松地休息，有时候连夜赶扬。休息时给场上拉来几袋西瓜哈密瓜，虽然身上都已是尘土与细小纤维，仍然享受到了劳动的快乐。吃瓜的快乐，夏天的快乐与边疆的快乐。我为诗曰：“老汉扬场疾，巴郎（维吾尔语：孩子）催饭忙，不知风正好，晚吃又何妨？”

我也喜欢装车卸车，包括高轮牛车、胶皮轱辘和卡车。新疆古代就有高车国的说法，证明那种适合走多渠沟的路面的高大木轮车古已有之。给这种车装卸多半在秋天收获的季节，夕阳欲下田野里到处是一种植物的酸甜相混的香气，把谷物麻袋或者草秸高举过头或者一甩抛下，令人觉得舒展。胶皮轱辘的三套马打着响鼻，发着汗气，大泡尿尿和随地排粪，都给人以不同的感觉。而给卡车装麦子，最多一次我扛过一百一十五公斤的麻袋，上肩背，直腰，踩着颤悠的跳板，进车厢，甩下，吸两口伊犁河畔的秋天的芬芳空气，不免有几分得意。搬运苦力，与王侯将相一样，宁有种乎？

我时而回到二中，享受劳动锻炼与居家赋闲的有机结合，享受动荡中的小日子。此时全国的知识界尤其是文艺界已经斗了个天翻地覆，一个个都是大祸临头，心惊肉跳，狼奔豕突，朝不保夕。而我跑到了远离政治中心，遥远啊遥远（苏联歌曲名）的地方，暂时过着太平小日子，我简直得其所哉，除了王某，谁有这个运气这个机遇这个尴尬中的浪漫！谁能想象得到王某人是这样在伊犁的杨树林间，清清的渠水旁，洁白的雪峰下面，距离边境只有几十公里的地方，与少数民族弟兄一道吃着烤羊肉串，喝着土造啤酒迎接索命追魂的无产阶级“文化大革命”的！

有时芳到农村看我，她每次来都给房东带点礼物，深受欢迎。她一来，赫里倩姆就会提高八度至十六度用兴奋的真假嗓混合的女高音说话，刹那间爬到树梢为她够果子。我们住在小小的土屋里与燕子一家为伴。我们必须精确地计算时间，才能在不影响她的教学与我的“锻炼”的前提下多聚会几次。我称我们在伊犁的生活是“团结紧张严肃活泼”的，这是当时正宣传得如火如荼的“三八作风”里的那个八字真言。

我不在时芳常常为临街的小窗而困扰，从那个小窗白天可以看到听到站在白杨树下、清水渠旁的美貌女伴们的青春絮语。她们喜好打扮，用奥斯曼草涂着墨绿色的眉毛，用凤仙花染红手心脚心，戴着耳环与鲜艳的头巾，嚼着一种奶汁充盈的当地称作“牛奶根”的草根（代替口香糖），依杨而立，美在自娱，天然身段，婀娜多姿，说什么都是眉飞色舞，声调忽大忽小，音频忽高忽低，如歌如琴，如铃如鸟，越说越说不完。她们与政治运动绝对风马牛不相及。这是世上最美的景色了。

深夜，隔窗可以听到喝醉的马车夫一步一跌地唱着伊犁民歌《羊羔一样的黑眼睛》。其声如吼如哭，如怨如诉，如剖心沥胆如叹息如向真主的祈祷，苦辣酸甜，人生百味，尽在歌里。闻之泪下。

然而这两扇临街的窗毕竟太开放了太面向世界面向大街了，芳会神经紧张得一夜难以成眠。有一次窗子被顽皮的孩子打烂了，就更没法办了。

我们的窗离大门也比较近。曰解放路二巷六号，是我们这个二中的家属院的侧门门牌，是宽宽的土路。走到胡同口，就是解放路了。把口处是卖土造啤酒的小贩。他们用蜂蜜、啤酒花、酵母与大麦做成半像俄式喀瓦斯半像啤酒的饮料，装到大瓶中，用黑色橡胶塞堵住瓶口，用木板将瓶塞砸紧，放到太阳下暴晒加温，发酵成功后，再放到冷水里降温出售，出售后打开橡皮塞时发出一闷声加一脆响，乒——乓！很有点刺激。

深夜回家，骑自行车走过旷无人迹的苹果园和盐硝地，体会孤独的夜行人的剽悍的乐趣。一次深夜骑车，我将从农村采购的鸡蛋摔到了公路上，咕叽咔嚓，蛋黄蛋白蛋皮分了家。有一次到家太晚，校门已关，我将破车放到窗下，我自己从大门的底座部爬了进去。半夜又听到巡查者在我们的临街的窗下研究这辆破车的蹊跷。生活林林总总，无奈万般，事后都变成了有趣的回忆，我们那时候是多么年轻，多么年轻啊。年轻时候，当然得有点事情，无事的青春，还不如磨难的青春值得一活一说。说起这些来笑得肚皮痛，笑后也许会噙着两滴无奈的眼泪。

57. 学而时习之

半是“锻炼”，半是漫游；半是脱胎换骨，半是避风韬晦；半是莫知就里地打入冷宫挂起来晾起来风干起来，半是“深入”生活深入人民群众走与工农结合的光明大道，等待辉煌的明天；半是无所事事三不管，被社会也被文明遗忘了的角落遗忘了的某人，半是学习思考如饥似渴如进研究院；半是另册放逐专政对象，半是老革命老干部。大好年华，无悲无喜。就这样，我在伊犁干了六年，在伊犁安家八年。从三十啷当岁到小四十岁，多么宝贵的岁月！

出于“深入”的火热心愿，出于对新鲜事物的强烈追求，出于对领导的指示的认真执行，出于自幼爱学习爱读书深信学而时习之不亦说乎的基因；也无须避讳，是由于填补空白的需要，除了劳动、顾家，我的全部脑力都用到了学习维吾尔语上。从字母学起，随时请教上过学的农民。我自找的课本还是自治区成立前由新疆省人民政府行政干部学校使用和编辑的。第一课是：

> 斯孜能阿衣赖，太勒科依为额斯，你迈？
> （你的家庭成分是什么？）
> 米能阿依赖，太勒科依为姆，康拜埃尔笛汗。
> （我的家庭成分是贫农。）

课文里透出土地改革的气息。

赫里倩姆的继外孙女，七岁左右的小学生热依曼听到我高声朗读课文，便自动来充当我的老师，她字正腔圆，口舌利索，清清楚楚地给我示范阅读，我听着，如听仙乐，如闻仙谕。

我实在感谢我的父亲，他恰恰在此时给我寄来了三部书：达尔文的《物种起源》，商务版《汉语词典》和最新一期《中国语文》杂志，后者刊有中国科学院社会科学学部民族研究所朱志宁研究员的文章《维吾尔语简介》。 这篇文章言简意赅，内容丰富，对于一个急于学会维吾尔语的我，字字珠玑，字字甘霖。概论，语音学，词汇学，语法，无所不包。从中我不仅学到了维吾尔语，也学到了一些语言学的常识。我从此懂得了汉藏语系——词根语，印欧语系——结构语和阿尔泰语系——黏着语的区别。我懂得了前元音与后元音，圆唇元音与非圆唇元音，元音弱化与辅音弱化……另外，除了我在学俄语时已经很在意的清辅音、浊辅音、卷舌音以外，我还学到了小舌音、送气音和用ng作声母的音等。由于有俄语的一点底子，什么主格宾格从格向格所有格，什么集合态含糊态人称词尾与过去、现在、正在进行、过去完成……的语法界定与相关词尾，所有这些啰唆，我都不觉得别扭，而只觉得清晰合理。

我做到了发烧学语言，我做到了走火入魔，乐以忘忧，以一当十，一隅三反。我知道灌耳音的重要性，我没有事就听，听得懂听不懂，都拿维吾尔语当音乐听。我可以专心致志地听维吾尔语广播，一听就听几十分钟，虽然没有听懂多少词。偶有耳获，捕捉住了一个什么词儿，如同得了奖中了彩一样欢喜。

我做到了学一个词就把这个词与生活、与客观世界而不是仅仅与汉语的相应的词联系起来。见到孩子我想的是bala，见到玉米我想的是kunak，见到树木我想的是dalah。甚至睡觉以后起夜，我也用维吾尔语来自我描绘自己的行动。扶床是karawat，扶墙是tam。尿尿是seyiman，露出的肚子是kusak，提上的裤子是ixitan，回到房间睡吧（第一人称祈使式）是 uhlay。这样，有相当一段时间，我做梦说梦话也是维吾尔语。

语言是什么？是生活，是文化，是人群，是活力，是生命，是性格，是历史也是现今，是幽默也是礼貌，是技巧也是赤诚，是悲哀也是爱恋，是歌曲也是亲情，是阴谋也是享乐，是团结也是祖先，是决心、态度也是智力的证明、智慧的游戏。我感谢命运，给我以就地学习、火线学习、疯狂学习的机遇，学出花样，活学活用，边学边用，边错边纠正。学了就套磁，学了就加深感情，学了就深入，学了就多了一双眼睛，多了两只耳朵，多了一个舌头，无限风光在语言！而我同时接受语言学的正规指导，归纳成理论却又时时保持着鲜活的魅力，保持着毛茸茸的原生态。我确实幸福，我确实得意，我万里挑一，我的维吾尔语就是学得快学得好记得牢用得足用得准确和细致入微！

伊斯兰教是讲究语言的宗教，《古兰经》许多部分都是用韵文，用诗歌体写成的。维吾尔人是讲究辞令的人民。他们的经典《突厥大词典》《福乐智慧》都极讲究文字。一个会说话的人，不论是幽默还是智慧，或者是幽默再加智慧，他会常常被请到喜庆宴会上，他可能与入局者并不熟悉，但是他的到场是聚会的一种规格的表现，人们在这样的聚会中不但享受抓饭和手抓羊肉，享受伊犁大曲和五五大曲，而且享受智者的谈吐、辞令的火花、双关语的微妙、言外之意的闪烁。学进了维吾尔语，不仅是多了一门语言，而且是扩展了你的眼界、你的智力、你的心胸、你的精神资源！

几个月后我就在生产队的会议上用维吾尔语发言了，我的发言的内容是批评记工分的平均主义。我受到了众社员的欢迎，他们甚至于要评我为人民公社的“五好社员”。

而此后“文革”的兴风作浪更给了我死记硬背维吾尔语的大好机会。语录，我读维吾尔语的。“老三篇”，我读维吾尔语的。唱歌颂毛主席的歌，我唱维吾尔语的。喊口号，打倒这个那个，批判这个那个，还有主席万岁，坚持这个反对那个，我都上维吾尔语。而天天读，当然是天天读维吾尔语毛选，叫作拳不离手曲不离口。我至今记得“红宝书”头几页的维吾尔语语录，我至今能够用维吾尔语背诵《纪念白求恩》《为人民服务》的头几段。我至今说起来眉飞色舞的是，“文革”中我在家里高声读“白求恩”，一位维吾尔族老太太过来大声敲我的窗子，她说，她以为是收音机的广播，她说我读得太好了！

而且我很快就攻坚阅读。老文字的，新文字的，斯拉夫字母的，北京民族出版社的，乌鲁木齐新疆人民与新疆青年出版社的，还有不少阿拉木图与塔什干的，还有乌兹别克语的（与维吾尔语相当接近），“合法”的与“破四旧”中社员上交的“犯禁”的维吾尔语书籍，我都拼命看。鲁迅的《呐喊》《彷徨》，高尔基的《在人间》，阿依别克的《纳瓦依》（纳瓦依是十五世纪的维吾尔族诗人）与《圣血》，原文的《纳赛尔丁·阿凡提的故事》（阿凡提故事），艾尼的《布哈拉纪事》，还有《花拉子模》《我们时代的人们》《骆驼羔一样的眼睛》，还有《乌兹别克民间故事集》……

而在最最精神匮乏的年代，我获得了一个手抄本的乌兹别克语的《柔巴亚特》，古波斯欧玛尔·海亚姆著，郭沫若的译法是莪墨·伽亚谟著的《鲁拜集》。我试译了一些也至今能够背诵一些他的诗。其中一首是这样：

空闲时要读些有趣的书，
不让忧郁的草心头生长，
干一杯再干一杯美酒吧，
哪怕死的阴影渐渐临近。

我又把它译成“五绝”：

无事需寻欢，有生莫断肠，
遣怀书共酒，何问寿与殇？

而我最喜爱的是他的一首骄傲的柔巴依：

我们是世界的希望和果实，
我们是智慧的眼珠的眸子，
把偌大的宇宙想做一个指环，
无疑我们就是镶上的那颗宝石！

此后，欧玛尔·海亚姆的《柔巴依》出过许多版本，一九八〇年美国汉学家葛浩文还送给我一本由菲兹济拉德兄弟译的英语本，台湾也出过不止一种汉译本包括以中国传统诗歌（旧体）形式翻译的版本。遗憾的是我找不到这首并不颓废，而是高度自信的诗。终于，在北京大学教授张鸿年的译本中，第四十八首，它出现了。译文是：

我们乃是世上万物的中心，
我们是智慧之目中的光芒，
世界如同未嵌宝石的戒指，
我们就是宝石，镶嵌在戒指之上。

一般汉译本都称之为《鲁拜集》，我之所以用“柔巴依”来称呼这种诗体，是因为我国的维吾尔族诗体写这种格式的时候是称其为柔巴依的。

与其说是自诩，我宁愿把它想作一个对于智慧和知识的颂歌！

一九八〇年我首次访问美国，在国际写作中心的一次朗诵会上我用乌兹别克文念了这首诗，同期的一位土耳其作家很兴奋，他说他听懂了我的朗诵。

不止一个人问，你是怎么学的维吾尔语？我戏答说：“好办，你与维吾尔人坐到一起，共同喝上两吨伊犁大曲（伊力特的前身）就行了。”

一九九九年我再次到伊犁，伊力特曲酒厂要我给他们题字，我写道：“一杯伊力特，双泪落君前！”

我其实谈不上怎样嗜酒。我说的是与维吾尔人民打成一片，做到心心相印。学习语言的关键是熟悉不同民族的生活和心灵，就是说要有开放的文化心态。维吾尔俗话中有一个说法：“话异心也异。”这个话不好，太狭隘。但我愿意将之改为我提倡的“话通心也通”。坐在一起喝酒，共用一个酒杯，由酒官给大家斟酒，每个人喝前或致几句辞，或唱一首歌，或讲一段笑话故事，每个人都大显才华，尽情发挥，上哪儿找这样的维吾尔语学校维吾尔语高级研讨班去！我学的不仅是语音词汇语法，我学的是声调，是场合，是心思，是文化，是格局也是方式，我贴近的是维吾尔人民的灵魂！我也把大量汉族的历史传说幽默故事用维吾尔人容易接受的方式讲给他们听，其中包括《东坡志林》上的一些逸事与机变，深受人们的欢迎。话换话，心交心，话与心放到一起，我此生最快乐最成功的事情之一就是赢得了维吾尔族人民的友谊与信任。

58. 大战喀什河

我至今说不明晰二十世纪六十年代“文革”前夕的社会状况与人的精神面貌。简单的办法就是承认此一时也，彼一时也。那时想象不到后来即如今的情状，而如今也难以想象当时的面貌。

那时当然有许多极“左”、许多毒化社会氛围的打击、压抑、内斗。包括我自身，那么多人的能量是被冻结着的。但是另一方面，又确是热闹得不行，红火得不行，你争我赶，花样翻新。“大跃进”中曾经有一个说法，人与人正如原子之与原子，必须高温击打原子核，释放出中子，然后你碰我撞，释放出无穷的能量。有的是弄假成真，有的是不乏真情，有的是滚雪球一样地无限扩大，有的是革命的威严与胜利的势头，那时最喜欢说的话叫作高屋建瓴，势如破竹，毛主席、周总理都讲过这个词。也有真正威武雄壮的大戏上演，史无前例，磅礴云天。假作真时假亦不假，无为有处无乃成了事实。

比如唱歌，“大海航行靠舵手”“革命人永远是年轻”“社员都是向阳花”“毛主席来到咱们农庄”“金瓶似的小山”……还有《东方红》大歌舞，都是那个年代或略早一点的“大跃进”时期的产物，都不乏力作，都唱得心潮激荡，万众一心。“戴花要戴大红花，骑马要骑千里马，唱歌要唱革命歌，听话要听党的话！”干脆利落，字字如钢锤敲砧，曲调也极其上口。一听就会，一听就记得牢。“天大地大不如党的恩情大，爹亲娘亲不如毛主席亲，千好万好不如社会主义好，河深海深不如阶级友爱深。”这实在是唱出了肺腑，唱出了血泪，可以说人们是哭着唱唱着哭。换一种情况，光是二十世纪六十年代初的饥荒，就不知国家会沦于何处。

而新疆最流行的歌颂毛主席的歌是“把天下的树木都变成笔，把天下的江河都变成墨，把天下的地都变成纸，让天下的人都变成诗人，也唱不完毛主席的恩情。”这个歌名叫《毛主席的恩情唱不完》。

赫里倩姆的继女萨蒂姑丽对我说：“老王啊，现在的人是多么会说话呀，把天下的……多么会说，多么有词儿，多么巧的嘴！”

这首歌已经是语言技巧大于真情了。曲调来自南疆，很上口，我至今能正确无误地唱一遍。歌曲本来是来自生活与情感的，如纳瓦依所说，“忧郁是歌曲的灵魂。”但歌曲也能反过来制造感情与生活，只要不搞得太过头了。

当然也有的歌令人发挥尽了想象力，仍然想不出它是个歌来，后世也肯定会怀疑我的记录的真实性，如这样一首歌曲：

在祖国和平的土地上，
生活天天向上升，
年轻人都有远大的理想，
老年人越活越年轻。
我们工人劳动最热情，
生产记录日日新……

这样的歌我们也不无起劲地唱过。激情就是激情，激情曾经空洞也远远难免空洞。甚至于，对不起，激情常常是和思想的贫乏而不是智慧的丰富联系在一起。

而激情又令人羡慕嫉妒。对于文艺、爱情、创造也许有时候还包括战争和革命来说，激情又是不可或缺的一种元素，没有激情，硬是做不成许多大好的槽子糕。

激情又带来危险，例如红卫兵。

比如口号，蚂蚁啃骨头，鸡毛能上天，苦战改变面貌，革命加拼命，毫不利己专门利人，两条腿走路，东方文艺复兴，学习雷锋、张思德、白求恩、老愚公，农业学大寨，工业学大庆，全国学解放军，不怕帝、修、反……宁愿前进一步死绝不后退一步生，见荣誉就让，见困难就上，见先进就学，见落后就帮，敌人一天天烂下去，我们一天天好起来，狠斗私字一闪念……可以说是欢（杀）声震耳，气吞山河，豪言好话说尽。当然，有的显得空泛与声嘶力竭，如“西方资产阶级做得到的，难道（这有什么可难道的？！）东方无产阶级就做不到吗？”

比如劳动，一方面是高唱人民公社就是好就是好，一面是生产队的出工率不高，出工也不出力。我在新疆，麦收时节，快八点了才上工，上了工先坐在地头上抽烟，太阳高高的，队长或组长就宣布歇工，歇了工不准回家，以免被干部发现，再坐在地头吸烟……这些事对于我早已司空见惯，不以为意。

但另一方面许多大手笔，大蓝图，大兴土木，大战自然，搜索敌人，寻找朋友，合纵连横，铁打江山，恰恰是这个时候搞成——也只有这一段时期能够搞成。

在这样一种气氛下，在到处讲“利用小说反党是一大发明”和“文联及其各协会……已经走到了裴多菲俱乐部的边缘”，上海已经展开了对《海瑞罢官》的批判，“文革”的炮火即将打响的时刻，伊犁地区于一九六五年冬展开了大湟渠喀什河龙口工程大会战。伊犁是哈萨克族自治州，它的东三县——伊宁、霍城是以维吾尔族，察布查尔是以锡伯族为主体的农业区，它的西五县：新源、特克斯、尼勒克、巩留、昭苏才是以哈萨克为主体的牧区。它的农区全靠大湟渠，水源来自伊犁河上游的喀什河。喀什河流量很大，通过大渠渠首（俗称龙口）将所需用水纳入大渠，其余的水则流入伊犁河与巩乃斯河、特克斯河汇合，浩浩荡荡，流入哈萨克斯坦。到了汛期，有时水闸截不住水，大渠泛滥，难以控制，淹没良田，冲毁水利设施。传说旧社会遇到此种情况要将名叫托乎地（意为停下）图尔地（意为站住）的人抛下水去祭河神。十分怕人。

而此龙口截至二十世纪六十年代，据说还是清代林则徐流放伊犁时组织修建的基础，此后仅有保养，并无改造。到了中华人民共和国时期，当然要喝令高山低头，河水让路，今胜昔并慨而慷了。先是把大湟渠更名为人民渠，再是以伊犁区党委田星五书记为首成立了指挥部，做好了新建引水渠首、西岸总干渠、节制闸、退水陡坡与引流式水力发电站的计划。于是调集了东三县的几十个公社的数万民工，在伊宁县团结公社的地盘，喀什河畔的丘陵上挖了无数的窝子住人，用铁锨、砍土镘、洋镐、抬把子等原始工具和一些畜力，拉拉车，打响了重整河山的大会战。霎时间，荒芜的山坡上红旗招展，标语口号，人头攒动，灯火通照，语录讲用，弹琴唱啸，杀牛宰羊，马嘶驴叫，敲锣打鼓，摇铃吹哨，汉语维吾尔语，男呼女叫，饭香酒气，馕坑火灶，好一个亿万人民尽愚公，万众一心能移山的盛况！

主要任务是挖土运土堆土，叫作土方工程。挖土亦有诀窍，先从下面掏空，再轰隆一下推倒。但这样很危险，突然坍塌，躲避不及，就会把人砸到埋到底下。这样的工伤乃至人身事故屡有发生，指挥部三令五申，民工就是不听。省力的必然经济规律大于防危的或然安全规则，奈何?

遇到石头，男人们大显身手，真正的劳动能手，会挖，会撬，会把它搞活（动），有的带棱带角，富有杀伤力，有的如球如蛋，“性情”平和，却无抓无挠无法移动，这些形状极不规则的石头，被能手们一晃一推一拉一提，就上了腰背，请它到了应该到的地方。而换另外的力巴头，如农友所说，费尽吃奶的力气，连滚带爬，跌跌撞撞，扭腰伤筋，流血挂花，动不了石爷半步。

大石头就得靠打钎放炮了，一人抡锤，一人扶钎，一人下炸药点雷管，几个人的事闹成万人欢庆，至少听了个相当于几十几百个二踢脚麻雷子的响动，至少是打破了万马齐喑。

人多势众，“人海战术”，这确实也是一种力量、一种依仗、一种气势。当然人们也为之付出了不少代价。从经济上看，这种方法肯定不是最好的，但对一个新生的标榜革命精神的政权来说，也有它的振奋力与煽动性。

与在家的人比较，工地的生活不错，常有肉吃，地窝子之间的空地，便是牛羊的祭坛——屠场；但由于奶的供应无着，喝不上奶茶；白面馕苞谷面馕基本上都能吃饱，这仍然得感谢二十世纪六十年代初期对经济工作的调整巩固充实提高。工地有小卖部也有饭馆，饭馆里有拉面也有粉汤。饭馆是一个大地窝子，门口挂着厚厚的棉门帘，门帘四周与里层结满了冰霜，你如果力气不够，连掀起这样的门帘也做不到。社员们上工前大声喊口号，工地上大讲学习老愚公，隔几天还评一回先进呀什么的。

我主动跟随本生产队的社员们到了工地，住进了地窝子，后来碰到几名业已相识的记者、水利技术员……大致属于一年到头下乡下工地，改造得很有成绩的那种泥土型知识分子，被拉到他们居住的竹板房，也过了几天高级生活。区党委宣传部的老宋曾经问过我们公社书记，说是你们让王蒙去工地了吗？公社书记、大学毕业生刘澄同志赶紧声明有无。这边的公社书记可与麦盖提的不一样，读书明理，文明友好。老宋的意思是可以对王某更宽松更照顾些。但是我仍然为我曾经去了此工地，住过了地窝子而自豪。我反省，我的前去不无作秀成分，我只在那里待了不多天。也罢，我仍然认为这是我那个时期的一个非常有意味的经验。它使我多了一种资源，多了一个吹牛的话题，而且，不是被迫（害），而是自愿自觉，苦中作乐。其中某些经验，例如关于冬季餐馆的门帘与氛围，我曾写到小说《歌神》里。

有诗为证：

地窝心头暖，河滩战岁寒。
蛟龙应俯首，公社志征天！

59. 干活吃饭

我这七十年经历了许多变革，有一条没有变：人民永远要干活吃饭。

在评论拙作《狂欢的季节》的时候，毕淑敏讲到小说反映的历史时期：（极“左”）政治扭曲了生活，而生活又消解了（极“左”）政治。

她讲得精辟，其味无穷。

怎么样才能活下去，这永远是工农大众面临的首要课题。要出工，至少是因为，不出工队里不会痛痛快快地给你发口粮。要割草，割了还要割，伊犁冬天长，雪大，小半年天寒地冻，牲畜吃什么？阿卜都热合曼一到秋季，每天回家都特别晚，他收工以后，还要大割其草，而他回到家，往往拒绝立即用餐，而是气呼呼地先检查牲畜们的情况，看哪头牲畜饿着没有，如发现了问题，必定抱怨不止。赫里倩姆为了尽好为老头做饭的职责，不怕浪费柴火，早早烧开了锅，一次次往锅里兑凉水，但是老汉偏偏不配合，让她枯烧锅一个小时或者更久。他们一次又一次地调整打扮他们的小院，今天在这里搭一个棚子，明天在那里砌一个炉灶，后天拆掉原有的狗窝，大后天又挖掉果树下的小块菜地改种鲜红的玫瑰花——他们想的是活得更舒服一点。

老太婆忙的是另一套，她们可没听说过女权主义或者男女平等。夏季打一次馕，烟熏火燎，头颅投入火坑，颜面如焚。其他时间一件常活是掺和鲜牛粪与煤渣，做成含粪煤饼，贴到墙面上晒干。凸凸凹凹的土墙上，贴满大大小小状貌各异的大致圆形的牛粪煤渣饼，如金元宝如箭靶如密电码如红斑狼疮如天才的多义创作，很给人以现代抽象艺术的冲击感觉。如果我画油画，我一定先画一张满墙的怪异的牛粪饼。

她老还酿造各种饮品，有一种用糜子米发酵做成的“泡孜”，类似淡黄酒加醋也类似俄式喀瓦斯。牛奶的制法也很多。发酵后是酸奶。酸奶兜在纱布里脱水，变成浓鲜酪，极美味，再脱水成为干酪。而老爷子的精彩贡献是自制葡萄酒，详情我写在小说《葡萄的精灵》中了。

她们做的饭最迷人的是拉面，有时她姐姐的女儿美丽的小学教师玛丽亚姆来帮助她拉。加盐水和好面团，分成几个长方形体的面剂子，抹上一层菜籽油或胡麻油饧面。拉起来得心应手，巧手如花。而更典型的喀什噶尔式拉面是把面条盘成螺旋——圆形，如内地用的盘香，一锅面就这么一根，再拉起来又如整理打毛衣的羊绒线。

维吾尔人的烹调可以定位于东西之间，农牧之间。有些食品显然来自汉族，煮娃娃（饺子）、曲曲儿（馄饨）、拉面，发音也是来自汉语，虽然我一时判断不准是何时何地的方言。有的来自中东地区，如馕、波罗甫（抓饭，波斯语）、库尔达克（炖肉菜，阿拉伯语）。他们做菜不喜欢放太多调料尤其是黑色酱油，更注重肉或蔬菜的本色，这一点像西餐。他们在做羊肉方面确实做得极香美。他们甚至相信，不同的人宰杀的羊肉会有不同的味道。我和芳多少次用维吾尔族的办法做羊肉菜，始终做不出那种味道。他们也吃馅，但是不把肉弄得过碎过烂，更不用绞肉机把肉绞成泥糊，而是把肉切成小块，配上洋葱，做成皮特尔馒头（薄皮死面包子）、萨木萨（烤包子）与饺子、肉饼，都极诱人，能突出羊肉的滋味与咀嚼肉食的感觉。他们更喜欢没完没了地喝奶茶。维吾尔老农曾经详细向我询问关于茶树栽培和茶叶烘烤发酵的细节，听我一知半解地说完，他们叹息说：“怎么这样好吃啊，内地的东西可真好啊！”

赫里倩姆的亲戚很多，玛丽亚姆经常戴着好看的头巾，她的样子，还有她的经常比自然发音高八度的类似尖叫——惊叹的嗓音，令我想起一只美丽的鸟儿。玛丽亚姆的母亲阿其汗住在三大队，病病恹恹，哼哼唧唧。她的儿子住在伊宁市西公园，名图尔地阿洪。他是区党校的干部，因思想问题被“挂”了已近十年。他有五个孩子和一位漂亮、丰满、富有曲线的妻子，在十门市部当售货员。他们家人多房小，居然能整理得有条不紊，地毯花毡，茶具餐具，不但随手可用，而且赏心悦目，他们的孩子也个个那么活泼美丽可爱。你不能不认定图妻是一位能干的女性。一次他们拉着我和芳到西公园“亲戚”家做客。阿其汗儿媳端出来的奶茶据说不够浓稠，使玛丽亚姆觉得丢脸，并向我致歉多次，我却浑然不觉。

赫里倩姆还有一继母，阿依穆，阿依穆的儿子伊明在县拖拉机站，女儿阿依仙姆则生活在精河县，是医生。这些人我都不少接触，如同他们家的成员。直到二〇〇九年夏，我到伊犁去，正接受州党委领导的宴请，阿依仙姆来到了宾馆，我被叫出去见她，老太太见到我抱着我痛哭，深情可感。

辈分最高的阿依穆向我发出过终极关怀性的提问，她说："老王，为什么人生是这样短促？你看我已经老了呀。"

我不知如何作答，便和稀泥说："人的一生，也不算很短嘛。"

她叹道："老王，老王，生命是甜蜜的哟！"

这是唯一的一次哲学讨论，原因是她的生活比较优越，镶着几颗金牙，她很少为吃喝与牲畜的草料发愁。其他农民则只考虑"如何"能活，也不拒绝讨论如何可以活得更好，但从不讨论"为何"要活或为何到时候还要不活——死亡。我不知道这是由于他们愚笨，还是由于他们其实更聪明。

如何活的问题当然也有怪论，如一位劳改释放的农民就说，在劳改队的生活很不错，甚至比不进劳改队不见得差。这太刺激了。

队里有两位特殊社员。一位是举止潇洒、相貌英俊、翩翩浊世之佳公子式的人物曼苏尔，他是乌兹别克人。他是中央民族学院的毕业生，曾在南疆任教，但更留恋家乡的生活，便退职还乡务农。他仍然温文尔雅。"社教"运动中他当选为生产队副队长，后来到供销社售货，他帮我收买过农家鸡蛋。再后来到中学教书。他的家庭属于上中农，他的父亲老实持重，母亲玛合甫莱提汗开朗、美丽、能干、利索，她的为人与说话与嗓音，都十分明亮。他们有一个大的相对很整齐的宅院。他们家里常有奶制品、羊油与甜食的气味。他们喜欢穿高靿的皮靴。他们家里铺着挂着各色花毡与地毯。他们教会了我与芳用蜂蜜、面粉和食油做一种甜品：阿勒瓦，我把它叫作"三不沾"，后者是北京鲁菜馆"同和居"的名点，据说新中国成立初期曾被民主德国总理格罗提渥邀请去参加莱比锡博览会上的烹调表演。

曼苏尔的妻子是公社卫生院的医生，她其实是曼的堂妹。他们的第一个孩子非常聪明可爱，但因近亲婚姻，没能长大。令人悲伤。

另一位"知识分子"是曾在南疆教体育的艾拜杜拉，说起话来口若悬河，几十分钟过去，连口气都不换。他毫不避讳地说自己是由于和女学生有名堂被学校开除，回乡来的。他公然介绍说，女人与女人的主要区别不在器官而在呻唤。随着学习毛主席著作的高潮出现，各生产队要设立政治队长，他被选举为政治队长。每天上工前他都天花乱坠地讲一通时事政治，有时批一通地富分子，主要还是批帝修反。有一次我发现，他白天在地头批完了地主分子，晚上却在此女地主家吃抓饭，想来是此人过“乃孜尔”——一种祈福和消灾的宴请。他从地主家出门，地主送客时正逢我遛弯儿走到那里，他见了我很不好意思，我当然做无觉状。难道我会去找这位政治队长的麻烦吗？我已经理解一些事情了。

干部们也一样。那个年代开一次会很麻烦，开一次会先要务虚，即讲一堆不着边际的话。公社一开会乃至县里一开三级干部会就好几天，队长们一开会就疲乏困倦得欲死欲瘫。他们回到队里传达上级会议的精神，也是先猛讲一切大道理，反帝反修，国际共产主义运动，列宁主义万岁，毛泽东思想是光辉的灯塔，三面红旗永放光芒，大寨陈永贵，大庆王铁人，兰考焦裕禄，先治坡后治窝，从明天起全体社员吃在地里住在地里，一个月内不准回家，十天内打完麦子，二十天内把所有田地夏耕一遍，头伏耕一遍是一碗油，二伏耕一遍是半碗油，三伏耕一遍是一碗水，过了三伏连水都没有了。我们要用毛泽东思想武装头脑，反修防修，支援世界革命，身在边疆，胸怀世界，世界上三分之二的人还没有解放……但是有人不出工，不出工怎么样？走资本主义走得通吗？不堵资本主义的路，迈不开社会主义的步！明天宰牛，一户一公斤……

对于不出工的人的批评占了每次队长讲话的一大部分时间，有趣的是，接受这种动员讲解批评责备威吓的都是出了工的人。

一口气说了几十分钟，然后队长问道：“怎么样？”

众社员异口同声答道：“乌仑达依米孜！”就是要坚决完成坚决落实。

此后，除了分牛肉以外，其他都少有下文。例如这里的农民习惯，使役的大牲畜均不带笼嘴，麦收中的牛马，大口吃麦穗，拉的粪便也都是麦粒。对此上级三令五申，必须给牛马带笼嘴。但社员就是不带。为此我感到不解，我与老农们商议，他们说，收获季节，胡大允许大家吃饱，牲畜也同样有放开肚皮大嚼的权利，万物自有定数，自有天饷（赖斯可），人类岂可擅动擅改！敢情这事还牵扯到了文化积淀、世界观和宗教信仰。

如此这般，不容分说。他们按规定给牲口戴上笼嘴，但只是挂在口边，并不扣到口上，如一些城里人的戴口罩的方法——把口罩戴到下巴上。说一声上边来人有检查了，立刻做贯彻状，全部牲畜戴上“口罩”，检查组一走，立刻恢复原状，口罩耷拉在牲口的下巴旁边。什么叫国情？什么叫实情？什么是贯彻落实？什么叫传达会议精神？我比从前明白得还算少吗？

维吾尔族人喜欢的一个词儿叫作“塔玛霞儿”，可以译作漫游，但嫌文了些。可以径直译作散步，但嫌单纯了些。可以译作玩耍，但嫌幼稚了些。可以译作休息，但嫌消极了些。可以译作娱乐，但嫌专业与造作了些，娱乐是有意为之，塔玛霞儿却是天趣无迹。塔玛霞儿是一种自然而然的怡乐心情和生活态度，一种游戏精神。像play也像 enjoyment，像relax 也像take rest。维吾尔族人有一句相当极端的说法：“人生在世，除了死以外，其他全部是塔玛霞儿！”

在这里我常常感染到他们的塔玛霞儿精神。

这里除了水浇地还有些高坡处的旱田，靠天吃饭，种植生长期短促的春小麦，但说是春小麦的面更有劲（含植物蛋白更多），适合拉面条吃。一次我队的几个人上山收春麦，预计两天完成，因当年春麦丰收，两天过去了没有完成，上山的人已经把自备的干粮吃完了，当天晚上便没有吃饭，为了转移对于饥饿的注意，他们一晚上唱歌跳舞。我听说后不信，我与他们讨论，缺少食物的情况下，应该避免热量消耗，不宜又唱又跳，但他们说他们的习惯就是用塔玛霞儿来代替食物。

对于人生的理论除“塔玛霞儿说”还有“伟大说”。有天晚上，热合曼与我谈天，他大谈人生是乌鲁克（伟大）的，他说应该知道，星期一是伟大的，星期二也是伟大的，那么星期三更伟大了，星期四是伟大的，星期五尤其伟大（按：周五名主麻，是伊斯兰教的祈祷日），然后周六周日都是伟大的，然后每月从一号到三十号每年从一月到十二月都是伟大的。他讲得非常兴奋。我不能详解，但是我很喜欢他的讲法。人生的每一天，本来就是伟大的呀！

60. 老百姓

什么叫老百姓？

队里开会，来了干部讲国内外形势，一个社员喊道，别讲那么多了，到底要我们干什么？追加缴余粮还是出工修路还是征兵，您就说吧。众人哄笑。

队里评先进，其中一个素常带点二杆子（上海叫十三点北京叫二百五）的名叫库万绰号傻郎的人被评上了，我被生产队叫去写人物材料，发现原始材料中把别人的事迹也往他头上整。我稍显犹豫，立即受到众干部与社员的说服教育：哎呀老王，当然，就是嘛，没错，肯定喽，他是有先进事迹的。你也是有的，我也是有先进事迹的呀。他的先进事迹你的先进事迹我的先进事迹都是差不多的共同的嘛。谁能说你的先进事迹他就不能有？

……最后我差不多相信了，人人可以成为先进，就如人人可以成佛，这有什么不好呢？

尤其是当上级派了干部来核查的时候，所有的农民都加美言，即使完全未曾与闻此事的人对任何一个人的先进事迹也是张口就来：例如说他拿出自己的莫合烟给大家抽，例如说他见到大渠跑水，立即用身体去堵，例如说他给五保户挑水，例如说抢收时节他一次干活二十八个小时……这些都是现成的，人人合身。君子有成人之美，信然。

而这位积极分子曾经穷得连磨面与买盐的钱都没有，他曾经连续一个星期煮整粒淡而无味的玉米充饥。他曾经借了钱不还，后来他因为冒险帮助一辆陷于泥沼的卡车而得到了一点钱，他也大方地给别人使用。而最妙的是他确实记住了毛主席的几句话，在一次开会时突然焕发光彩，正确地适时地引用了毛主席的话，受到一致赞扬。

例如干部汇报生产数字的时候，动不动就上百分比，立马会受到领导的表扬。有的领导特别喜欢听百分比，甚至从来没有统计过的数字，只要上级问就要不错眼珠地立即回答，随口说出。北京郊区，人称这个经验叫作“别打等儿（等读去声）”。从北京到伊犁，所有的农村干部都有这个经验与功能设置，到时候受用不尽。

私下也开开心。一位中专生本来上得好好的学，三年灾害期间学校关闭，他回乡了。此人汉语讲得不错，他喜欢朗诵，说是他的最有名的自撰汉语诗句是：“啊，我亲爱的祖国，请给我一个白馍！”我问他，他却支支吾吾，对我有所避讳。但是他爱说：“我看电影就爱看特务，特务穿得多好看，搂着美女，整天跳舞，啊，我什么时候能当上一个特务呢？”

他知道，他可以拿特务开玩笑却不该拿祖国开玩笑。

他还明目张胆地向我宣布：“我不喜欢劳动，我喜欢看电影，我喜欢天天下雨，不用出工……我不是积极分子嘛！”

你不论问什么说什么，他们都是一连串的“好好好好……”有人还会加几句：“可不是！”“真是这么回事！”“拥护毛主席，打倒反动派！”“一听我心里就亮了！”“听您的话，我不吃饭也是高兴的……”

这个时期最经常的一个斗争就是社员想方设法赚一点钱，被认为是走“资本主义道路”。于是干部们千方百计去制止，堵塞。当时的说法是“不堵住资本主义的路，就迈不开社会主义的步”。社员们做婴儿摇床，编扫把，砍工具把柄，养家畜家禽，加工奶制品，无非是换几个零花钱。比较起来新疆这方面比内地农村还是宽松得多，干部和社员大体上采取说一套做一套的办法，说起来都跟着喊，人人反对私活、私心、私利，维吾尔语叫作“夏合斯依耶特”，然后大家偷偷“自搂儿”。“自搂儿”这个词，是特定年代的农民的一个创造，很形象也很富有动感。再一个办法就是搞以货易货，不见现钱，就显得合法一些。例如，你卖鸡蛋卖苹果是“资本主义”，你拿着鸡蛋或者苹果到供销社换盐巴或者茶叶，就不是资本主义了。

我发现，有许多群众反映是新闻报道的产物，你怎么报他就怎么反映，他怎么反映你就更加怎么报道，于是更加如是反映，更加如是报道，板上钉钉，无可动摇，岂容怀疑？

反映完了，他该怎么着就怎么着，想怎么着就怎么着。他另有一把算盘，另有一笔账。

你开会，他迟到，可以迟三四个小时，于是召集会者把开会时间早说两三个小时，本来计划晚八点开会，偏偏通知是晚五点开会，其实五点你到大队部，绝对看不到一个人。人们到得就更晚了，你讲那些未必做得到的事，他睡觉。你点名叫醒了他，旁人见他那睡眼惺忪的样子哈哈大笑，他突然大声说几句热烈拥护、坚决完成、三面红旗万岁的话，气冲牛斗，使召集会议者颇觉受用，这时，他又睡着了。

也许这是一种平衡？这是冥冥中的一只看不见的手？在大言与实情、豪言壮语与苟活、漫无边际与鸡毛蒜皮、天马行空与过一天算一天之间，在理论与实际、政策与对策之间，这只手掌握着也拨弄着。这也算是天道有常吧。

庄子那边的一家住户与我的讨论使我意外。老汉叫伊斯哈克，长得像中东人，轮廓非常俊美，又蓄着胡志明式的胡须。老婆叫穆斯汗，长得像蒙古人，他们是近年才从南疆迁至伊犁的。他们向我叙述，由于亲属死亡，悲伤过度，决定北迁。他们徒步走了一个多月，翻过高寒的新源达板（山峰），与其他北迁者共同露宿过夜。我到庄子劳动或处理事务时，常常住在他们家，他们是我的另一家房东。他们的热情纯朴超过了旁人。伊斯哈克只知闷头干活，穆斯汗喜欢唱歌，声音高劲，如少女呼唤，有时还出现假嗓的崩天裂地的叫唤。他们的两个孩子（姐弟）活泼伶俐，聪慧俊秀，完全以大哥的亲情来称呼我和对待我，更是可爱。

一天二老忽然问我："老王，你说什么叫中国呢？喀什噶尔是中国吧？口国是指南疆吗？"

我解释，中国包括南疆也包括北疆，包括新疆也包括内地——在新疆一般称作"口里"，犹言"关内"。

他显出迷惑的表情，说："哦，你走到哪里，哪里就是中国。"

我想起我父亲的一句话，他说中国的农民是富有政治经验的农民，中国的老百姓是富有政治经验的老百姓。

是富有经验的，也是缺乏知识的。

……我也可以理解，到了二十一世纪，中国的悲情并且念念有词的理想主义者，坚定严厉一脸阶级斗争的权力与职务崇拜者，高雅得意、酸溜溜的个人主义、自由主义者，以及勇猛峻急的启蒙主义者，读到我写的这些百姓时定当痛心疾首，履行知识分子的天赋使命，勇敢地与富有使命感地不能不对之批判批判再批判，求断裂决裂再决裂，他们自信能够也必须再造中国，焕然一新。他们从中定会发现精神奴役的创伤、国民劣根性、虚伪狡猾说谎推诿、刁民贱民习气、阿Q真传、人格分裂、言行不一、前现代封建专制和后殖民主义软骨缺钙等毛病。对此我不打算争鸣，我只是说我理解并且同情老百姓，有时候确实佩服他们并受他们的影响。多数情况下，他们不可能集体齐步走向左右看齐，大义凛然，同殉理念，何况大人先生精英们要求旁人必得为之就义的理念各不相同，互不相容。而老百姓们有权利活着，必须活下去再活下去。谁能批评老百姓的集体存活，而且中华民族至今人丁兴旺呢？

人们的活法堪称日新月异，运动的领导堪称花样翻新。但另一方面却是亘古如一。维吾尔人也经常自嘲，说他们之间喜欢闹一些小的是是非非。精彩的故事是各族人众的代表到胡大那里求本民族的维持生计的手段。说是欧洲人去了，胡大说，你们要靠开工厂为生。澳洲人去了，胡大说你们靠捕鱼为生。哈萨克斯坦人去了，胡大说你们要靠牧羊为生。维吾尔人则是两个人吵着架撕打着到了胡大这里的，胡大给了他们一根木棍，说，你们啊，就拿这根棍子互相戳着尻门子过日子吧。（戳尻子的含义是互相拆台使坏。）

有的当地汉族人总结了维吾尔族人几方面的生活方式与汉族的区别。汉族人刨木料时刨子是从里往外推，维吾尔族木匠是从外往里拉。汉族人缝衣服时，右手用针线是从左侧的衣物上向右向外扯出针与线，而维吾尔族妇女缝物品时是从右前方往怀里扯针与线。维吾尔族人睡觉喜欢用伏卧式，而汉族人喜欢用仰卧式。汉族人洗完衣服，如不是左撇子，主要靠右手顺时针方向向外拧水，而维吾尔女子拧干衣服是左手往里拧。如此这般，令人感受生活方式的丰富多彩，也感受生活方式的改变绝非一朝一夕之功，乃至于，最好不要整齐划一。

例如《海瑞罢官》与《燕山夜话》已经开始批判，一种不祥的预感已经笼罩着全国，而边远的农村并没有觉察什么异样。“文革十六条”即将公布，一九六六年的初夏时分，公社搞了一次新式婚礼的大推广。一批业已登记结婚的青年男女，集中在公社礼堂，戴上红花，电喇叭里高声放送着革命歌曲，县领导、公社书记、生产队长代表、家长代表与新婚青年代表纷纷讲话，歌颂新社会，赞扬新式婚礼，鼓励新人与全体来客继续学习愚公、张思德、白求恩，学习雷锋、麦贤德（海军战士，受重伤，仍坚持学“毛著”与称颂毛主席）、吴兴春（硬骨头战士）、欧阳海……苦战三年，改变家乡面貌。

众人喜气洋洋。领导干部们谈话中对结婚旧俗陈规陋习深恶痛绝，大吃大喝，浪费，酗酒，变相买卖婚姻，迷信，烦琐，影响劳动……同时，人们也为新式婚礼的蓬勃向上、新事新办、移风易俗、节约开支等而兴奋不已。

但是我至今不知道领导们是否知道真相，就在集体婚礼后不久，一天晚上我被“秘密”叫去出席后补举行的传统婚礼，该喝酒的喝酒，该宰羊的宰羊，该唱老歌的唱老歌，该跳老舞的跳老舞，一仍其旧。当事人总结说，新式婚礼花钱更多，在新式时要买红花、瓜子、糖果、饼干，而后补的老式婚礼，原来的任何一个过程或一分钱不可能减少。

我们现在有一些只有小圈子里的精英才读得懂的玄秘警醒的学说，我在想，那么这些边远地区的农民，他们的生活学说是些什么东西呢？能不能请局或省，部还有博士、博士后、教授职称以上诸友诸同志也关心一下这种活法和有关这种活法的学说呢？我还想，现在有一些多少多少级别以上的干部口头资讯，是只流传于副股级以上的干部和群众中的？请问读者，你听到过这些资讯吗？

61. “文革”是怎么样开始的

我常常琢磨，“文革”在巴彦岱是怎么样开始的。

批判吴晗的时候公社里没有什么动静。我想起二十世纪五十年代初期，为了中学工作，我与团市委的一个部门领导给吴副市长汇报过一次工作，那次对吴晗的印象是零，因为他嘛话也不说，只是一脸的笑容；也许他认为我们只是做汇报状，他仍做听汇报状？我还有一个印象，“反右”中他是民盟的运动的带头人。这回“轮”到吴晗了吗？我心里略略一动。反正批判打倒已经是常事，已经是一种活法了。

邓拓的事就吓人了，我毕竟熟悉北京与市委。市委一改组，矛头一对准彭真，边疆也震动起来。毛主席在他的领导艺术中是很善于发动群众，善于用强刺激的手段呼风唤雨，做平素做不到的事情的。

我大队也召开了邓拓批判大会，大队秘书图尔地做主题发言，他也学会了搞批判，讲得情文并茂。他不停地说着，“三（你），邓拓……”维吾尔文是很注意对陌生人使用第二人称尊称式的，说是即使处决犯人，行刑者对犯人的说法也是“斯依孜（您）”而不是“三”。维吾尔文还有一个词，叫“噶尔赞呆（黑帮）”，也是非常重的一个词。你一听，就知道邓拓完了。

麻烦在于维吾尔语的“万岁”的说法是“亚夏松”，而“打倒”的说法是“哟卡松”，略有相近。我亲耳听到在批判邓拓大会上喊口号时，大队贫下中农协会主席毛拉·库图洛克把该喊万岁亚夏松的地方喊成打倒哟卡松。急得大队书记阿西穆面红耳赤，连忙竭尽全力用正确的口号把他的错误叫喊压下去。还好，在厚道的伊犁农村，没有人抓辫子整人。人们宁可非礼勿闻，谁也没听见。大家明白，如果谁也没有听见，那么谁听见了就说明谁思想反动。

社教时成立了贫下中农协会，热了一阵就凉了，后来贫协无疾而终。毛主席确实也费过脑筋要解决农村的干部监督问题，成立贫协目的是监督。社会主义教育运动期间，书记队长都由贫协评议。运动完了，无非是大队又增加了一个不管事的老好人干部。而库图洛克之贫也包括知识与智力，不久，他也就销声匿迹了。

在青年人中间，“文革”的开始带有一种提供新的经验的欢快情绪。根据报纸与广播对于各地红卫兵运动的介绍，我们大队很快成立了红卫兵（依后来的观点应算是御用的红卫兵），敲锣打鼓，贴标语挂横幅，搞红海洋到处写语录，而且，所有语录要用红底黄字，那个时候是很忌黑色的。大队红卫兵还搞抄（取缔）鸽子，维吾尔族人养鸽子玩鸽子历史悠久，古代维吾尔族前身叫作回鹘，即回纥，又名回鸽，此名之由来与他们喜养鸽子有关。《纳瓦依》一书中就有彼辈欣赏鸽子飞翔与鸽铃优美的描写与插图。

红卫兵提出要剃掉胡须。大队干部首先响应。霎时间各位美髯公山羊胡仁丹胡还有两端翘起的布琼尼胡，都剃光了，大家摸着光光的下巴，哈哈大笑。

红卫兵没收了一些旧书，不准养黄鼬（这里有养黄鼬的习惯，用来捕鼠，说是黄鼬可以缩骨钻入鼠洞对鼠类搞种族灭绝），没收赌具。这里好赌，老大的小伙子一人攥一个熟鸡蛋，互相一碰，碰破了的蛋就归了没破的蛋主人，有人使鬼，撞蛋时用手指甲去捅对方的蛋，实是小儿化的闹剧，此外有斗鸡、斗牛羊骨头，以及斗牌。

很快你已经弄不清哪些是本原的红卫兵的主旨，哪些是红卫兵运动普及过程中的加码，哪些是滚雪球式的无限扩张。开始出现了对于少数民族的文化习俗的冲击。如果不是突然杀出一个批判资产阶级反动路线，光一个“破四旧”就不知会伊于胡底。

批判“资反”令人感到莫名的兴奋与战栗。第一，按照一九五七年的经验，造反派是不会有好下场的，而这次他们居然成了“左”派，左右之辨，正如奇正之循环，令人惊叹毛主席兵法、毛主席思想方法之出神入化，多端无端，大人虎变，不拘一格。第二，有一些一无所长，抱着权力而颐指气使，主宰旁人的命运者，常常被视为骨干分子，这次轮到他们费点劲了。第三，青年人总是比较易于令人同情。第四，那些除了套话什么也不会讲的人，这次也可趁机锻炼锻炼。

绝了，聂元梓、蒯大富成了主席钦点的革命先锋，而宋硕（市委高校党委书记）陆平（北大党委书记）成了革命的绊脚石！（毛主席说的话）前一个小时，打死谁谁也不敢这样想这样说！

报纸上发表了阮铭发难揭发周扬在《鲁迅全集》的注释中“做手脚”的文章。凡是反“右”时候冲锋陷阵的人，这回都是以自身之道还治自己之身了。这也算冤冤相报？

不是真理就是狂热。玄而又玄！悬而又悬！端的是史无前例，端的是离奇、新奇，老革命遇到了新问题：革命要靠一帮毛孩子。政治怎么这样像押宝？

同时，我知道我不能兴奋，我没有权利兴奋。越是奇，对于我来说，而且不仅对于我来说，越是险。侥幸一押即中的人，很可能一家伙跌个粉身碎骨。

一批判资反路线，农村也有了反响。首先是几个三年灾害时期东迁的新户。一个姓王的甘肃人，一个姓马的青海人，开始批大队的御用红卫兵。而大队会计等最初对红卫兵运动颇感兴趣的人，一下子就蔫下去了。接着王、马等贴出了针对我的大字报。他们不知道我的姓名，称我为王益民，但是他们闻出了味道。

事情原因起自甘肃王某不断揭发一个来自山东的林姓人氏家庭出身是富农，他与林有一些鸡零狗碎的矛盾。我对林印象不错，对王这种人不感兴趣，便冷淡了他的不断举报。而马是告一个老农民的状，说是马的鸡被老农投毒药死了。我找老农谈过，老农矢口否认，我告诉马没有凭据，无法令老农赔鸡。王马二人都对我不满。马有个绰号叫泡克。泡克是屎的意思，大队的清洁工就被称作尼亚孜泡克，两个人都比较胖、迟缓，也有点赖。而甘肃那个王整天琢磨事，有心机。

依例王与马向我发出“通令”，我去了庄子。有意思的是他们先要求我摘下眼镜来。我明白，对于他们来说，戴眼镜是一种奢侈，更是摆谱耍威风的表现。

我回去就病了，支气管炎，发烧。病了几天，再也没有什么事情发生。第一，我确实没有留任何把柄，第二，毕竟他们连我的姓名都闹不清。但是林姓山东籍农民就惨了，在农村沾了地主富农的帽子，顿时一片漆黑。他被王与马戴上高帽子游了街，跟随看热闹的都是小孩。说是富农（也没有人去分辨是富农还是富家子弟），自然没有人敢同情。林姓人不久得了肝癌，自缢身亡。

阿卜都热合曼一再叹息，世界没有了主人（犹言没有了王法）了吗？

严格地说，巴彦岱谈不上有什么“文化大革命”，稍稍学学样而已。多年来养成了什么事都是跟一跟学一学摆摆样子走走过场。人云亦云，人做我做，人闹我闹，人息我息。谁知道到底是怎么回事？即使一个大运动千有理万有学问，搞到巴彦岱来，能够还成其为首都开始的那场政治斗争吗？追求普遍与彻底的结果，是不是反而更容易使初衷走形呢？

62. 农村的纵横捭阖

真正的人物还在后头。王与马，尚未完全适应当地的环境，不会打钐镰，不会在大水漫灌时打土埂，连与广大社员通话都不可能，无根基，无威信，立足未稳，形象模糊，掀不起多大浪头。最早的积极分子往往成不了角色，此事亦然。维吾尔族社员对政治运动似觉隔着一层，多采取观望态度，对种种事件大惑不解。我们队里有一个机灵而又剽悍的回民朋友，在历史的这个当儿应运浮出水面。

他叫穆萨子，麻脸，虎背熊腰，力大如牛，头戴柯尔克孜式船形毡帽，镶金牙，皮靴，腰缠宽布带，条绒衣裤，有较强的狐腋味，爱交际，喜吹牛，尤其常给各族女社员讲他年轻时如何用一把砍土镘砍死两条毒蛇的事迹。他一讲大家就笑，齐声高喊着："泡！泡！泡！"泡就是吹牛放炮。维吾尔语"泡其"，指牛皮大王，"其"是人格词尾。另有一词叫作"呶其"，是英雄好汉。我评论穆兄并一般的伊犁男人说，"嗨姆呶其，嗨姆泡其"——"既是好汉，又是牛皮狂"，深得众人首肯。穆兄爱唱花儿，尤爱唱狎妓歌曲："姐姐好啊妹妹好啊，哪个合心哪个好，西瓜甜呀甜瓜（指哈密瓜）甜呀，哪个合口哪个甜。"这是平津学生大联欢时爱唱的《沙里红巴唉哟号》曲调的原词。穆兄还会用回族小调的唱法唱《康定情歌》，"跑马溜溜的山上"，他是用假嗓唱"溜溜的"三个音的，这使我深感困惑，不是西康的藏族歌曲吗？怎么能唱出回族小调的味道？我听过许多歌者包括保加利亚的男高音唱这个歌，从来还没有像穆萨子唱得这样地道、民间、动人。

穆兄"四清"时因敢提意见而受到工作队赏识，开始是公社积极分子，参加了公社贫下中农代表大会，运动中期因计较小利与发牢骚渐渐失宠，仅算小队积极分子，到了运动后期，他又闹了一次火灾责任事故，就不算积极——很可能算落后分子了。为此事工作组长当着我的面数叨他，他满脸赔笑接受教育，组长一走，他骂："屎哇！"

他出来宣布夺权出乎我的预料。真是王侯将相，宁有种乎。和所有的权谋家一样，他的诀窍是依靠少数，控制压榨多数。一个大字不识的穆萨子看准了队里的几个能人，其中有当过旧社会警察班长的司马义，有"四清"时下台的老会计斯拉穆，有当过巩留县科长的阿卜都日苏尔。他还看中了口里新来的汉族女姓刘，刘有文化，说是当过银行干部，来历不详。她貌美肤细，被称作阿克秋干（白媳妇——白的意思不仅是颜色，还指美丽，夸奖一个女婴的时候就说是阿巴克克孜，白白的丫头）。她家中有一谢姓男子，开始说是她的外甥，后来变成她的老公。穆萨子夺权以后任命刘女士担任了会计，任命几位能人做队委辅佐自己。他骑上了高头灰白大马，到处发威。对原来队干部，他不屑一顾，盖原来的干部的特点是忠顺老实，一切听领导的，遇到沧海横流、各逞其能的混乱，个个呆若木鸡、一筹莫展。这里暴露了我们的用人择人问题，用的一大堆好人型干部，平时勤恳忠顺，听话得很，但都不能独当一面，不知道怎么应付恶人恶事或其他突然事件，尤其是一旦离开了领导，他们啥事也不敢做。

对少数能干人，穆兄重点拉过来，对大量百姓，他吹胡子瞪眼，气势如虹。他动辄斥骂干活不好的社员，曾把那位中专生训得狗血喷头，并收到杀一儆百的效果。无可否认，他的"领导"比原来的队干部威严有力。他曾经略略对我摆威风，摆出一副王某到什么地方去为何没有向我请假的架势。未等我反应，其他社员说话了，说老王是好人，对老王应该客气一点。他立时改为哈哈大笑，并强调他压根儿就是老王的好友，知我爱我者老王也。至少客观上是双赢，仍然显示了他的恩威、度量与讲"政策"，显示包括老王已经大体收入他的势力外圈。也显示了他的从善如流，做事符合民心。当然也形成了老王的被保护的高等地位。

但是有一个能人他不能征服也无法拉近。那是个老新疆，汉族，原是乌市员工，在灾害困难时期，很多单位忙着精简城市户口，他便被欢送回乡"加强农业生产第一线"，先到了伊宁市，又到了巴彦岱。论劳动和语言能力，他二人无分伯仲。论头脑，这位汉族师傅（以下简称师傅）比穆强些，而穆的家业比师傅好。穆告诉我他是给岳家帮工，最后连人带房都入了他的进项，他很中意妻子的年轻美貌。而上述汉族师傅羽毛未丰，临时住在庄子的应该算这里的贫民窟的几间简陋的土屋里。师傅还有一个有利条件，他的妻子是安徽人，有文化，有算计。“四清”时他向工作干部屡屡发表对于生产和大队领导的意见，站得高看得远，言之甚在理。而等到动员师傅担任副队长，他坚决辞谢。对于穆的夺权，他若无其事，不卑不亢，不冷不热，不软不硬。穆几次似乎有意与之较量，但到头来都被他的沉默寡言和与世无争的姿态碰了回来。两人保持距离，保持一种冷淡的友谊。师傅背后则不乏对穆的批评与穆的劣迹的新闻发布，如穆拿了队上多少多少钱修缮自家的房子。显然，他比穆老到一些。

穆曾经向师傅和我等吹嘘他的指挥能力，意思是一个县一个州他都能拨拉得开。师傅指出他基本上是文盲，文化水平太低。他认真地说：“我不能有文化，我要再有了文化，哪儿都放不下了，我就该得癌症了。”这也是一种朴素的经验总结，人无完人，事无完事，有缺陷有遗憾，才算正常，才存在得下去。

穆兄无师自通地搞上了有打有拉有放有收的权谋，懂得抓机会的重要，也懂得有权不用过期作废的道理。他当了一年多队长，耍尽威风，也捞足实惠。自己给自己批条子支钱，找队上的劳动力帮他修房子。对此出现一些议论，师傅也当面向他进言，应该收敛些。他的回答显示了泼皮作风、江湖习气和某种道家风貌。他说：“屌，现在就得听我的！等我不行了，谁高兴，爆炒我的两个卵子下酒好了。”

穆的下台竟是出自一个坚决捍卫政治正确的壮举。一天他与司马义班长与斯拉穆饮酒，喝高了，他们胡说八道起来。那二位说世界末日就会有艾居居米居居出现。红卫兵就是现今的艾居居米居居。艾、米云云似是宗教用语，犹言牛鬼蛇神，但听发音就像是小妖小怪虾兵蟹将。又说到毛主席已经没有了。

穆突然觉悟高涨，警惕性提高，大骂他们散布反动言论，掀翻酒桌以示义愤。结果那二人因反革命罪判刑，而穆的官运从此式微。

穆很有一些盈缩有期、舒卷在时、用藏无迹的先验认知，他是做到这一点（古今中外反而有许多大人物做不到这一点）的天才：说下台就下台，毫不恋栈，毫无不平衡不适应，也不要求任何过渡，不需要任何温情脉脉的安排。当队长不过一年，下台以后立即夹起尾巴，低眉顺眼，换成了另一个人，就如不曾夺过权当过队长一般。而且最令人佩服的是他并非全无远见，他支的钱笔笔有账，有写好的条子，有会计的复核，什么手续都不缺，你顶多说他是利用职权多支取了一点，却不能说他贪污。而他的进退自如，堪称楷模。

可惜的是他英年早逝了。一九七三年，我已在乌鲁木齐工作，回伊犁搬家，到巴彦岱去了一次，听说穆兄已经去世，他不喜欢看医生，身上长了一个脓包，硬挺着不看，后来变成全身的严重感染，终于不治。其实，最初也就是两针青霉素的事儿。

笑到最后的笑到最好，师傅终于轮到了一显身手的时机，他当了几届队长，后来又在经营渔业上成绩卓著。我理解，他最初坚持不出山的算计是有道理的了。

民间的智慧实不简单。四大队有一位自治区业务部门下来蹲点的干部，平时可能对当地农民有尊重不够现象，等“文革”运动一来，当地农民找机会美美地把他老兄收拾了一顿。

此后许多年，我与广播影视部长艾知生闲谈，说起我在大队工作的经验，他说，按照一种理论，治理一个村与治国有许多同构性，研究清楚一个村，很有利于研究清一个国家直至世界。

63. 二姨之死

我的处境使我事事偏于退让。那个中专学生也说，你怎么这样胆小？我只能苦笑。

芳的人生态度绝对与我不同，她是宁折不弯。初到伊犁时因不准去欢迎参加庆典的中央代表团领导贺龙同志，她就与学校据理力争，不让步，她绝不允许被打入另册成为既成事实。而依着我呢，我最爱说的一句话就是“算了吧”。“文革”开始后有一位姓范的工作组长对她不怎么样，她也在“批资反路线”时还以颜色，并和包括祖尔东等一批性情投合的人组成一个战斗队。战斗队活动了没几天，祖尔东觉得没劲，回了家，伊宁县红十月公社。几个月后回来，他娶了个媳妇，并且自开玩笑：“一朵鲜花插到牛屎上了。”他曾在兰州民族学院学习汉语五年。“文革”初期，弄不清来路的时候他曾写过大字报，首句话是“我是一棵大毒草……”大量侮辱性语言的任意使用，反而使这种语言的尖锐性刺激性消解了，解构了。

“文革”一开始，来头太猛，母亲为了躲风来到了伊犁，暂住了一个多月。之后，全国掀起了“大串联”的高潮，人们以革命的名义走遍大江南北，塞外海岛，免费旅行，白吃白住，也是千年不遇的奇事。待到北京的“破四旧”风潮过去后，芳乃决定以串联的名义回趟北京，送回母亲，并把一九六五年送回北京的两个儿子之一王石接回身边来。

本来我可以与她们一起走，我不敢，便把她们送到乌市，我自己回了文联。正值文联两派斗得不可开交，先夺权后军管，你要打倒某某某我要保某某某，乱作一团。你待在这种地方，想什么都不参加亦不可能，而你只要与某一派稍稍亲近，而亲近的原因可能纯属偶然，可能纯属私人原因，可能根本没接近而是误被认为与之接近……马上就被另一派视作眼中钉，被另一派抓辫子打棍子，必欲置之死地而后快。这样，不由得你也会激昂义愤起来。我算开始明白了政治斗争是如何把人分化，视对方如寇仇的。仔细分析，此处非久留之地，在一九六七年五月，我趁机回了一趟北京，并把二姨接到伊犁与我们为伴，协助我们照顾石儿。

与长子王山分别时我很难过，我们说好我走的那天他会由姨母带领到幸福大街铁路桥边送我，去西北的火车自北京站开行后，必须经过那边。但车走到那里已经大大加速，不像自西北地区回京时，车经过那里已经大大减速。一晃，什么都没有看清，过去了。这使我想起两部苏联影片。一个是《复活》，喀秋莎抱着希望去火车站看聂赫留朵夫，结果什么也看不清。描写得同样凄惨的是“修正主义”代表作，丘赫莱依导演的《雁南飞》，战争中军人家属们听说运送她们的夫君的兵车将从某站驰过，便个个梳妆打扮，带上土特产到车站迎接，结果，车风驰电掣一般地驰过，妇女们哭的哭，喊的喊，伴着车轮碾过铁轨的声音，也碾过了观众的心。什么时候一家人能够团聚，什么时候一家人能够团聚过好日子呢？

想起看影片《复活》来我还想起一点花絮，那是个星期天，一九六一年，我与芳在家清点粮票与钱票，为二票都没有亏空而心情不错，之后，去新街口影院看《复活》，看得回肠荡气。等回到家一摸，所有的粮票与钱票，连同容纳它们的光溜溜的塑料夹子，早已不翼而飞。

一九六七年夏我在北京与山一起到东安市场森隆餐厅吃东西，我给他要了一份大雪糕，他吃得极其快乐，一边吃一边发出叫声，像一只捕到了老鼠的猫。这个细节，我后来用到中篇小说《蝴蝶》里了。日语版译者大阪的相浦杲教授夫妇，也曾特别向我提出了这一节，他们认为这个描写给人留下了印象。

那时乌鲁木齐至北京的火车要走九十来个小时，我们坐不起卧铺，便在硬座上坚持。每夜开始时还好，到了长夜将终，天色微明时分，叫作瞌睡得滴里嗒拉儿、头欲堕而手欲落、身上没了筋骨、人变成了脱骨扒鸡，其困倦非人所能忍受。我乃采取了下下策，钻到硬座椅下躺到车厢地板上，地板上是香烟头、瓜子皮、糖纸、痰渍和尘土污秽，臭气扑鼻。但是我已经坐不住，不能不躺下了。硬着头皮躺上十分钟一刻钟，躺下的肮脏污秽同样难以忍受，便又坐起来，再迎接第二天第二夜，再后是第三天第三夜的考验。

我从最早在少年宫建筑工地上劳动时，就不断地听劳动伙伴讲一段道理：人有享不了的福，却没有受不了的罪。到了桑峪，又整天听农民这样讲。善哉！

比较起来二姨熬夜的功夫强似于我，她说是一辈子了，常常整夜不合眼睛。不远万里，坐完火车坐长途汽车，一周后我们总算一起到达了伊犁。她说是头晕脑涨。我以为是旅途劳累所致，不知厉害。没有太多天，芳带学生下乡割麦子走了，我还要照顾二儿子王石，手忙脚乱。这天二姨起床就说头痛欲裂，其后昏睡过去。我以为她坐车太累了要睡觉，好好休息一下也好，便没有打搅她。白天我去巴彦岱劳动，夜晚才回家。见她仍然躺着打呼噜。直到深夜，她仍然不醒。我突然想到，大事不好了，她这不是睡觉而是昏迷。我大惊，半夜敲醒了维吾尔族老师克尤穆的门，克老师帮我找来了学校的马车，送她到了原友谊现反修医院。

四天后二姨去世。我在六中赶车人王平山帮助下料理了丧事，从置办棺木到装殓遗体，从选好地点到挖好墓穴，从一应礼行到入土为安，从处理遗物到答谢克老师等受了麻烦的各族诸友，都靠我与老王（平山）料理，做得还算周全。从此，伊犁的土地上埋葬有我的亲人，这块土地与我的关系更加深化了一步。

最令人感动的是，巴彦岱的老乡也来送葬，维吾尔族人的风俗宗教，使他们个个极其重视人的死亡丧葬。他们并且说，依他们的看法，二姨压根儿是这块土地上的人，但一直流浪于河北、北京。她千里迢迢从北京来到伊犁，就是为了安身斯地，求个落叶归根的正果。这使我心里稍安，也更加心酸。

这也是我第一次亲眼看到一个人的死亡，亲自为一个不幸的人的一生送终。人死确如灯灭，说走就走。生命如此脆弱，走这一趟又所为何来？

二姨董学文，曾用名董效，生于一九〇八年，卒于一九六七年。自十九岁守寡，夫君青县姚氏。一生孤苦伶仃，喜读闲书，智商不低，是我的启蒙文学老师。无以为伴，遂嗜烟酒，曾对我宣讲吸烟的好处：饿的时候吸支烟，觉得饱了些。撑了的时候吸支烟，觉得消化了些。困了的时候来支烟，觉得有了精神。失眠的时候吸支烟，觉得踏实了。她吸的最劣质的香烟叫珍珠鱼牌，一盒几分钱。她饮的酒也都是散白酒，就花生米。后来花生米见不到了，她就吃点咸鱼豆腐干之类。“破四旧”时她与我的外祖母一起被红卫兵强迫喝过洗脚水。经此冲击，我的外祖母去世了。而她一直是风雨飘摇，半饥半饱，到街道工厂糊过火柴盒。她对到新疆与我们相会相伴充满期待，在京曾经畅想过老有所安的美景。但这最后的一点希望也被命运剥夺了。

我甚至有点怀念那个不正常的年月中的民族团结，深情厚谊。二姨去世的前前后后完全实现了民族大团结的理想。我永远感谢这一片土地，这里的人民。

乜有各种动向、谣言、挑拨离间。好几次传出来五月二十九日那一天会出什么事情。我不相信，那天我一直帮助曼苏尔盖房子。那天的活干得很不错。

64.边城“文革”纪景

农村自有农村的风云变幻，纵横捭阖。至于伊宁市的“文革”，我就不甚了了，批判资产阶级反动路线时窃自有一点惊奇乃至惊喜，对于工作组与只知唯唯诺诺者吃瘪也或有一点点幸灾乐祸，此外，底下的能说的就只是视觉与听觉的刺激了。红海洋，到处是语录和“宝像”、纪念章和红袖标。我们在城市的家曾经并排挂过四五张同样的主席像。报纸上介绍先进人物时就有此一说，他们房间里挂着若干个宝像，目的是朝哪个方向都能看到主席。搜集纪念章也正在成为趣味与时尚，虽然那时还没有时尚一词流行。我由于在北京有亲属，常常从邮寄包裹中得到新式纪念章，颇觉差强人意。

各种标语语录牌和横挂马路上方的横幅都是汉维两种文字，而（老）维吾尔文所采用的阿拉伯文，恰恰是除汉语外世界上“唯二”的讲究书法艺术的一种文字。他们是用木头切削成薄片，蘸上墨，与人手与纸张保持特定角度，进行刚体运动书写——即移动木片时通过在木片上加力或减力，改变木片的位置，但绝对不改变木片在手中的角度，不改变木片与纸张形成的角度。这样，随你选取的角度，可能是横粗竖细，也可能相反；也可能是画着圈笔画自然变粗或变细。潇洒灵动，遒劲挺拔，巧夺天工，煞是好看。再加上以汉语拼音方案为基础的拉丁化新维吾尔文的采用，语录书法的形象就更加丰富多彩了。

红海洋也掩盖了城市的各种肮脏、颓败、拙笨、丑陋，断瓦残垣呀，垃圾粪便呀，无人修缮的公厕呀、铺面呀，都退居二位了。也许中国真的从此面貌一新，独树一帜，天下无敌？也许中国需要的恰恰是这样一场“恶治”？世上诸事固非我辈所能预料者。

再有就是大街上到处张贴的大字报了，有大量错别字与文理不通，也有魏碑体、行草体乃至颜体大楷。这个小城有一张比较通俗晓畅的大字报比较有名，十分吸引眼球，是一男一女的对骂。一个男人说某个男人是流氓，勾引良家妇女，被骂的男子没有搭腔。而此被骂者的现行老婆则回骂说，无非是你的破鞋老婆此前与我男人睡过，这你也不是不知道的，她睡过的男人不止一个，你愿意要嘛！赖谁去？至于她是否处女，你难道连点感觉都没有吗？你算什么男人……然后女方的娘家亲妈与男方的一个什么姐姐也出来参战，搞得小城臭气熏天……“文革”革出了这个，叹为观止。

我们是提倡发动群众运动的，但是一旦群众运动起来，运动就要跟着群众走了。运动确实能驱使与改变群众，群众也确实能驱使与改变运动的面貌与水平。“文革”在上层到底有哪些背景，存疑，在边疆小城，则是百姓间各种矛盾的恶性发作与加剧。“文革”，就是给肚子疼的人加了泻药，给发烧的人加了内火，给关节炎的人吹了寒风，给一切投机取巧的分子打了激素给力针。

有一次斯大林街、解放路到处挂着大字横幅，本以为是庆祝某地革命委员会的成立，那年头正闹“一月革命”，就是由造反派夺权。走近一看才知是“伊宁市甜食店开张营业是毛泽东思想的伟大胜利”，这算怎么回事？故意捣乱，解构手段？我相信边陲小城没有这样的人这样的观念这样大的胆子。而如果你提出什么疑问，只能说明提问题者思想问题大大的有。你不应该胡思乱想，本来嘛，又搞“文革”又吃甜食，就是伟大胜利嘛。

……各处的高音喇叭则每天吵吵闹闹，唱唱叫叫，吼吼笑笑，很不寂寞。此后许多年我终于总结出我的发现，中国可能缺这少那，但绝不缺少热闹。毛主席最讨厌的状况之一就叫作冷冷清清。我这一辈子也是，想冷冷清清也办不到啊。神州大地绝对是一块不甘寂寞的土地。

说实话，“文革”一开始我吓得不行，从《海瑞罢官》开刀，又叫“文化大革命”，显然是对着知识分子特别是文艺人来的。而文艺，上起纲来，你一点脾气也没有。我最痛惜的是，“文革”一打响，我先主动烧掉了家里的几乎全部字纸，特别是我在京郊劳动时与芳的全部通信与全部与文学有关的人士的来信，包括黄秋耘、张弦的信件。我听到说，在巴彦岱参加过社教工作的一位清华大学毕业生，“文革”一来干脆连理工科课本也烧了个一干二净，原因不详。但我知道，他由于毕业后分到了新疆（那时分到新疆来的，多半有点砟儿——北京话zhǎr），与原来的女朋友吹了，这却成就了他与本村一位回乡知识青年的婚姻。那位女青年家境不错，形象很体面，头发用一根皮筋束起来，本来也更像是城市人。

后来想不到是天下大乱。原先“反右”中的骨干，这次纷纷落马，“三反（反党反社会主义反毛泽东思想）分子”的名号一点也不比“右”派之类轻松。放眼神州大地，彼此彼此，原来的领导干部、知名人士、专家学者，你是真“右”派我是假“左”派，你是老反革命我是隐藏得很深的定时炸弹——精确一点说应该算是不定时炸弹，你是老虎我是恶狼，虽然披上了羊皮。我反而觉得轻松了不少。天下何人不焦头烂额？还真并非斯人独憔悴了。

然后是两派内斗。然后是各级党组织瘫痪，上边通过“两报一刊”（《人民日报》《解放军报》《红旗杂志》）社论领导运动。而这样的社论堪称高腔高调的范本。是声嘶力竭的夸张与暴力语言的范本。所有的样板戏中，英雄人物都是能胜天、冲云天、冲霄汉、上九天……没完没了地跟天干，患上了登天翻天幻想症，当非偶然。我确实看花了眼，也感觉这次运动真叫浪漫化理念化，却很难从现实层面去理解把握。

就是说，要革命，像革命，非革命不可，有革命的气势，有革命的刺激，有革命的威严，有革命的形式，就是没有革命的内容。原来人生是追求形式的，没有内容也要革命，就像没有内容也要写小说，写诗，叫作无病呻吟似的。

其实，是活人就有某种病，是社会也就有某种病，呻吟也罢，革命也罢，还是造反（呻吟）有理的。

不管怎样，“文革”没有立即给个人带来灾难，反而给了个人以喘息的机会，而人越揪越多也使早已经进入另册的人不再感觉那么孤单。我不无小乐。

再一看，更乱更没有谱儿了，原来对我好一点的领导一个个自身难保了，发生的事儿已经超出了人的理解力，我也就更加茫然和沉重起来，对大局也更是迷了路一般，不知身在何处，不知要干什么，不知将会何如。

我们家也小小热闹了一回，一天夜间正好我在家，半夜只听到一阵窸窸窣冥的乱响，有点像从前在北京住糊纸的顶棚房子时屋顶上闹耗子，但声音较大，方向则非来自头上而是来自门外。第二天一推门，老天，敢情是贴到房门上的大字报：“崔瑞芳，资产阶级生活方式，家里有沙发……还烫头发……”

瑞芳气得发昏，我则大讲正确对待群众运动。但我也甚为不服，我家的墙上挂着的宝像就是毛主席坐在沙发上的。对这里的革命小将——如当时报纸上给封的头衔，只敢半夜来偷偷贴大字报也觉得可怜。后来，又来了几个话也说不清楚的学生，说是要把我们的准沙发椅拿走游街，证明他们大方向正确、“破四旧”有成绩。其中一人发现了毛主席坐沙发的宝像，盯着看了半天，噘了一回嘴，还提出了一个莫名其妙有气无力的疑问，讪讪地走了。过了两天，破沙发椅原物送回，我们照坐不误。顺便说一下，那个沙发椅就根本算不上沙发，两侧是铁管弯曲做成，屁股坐的中心有一点弹簧，大腿与膝盖之间是一道硬梁，硌得要命。这种货色居然在伊犁也被看成了资产阶级消费品，中国的资产阶级也太寒酸了。

看到轰轰烈烈的无产阶级“文化大革命”到了边城窝囊成这个样子，我不禁为主席叫屈。理论（政策、口号、说法、命题）一掌握群众就会变成物质的力量，信然。但另一方面，群众是各式各样的，他们掌握理论可能是发展了理论，也可能是歪曲了谋杀了阉割了理论。当群众变成了物质的力量以后，可能是发展了理论，为理论提供了新鲜的经验，也可能是歪曲了理论，使理论面目全非，使伟大的理论丢人。这里有一个很大的麻烦，不论多么伟大的理论，它们是由精英、至少是通过精英创造出来的。而群众之掌握理论，只能是掌握理论中最浅显、最通俗、最眼前、最直接的部分。前述理论、政策、口号、说法、命题一旦群众化哄闹化以后，可能威风起来战无不胜起来，但也并非不可能变得浅薄俗鄙缩头缩脑或愣头愣脑，至少是大大简单化混闹化表面化起来，那也是“理政口说命”的灾难啦。

芳与两位内地来的女老师关系不错，她们三位，在汉族女老师中算是比较打扮得整洁一些，形象也较好一点的。我们刚到伊宁市二中不久，有一天在操场挑水时（那时全校只有一两个自来水龙头，用水要挑）我就听几个维吾尔族女员工在那里议论新来的汉族老师很漂亮，云云。她们进出校门时有几个女红卫兵便嘟嘟囔囔，仔细听才听得出来，小将们在说：

“王光美，王光美……”真是大大地过奖了。

我对大喇叭里从早到晚播放的语录歌曲有一些个性化的感受。一个是，无论如何我喜欢《大海航行靠舵手》这首歌的曲与词，亲切而又雍容，我想念这首歌的诚实与深情，我懂得歌的动人与歌的无力，歌可以充满爱与尊敬、忠与勇敢，但是歌不能保证唱出的一切全部如实兑现。

“领导我们事业的核心力量是……”唱起来有一种颤抖感直到踊跃感，我相信它适合一把小提琴由一只极其神经质的手拉响。提琴手的全身各部位包括头发都在抖动。

“下定决心，不怕牺牲，排除万难，去争取胜利”，此曲极上口，不用学就会。唱多了我忽然听出一丝伤感，特别是“心”字、“怕”字和最后一句，我一唱就心疼得要命。语言和曲调太用力了容易显出声嘶力竭来。声嘶力竭反而显出人的软弱而不是威风来。不知是否如此。

最成功的语录歌是：“我们共产党人，好比种子，人民……”湖南花鼓戏的曲调，充满江南泥土气息。种子，要唱成“种啊啊子”，啊啊一唱，周身舒泰。

“凡是敌人反对的我们就要拥护……”我后来越来越觉得其旋律适合用来伴奏迪斯科。而“我们的教育方针……”呢，脉脉含情，风情万种，纯洁无助，白璧无瑕，令人泪下。

“文革”已经进入了、变成了生活，生活也就包容了并且充实着、改观着政治。“红海洋”也是一景，语录歌也是音乐，在高音喇叭里各派红卫兵怒骂也是青春期燥热风情的一种散发和表演。还有绿军装、军大衣、军帽，两根小刷子式的女红卫兵的发型，见面互说语录，用以代替见面先哈啰也代替见面互问“吃了没有”的新习惯。在我们大队，就有人正式传达，今后见面不可说“萨拉姆”，而要说什么什么“万岁”，而回答也不可以是原来的老习惯的祝福，必须是“万岁万岁万岁”。

那个时候出现了一种新的文艺表演形式，叫“对口词”，两个人，一人一句（多半是豪言壮语），摆出特定的姿势，张扬四肢、屈伸腰背、忽然定格亮相、忽然旋转走场，互相映衬，如舞蹈、如京剧、如喊口号，倒也不失热烈。我多次看过红卫兵的经典对口词《造反派的脾气》，满台高喊“造他的反，夺他的权”“滚蛋”结束于踏上一只脚让他永世不得翻身的造型，令人印象深刻。

日月经天，寒暑消长，五行生克，干支配搭。于是，某年某月，具有几千年历史的文明古国，突然出现了这些有趣的新风尚、新景色，风险、刺激、没有谁能跟得上……而且是来得迅猛，走得利索，与非典型性肺炎一样，来无影，去无踪，过了这个村，再也不会有这个店儿！生逢其时，亦大幸焉。

65. 别有洞天非人间

芳所在的二中多是造反派，“革命群众组织”叫作红炮兵。而学校对面是外贸机构，外贸机构有力量的是与红炮兵观点对立的另一派：驱虎豹战斗队，两边常常对骂。红炮兵的喇叭功率不济，一个女生在那里不断地说：“告急，告急……”然后引用语录“要文斗，不要武斗”。驱虎豹便大声呼喊：“凡是敌人反对的……”与“凡是错误的思想，凡是毒草，凡是牛鬼蛇神，都应该进行批判，绝不能让他们自由泛滥。”

后来双方武斗局面渐渐形成，有时突然枪声响起，有一枪弹壳落到我们家近处，击落了邻居所栽种的南瓜。我们恐惧，心想离革命小将还是远一点好。经人介绍，在远离各大单位的俗称老仓库，今称新华一带，具体地说是新华东路一巷五号的一家大杂院，租了一套本院最好的房子：高台走廊，北房一大间一小间外屋，俄式地板，整齐的然而是裸露的方木檩条与椽子，刷着绿色油漆。

这就是边远小城了。即使是“文革”的爆发也没有改变这里的房屋私有、自行租赁买卖的状况。我还被叫去看一个小院落，土房土地，苹果树，面积很小，院内室内充满了干草的气息，只要一两千元即可买下。只是怕传出去“影响”不好，我没有买。而芳的同事哈丽妲与她的丈夫，在文教处工作的达吾来提在西公园附近买下了一个大园子，我们应邀去过他们那里温居，贺乔迁之喜。有什么说的呢？即使是“文革”这样的大运动、大灾难、大浩劫，也无法挡住生活，“文革”中仍然有人吃饭饮酒，有人调情做爱，有人生有人死，有人哭泣有人笑。而且，恕我说一句我的印象，至少在伊犁，大多数人对“文革”只是旁观和虚与委蛇。

有一个普遍流传的故事，大街上，两个维吾尔族干部各骑着自行车相对驶来，见了面，光打招呼不够，二人依例推车至马路牙子边扶车叙谈，互相握手，摸胡子（亦是礼节），全面问候之后，一个问另一个“你的观点什么？”维吾尔语一般省略系动词，不说什么“是”不“是”的。另一个答道：“我，保皇！”另一人点点头，说：“我，造反！”然后二人含笑离去。

一个维吾尔族农村干部问我，汉族人为什么对观点那么执着——认真？我们本地人是一些手掌柔软的人，我们才不会由于观点不同而当真呢。

他的潜台词是，观点派别，这是官家的事，住房吃喝老婆孩子，才是自己的事。

我们在新华东路一巷五号住了两年，这是另一个世界，在这个世界里“文革”并没有那么重要。房东是一位老太太，也叫阿依穆，住我们隔壁，房间里挂着其亡夫的大照片，神气威严，身穿类似哥萨克的士官服，他是伊犁、塔城、阿勒泰三区革命时的民族军军官。老太太的大儿子上过学，当过干部，判过刑，现在在做什么，不详。他倒也仪表堂堂，偶然来一次，脸上的微笑掩不住愁容。每次来母子俩低声谈判，老太太激动似泣，儿子顽强凶狠。老太太告诉我是谈钱的问题，恐怕是一个要遗产，一个要赡养。阿依穆抨击儿子是狗，不是人。

厢房与南房里住的是另四家，一家是四川籍养路工人夫妇，曾经当面指出阿依穆是地主。老太太汉语不好，听不懂，后来终于懂了，连忙否认，但也无法回应。一家是维吾尔族小老太太和她的女儿，北京大学物理系毕业生，在家等待上山下乡。还有一个男孩，大学生的弟弟，极淘气聪明。再一家是一个枯瘦如柴的哈萨克老女人，她的有病的儿子每天早晨骑马走开，天黑后骑马回来。为了院内能不能养马的问题，阿依穆与哈萨克老太太争吵甚多，激烈时双方原地弹跳对骂，无结果。最后一家是一对满族老夫妻，膝前一个抱养的小儿子，爱如至宝。老母生怕儿子与其他小孩一起玩要会吃亏，乃与儿子等小儿一起游戏，有时介入小儿之争。有一次为了我的二儿子王石与她的孩子的摩擦，我们俩几乎也闹起来。

一个普通人碰到特殊机遇，能够提升到什么地步，我一时说不准。但是一个自以为是的人碰到另一种机遇，能够下降到什么程度，我懂。

阿依穆叹息，从前，那几家住的地方都是过去她的厨师、马夫住的房屋，后来经过什么改造赎买，她所有的只剩下了廊子上的这两套。她指着她的宽大房间的铺着毡子的抹泥地面，说是她由于生活无着把原有的地板拆除卖掉了，她这样穷而儿子还来找她要钱，还有天理吗？

而众房客的评论是此老婆子太恶劣了，竟然将地板拆除卖钱。维吾尔语管钱叫“普鲁”，所有的维吾尔族友人最喜欢说的一句话就是“普鲁哟克，普鲁哟克艾迈斯哖”，“没有钱呀，不是没有钱嘛！”成为二十世纪七十年代的伊犁——新疆——中国咏叹调。

最惊人的是，我搬进来后才发现虽有电灯泡却没有电。一问阿依穆，她说是她把我们屋的电掐断了，原因是两套房合用一个电表，她的用电是半年才用一度，过去的房客却要求与她分摊，她太吃亏，干脆断电。这创造了我一个显示维吾尔语水平的机会，我乃用极文明礼貌的、带几分古老的上层风格的维吾尔语句向她足足地卖弄了一回辞令，说明我必须用电，我有权用电，我不考虑电费的分摊问题。缴电费时一切可由她定，我可以缴百分之六十，或七十，或八十，或九十，或九十一，或九十二、三、四、五、六、七、八、九，直到百分之九十九点九，只要不是百分之百，我情愿帮助她多承担一些电费，但是如果不让我用电，那是不可能的。难道那是可能的吗？不，不是的，那不可能，不但老王不会接受，换老张老李，艾迈提或者赛迈提，阿力穆江或者塔里甫江，没有人会接受的，有疑问吗？怎么会有疑问呢？

看，这就是话的力量，辞令（哪怕有些装腔作势）的力量，我的一番伟大古老的维吾尔雄辩语言，闹得阿依穆只有翻眼的份儿，只能称是。后来的实践证明，她在缴纳电费一事上，倒也不算太不讲道理。

我们住进不久，她忽然提出要涨房租，我碍于情面，给了她钱。又想太岂有此理了。我便与她女儿谈了。她女儿在县银行工作，据说她的生活也不顺心。听了我的话，她批评了自己的母亲。老太太在女儿走后退回了追加勒索的钱，同时哭了一场。她一哭，我心软了，便又把钱给了她。她破涕为笑了。我则空转了一场。

一天凌晨，我听到哈萨克老太太的哭声，我知道，她儿子已经死了。我依例去看望，并给她送去一些钱。她表示感谢。她请来一位面色白里透红的塔塔尔族依麻穆（伊斯兰教仪式上正式诵经文者）为死者诵经，我从来没有听到过那样富有感染力的声音，它颤抖但绝非意大利美声，它朴直但与素日本地人唱的民歌发声方法也全然不同，它训练有素，高雅虔敬，温柔悲凉，慈祥通透，终极无限，弥漫伸展，贯通此岸彼岸，富有宗教色彩，听之肃然凄然。

女大学生米海丽在本院举行了婚礼，那一天恰好宋彦明也在我们这里，我们研究良久，不敢送别的礼物，连忙跑到新华书店买了一套红皮精装维吾尔文《毛泽东选集》送去。这种令人生厌的教条主义，也到了家了。

我们在这个院落里常常得到红白喜事的面条抓饭。尤其是大学生的母亲，每逢打馕，都包一个新馕送上我的家门，令人感激。这里边也有春秋战国，此位女士与阿依穆等也不和，通过热馕外交，她在扩大自己的活动空间，朋友越多越好，对手越少越好。这是政治的基本要义。

在这里我确实做到了抛掉文学，忘掉文学。芳还劝过我读读书，写写诗。我却真诚地向她说明，我已经不会写不能写不宜写也压根不想写了。有一次我在党校土尔地阿洪家做客，他的一个朋友从供职的医院拿来了医用酒精当酒，我们仨喝着怪味酒精，他大讲不可能老是这样，老王将来一定会在文学方面做出应有的贡献。他的说法把我吓得面无人色。连农村的房东阿卜都热合曼也与我讨论过，他认为，一个国家，国王、大臣和诗人，这三者是永远不可缺少的，老王（即我）早晚要回到诗人的岗位上。我只能苦笑而已。时间长了，巴彦岱的农民也渐渐了解了我的情况，他们按照常识做出了一些分析。而我不敢相信、不敢接受这样的常识。

不要以为“文化大革命”已经席卷了一切淹没了一切改变了一切，渺小的市民、渺小的生活、渺小的事务与伟大的政治运动未必事事相关，像渺小的溪流一样，仍然在静静地流淌，包含着污浊泡沫，也承载着喜怒哀乐，不乏糊涂也不乏善良，不无狡猾也不无应对的天赋，无奈仍然有辙，无可言说却仍然有趣。我从小上学，革命，干部，另册……从来没有离开过群体、组织，却在最最风云激荡的岁月里这样和光同尘过了几年，知其白，守其黑，知其雄，守其雌，知其荣，守其辱。为天下溪，为天下谷，为天下式。然而，这里引用老子的话是不对的，生活、日子、平民、百姓，这与任何高明的玄妙的哲学无关。这是没有办法的事，我从小活得很政治、很社会，后来很文学、很组织也很历史，而且很人五人六。我与大多数同行在这一点上是不同的，我无法变成遗老遗少、书斋兰菊、胡同串子、麻将斗士、半隐贤人、学问昆仑，不管上述色彩是否正在行时。我觉得我活该过若干时间，至少应该是几年普通百姓的生活。如果不是这样，如果我一辈子就是写作再写作，发表再发表，干部再干部，头衔再头衔，出人头地再出人头地……那才是世无天理，那对于我也未必是好事——我可能遭遇的是更大的霉头。

在伊犁，我也奇怪，我也时感糊涂：究竟什么是生活。什么是百姓，什么是现实，什么是狂想，什么是不可缺少的，什么是可有可无的……我也曾经与芳计议，就此过半城半乡的生活，多生几个孩子，或者抱几个养子养女，最好是少数民族的……多养几只母鸡，养奶牛，养山羊和绵羊，多盖几间房子，建好一个果园，类似契诃夫的樱桃园，至少在这里可以建成苹果园、杏园或者葡萄园。每年秋天腌雪里蕻，每年夏天糖渍玫瑰花瓣，当然要种大量的玫瑰、蜀葵、波斯菊和串儿红，我还要晾西红柿干，做醪糟，最好能购买一辆狄西罗（四轮马车），马脖子上系着铜铃，我吆喝着喔喔在伊犁的街道上行车……那样的王蒙将是多么可爱的一个家伙！

但是我没有做到。我常常让朋友也让自己失望。我其实争强好胜，远远没有看破红尘……如果没有一九五八年以后这二十年，也许我更加压人一头就是说更加讨旁人的厌。

66. 尚未形成的思想

从一九六七年十月到一九六九年十月，两年来在这个边缘小院里的生活，我曾在中篇小说《逍遥游》中有许多记述。关于房东老太婆的故事，关于四川工人与我们的友谊：我们如何读书、比赛跳高、打麻将牌与跳忠字舞。比较有趣味的是我们几个人打牌时规定，三把不和就自动戴上纸制的高帽子，这种戴高帽子的游戏惩罚方法，当然也是来自生活，来自“文革”的启迪，更早的源头则是《湖南农民运动考察报告》。后来我和芳议论，整个“文革”过程中，我从没有戴过高帽子，打麻将时自制帽子除外。我穷极无聊地自嘲说，我本来命中有高帽之灾，由于应验在麻将游戏中手气“背”的时刻上了，灾难被引上了小路，才侥幸逃过了此劫。当然，一天麻将之后我也感到极大的悲哀。我还写到从江湖骑驴的郎中那里买野药，写到在屋顶上扫雪，还有唱样板戏等。

至于长篇小说《狂欢的季节》与短篇小说《队长、书记、野猫和半截筷子的故事》当中，大量运用了我在这个时期养猫的经验。实际情况是我喂养了两只猫，一只极雅，如《狂》中所写的那样，另一只极狂野，如我在《队》中撰写。猫本身的故事已经动人，更加有趣的是房东老太婆赫里倩姆称老实文雅的那只白地黑花猫为“筹委会”（伊犁地区相对“保”一点的组织的大联合机构名称），而称那只几条大汉硬是接近不了的虎皮猫为“红造会”（伊犁造反派统称）。我对以“筹委会”为素材写的猫的故事极其珍视，我戏说过在《狂欢的季节》中养猫才是纲，其余都是目。而且，确实，我曾计划将这部书命名为《养猫的季节》。果然，铁凝一看就看出了这一点，在《季节》系列一百几十万字中，她独独看中了这一部分，并专文评述《狂》中写猫的文字，多么感谢，多么快乐！

《逍遥游》中我也轻描淡写了伊犁的武斗。站在我们院子里，我们清晰地看到了最后伊宁市第六中学“血战红师”的旗帜中弹燃烧，徐徐下落，这样的场面过去我只在苏联影片《坚守要塞》中看过，该片表现的是苏德边境的一个要塞，在一九四一年的那个黑色的日子誓死抵御法西斯德寇进攻的情景。而这次的旗烧人亡又有什么意义，又怎么成了可能！伊宁市第六中学有一位新婚不久刚刚从湖南乡下回来的老师，武斗全面开始时他抱着一床新棉被过马路，中了流弹，最后收尸时他已经中弹七个小时了，他流着血在柏油路上爬行了数十米，手指抠入地面很深。如果及早救治，他其实是完全死不了的。

什么是生命？什么是命运？什么是年头？什么是风云变幻的秘密？人究竟算得了什么？

人算得了什么，这话太沉痛。我最早读到这句话是从法捷耶夫的《青年近卫军》中，此书写到英雄们被德国法西斯逮捕，受到酷刑一节，英雄们在背诵莱蒙托夫的一段诗时，出现了这样的句子。我感到的是历史的与生命的痛苦。

我们都知道真理的魅力，因为人们爱真理，服膺真理，追求着梦想着对于真理的拥抱，与为了真理而献身。

然而，你没有想过谬误的魅力吗？谬误有可能比真理更五光十色，更咄咄逼人，更天马行空，更奥妙无穷、变化多端。到底人类是更喜爱真理还是更喜爱谬误呢？真理是那么拘泥而谬误是那么张扬。真理是那么谦逊从而显得软弱，好商量，有讨论余地，而谬误是那样强硬，不容分说，泰山压顶，全部占领。真理有时候是那样平淡而谬误却具有石破天惊的戏剧性效应。也有时候真理与谬误结伴而行，常常孪生兄弟一样地你像是我我像是你。

是不是谬误比真理更容易唤起激情，挑战理性，刺痛神经，振聋发聩，遍体酸麻，风卷电击，雷霆万钧，令人如醉如痴呢？说一个人一天要吃三顿饭，这样的真理不免乏味。说一个人吃了一顿饭可以五十年不饿，这有多么迷人，多么富有想象力，多么可爱可喜可心潮澎湃，壮心不已！说路要一步一步走，事要一件件办，这又是多么普通，老生常谈，淡而无味；而说一步可以万里，一分钟可以打好万年基业，一杯水可以冲动巨澜，一根火柴可以烧尽人类有史以来的全部罪恶……这有多么浪漫多么豪迈多么气贯长虹、胸怀日月、口吐莲花！

而说十几岁的青年男女要好好读书，要脚踏实地，要点滴积累，要埋头苦干，这纯粹是泄气！说他们已经成了历史的焦点、人类的希望，他们的狂呼乱叫猛打猛冲将会创造一个无限光明无限新鲜的红彤彤的世界，这有多么美好热烈！

真理并不等同于现实，等同于现实还有什么光泽？真理当然不是爬行的现实主义。真理又常常在脱离现实的妄言与对于现实的新奇的独树一帜的全面与主动把握的心愿之中摇摆挣扎……在虚假的光环与苟且的灰暗当中变得模糊。在平淡无奇的一加一等于二与滚雪球似的突然膨胀中，你往往倾向于选择后者。

在武斗当中我常常觉得是弄假成真，誓死捍卫主席云云不能说是假，认定主席已经身在危难故而需要小将们誓死捍卫，认定离开了毛孩子们的空洞捍卫，毛主席与毛主席的事业就要完蛋——这无论如何是一种可疑的矫情的作秀，是远离了起码的理智和常识，是外加的认知至少是暗示、类似催眠术的结果。而不同观点，势如寇仇的小将们，一个个热泪盈眶痛哭流涕地面向北京城高唱："抬头望见北斗星，心中想念毛泽东……"这与苏区中国工农红军时期毛主席的正确路线受到压制的时候的心情岂有可比性？

我们都知道生命、生活、生的魅力，我们想过死的魅力吗？壮烈就义，轻生，像春秋战国里的那些英雄，例如燕太子丹，割下自己的头颅确实比割下一个葫芦还方便。还有各式各样的人体炸弹，自杀式袭击。当生命燃烧到摄氏八千度的时候，就死是何等地崇高慷慨神圣！而一起将就凑合着活，吃喝拉撒睡，柴米油醋茶，有什么意义可言！

中国的"文化革命"，唤醒了谬误与毁灭两位尊神。

我读过许地山译的印度古典文学作品《十二夜问》，书的结尾是男女主人公经过重重磨难终于结合，在爱情、做爱的高潮中，他们祷告，上苍应他们的祈求而赐给他们以毁灭。

我后来知道，印度教信奉三个神祇：创造宇宙的梵天即婆罗门，保卫宇宙的湿婆，与毁灭宇宙的毗湿奴。而毁灭之神是最伟大的，是涵盖前两位神祇的。

我曾经以为，理智是功利的，而情感纯真。果然如此？情感与自以为是情感，一样吗？有别吗？情感与被暗示的情感表现、情感表演，忠情秀与激情秀，一样吗？有别吗？看到旁人哭了自己不由得也哭了，听到旁人而且是众人激昂了自己也就热血沸腾了，这样的群体效应与真情实感，或者用伟人喜欢的比喻，这种原子核的分裂与撞击形成的伟力，是可贵的吗？那么，为了表现自己的正确表现自己的美好表现自己的先进，并且是为了得到一个提倡先进、拼命划清先进与落后、革命与保守的界线的社会的全部好处而情感，说穿了吧，为了“左”派的桂冠而不惜斗争致死——包括别人死与自己死，究竟有多少真实性更有多少深刻性呢？

天下皆知美之为美，斯恶已。皆知善之为善，斯不善已 。

都知道“左”派胜利，“右”派灭亡，“左”派喷香，“右”派臭狗屎，斯恶矣，斯不善矣。都大叫大喊极力证明自己革命而对立面不革命，这是真正的革命吗？真正的革命是在顶着压力，冒着风险，极端秘密，一时难于被人理解更难于成为时尚的情势下开始的，是献身而不是为自己争取桂冠而把屎盆子铆着劲往他人头上扣。

我当然愿意相信，爱与恨都是具体的、有来由的，但是“无产阶级文化大革命”的激情又是多么抽象多么空洞啊。“走资本主义道路的当权派”的界定是多么轻飘多么含义不明啊。想说谁是谁就是，哪一天说你是你就是，而哪一刻说不是就不是了。世上竟有这样的随心而欲的游戏！这样一场政治斗争的目标斗争的办法是多么稀里糊涂焦躁混乱；而要斗争，要献身，要消灭对手，要大干大闹一番的抽象空洞的愿望与决心，又是多么强烈与不可阻挡啊。

还有派别的争斗。怎么会这么轻率，这么儿戏一般地全国就分割成了两个阵营，莫非人类的其他阵营也是这样划分的？人与人有爱有亲和力有善意有真情，与此同时，人与人也是那么容易相互厌烦，相互成为障碍成为对头，相互仇恨吗？我怎么不相信那是仇恨，我怎么更觉得那是一种游戏中争个你高我低，争个你赢我输，一种最最浮浅的要强争胜的心理在作祟呢？蛐蛐、公鸡、狗崽等不就是这样斗起来的吗？

革命小将们在热衷于游戏的年龄稀里糊涂地闹起了革命，于是游戏与革命便互相调包了。而且是在游泳里学会游泳，在革命里学会革命，这本身就说明是革命在先，革命的内容与方式在后。能革出什么名堂，命里需要付出几多代价？除了搞得民不聊生、万业凋零以外，小将们立即学会了顺我者昌逆我者亡，动辄搞个你死我活起来了。

而争斗一经开始，就不可能善罢甘休。不论是由于玩笑，是由于斗嘴，是由于竞赛，是由于你瞪我一眼我哼你一声，是由于青春期性苦闷……斗争自然播种斗争的种子。这与经济学的某些原理一样，花了钱才有更多的钱，有了消费才有更大的消费。怀疑会滋长怀疑，批判会发展批判，仇恨会使仇恨发芽，争论会使争论扩大。原来无冤无仇的也会积下血海深仇，原来相亲相爱的也会不共戴天，斗争最最能够成为继续斗争的理由，斗争的双方最最能够互相成为非斗出个白刀子进红刀子出——叫作刺刀见红呢——不可的充足理据。你不仁就有我的不义，你拿起了枪我自然也就架起了炮：你都对咱下了毒手啦，咱能任人宰割？

许多年来我琢磨这个“为艺术而艺术”的道理。人性中就是有一种为X而X的基因。为偷窃而偷窃，殷实之家的大小姐却偷同宿舍同学的牙膏，这样的事是有的。为金钱而金钱，守财奴的故事中外皆然。为爱情而爱情，这样的爱情是美丽的。那么为革命而革命呢？我革你命，你革我命，两边都革得兴起，不惜兵戎相见，何等可悲！

一九七一年，芳在伊宁市解放路上行走，碰到她大学时代最要好的同学黎昌若。久旱无（没有逢上）甘雨，他乡遇故知。黎昌若是黎元洪的长孙女。黎元洪是武昌起义期间被辛亥革命起义者推动站到民国方面的一位前清军人，曾短期任“中华民国”大总统。黎昌若在太原工学院毕业后分配到大连电厂工作。她当年外号叫猴子，聪明活泼，爱好体育，曾经在天津的大街上滚着虎伏行进——可以想象当年街上车辆之少。她喜欢学男孩说话做事，身高力大。她到伊犁来是为了处理她弟弟黎昌骏的丧事。黎昌骏身在新疆生产建设兵团农四师，“文革”中参加一派组织，武斗中中弹身亡。昌若见到我们，张口闭口都讲“主席思想”，她连毛主席的姓氏也省略了。她向我们描绘她的弟弟是如何在身负重伤之后仍然念念有词地背诵着主席语录，在语录声中长逝的，昌若说这些时表情凝重庄严。而我只有叹息叹息再叹息。

后来我们为给昌若介绍男友而费了一回心，未果，徒然增加了昌若的烦恼。又不久，听说昌若因感冒不治去世，我们深感疑惑，兹后问了几个人也都是这么说的。当然，从医学角度看感冒完全可能死人，但我们不能不为死者感到抱屈遗憾。

昌若还有一弟一妹，他们赶上了好日子。他们住在天津马场道，为了他们的房子的落实政策问题，他们跑了好几年，我也为他们说过话，后来终于解决了。此是后话，祝黎氏后人的幸存者们幸福。

67. 或有忧思未敢言

多少年来我努力再努力接受一切政治上文化上文学上的新说法，越是思想没有准备，感到突然和吓了一跳的，越要努力接受。对“文革”我的态度也是如此。一九六六年一上来我甚至颇感佩服，毛主席发动群众的招数就是前无古人，后无来者，其政治想象力实在是超天才，匪夷所思。而且毛主席就是眼光厉害，六十年代调整政策期间我已经觉察，许多老干部老领导老作家是用旁观和惴惴不安的心情看待各种政治决策的，他们不可能由衷地执行毛主席的想法。

我在《人民文学》上读到清一色的新人的作品。例如任斌武的《政治连长》，我点头称是，今后的文学就是要这个样子的啦。更不必说早先已经阅读的被陶铸和陈毅都称作划时代里程碑式的作品《欧阳海之歌》。我还读到一位老作家兼作协领导的文章，描述黑龙江一位农民青年作家，他是大队干部，忙于大队工作与劳动，同时抽时间写点短小作品。老作家从中看到了未来，我也愿意相信这可能是未来，文艺队伍就是要重新组织，重新打造。文学是意识形态的尖兵，是政治斗争的前哨，虎踞龙盘今胜昔，天翻地覆慨而慷，绝非我辈所再能望其项背的了，您哪。

但是现实比愿望残酷，除了毛主席与屈指可数的几位“无产阶级司令部的人”以外，所有的干部，所有的知识分子，所有的劳动模范，所有的文艺明星与体育冠军，所有的组织团体，都一股脑儿被击垮了。然后是所有的书籍，所有的绘画，所有的音乐，所有的历史，所有的文明，也一股脑儿被摧毁了。不但是中国的被打倒了，外国的更是罪恶滔天……“文革”的进程只能使人从感奋起舞到瞠目结舌，从瞠目结舌到莫名其妙，从莫名其妙到心如刀绞，从心如刀绞到扼腕顿足，从扼腕顿足到诅咒愤怒了。

在“文革”开始那一年，乡村的秩序尚未大乱，夏收时我大队各生产队展开流动红旗竞赛。我所在的一小队，队长霍加阿洪，文化稍低，从收麦进度上看占据先机，评比时大家一致看好一队，但六队的上过专科学校的政治队长问道：“你们队麦收期间组织过批判王谷林吗？”

王谷林是《新疆文学》杂志的主编，曾任《文艺报》机关支部书记，是具体联系我的赴疆调动的新疆作协秘书长，是我第一个接触的新疆文联的中层领导。我们在西山读书会期间是同期学员。维吾尔人发音是“王鬼林”。六队队长的提问使霍加阿洪无话可答，于是流动红旗没有给割麦子进度快的一队，而给了自称组织了对于“王鬼林”的批判的六队——天知道六队是否批判了“王鬼林”。一九六七年我短暂在乌市逗留期间看到王谷林同志，便把这个故事讲给了他，当时的“黑帮分子”王谷林正积极努力地完成着清洁工的重任，听后莞尔一笑。

社会的乱象使我们揪心。百业俱废，破而不立，工人不工，农民不农，学生不学，教授不教，党员无党，干部不干。我与芳常常说，从五十年代的欣欣向荣、充满希望的新中国到现在的混乱不堪，一片凋零，怎么会变得这样快，衰败得这样快？我们俩动辄谈论江青，谈她抽动的脖子与不得体的讲话，她的天晓得的打扮与拿不动的角色。我们只要一谈江青就只有唉声叹气，兴致全无，说着说着只剩下了鼾声。后来谈江青成为一个信号，一个暗号。本来以中国文化，夫妻生活的某些方面是不便公开明确计议的，果真明确地按协议和时间表来做，会搞得任务化、程序化、单一化即内容贫乏重复化。开始绝非有意，一谈江青自然做到情绪低落，一夕无话，而不谈江青，忘记了说江青，很可能是身心俱佳、恩爱无限的表征。有一段时间，江青成了我们夫妻生活的一个密码，成为类似旗语或者记号的东西，着实可叹可悲可恶亦复可笑。

开初，“文革”意味着紧张、风浪、决绝、严肃、一脑门子的你死我活，殊死争斗。但搞了一两年，三四年之后，人们享受了前所未有的松懈、自由、休息，乃至百无聊赖，空虚懒散。古语云：难得浮生半日闲。而“文革”搞得国人，少数派别头头除外，领导人也除外，搞得大家浮生即闲，无事可做，难得半日充实忙碌。

于是大搞烹调，经过了“文革”初期全国只卖一本书的日子，刚刚恢复出书，我们就购买了《中华名菜谱》与《大众食堂菜谱》，我最得意的是学会了做北京东来顺的著名甜点“奶油炸糕”。其实这种食品并无奶油，关键在于材料的液体化处理。尤其得意的是做出的糕往往是一个大球连着一个小球，应该叫作奶油子母炸糕。芳则学会了滑熘里脊。我还无师自通地做酸奶，属于有机化学与食品工业范畴。可以掌握酸奶的味道、甜度、酸度与酒精度。我并且悟到了小手工食品的优点在于它的不确定性、可变异性。酸奶有可能做得极香，可能略臭，可能有酒酿风味，可能一味穷酸，大同下有无数小异。而一旦实现酸奶技术的最佳化标准化自动控制化规格一律化，反而无趣了。

芳和她的同事们同样热衷于打毛衣，设计了各种花样。从北京传来的时尚则是打造木器，多少多少条腿。探亲的探亲，生孩子的生孩子，我们在此期间也喜得女儿伊欢。挖菜窖，盖小房，做炕桌，养猫养鸡养鸟，自备推子自己理发，下棋打牌腌咸菜排大队买包子。从北京还不断传来养生新法，甩手，注射鸡血，喝尿，养殖海马和红茶菌，五花八门，不一而足。学中医学针灸。尤其是一种测儿女后代情况的方法，成为一段时间我们最爱做的游戏。那是用一支短铅笔，用线绑住提起，将笔尖对准被测者的腕动脉，男左女右，铅笔就会自动舞摇起来，左右摇摆是女（？），前后摇摆是男（？）。试不准了就再试，试准了便惊呼神奇。国人大多数成了闲人，连续多少年的时间自行支配，这样的事也是空前绝后。

这又使我想起金山扮演的“万尼亚舅舅”，将头伏在路曦扮演的索尼亚的膝上，索尼亚在大段独白中宣告了契诃夫的名剧的剧终。索尼亚最后说：“我们会有休息的……我们会有休息的……休息啊。”

是不是新中国成立以来中国人太忙了太累了？

……我们只能等待，除了等待只有等待。我们必须随大流，过日子，越平庸越安全，越平庸越幸福越少痛苦。我早已学会了吸烟，我练习吐烟圈，也练习卷莫合烟，还学会了加一点蜂蜜或者白糖直到白酒来炒一炒烟，使烟吸起来有香味。我买过烟斗烟嘴。我研究从“熊猫”“中华”到四分钱一包的“航行”的特点。与同事们交流对各种香烟的心得。我研究烟斗特别是烟嘴，有一种烟嘴里头可以塞一块棉花，说是用它来吸收尼古丁。我精通“红山茶”“红塔山”“凤凰”“彩蝶”“光荣”“前门”“海河”“青鸟”“古车”“恒大”“解放”“战斗”（原烟斗）

“绿叶”……的品质与价格。我听了别人的话做过试验，抓一只活苍蝇，放入一个阔口瓶，往里喷一口香烟，苍蝇不多时便呜呼哀哉。如是往里喷莫合烟，则苍蝇无恙，这证明新疆的莫合烟含尼古丁量甚微。

我还有一个独一无二的游戏，通过吸烟锻炼意志，我突然决定这一天只吸一支，或者两天吸一支，我突然决定一支香烟分三次吸，我决定愈是想吸愈不吸，愈是不想吸愈要吸他一支。

我越来越喜酒，见酒眼开眼亮。我与老宋一次喝过一瓶伊犁大曲。何以解忧，唯有杜康。憋闷了，茫然了，三杯下肚了，说话渐渐大声，情绪渐渐兴奋，人影晃动，目光如水，悲从中来便歌颂“文化革命”的伟大胜利，光芒万丈，光焰无际，大乱才能大治，大治就在明日。

68. 清理花絮

“文革”一开始，我烧掉了所有的字纸，包括我与芳在我京郊劳动期间的所有通信。病从口入，祸从笔出，徒有百害是文章！也是为了节约，不论接到什么尊长的信，我都立即用来如厕，很少在家中保存超过三个小时的。我算明白了一位敬爱的领导人的话了，他反“右”时大骂“右”派知识分子，无非是“认识几个狗字儿”罢了。这次“文革”一开始，他老人家就被树成了大靶子，陷入重围而无法自拔。我不能不反省自己的恶劣心理，看到那些前一个时期振振有词地批人整人的人被如法炮制地请君入瓮，甚至觉得倒也是天道有常，因果不爽。我相信像我的这种恶劣心理，这种恶性循环的自己挨了整便也愿意旁人挨整的心理是导致“文革”发生乃至令一些人小有欢呼的次要的因素之一。

我丢失了钢笔。正好，过着没有笔墨没有书写没有任何文字材料的日子，无笔一身轻，无书天地宽。

后来，一九六九年，我终于又拿起了笔，为女儿的出生而记婴儿日记。在女儿没有学会说话以前，除情绪起居外，观察大便对于了解婴儿的进食、营养、消化情况是非常有意义的。我在研究与处理婴儿便秘、泻肚、不思饮食诸症方面积累了许多经验，也阅读过有关书籍。至今，我的孙子辈碰到这方面的疑难杂症，我的孩子们仍然习惯于向我请教，并因此而被子女们授予史（屎）学家的称号。

凶猛凌厉的“文革”搞了几年，搞得城乡居民疲疲沓沓。运动的后期叫作“斗批改”，按常理都改上了，运动该结束了。百姓们说是逗（斗）孩子，劈（批）烧柴，改毛衣。我觉得主席已经不像当年控制政治斗争那样得心应手，收放自如。例如“三反”“肃反”，“四清”“审干”，都是大开大阖，有放有收；审察时一片肃杀，收官时党恩浩荡，需要时呼风唤雨，转折时水晏河清，人人折服，个个山呼。而今的“文革”，主席有言：“你们要关心国家大事，要把无产阶级文化大革命进行到底！”搞了几年之后，越发不知道，你在哪里呢，底?

近似强弩之末的是清理队伍与“一打三反”。“一打三反”都是什么我已经记忆不清，只知挺刺刀见红。二中搞“清理阶级队伍”时宣传队很严厉，通知全体教职工从某天起集中住宿，不得回家。于是一切雷厉风行，正在给婴儿喂奶的女老师连忙断奶，家里没人照顾的打电报求爹找娘，有的把子女送回内地，一时也算鸡飞狗跳，煞有介事。

这时就显出维吾尔人的伟大来了，所有维吾尔族职工，绝对未经串联酝酿，人人都对集中学习一事点头称是，笑脸欢迎，表示坚决照办。到了宣传队所定集中住宿的那一天，没有一个维吾尔族员工带行李与任何生活用具来。包括已经斗得人不人鬼不鬼的“黑帮”，也没有人带行李用具来的。宣传队大怒，责问起谁来，都是同一口径：“明天……明天……”笑容灿烂，诚意斐然，天真无邪，驯态可掬。第二天，还是“明天……明天……”第三天、第四天，永远明天。就这么着，硬是把集中住宿搞清队拖“黄”了！这也算是庶民的奇迹了。

而在农村，来的是兵团宣传队。我们二大队的组长是一位斯姓会计，长得有点江南秀士风姿。他与我交谈后第二天找我，说是经研究对我可以利用，让我参加整材料和翻译等工作。我则诚惶诚恐，驯服听命。

参加文字与口译工作后我可吓坏了。因为几乎所有的被揪斗的人士，包括那个想当“特务”的中专辍学生，都被定性为现行反革命分子，处理意见则都是：死刑。而中专学生则干脆定为“反革命特务”。前面提到过的大队那个俊秀的青年任会计，他的一个亲戚被揪斗了，他显然划不清界线，张口闭口都是某某哥被冤枉了的意思。但另一方面，他有美术才能，能画一笔好画，极其积极地遵命画清理阶级队伍的连环画，把他的那个“哥”画得青面獠牙，其状可诛。

斯会计在一名老新疆、汉族社员老石家用餐。后来他听到辗转传来老石议论斯等吃饭不好伺候，给的钱也不够等闲言，勃然大怒，便找老石到大队部来谈话，没说两句话，他上去给了老石一个嘴巴。老石毫不含糊，迎过去反打了斯同志一个大嘴巴。老石毕竟是农民，挥起巴掌来比上肢活动主要是打算盘的会计有力得多，斯老弟立刻面如桃花，五指印至少能看出四根手指的痕迹。

我吓坏了，我与一些大队工作人员都在场。此事如何了得？老斯之被动狼狈不用说了，但还摆威风，忽然敲打了我两句，说是我不该去农四师工程处买当时紧缺的伊犁大曲白酒。

老石自有道理——注意：不要低估中国农民。这是王某一辈子积累的经验。宣传队的副队长也在石家用餐，并对石印象极好，而斯又不是党员，在他们兵团宣传队的圈子里算是一个晦气的半知识分子。互扇耳光的结局是老石大获全胜，有关领导决定，斯做检讨，调回兵团农场。

大队这边反而同情斯，他们对石的为人包括石的妻子本来就有各种闲言碎语，不喜欢。再则在清理工作中他们与斯合作搞逼供信，建立了火线上的战友感情。于是轮流践行，饮酒悲歌，奉送土特产一包一包又一袋。并找了我与之合影，照片上书写着“团结起来共同对敌”字样，好不厉害。斯临走时张口向我索要我姐姐带给我的一本时髦书籍：上海出的《时事手册》。这是当时的万能全书，各种语录，各种最新指示，各种“文革”新名词，各样板戏，各革命歌曲，应有尽有。我刚刚收到，拿到巴彦岱显摆，终被斯老弟半强行拿走，活该！

农村里的揪斗主要是查反革命集团，愈查愈多，人山人海。公社开过一个揭发检举大会，当场由群众揭发揪斗，被揪的人立即上台，弯腰，低头，（状如）“喷气式”（飞机），然后一只手扭到身后，与身前的另一只手铐在一起。就这样胡乱揭发，人人自危，最后站到台上被斗的反革命人员比台下的革命群众还多。

按，公安部门怎么可能给一个村那么多手铐，这里用的手铐都是本大队铁匠铺里土法上马，自行研制的，一时间各族铁匠昼夜操劳，拉动羊皮口袋（风箱），如老子所讲，其犹橐籥乎？虚而不屈，动而愈出，造出了大量土铐。

就在这个时刻，忽然传来周总理指示：不得任意揪反革命集团，凡要定性为反革命集团者，本县本地区本省无权首肯，必须送报中央审定。

农村干部说，政策下来了，宽啦。维吾尔语的“宽”发的是类似“锵”与“堪”之间的音，疑是汉语借词。

咱们的事真怪，只这么一说，什么反革命集团也没有了，千钧霹雳开新宇，万里东风扫残云，按当时的说法，人民经受了锻炼，经受了考验，最后什么事情也没有发生，一切照旧。

也不是照旧。庄子那边有一位从江苏来的徐某，说是一九五七年犯过事，回乡生产，这次刚一揪斗，挨了几下，触及皮肉（林彪语），第二天跑到巴彦岱公路上撞了汽车。目击者向我描述了他被撞后弹出去，倒下，又挺了挺身子，欲起未起，终于倒地的情景。

还有一位另一个公社领导干部张同志，是老宋的好友，竟在这个当儿站在公路路口用菜刀结束了生命。这可能与本地两派斗争的消长有关，张所属的那一派没有在斗争中得到优势。连宣传部老宋也做好了被清出的准备，整天研究中医，说是争取退职后行医。还听说，南疆的一位维吾尔语专家，尤其是为民族民间歌曲配汉译歌词的专家段焜先生，也是在这个时期自尽。愿无辜者的牺牲令我们警醒，愿我们永远不会再看到类似的事情。

我与芳仍然常常纳闷，究竟是为了什么，把一九四九年以后的大好局面闹成了现在这种不伦不类、不死不活的样子。难道……莫非……太叫人痛心了，而且我没有痛心的权利。

这已经是一九七〇年了，这年春节休假期间，自治区文联的工宣队派了个师傅来伊犁找我外调。他先到了巴彦岱，阿卜都热合曼房东陪他来到了新华西路我家，热合曼很紧张也很兴奋，我也很兴奋，这是一九六五年离开文联下乡锻炼以来，第一次有组织上的人来找我。结果却是什么也没有。后来知道这位工人师傅是最不管什么事的一位。尤其是对于我的下一步会怎么样，他是一无所知。他告诉我的唯一信息是文联在清队过程中谁谁被抓，谁谁有问题。这反而使我更加不安，我这样非驴非马地在伊犁，一待就是五年，这到底算哪一出呢？莫非我要永远锻炼，为锻炼而锻炼一辈子吗？

69. 努海图的大院

在新华路一巷住了两年，芳的一个要好的同事、数学教师萨黛提，通过其夫、一中校长巴衣·巴拉提（哈萨克族），安排我们住到第一中学家属院。原因之一是支付能力发生了逆转，一九六九年春开始，我所在的单位自治区文联成立了大联委，大联委通知巴彦岱公社，王属于没有改造好的什么什么，扣发工资，冻结存款，只发生活费每月六十元。而且恰恰这一年我们添人进口，女儿出世了。

公社革委会明确告诉我，文联大联委不是权力机构，无权向公社下命令。他们不准备执行所谓冻结王蒙存款的通知。他明确地说，王在这里，并无不良记录，他们不准备对王下手。

顺便说一下，这里的公社干部都相当可爱。刘澄同志是大学生，不但能抓基层工作而且爱思考问题，常常能提出一些见解。公社秘书罗远富与妻子李惠坤都是八一农学院毕业生，他们都能扎根边疆与农民打成一片。罗远富能写维吾尔文艺术字，还能自造馕坑。李惠坤整天跑生产队推广良种，讲着湖南味的维吾尔语，深受农民欢迎。他们都是我的好友。后来，罗任自治区党委副书记张世功的秘书，还担任过吐鲁番地委书记与自治区党校常务副校长。

一中是以哈萨克师生为主的学校，旧称哈萨克学校。位于伊宁市西部努海图，这里过去是塔塔尔族聚居区，房屋显得比较洋，道路也比较宽阔整齐，但大多是土路。一中以哈族师生为主。我在这里与少数民族人士一起，反而感到舒服一些。院中一位离婚单身的女老师，是一位被打倒的州长的妹妹，仍然显得大模大样，气概非凡。

萨黛提是南疆阿克苏地区新和县人。她的妹妹玛依努尔（波斯语，月光）高中毕业，碰到了“文革”，只好住在姐姐这里赋闲。她极爱读书，眼睛都读近视了，“文革”中却找不到书读。我反而利用在农村当过“干部”的便利，常常找到一些（被收缴的）维吾尔文书，悄悄与她姐俩的藏书交换阅读，建立了友谊。后来，玛依努尔干脆当起女儿伊欢的保姆，白天负责看护伊欢。我们买了维吾尔族式的婴儿摇床，玛依努尔也完全按照维吾尔的方式带孩子。从小教给她伴着娜依娜依娜依的节拍，翻动手掌跳舞。吃一点东西的时候，先把要吃的食物放到茶水或白开水中泡。直到现在，伊欢有时吃饼干时先泡一下，令人不解。在伊欢八九个月大时，她可以扶着桌椅站立。一次她就这样不平稳地站立着，她流着泪吃掉一枚洋葱头，新疆叫作“皮牙孜”的，显示了女儿的豪气冲天与必能成就大事。可笑的是玛依努尔竟然找到一本阿拉木图出版的维吾尔文《育儿须知》，是译自俄语的。读后我汲取了先进育儿方式：如把孩子放到窗边开窗睡觉，如给孩子洗冷水澡，还有加各种食品等。总括起来，成败参半。

由于工资被扣掉了一半多，生活开支，渐显窘态。芳有一股子劲，与别人不同。正因为没钱了，她要带着大儿子王山与女儿伊欢坐飞机从伊犁到乌鲁木齐，再从乌市乘火车回北京。她不允许自家也不允许旁人向命运显现难色，她要永远鼓着一种劲。也算可以的了。

我却渐渐有些不安。我到底算是怎么回事呢？为什么与所在单位新疆维吾尔自治区文学艺术界联合会完全断了线了呢？这样下去我成了什么人了呢？

新疆有一位维吾尔族老作家，因“外逃”未遂，被送到了塔克拉玛干大沙漠边缘劳动，每月只发生活费。这么说，我会不会成为第二号这样的人物呢？

生活一般，正常，群众关系、民族关系极好，也确实学习了不少新的知识，但是我成了断线风筝。

我那时最爱唱的样板戏是《沙家浜》里的郭建光的唱段：“听对岸，响数枪，声震芦荡……这几天多情况勤瞭望，费猜想……”

我从小养成的习惯，离了组织不放心。而组织对我究竟是什么意思呢？我猜想起来，总是不得要领。

其实一点也不复杂，经过“文革”，组织本身都风雨飘摇着，谁管你王蒙的事？你的存在对“文化大革命”没有任何正面或负面的作用，你在一边待着岂不很好？你还要干什么呢？

我终于沉不住气了，在到伊犁六年以后，一九七一年春，我乘长途汽车回到乌鲁木齐，来到文联。

哭笑不得。文联两派群众组织还在斗，他们还在贴大字报，贴的内容是文联的“阶级斗争盖子”尚未揭开，天呀，这是什么盖子呀，是无缝钢管吗？是合金钢焊死的吗？一百来号人五年来嘛也不干，天天在揭盖子，已经揪出来了各族同胞不知凡几哟！

文联真够呛，大诗人铁依甫江是敌我矛盾按人民内部矛盾处理，退职到农村去了，地质作家何永鳌由于清队中做假交代被逮捕了，被捕的还有一人，劝其退职的则更多。

而我的特点是根本不在视线之内，祸乎？福乎？实非祸也。

认识到自己的根本不存在，等于不存在，是一件比挨批挨斗还痛苦的事。我甚至想，政治的变乱可能是一年也可能是十年二十年，对于历史来说，二十年只是一瞬，但是对于个人来说呢？想想看，神州大地上多少年多少代是在无奈中，在苦苦的等待中，在不可能有任何作为、不可能有任何意义中度过的呀。眼看生命在浪费着，青春早已一去不复返，中年已至，转眼就是老年了，而你，除了忍耐只能忍耐，除了等待只能等待。否则就是以卵击石，就是自取灭亡，我只能抛弃一切幻想，不抱任何希望，活着就是活着，日子就是日子罢了……

而我读到安徒生一篇童话，说是一个人的墓志铭是这样写的：这里埋着一位作家，但是还没有写过任何作品。这里埋着一位运动员，但是还没有获得过任何名次。这里埋着一位歌手，但是还没有唱过一首歌曲。

我的天！

可能是由于我的面目与身份不太明晰，到达乌市后一个短时期，包括最好的朋友，对我也只限于点头微笑，寒暄一下，没有人与我谈心，没有人与我交流。与家人也分离了，通一封信要一个星期。每天，我的心是惶惶不可终日。我唯一的安慰剩下了吸烟。我觉得我这是自投罗网，本来在伊犁逍遥法外，有何不好？我又说服自己，即使只是为了弄清工资被扣的原委，我也必须跑这一趟的。

这次回到文联，住在单身宿舍，与诗人热合穆同屋，他是我看到过的维吾尔知识分子中最潇洒风流的一位，一直穿着西装，他有着勾魂夺魄的一双大眼睛，眼珠是灰色的。他生活得也很狼狈，他有妻有女，正在打离婚（据说早已经离过一次又复过一次婚了），有家归不得。

他酗酒成习。他债台高筑。他群众关系不佳。他还有一个离奇的麻烦，说是他二十世纪六十年代初期，突然跑到中苏边境与一位来自国境线那边的女子成婚，然后各自西东，然后人们分析说，那个女子是克格勃。

不管怎样，那一段短暂的时期，我与他相濡以沫，度过了难熬的几天。我们一起喝过一瓶白葡萄酒。我们一起吃过面条。我们也闲谈了许多家长里短，特别是谈伊犁。“文革”中伊犁是一个最重要的（抵消的）话题，可以转移对于权力格局的注意，可以回到日常生活，回到果园和葡萄架，回到抓饭和奶油蜂蜜。如果没有他，我会更感孤独。

要说我来得正是时候，一个月后，上级决定文联的人全部下干校，文联的性质属于“斗批散”机构。

我们的干校在乌市南郊乌拉泊地区。我们在这里待了两年多。我与维吾尔诗人克里木·霍加耶夫、评论家帕塔尔江等住在一间房里。我的“天天读”也参加维吾尔族组，反复阅读维吾尔文的毛主席著作。倒也颇有收获。

最大的收获是到了“五七干校”。总要给我一个说法，当时没有“政治问题”的人算作“五七战士”，有“问题”的人，如挂在那里的一些人，就不算战士。我终于在一次会议上，几乎是瓜熟蒂落地也是受宠若惊地明白自己是“战士”，维吾尔语叫“江其”了，呜呼！那次会议“江其”到一个大房间去，而非“江其”无权参加，我被叫到了大房间。在后来的一次会议上我提出来，我既然是战士就不是被挂起来的，我不可能是挂着的战士，如果一个战士被挂了起来，他还怎么战斗呢？我说这话是因为文联有小当权派说我是属于“挂着”的。

乌拉泊文教“五七干校”校长是原文化厅长巩克，他听了我的发言大笑起来，并说：“那就不要战斗了吧。”我相信，明确我是“江其”也是巩克同志拍的板。

醉翁之意不在战斗，而在工资。不久，工资补发了，一下子两千多块钱。我告诉芳。最奇怪的是平素不喜爱讲教条的芳回信说：“这是毛泽东思想的伟大胜利。”并立即去商店买了一条俄式紫红毛毯以示庆祝。

文联的同事尤其是少数民族同事反而羡慕起我来，说我是太“酷”

了。维吾尔语中也有“酷”一词，指精明机灵，与英语的酷——cool有所不同，包含着狡猾，甚至也包含着善于为自己打算的意思。他们大概是说我整个“文革”逍遥法外，未有辛苦与纠缠，而到了时候就“江其”起来了吧。

70. 干校一记

乌拉泊位于乌鲁木齐南四十多公里，不远。离乌拉泊水库更近。一些文教机构，用大量经费在这里修渠引水，拉线输电，盖房拓荒，还设置了一些拖拉机康拜因与运货卡车。二十世纪七十年代初，当时的文化教育单位纷纷说自己是属于“斗批走”或“斗批散”的单位，于是，这些文教工作人员到这里入学深造。

文联的人来到这里算是第一连，全“校”都是军事建制。开始几夜我是夜班浇灌，到次日凌晨真是累得步子都迈不动了。后来突然被连部选中担任炊事班副班长，受宠若惊。不但自己觉得深受信任，到了要害部门，连同连的“五七战士”也对我突生敬意，努力讨好。用我的“部下”、我这个组的炊事员、诗人克里木·霍加的话来说：刀把子、印把子（这两把子“文革”中常被提及），另外应加上勺把子，都是权力的象征，都重要。

我学会了在大工作台面上一次和一袋面，这是我至今用来吹牛的一个资本。

炊事班长是老作家王玉胡（一大批新疆题材的电影片都是他编剧的）。他已经“解放”。王谷林的特长在建筑方面，尤其是修火墙，已达专业水准。可怜刘萧芜，还在“挂”着，负责喂猪，常常赶不上吃饭，只能吃剩的凉的。

给我印象深刻的是大批判。有一篇学习材料上赫然刊出了一篇文章，批判童话《拔萝卜》。童话说兔儿种了大萝卜，个儿太大了，拔不动，便找了一大群兔儿来，一个拉着一个，合力拉起了大萝卜。我想，这篇童话的含义绝不高深，一是讲劳动之伟大，一是讲群众力量，讲合作的必要性。但是批判文章令人喷饭。批判说："萝卜明明是贫下中农种的，作家硬说是兔子种的，这不是睁着眼说瞎话吗？"

可以与之媲美的有新任文化局领导的佳话，说是他审查一首歌词，歌词中有小溪唱着歌字样。领导说："小溪怎么会唱歌？"原新疆文化厅已经"砸烂"，新成立了文化局，文化局很多干部其实也是从原北京文化系统调来的，他们多不愿意在新疆，不适应。不久，大部分都离开了。

我也在学习会上听到过一位原食堂管理员对于一位音乐家的批判："你每月拿着文联最高的工资，你还反党，你还放毒……其实你还不如拿上工资就睡大觉，什么事也不干，也比现在这个样子好！"

但大家的情绪还不错。第一，有活干，比整天两派斗，斗了五年盖子还揭不开要好。第二，集体生活自有其特殊的乐趣，或者叫作热闹。第三，吃得不错，比在农村吃得好多了。第四，戈壁滩上空气纯净，透明度极高，晚间月光星光之明洁，是别处的人所无法想象的。

我们办壁报，我填了一首《青玉案》歌颂干校生活，已找不着了。

我们举行文艺演出，在戈壁滩上，在明月之下高歌猛唱，都道是上干校如同饮甘露、濯清泉、吃仙药、沐天恩，其乐无穷，三生有幸。你很难说这些体会都靠不住。后日老诗人臧克家吟诗歌颂向阳湖"五七干校"，当亦可以理解。

"五七干校"期间，我曾经在一次国庆假期中奉命到呼图壁县雀儿沟林场装运木材。密林中的山沟，美丽清纯神妙，堪称绝顶。与我一起去的三个人中，有原自治区文化厅处长、来自阿克苏地区的维吾尔族同志。他是在北京东方歌舞团工作的舞蹈家阿依吐拉的哥哥。只有我们俩是"江其"。我们相谈甚欢，每天笑声不绝。这几天奇异的经验，我写到中篇小说《鹰谷》中了。

人生，社会学、政治学中充满了悖论。劳心者治人，劳力者治于人当然不公正。让劳心者认真劳力一番，对于劳心者也绝对不是灾难。废黜所有的专家与管理人员，来一个大颠倒，干脆来一个劳心者治于人，小学毕业者治大学毕业者……却分明是乌托邦，只能带来生产力的大倒退与社会秩序的更加混乱。我想问题在于沟通治人与治于人，保持治人与治于人的利益的统筹兼顾与平衡。

每月一次休假，我因家在伊犁，无家可归，或到乌市在文联机关住两三天，或自留守乌拉泊值班。在乌鲁木齐我结识了颇具老夫子风度的语言学者郝关中。他是新成立的自治区文化局干部。我们二人干了一件伟大的事情。我们都与哈萨克青年编辑乌拉孜汗友善，他陷入一个麻烦：他与乌兹别克女青年阿丽娅相恋甚笃，但阿家不同意，她的两个哥哥昼夜监视着他们俩，并曾对二人拳脚相加。两人偷偷相会，苦死了。

阿丽娅特别爱乌拉孜汗，乌一说话她就笑得像开了花一样。阿的脸是红扑扑的，天真动人，我与郝先生深感同情。我们不但为他们出谋划策，而且充当尖兵，在他们有什么活动计划时先为他们踩点，侦察清地形地物与周围人事环境后，他们再出去，在他们二人外出期间，我们二人还为他们放哨，充当保镖。最后，在我们的共同保护下，他们二人登记结婚，有情人终成眷属。

在乌拉泊值班时，一个是利用职权，自我优待，包饺子、炸油饼、荤素丸子，并且饮酒自娱。一个是没完没了地用半导体收音机听样板戏，我这时最爱听的是《龙江颂》中李炳淑饰演的江水英的唱段："面对着，公字闸，往事历历，如潮涌……"特别是唱到"东海上，驶来了，救生快艇……"时，突然用了大嗓低音处理，令人痴迷。或曰，所有样板戏中，李炳淑的演出竟有几分温柔，唱腔竟有几分低回，举止竟有几分女性的气息。你能不喜欢吗?

最初我喜欢的唱段是《红灯记》中的《穷人的孩子早当家》，后有添加的唱段："一路上，多保重，山高水险……"那个"山河破碎，我的心肝碎，日月不圆，我的家难圆……"也写得好。看《海港》可以欣赏女主人公的男性做派与不同凡响的唱腔。《杜泉山》的唱段都好听。"杜泉山"原名"杜鹃山"，大概是觉得杜鹃有点雅，也是为了要与原作拉开距离，硬是改成了没有人讲的"杜泉山"。《智取威虎山》的剧情富有童趣。那个最精彩的情节，即杨子荣被栾平认出时，杨反守为攻，反而震住了小炉匠栾平的设计，完全抄自苏联电影《永远的秘密》（后更名为《侦察员的功勋》）。

我还对一些做检讨的唱段有兴趣，《海港》中的韩小强唱道："我沾染了资产阶级的坏思想……"《杜泉山》中的雷刚唱道："我有罪，罪难逃……"都给我一种哭笑莫名之感，我很喜欢学唱，带着某种自我嘲弄的意味。

至于把样板戏说成中国的乃至世界的文艺新纪元，那不过是穷疯了做梦捡金条罢了。

现在再放再演样板戏，既不必那样郑重地往凶恶上发展，也不必反感地上纲上线，摆脱泛政治化的模式，谁爱听就听就是了。这反映出，我们早已跨过了“文革”的思维模式。

到了一九七二年，林彪事件一发生，我们干校的那一股邪气立即散掉了。人们的兴趣是改善生活与等待“毕业”。干校二连（原教育厅干部）购买了金华猪崽和一批奶牛，每天给“战士”们供应牛奶与美味猪肉。每天晚上，各室不是下象棋就是扑克牌，鏖战到深夜。最后连干部不得不催促大家：“同志们，再不睡觉就影响明天早晨喝牛奶啦！”

我突然想到，也许虎头蛇尾是世界诸事的规律，许多战争是这样，许多创作也是这样，如《红楼梦》。创世是这样，“文革”也是这样。

林彪的事情，芳闹了个笑话。干校期间，我们俩通信，都做好了信件被检查的准备，每封信上都要写大量语录、套话、歌颂之类的话，忽然一次，芳的来信上大讲要我以林为榜样好好学习毛主席著作。而此时，林已跌死在温都尔汗了。此事被我抓住狠狠地取笑了一番。而过去，教条呀、胆小呀、死板啊，都是她常常取笑我的。

渐渐地，一些出身好，所谓根正苗红而又确有一技之长的“战士”，如会绘画的、会语言的宣告毕业，离开干校调往文化局或其他文化单位。到了一九七三年，根据当时的新疆一把手赛福鼎同志的指示，说是文联这一拨子人还是有可用之处的，遂成立了一个创作研究室，隶属于文化局，把全部原文联、现干校一连的人员调回。同时，铁依甫江等也被创作研究室收回，据说他在呼图壁农村风光了一回，又回到我们身边来了。按，老铁小时候上过经文学校，他可以用古阿拉伯文读《古兰经》，所以虽到了农村，与别人的待遇并不一样，还有说他是被待若上宾，经常吃包子抓饭，经常吃手抓羊肉的。是否如此，我当面问过他，他笑而不答。

这时我的维吾尔语成了一宝。我先是被分到维吾尔文编辑部筹备新疆文学刊物的复刊。转了一圈，死去活来，发了大力，下了狠心，还是这几块料编刊物，硬是找不上——培养不出可意的文人？我都有些不忿儿。我只记得，在维吾尔文编辑部期间常常奉命组织“批林批孔”啦，批走资派啦什么的诗歌专号，包括铁依甫江、克里木·霍加等大诗人也赶紧大写遵命文学，我就紧着给他们翻译。郝关中也调到了创作研究室这边，也整天翻译这些无趣的东西。但郝兄翻着翻着竟然译出了创作热情，自己也写起诗来。他是个极自由松散之人，他住着两间房，外屋干脆堆着烟煤，而他自己说，寒冬夜间，他起夜后就往煤堆上小解，反正最后都要剧烈氧化，化为烟灰的。由于他夫人回兰州探亲期间他把房屋弄得太不像话，夫人突然回来了，对他大闹了一回。问题不在这里，问题在于，他老先生在夫人哭闹时，看到夫人激动万分、又打又抓又踢又跺的形象，想到了“莺歌燕舞”四个字，他解释说，夫人运动着四肢，发出激动的声音，这不就是莺歌燕舞吗？于是，他以莺歌燕舞的描绘结束了自己的歌颂批林批孔的诗篇。这样的生活与创作的关系，堪称一绝。

一九七三年，干校结束，乌拉泊这个所谓农场，转给了新疆大学，不是不喜欢冷冷清清吗？一通折腾的结果仍是冷冷清清。

71. 干校记趣

二校生活中亦有可回味者。一个是与少数民族作家诗人的交往。铁依甫江，克里木·霍加，帕塔尔江，我们经常在一起调笑多端，这个说那个太“毒”，那个说这个太臭，一个说一个狡猾，另一个说一个有罪，一个说一个是牛鬼蛇神，另一个说这个是死有余辜。各种充满暴力威吓的语言，都变成了幽默与风流、炫才与摆阔。我们还讨论汉语的“活该”二字维吾尔语应该怎么样翻译，并举例说明谁谁谁在“文革”中找了麻烦乃属“活该”性质。我们也讨论诸多维汉语间的翻译问题，对把“陆续”译成“继续”，把“一场”斗争译成“一操场”或“一麦场”斗争，笑个死去活来。有一天我们几个人说得正欢，被一并无恶意的女同志听到，当得知我们如何推敲词语的时候，她突然恶狠狠地说道：“反正你们几个人都是太能二了！”我们听了，只能嘿然，并互相使眼色：夹紧尾巴吧。

离文教农场数十里地，是兵团的化工厂，一次原地休息，突然传来化工厂发售散白酒的喜讯，我乃自告奋勇前去购酒，细雨中步行了二十多公里，买到了不少白酒。新疆有一种白酒品牌，叫作“头屯大曲”，头屯乃是地名。我买的酒被维吾尔族朋友称为“头疼大曲”。我由于行路疲劳，喝得很多，睡得很乏，有一醉解千愁之快感。

最最意想不到的是我们有幸获得了阅读“反面教材”的机会，其中印象较深的有美国汉学家费正清著的《美国与中国》、苏联吉尔吉斯斯坦作家钦吉斯·艾特玛托夫著的《白轮船》，还有美国畅销书《海鸥》与《爱情故事》。这些书都印成白皮书状、封面封底都是一张白纸，几个黑字，内里都有一大篇批判文章，批得义正词严，我们读（正文）得津津有味。这样，刚一改革开放，一九八〇年我去美国，见到费正清博士，告诉他我早在“五七干校”就读期间就拜读过他的大作，他直翻眼，听不明白。二十世纪八十年代初，艾特玛托夫的书风行一时，我们从铁凝、张承志、张贤亮等的作品中都可以看到艾先生的影响，我也以自己早睹为快而自得。

由于我上干校是夫妻两地分居，便得以享受每年一次的公费资助探亲假的待遇。一次在伊犁探亲，碰到伊犁州戏剧队的负责人，他很热情，知道我正在“五七干校”就学，便发了调令要调我到伊宁市戏剧队搞创作。搞创作，不管是什么创作，这是过去我做梦也不敢想的，而伊犁又确实是一个好地方，我的家眷正在伊犁。如此这般，调令一来，我表示同意，干校给我开了工作关系的介绍信，我来到了伊犁。

这位戏剧队长，也是一位绝妙的人，他最得意的见解是对毛泽东与赫鲁晓夫进行测字点评，他（边呷着伊犁大曲边）说，毛泽东的名字的最后一字是“东”，是三个点站立在那里，而三个点决定一个平面，非常稳当可靠，而赫某最后一个字是“夫”，是两点支撑，像一个圆规，肯定站不稳的。

这也是收获，如果你一辈子都在沿海大城市，如果接触的都是副局以上干部与副高职称以上的知识分子即人五人六们，你不可能了解另一种方法论与逻辑学，甚至不可能知道中国的这类土地上的“思想者”的存在。

对此事，芳则另有高见。她也承认伊犁是一个生活居住的好地方——用现在的话来说是最佳人居城市之一。但是她仍有大志，仍然没有放弃希望，她认为我还是回到自治区首府有更宽阔的视野与更多的发展的可能。这也是，大地方，小地方，你没法不面对这个区别。各有各的氛围和习惯，并不相同。

这里也有理论与实际的某种脱节。直到今天，我仍然把伊犁写得非常可爱，我仍然以在伊犁的生活而自得，我仍然极喜欢伊犁，自称伊犁是我的第二故乡。但是，这与定居在那里仍然是两回事。短暂居留的快意、旅游上的向往、文物保护上的激赏、陌生化的效应，这与真正在那边过日子，不是一回事。真正在那边过日子的人，不那么喜欢向后看，不那么从“被看”的角度衡量一切而是更多地从自己过好的角度看问题，有时忽略了文物保护，有时忽略了旧城风貌，这有他的原因。

最后，我没有到伊犁戏剧队报到，而是回到了乌拉泊干校，将工作关系退回到校部，继续深造。

在踏上长途公共汽车，出发去乌市的时候，送行的芳突然向我挥手，并喊道："一路平安！"一声平安，我落泪了。我这一生至少有一件事要做到，要对得起芳，要尽可能地给芳带来快乐与荣光而不是相反。

然而你必须平静，你必须耐心等待，等后还要等待，也许会等待到终于无可等待。你已经从二十三岁等到了三十三岁，你已经进入四十壮年。你确实想锻炼改造，重新铸就，重新开始，然而已经并没有谁当真。一顿狗血喷头，轰下来了，也就是了，也就了了。看来，狗血喷头易，造就新人难，挥舞话语易，安排实际难，大破天门阵易，布成新格局难。我回到干校种植鲜红的枸杞子。战士们知道这有补血作用，便纷纷用来泡酒。没事我们还到戈壁滩上挖野韭菜、沙葱，竟然还挖到了有壮阳性质的肉苁蓉，也是泡（不是炮）制补酒的好材料。每天喝着壮阳酒骂林彪，这样的幸福生活也是此生难再。

这样，当上面指出：林彪的问题是极"右"，"右"得不能再"右"了，而绝对不是极"左"……我服了。因为极"左"的结果只能是极"右"，这是一。第二，"左"到一定程度就再不能退一小步了，"左"到不能圆通，不能灵活，更不能适可而止的程度，只剩下了一条灭路——继续变本加厉地更加"左"下去。退一步，立即崩溃，狂热地继续"左"下去，以后更彻底地崩溃，二者必居其一。

在干校我结识了三连（原文化厅）的祖颖之。他是地道的北京油子，说话幽默，健谈。他当过兵，去过朝鲜，一九五七年没戴帽儿，但被开除了团籍。他经常叹息，正嫩的时候，让人家给掐了尖儿啦。

他认识我是我在厨房里为全连做汤面擀面剂儿面片儿，准备切面条的时候，他对我的擀面技术表示称许，立即使我快乐。

他的夫人是舞蹈家，在新疆艺术学校任教。他们有许多艺术家朋友，约我去聚会，弹钢琴的弹钢琴，拉手风琴的拉手风琴，还有几位汉族与俄罗斯族的混血儿，高唱俄式歌曲。我也放开嗓子大唱苏联歌儿"达列阔，达列阔……"（遥远啊遥远）和拿波里民歌《我的太阳》。我居然被一致称赞，甚至他们建议我今后不要写小说，应该去搞声乐。

吃酒行乐中我仍然抱有警惕，唱苏联歌曲的时候我故意用可笑的歪词。达列阔（遥远）我唱成大铁锅，整个歌词我唱作："大铁锅大铁锅，一毛钱就买两个，炒起菜来挺香，炖起肉来也不错……"唱得鼻涕眼泪与哄笑打闹混为一体，天衣无缝。我想起了一位朋友读维吾尔文的《列宁文集》的遭遇，据说他读书时被“工宣队”发现，问他在读什么，他回答说是列宁著作，此工宣队员将书拿过去翻出青年时代的列宁像，皱眉问道：“怎么不像？”解释说是列宁青年时代照片，工宣队员仍不能释然，幸亏这位朋友的《列宁文集》有好几册，连忙找出后续著作，找出此后的照片，验明正身，才平安无事。这样，我的唱“大铁锅”就绝对没有对苏修有情感的嫌疑啦。

与艺校的这些老师——艺术家的接触，给我一种“复辟”的感觉，北京话啦，开心语啦，乐器啦，《红河谷》与柴可夫斯基的《四季》啦，关于内地、外国与文艺的话题、逸事和旧事啦，以及那种笑容，那种摇头摆尾的举止，与巴彦岱二大队的社员们是如何地不同啊。却原来，经过“文革”的疾风暴雨，他们仍然是他们。“文革”曾经试图完全重新塑造这个世界，因为一切已有的，包括美国、苏联和“文革”前的中华人民共和国，都是不完善不理想的。这样的伟大想法，从它诞生的那一天，就注定了只能以造成天怒人怨、一无所成的失败而告终。

祖颖之常常发表高见：“我们有什么呢？我们想怎么样呢？我们要的不过是大集中底下的一点小自由罢了。”

祖颖之对一切不抱希望，每天用标准的北京话嘲笑一切。他自嘲没有“银子”。他嘲笑某某吝啬是从肋条骨上带着血丝扒下钱来。他甚至不让自己的孩子上学了，他认为我们确实是生活在一个上学无用读书无用的时代。他吸烟，喝酒，牢骚，不认为能做成任何事情。千方百计，他在“文革”结束以后帮孩子移民到了澳洲，很快，他也有了去澳洲的希望了，他患了食道癌，不久，去世了。

所以选择了澳洲，一是因为他们有一些具有俄罗斯血统的朋友，上述的那些艺术家，后来都移民到了澳洲。再有，祖兄的夫人，原是一个省的舞蹈团的成员，二十世纪六十年代曾经到澳洲演出，她放低了声音告诉我，在澳洲的时候，住的旅馆里的走廊上就有鲜橙汁，人们可以随便（免费）喝。闻之如梦。

后来我去过许多发达国家，包括澳大利亚，知道那边的鲜橙汁供应是不错的，走廊里免费供应则未曾与闻，可能他们演出的那一次是接待单位专门给他们准备的，那就需要单独付款了。

72. 画家列阳

一九七三年，根据自治区党委主要领导赛福鼎同志指示，原区文联的人全部收回，组成了创作研究室，属区文化局领导。我的第一个创研任务是下去搞连环画脚本，原因是吴德、于会泳主持的中央的文化组要搞什么连环画展之类。

原《新疆文学》杂志的编辑都幸福与我算是搞文字的，另有几位画家，一是老画家列阳，一是工人画家马泉艺，还有一哈萨克族画家哈孜巴依与回族画家穆宏。列阳应该算是新疆的油画家中的佼佼者，但有人说是他的画风比较“老式”，取材与构图、设计都嫌呆板。但人绝不呆板，而是很有风格，相貌有类人猿风度，皮肤白里透红，湖南人，每每以湖南腔吟诵古文，抑扬顿挫，装腔作势。善打乒乓，削球，有以天价购买的高级球拍。曾自费坐飞机从乌鲁木齐飞到克拉玛依，是一种小型飞机，乘客坐在机舱两侧的条椅上。他的婚事一直不顺，因为他决心要娶一位有俄罗斯血统的金发美人，娶了，又“另干”了，“另干”云云，是维吾尔语中爱用的汉语借词，指分离。在提到此次婚姻时，他放肆地描绘说：“身上的毛太多……”

上级要我们搞的连环画脚本是“血泪树”，伊宁县红星公社，即吉里圩孜处有一棵大胡杨树，说是旧社会贫下中农曾被地主恶霸捆绑在此树上拷打，是一个很好的阶级教育教材。还有一个什么题材，我忘了。

但是我已经认真学习过“三突出”“三结合”之类的创作原则。我觉得这个题材有极大的难处，农民绑在血泪树上挨打，主要英雄人物（当时俗称“一号人物”）安在？没有一号，你的故事会不会被判定为：“为地主恶霸张目，妄图夺回地主恶霸们失去的天堂”呢？如果杜撰一个一号，是不是鼓吹没有党的领导人民也能斗争并取得胜利，是不是要摆脱党的领导，另搞一套呢？如果再杜撰一步，干脆说是地主恶霸正在用鞭子抽打农民时共产党来了，会不会成为歪曲历史，为某个山头服务，如果真那个时候就来了共产党的话，会不会被认为是联共而不是中共呢？会不会客观上有利于苏修与分裂势力呢？

而列阳等热衷于往血泪树的故事中添加坤角，想来想去，他们最有兴趣的是大地主有一个小老婆，小老婆与被鞭打的长工有男女之情。马泉艺则一心利用这个“组织上”提供的机会到处采风，见少女喜上眉梢，见美人画写生纠缠不休，对血泪树故事并无兴趣。这样，我就成了这一组最“左”最严厉最能否定一切构思的意识形态杀手。而我同时也明白，画家们是无可救药的，再搞十次“文化大革命”画家仍然是画家。这类画家的兴奋灶只有一点：女性形体。让画家掌握政策精神比骆驼穿过针孔还难。

不知道是不是为了讽刺我的原则性与政治性，一天列阳以给大家算命为由，突然宣布：我看王蒙将来要当部长。我听后笑得来了一个前后滚翻。大家也胡骂乱卷了一回，一致认为列阳由于对王蒙的刻骨仇恨而胡言乱语，撒起了癔症。

我作诗打趣列阳，有“日出伸两脚，夜半金棍长。十五扔桌下，二百扔道旁……”之句，仿列阳所讲狗屁不通之诗“日出桌八脚……”的风格，讲的是列睡懒觉，两足伸在被子外，阳光晒脚而不肯起床，每晚如厕半小时，买一个乒乓球拍达十五元（当时已是天价），而数百元的手表不知所终（或曰是金发前妻带走了）等。

列阳蓄意反击，宣称他作了描绘王蒙的打油诗，只有两句还算上口：“蒙王怒目如闪电，可惜隔着玻璃片”。无非笑我戴眼镜而已。

马泉艺年岁较轻，不参与我们的互相捉弄，而是一画画二拉小提琴。偏偏列兄也喜演奏提琴，二人暗中较量，我们为了打击列阳，便不停地赞扬小马的器乐水平。此后，我与马也建立了极好的友谊。

此次创作出差，虽然未完成任何“作品”，但还是收获颇丰。一是在吉里圩孜见到了几处极大的杏园，面积有点像我后来在漳州看到过的荔枝园。二是在公社结识了下乡知识青年、新闻通信员哈萨克族的艾克拜尔·米吉提，他的一副天真烂漫聪明懂事的样子极给人以好感。不久，他被保送上了兰州大学中文系，后来成为“文革”后崭露头角的哈萨克族著名小说家。再后来成了中国作协的局级干部。三是出差完毕回乌市的时候，都幸福做主我们都坐了飞机。这是我第一次乘飞机，伊尔十四，起飞前每位乘客赠送一小包凤凰牌香烟，烟带巧克力味，我吸得津津有味。四是与众画家，与都幸福也都增进了了解与惺惺相惜惺惺的那么股子劲儿。列阳连他的核心秘密也透露给了我们：遇到领导审画，他故意露出个破绽，让领导批评指示，其实领导批评的正是他故意在领导面前暴露的，也就是他自己一定要改过来的。领导的批评与他的意图完全一致。这样满足了领导的指挥欲，他也显得虚怀若谷，老实听话，而不必使作品伤筋动骨。五当然是趁机看了许多地方，包括特克斯军马场等牧区。我们骑马上山，游玩牧场，喝酸马奶，与各族男女同睡在奶酪味十足的帐篷里，与星月同眠歇，与松杉同吐纳，与牛马羊狗——牧人们都有极剽悍的牧羊犬——同撒欢。

在军马场我也深受触动。我结识了那里的首席兽医。他比我年纪要大，二十世纪五十年代初北京农业大学毕业，在军马场牧业大队已经干了近二十年，一脸的风霜和紫外线。他正在奔波走“门子”，只为一件事，想把关系转到农业大队，他人仍然可以在牧业大队跑，但“关系”攀上农业以后，就可以从农业队分到房子，孩子就可以就近读书，否则孩子有流于变相失学的危险。

还说什么呢？牧业队的想的不过是到农业队。农业队的可能希望有机会到特克斯县，这个县只有一个街口，呈八角形，人称八卦街。我曾碰到这个县晚间要演露天电影，通知一声，全县城的人可以集中到一个场子看电影。如果从特克斯县到达伊宁市，已经算是见到很伟大的世面了。又有几个人敢想到乌鲁木齐去，几个人敢想上北京？

而大家都是一样的人，你能说谁一定高两厘米？

回到乌市，算是转了一大圈，又基本上回到了原来的轨道，结构也罢，体制也罢，队伍也罢，想搞出点新花样来，想打乱重来，从你开始，谈何容易？闹得叫得虽然凶猛，代价付出了最大最大，最后该怎么样还是怎么样，甚至伟大与决心求变如毛泽东者，还是得面对现实，白白缴了“学费’……着实令人叹息。

我立即全力办理有关芳的调回乌市的事儿。我写了报告，说是我现在已经回到了自治区文艺单位，结果却剩下了我爱人崔瑞芳同志在伊犁继续深入生活，似不合宜。创作研究室的负责人、老作家王玉胡建议我把这一段打趣的话删掉，但事情在办理着。

芳在那边与石在一起，等待着乌市调令。山与女儿伊欢则在北京住在姥姥家。一家人又是分了三处。北京亲属来信，说到女儿伊欢一次自己要去看电影《红灯记》，走丢了，后幸被一邻居认出，才回了家。闻听后，我们更是百感交集。我乃认定，当前的中心，用现时的流行话语叫作重中之重，就是把芳调回乌市，实现一家人的初步团聚。

我采取了毛主席关于集中力量打歼灭战的战略。通过原文联副书记麦苗的爱人，找到了乌市教育局管人事的赵群力，又通过芳原在的乌市七中人事干部张元儒老师找到市教育局的王喜凤，她拍板直接发调令，而不必经过商调手续。又通过王玉胡与伊犁州长伊尔·哈力沟通，使伊犁的放人不成其为问题……总而言之，我使出了全身解数，找了所有领导、朋友、以善意待我者，使此事飞速完成，我甚至破格采取措施，一放暑假就发电报，让芳与石来到了乌市。我硬是敢于表态：即使伊犁方面不同意调出，他们也不会回去了。他们在伊犁等着我办调动的消息，石儿整天念叨“掐掐算算，叨叨念念成、不成、成、不成……”以至我的电报写的是“速来乌”，她们却读成了“函来乌”，快闹出毛病来了。

自治区话剧团一位编剧，名陈村，打趣我说，再不要为调崔老师的事找人托人了，现在，新疆的伊犁的乌市的文艺界领导、头面人物，如果见到久未联络的老熟人突然前来，不等对方开言，就会先问：“是不是为了王蒙爱人的调动事情？我们已经办了，已经没有任何问题啦！请您放心吧！”

这不仅是一个具体的调动问题，通过它的进程，说明了情况的另一面，天道有常，善有善报，任何时候，好人占多数，叫作“我们应该相信群众，我们应该相信党”，仍然有许多人关照你帮助你，我还要说是喜欢你，你仍有一定的人缘，悲观泄气是完全不必要的。

这里也有乐趣，你东跑西颠，你到处套磁，你低头哈腰，你满脸堆笑，你出色地迅速办成了你想办的事，怎么样？

有点自讨没趣或自觉有趣的是，拿走调令的时候，我与赵同志搭讪说："哎呀，您太忙碌了，找您的人太多了……"赵同志微皱着眉说道："现在不正常嘛，调动的事都是个人来办嘛……"我点头称是，脸上显出了愁容，心里却哈哈大笑，一笑解千愁矣。

73. 告别伊犁

一九七三年九月初，我一人回伊宁市办理调动与搬迁事宜。一九六五年到一九七三年，时已八载，我们对伊犁确实已经培养了深厚感情。该死的城市、地域间的差别，该死的什么前途、发展的思量，特别是臭知识分子寻找同类、嘤嘤求友的恶习呀！不然我何至于告别伊犁！对伊犁有深厚的感情，诚然。然而伊犁又是太小太小了啊，回想一九七一年，我“擅自”离开已经劳动了六年的巴彦岱，前往“本单位”自治区文联探测虚实的时候，在忐忑不安的心情中，行走在伊乌公路上，经过天山，经过精河治沙站，经过克拉玛依、独山子、石河子、玛纳斯与呼图壁的时候，我又是怎样地为新疆的巨大、世界的巨大、城乡的边疆而兴奋啊。房东阿卜都热合曼极其偶然地也唱过一支歌：

我也要去啊，
去看看这世界的模样，
如果平安的话，
再回到那生我的家乡。

人需要世界，人也需要家乡，人需要一个城市、一个乡村安心定居，人也需要去看看这世界的模样。

……我先去了阔别两年半的巴彦岱。老妈妈赫里倩姆因白内障已经基本失明，她告诉我她的心像烤焦了一样。我给她带了一些糕点糖果，喂给她吃。根据公社规划，二大队一生产队的社员应迁移到庄子那边去，而赫里倩姆贪恋巴彦岱，搬到那边去以后不久急瞎了眼。不管她的说法医学上是否成立，反正她就是这样看的。（此后不久，她去世了，愿她的灵魂安息。）

到州里办调动，先是州上有关负责人断然拒绝，当着我的面，一位同志悄悄用维吾尔语说："老爷子有话……"这里的老爷子直译是"白胡须"，指地位，不是指年龄。我知道是伊尔·哈力州长说了话。我头一天拿着王玉胡的信去看了他，管用。

一切办完。准备搬迁。我找了原巴彦岱公社秘书、当时的伊犁州党委张书记的秘书罗远富帮忙，找了一辆往乌市拉小麦的车，其特点正如从乌市往这边拉洋灰的车，车厢尚余有较大空间，可以装上行李什物。而且，车辆免费。所有行李打了卷，所有什物装了箱，我在已经无法正常生活住人的房间又住了三四天，体会着告别伊犁的滋味。不知为这个告别是喜是悲，还是"悲欣交集"——这四个字是弘一法师谢世时所书。

我想起一九七一年我试探着去乌鲁木齐时，巴彦岱二大队书记阿西穆·玉素甫对我说的话："唉，老王，你是个好人。你到乌鲁木齐，好，就待下，不怎么样，就回来。那边不需要你？我们需要你。那边没有你的户口？我们给你上户口。那边没有家？我们给你宅基地，派人帮你盖几间大房子，咱们还要修果园，我们这儿接着呢，老王，放心！"

我想起赫里倩姆，几年来我吃了多少她亲手做的饭食。最有趣是封斋期间，穆斯林们白天不吃不饮，天黑后吃一顿饭，凌晨时（天亮前）再吃一顿，两头的饭都不能见太阳。这里有一句谚语："干活一年，足吃一个封斋月"，意思是，斋月要尽量吃好的，才能顶得下这种生活方式的改变与约束来。我呢，白天照喝赫里倩姆烧的奶茶，照吃她打的各种大小馕饼。晚上，与他们一起好好吃一顿。清晨他们吃饭时我照睡不误，等我醒来后，她再给我加热，侍候吃食。

我也想起我们在伊犁的日子。我们像海绵一样地汲取维吾尔文化的滋养，我们有兴趣于任何新的经验。我们在伊宁市的家的临街窗户的窗帘是维吾尔式的挑花，这种窗帘为我们招来了一些维吾尔客人，其中也有乞食者。穆斯林的义务之一就是施舍，他们中的乞者是专门找自己的同族同宗教信仰者乞讨的。他们敲开了门，见到我们时，会一怔，然后抱歉走掉，而我会追上去给他们一点钱财。食物，我不可以随便给他们，清真古教的信徒，对我们的食物是有戒心的。

我也想起一九七〇年年底在伊宁市为购买茯茶砖而做的一次长时间排队。在第二门市部，我手持即将到期的茶票，前后排队七个小时。那时候买不到的东西也多着呢。忽然传来卖茯茶的消息，一时间各族同胞像疯了一样，都跑去排队，而就在货物告罄前几分钟，我排到了！那种欢欣感胜利感成就感无与伦比。问题已经不在于我喝奶茶用的茯砖是否即将短缺，也不在于我们是否已与维吾尔人一样必须日日饮奶茶，问题是排队本身就具有挑战性、风险性与趣味性。小城的人亲，我与前后排队的各族同胞有所交流，有所谈话。甚至在此后，多次在大街上看到这位面熟者是当日站在我前面的第三名，而另一位在公共汽车上碰到的人，是当日紧随我的排队者。命运使我们成为耐心地排队的队友。我以排队为题材在一九八一年写过一篇小说《温暖》，一个好友说她看了很难过，大概是说我太“阿Q”啦。然而，无奈的经历并不排除它成为绝妙的经历的可能性。事情就是这样。

三九严冬，你仍然可能感到温暖，如果你有一颗足够温热的心，如果你的灵魂的火焰并没有熄灭，如果好人至少是正常的人并没有死绝，如果善良和快乐的天性并没有灭绝，如果生活仍然在勉为其难地继续，日子仍然在被努力地度过。不要叫苦。至少是不要只知道叫苦。神经是可以发一发的，咒骂也是可以偶一为之的，然而，你应该活下去，你应该安慰自己，你应该强颜欢笑，也许是终于真的欢笑起来。普希金早就写过：

在阴郁的日子需要镇静，
相信吧，那愉快的日子即将来临，
心永远憧憬着未来，
而现在常是阴沉。
一切都是瞬息，
一切都会过去，
而那过去了的就会变成亲切的怀恋。

最难忘的是半夜醒来，听到了喝醉了的马车夫的歌声。这次去搬家，又听到了。时近深秋，对于新疆人来说也可以说是初冬，马车忙着装煤运煤。而一到这个季节，无论是南台子还是脊梁子，或者是察布查尔煤矿，人满为患，去晚了排队等煤能等到第二天下午，所以赶车人都是午夜出发，凌晨抵达，下午才能拉回取暖煤炭。维吾尔谚语云：车夫就是苦夫，信然。他们夜半出车前喝上点酒，唱一曲《羊羔一样的黑眼睛》，其压抑，其呐喊，其多情，其梦幻，曲折往复，千啼百啭，热烈而又悲凉，粗犷而又温柔，端的是令人泪下。世界上有这样的歌，世界上有这样的人民这样的地方，我又有这样的机缘与你们同在与你们共享一切酸甜苦辣。但是由于不能免俗，由于功利的自私，由于仍要在熙熙攘攘中讨生活的欲望，由于自以为还是比农民多认识那么一点点“狗字儿”……我就要离开你们了，我怎么对得起伊犁！我怎么对得起维吾尔族的父老乡亲兄弟！

你能怎么说自己的命运呢？如果没有各种阴错阳差，如果没有各种匪夷所思，你能有这种因缘体验大不相同的伊犁吗？你能与新疆维吾尔等民族友人建立那么深厚的友谊吗？你能为“羊羔一样的黑眼睛”落下这滚滚热泪吗？而这一切都是金不换的啊！

此后，不论是听帕瓦罗蒂还是多明戈，不论是猫王还是列侬，不论是迪丽拜尔还是巴哈尔古丽，不论是中国的外国的，意大利式的乡村歌曲式的民族歌曲式的还是流行歌曲式的，谁唱的歌也无法置换伊犁半夜的醉车夫的歌声了。

回想干校期间，一九七二年或一九七三年的新年，我与几位文联的同事饮酒，喝得较多，我已经哭哭笑笑，语无伦次。原籍伊犁察布查尔县的锡伯族作家忠禄兄便也乘酒兴大喊：“我们一起回伊犁去！乌鲁木齐有什么好？”第二天他们告诉我，我当时叫道：“不是，我不是想回伊犁，不是回伊犁……”我拼命地敲着桌子，把桌面敲出几个小坑，把自己的手指也敲裂了，鲜血流渗。共饮者分析，这时他们才恍然大悟，王蒙不管讲过多少伊犁的好话，王蒙不管怎样与伊犁语言风俗认同，王某之志并非伊犁，而是意在北京。对此我则毫无记忆，只是看到了右手中指与食指上的伤痕血迹，对他们的分析则更是付之一笑，喝得醉成了那个样子，还有什么好分析的？

这次当真告别，临行时芳的一位好友同事李洪老师送给我一些烙饼摊鸡蛋，无法谢绝，只好拿上。我本以为一路上饭馆极多，谁知两天竟没有吃上一顿饭，不是错过了这个点，就是赶上人家馆子休息，最后硬是什么都没有吃。一九六五年我自乌赴伊时，到处还都是馆子，经过八年的“文化革命”，起码馆子已经被革得冷落萧条，难以叫人吃饱了。呜呼！

亏了李老师的烙饼摊鸡蛋，我勉强支撑到了乌市。其时冷空气已经入侵，我与什物共坐在货厢里，接受着透心凉的冷风，两天时间，又是一番锻炼。下车到了乌市，路面已经铺上了厚厚的雪。

芳分到乌市十四中，在原乌市高中旧址，团结路，俗称南梁方向。我们从此又开始了乌鲁木齐的日常生活，贫贱夫妻百事哀这才是人生的真滋味。入秋大量贮存白菜萝卜，我与孩子们共挖了深深的菜窖。回想共挖菜窖的日子，其乐无穷。有一块自己的小小地面的人家是幸福的。有一把铁锹和能够将锹踩进土地的脚板与挥得动铁锹的胳臂的人是幸福的。万事只怕慢慢来。看起来很深，很大，能装几百上千斤的冬贮蔬菜的大窖，其实也可以分解成一锹一锹的小小空间，可以通过一锹锹的动作完成。似乎干得还不过瘾，菜窖已经挖得过深了，邻居们告诉我们，不可再挖下去了，我们意犹未尽。在菜窖壁上挖上几个坑窝作为人上下窖时脚蹬的处所，我们的窖完成了。两个孩子最得意的就是叫他们的母亲下窖。芳便威胁说，如果非要她下窖，她下去后就不准备再上来了。越是这样说，两个儿子就越是得意地大笑。

我们还自己打了小小院墙，自己盖了小房，冬日作贮藏室，夏日兼作厨房。小房边是一株沙枣树，春天绽放米粒似的小黄花，有一种极浓馥的似乎含着酒精气味的香气。

冬天有室内的炉灶与火墙，当然就在室内做饭。我们特意在炉灶上安装了烤箱，我由于不需要按时上下班，便常在家里钻研烤箱里的炊事学问。我做得最好的是把南瓜擦成细丝，与百分之八十五的玉米面，百分之十五的白面混在一起，烤成大块烤饼。受当地人的影响，有时候也掺些洋葱和盐，烤出来香味扑鼻。我还想试着烤烤面包，买了鲜酵母，买了啤酒花，掺进了牛奶鸡蛋，始终没有成功，烤出来除了没有面包的气味以外，各种气味都有。

我每每要请假购粮，当时乌市商品供应没有保障，有粮票却常逢粮店无粮。有（砖）茶票却常逢茶店无茶。有肉票却很少见到肉店摆着肉。茶肉之类可有可无，无粮则饿则乱，任何人为买粮请假半天到一天，均属天经地义。这样就在严峻中显出了温柔，紧张中显出了随意。这样的严峻与紧张史无前例，这样的温柔与随意也是过了这个村不会有这个店了。

我由于买粮运粮之类的劳动，自觉有功，常在家自我评功摆好，并抱怨别人没有自己干得多。乌市这边不像北京，没有那么多小油盐店，出门购物，最近也在六七百米开外，而且今天有这个，没那个，明天有那个，缺这个，物资永远短缺。这样碰到什么，就要多买，出门办事，总要带上各种容器与袋子，遇油打油，遇醋买醋，见队就排，能买就多买，立足于备荒备缺货。这些事我做得很多。回想起自己的尽职尽责，全面周到，老谋深算，有备无患，细致入微，不辞辛苦，不免悲从中来，自我欣赏感动不已。每到深秋，乌市寒意浓重，则还要清理菜窖，运贮大白菜、大萝卜、胡萝卜与土豆。而芳则因自己某年某月曾经独立卸过一车四吨烟煤，并把它们码成长方垛如一段长城然，便自吹自擂，居功自傲，光荣无止境，不理睬我的功劳苦劳。

由于常停电，我们也准备了相当正规的煤油灯，并常常擦拭玻璃灯罩。我回忆起艾明之写的《火种》，他在这部长篇小说里描写了一个美国冒险家在上海推销“洋油”和洋油灯的故事。这样的洋油灯，至少在二十世纪七十年代，在新疆仍然离不开。

生活，你永远那么具体，那么琐屑，那么普通，又那么难以须臾离开。所有伟大的人、壮烈的人、艺术的诗一样的人、领袖群伦的人，其实都离不开普通的生活。而人心又是那样广阔，那样火热，那样动荡，那样腾云驾雾，天马行空，风驰电掣，瞬息万变，异彩纷呈。一辈子过去了，你会安于这些琐屑的与平常的生活细节了吗？你的心窝，渐渐找到了安放之处、安宁之处了吗？你不为安于平凡和现实而偷偷地流泪，而深悔蹉跎了吗？你不会因为心中的种种不平而喟然长叹或者也骂骂粗话，乃至于轻蔑直到敌视普通人的普通生活了吗？或者，你也化为一根羽毛，一簇泡沫，一撮尘土，岂有豪情似旧时，任凭随波逐流，任凭随风而去，任凭霉锈斑斑，任凭这唯一的一生毫无意义地度过吗？

74. 改剧本

虽然编连环画一无所成，“创作”任务却一直未断。此时毛主席业已有了指示，批评了“没有小说，没有戏剧，没有电影……”的无文艺创作现象。还批示让各地恢复出版的文学刊物把刊名中的“试”字去掉，那些战战兢兢地开始编文学刊物的人，都称自己的刊物是“试刊号”。却原来一省一本文学刊物虽然不起眼，全国连一本刊物也没有了，毛主席也觉得是个问题。联想到前几年突然出版了严复用既古朴又华美的文言文译的赫胥黎著《天演论》，说也是毛主席让出的。我不禁叹息，全国只剩下了一位书籍编辑，他就是毛泽东了。

同时由于中央文化组（后来叫文化部），不断举行各种调演，各省区则围绕着这样的调演“抓创作”。领导特别说明，剧目无须送审，但领导有事后的批评权。这一招更厉害。我几次有幸被吸收到本自治区文化局的“调演办公室”，参与各种剧本的修改讨论。我们的办公室动辄租用天山大厦的几间客房，好吃好午睡。然后切磋推敲，绞尽脑汁，考虑如何搞出一个本子来。大家引用时称旗手的江青的话，说是搞演出的剧本是“十年磨一剑”。按“磨剑”云云，过去大家并不熟悉这种说法，是邓拓杂文中引用过贾岛诗：“十年磨一剑，霜刃未曾试。今日把示君，可有不平事？”这篇杂文也没有多少人读过，后来全国一批，才普及了的。估计江青也是跟邓拓学的。大批判也能普及知识。

我接触了许多剧本与曲艺文字稿。曲艺文字稿大体搞成了，我并从而接触了兵团文工团的演员小叶，后来小叶成为上海电视台的著名主持人。话剧与戏曲剧本，则是搞了个不亦乐乎。

一个是兵团农七师业余作者陆天明的《扬帆万里》，写知青的。陆扬着个大脑袋，爱思考，一脸严肃与激情，使我想起当年的自己。他对一批人对他的剧本删删改改，颇不愉快，但是有关领导强调剧本一经写出，即归属于社会，根本不必考虑其他。我约陆吃过饭饮过酒，我甚至还想向他进言，不可年少气盛，不可不留余地，文学道路之艰巨曲折，可能是他还没有做好准备的。当然这样的话很难讲，我摸不清他的思路，我只能说两分话，未可全抛一片哪怕是半片心。

为了修改和演出陆天明的《扬帆万里》，我与话剧团有关专业人员还去了一趟塔城，参观了中苏边境。我们的文艺强调生活的依据，强调深入生活或者体验生活，要搞创作了，先到该去的地方走一走，倒也殊不恶。由于陆氏剧本描写的是一个靠近边境的农场，我们就有足够的理由去看看形势险恶的中苏边境。我们一到边境，苏方就如临大敌，派出军车来监视照相。真不知道能不能从俄苏边防军的档案中找到鄙人的尊容。同胞们同志们做事有特别认真、过于执着的一面，也有天知道是怎么回事的另一面。

大冬天，走老风口，走雪路，别有风味，也很危险，风雪中一次刹车，刺溜一响，车横过来又转了一个圈，整个掉头一百八十度，幸亏没有其他车辆驶过，否则不堪设想。

那个年头司机是最吃得开的职业之一，我们大家都拼命讨好司机，但司机对谁都无所谓。司机是维吾尔族，我的流畅的维吾尔语对他也毫无作用。我想车是机关事务管理局的，他见过的语言好的各族干部多了。我没有什么奇货可居。

同去的还有一位编剧、一名导演和一位舞台美术工作者。与他们一起，骂骂咧咧，说说笑笑，叽叽嘎嘎，荤荤素素，很快乐。正因为是奉命创作，遵命戏剧，谁也不过于当事，谁也不自视多么高，谁也不酸、不自以为是，不坚持什么艺术感受，不知道什么叫艺术个性，有了功（这种可能性很小）谁也不牛，有了过（这个可能性也不大，因为一切都是集体讨论，领导审批，层层把关，宁可错删千字，绝不放过一个“有问题”的词儿）也不会把谁送去劳改。这种地位有利于文艺工作者的大团结与听吆喝。

我还接触了话剧团编剧的两个本子：一个是陈书斋的《绿玉河》，写和田地区的“土改”。一个是吴云龙、尚九骖夫妇的《狂飙曲》，写工人的自力更生战胜了崇洋媚外。我参加过无数次对他们的剧本的研究，提出过各种主意，并因此受到了他们两家的欢迎，成为好友，也没有少接受他们的款待。尚九骖做的高丽肉，陈的妻子孙燕爆炒的肉菜都极精彩。我在他们这里学会了划拳，喊叫伸手捋袖，不失为小小运动。尤其重要的是我在这里预约了一家手推车零售的牛奶，虽然奶质稀薄，毕竟大于零，我每天去与话剧团诸同志讨论完剧本，顺便带一塑料壶牛奶回家，觉得日子没有白过。

我们还接触到了一位曾经在原子基地工作过的工厂职员的本子，他写困难时期的核工业，最难忘的一节写核设施出了故障，造成核泄漏的危险，而我们的英雄人物，挺身而出，不顾安危，情急之下举起椅子砸碎了警报器，以免科学仪器干扰破坏我们的英雄主义。我们都认为他写得很有希望，也是胡乱改了又改。但是有关领导害怕这个题材，没有批准，客观上挽救了我，没有留下一个恶劣的记录。

在话剧团的工作很为难，因为“三突出”（全部人物中突出正面人物，正面人物中突出主要正面人物，主要正面人物中突出主要英雄人物）、“三结合”（领导、专家与群众相结合搞创作）云云，本身就与艺术创作互不相容。而我完全懂得，要想在准备调演中不犯错误，必须坚持三这三那，绝对不能管什么艺术不艺术。自己随时要设身处地，用准姚文元的眼光挑剔千般，严防死守，筑堤堵洞，不能让本子留下未来会挨批的空子。同时，这一段不断传来批《三上桃峰》，陶钝事件（陶是曲艺家协会负责人员之一，一次被山东吸收到代表团中参加曲艺调演，被视为“文艺黑线”的回潮）之类的消息，令人恐惧。

还因为话剧工作者声大气粗，激动不已，八字没有一撇，你不服我，我不服你，大家不服领导，领导气得发晕。越是没有新戏可演，越是互挑毛病，钩心斗角，明枪暗箭，忽敌忽友，事情搞不明晰，矛盾已经重重。我参加过一些他们的会，争上本子，争上舞台，互扣帽子，话怎么难听怎么说。一位男演员，拍着老婆腰肢让大家看，瞧这身板，瞧这大腿，凭什么不让她上？我的感觉是中国已经实现了“议会民主”。我尤其认识到，千万不可以为，大气候的恶劣狰狞可以使人们看透息争，心明眼亮，共度时艰。切记：哪怕是祸到临头，刀片已经飞到人们的脖颈近旁，人们还是会为鸡毛蒜皮纷争不已，恶斗不已。有人关心大事，有人关心小事。有人关心路线、权、方向诸端，有人关心上戏、演角、排名、进京……有人关心大船是否迷航，会不会触礁、沉没、搁浅，而多数乘客更关心的是争风吃醋、斗牌赢输、早点价钱、宠物的品级。尽管那个年代上台演戏的误餐补助每天只有几毛钱，尽管那个年代上戏挨批的可能比因上戏而成名的可能更大许多倍。没有人会因为大的危险而放弃蝇头小利、无厘头小气。

话剧团的人各有特色。陈书斋因有所谓"历史问题"而极为谦虚谨慎，老成持重。他的妻子孙燕是好演员，比陈火气大一点，后因病早逝。惨矣哉！他们的女儿拉大提琴，那个年代人们发现搞文艺有助于就业，下了乡也容易再抽上来。这也是三十年风水轮流转吧。

尚九骖脑子快，说话尖锐，使气小性。但快人快语，令人快活。我赠一首打油诗给她，有句曰："……每秒八千转"，指她的思维速率，并称之为"回旋加速器"。她的才能超出常人，但有点散点放射，未能集中力量做好一件事情。在"文革"中搞"专业创作"也是注定了无所成就——很可能无成就好于有成绩。但本人还是很急躁，很急于求成。人生不过几十年，求成不成，不是最终极易变成一事无成吗？

话剧团的同志对我很好。尤其是这一年，《扬帆万里》终于获准进京献演，各种有关工作人员趁机公费进京，顺便回自己老家的有之，顺便购物访友的有之，都视此为美差。我当然不能上台盘，不能进京。但话剧团诸公甚为我打抱不平。他们在那一年的旧历年除夕为鄙人组织了盛大晚宴并找了一拨曾经在演艺界混过饭吃的老人表演节目。其中有第一位演唱《新疆好》这首歌的陶思梦和她的先生郑策，郑策也是北京人，他说的快板极佳。他还说到了王洛宾。王在"文革"后期从监狱里出来，长须长发，不肯剪短。

很难说这一段我在话剧团从事了文艺创作工作，与其说我是在那里讨论剧本，不如说是在讨论传单、公务文件。也是一种智力游戏，如果这样写会受到怎样的批评，如果那样写就不会受到这种批评而会获得另一样批判。这样写会很动人，那样写会不动人但是调门完美。这样写不像一号英雄人物，那样写会使二号占了一号人物的光环。但是这种谈论也很愉快，有一种神侃的性质，信口开河，天马行空，反正最后谁说的也不作数。但也都尽了力，都要为人类的文艺新纪元而贡献一把。这些讨论有助于友谊，有助于交流，有助于谈笑风趣，训练机锋，也比赛口才，比赛谁是点子大王。

其间也接触过其他来源的剧本，当中有一位兵团老作家的本子。他老先生天真可爱，不讲政治，多少有点与我同行过的画家们那种味道。我乃指出他老的剧本立意不灵，“空子”太大，不宜于今世。他老很不快，并拐着弯对我数落一番，意为既然长了麻子就不要擦那么多粉啦……我只能掉牙自吞，若无察觉。

搞编剧的人还有一个“立起来”情结，就是说用真人把剧本排演一遍，使纸质的剧本载体变成活人与舞台。他们昼夜期盼着自己的剧本先立一立，一想起剧本会立起来他们会激动万分。其实我明白，那些本子千疮百孔，左右为难，越“立”就会越不成样子。

话剧团还有两个编剧，一个是陆茂林，一个是影片《天山上的红花》的编剧欧琳。陆茂林写了一个《姊妹花》，写和田丝厂的维吾尔族女工与来自苏州的汉族熟练工人之间的友谊。她特别爱写也会写女工间的误会与和解，她读剧本的时候自己感动得呜呜地哭。没戏，没有一号英雄人物，提不上来。欧琳的戏叫《山河壮丽》，写哈萨克族牧民的。内容忘了。欧琳的情绪也不佳。她的《天山上的红花》的成功使她一度非常美妙，漂漂亮亮，身材姣好，一炮打响，无人不喜。她出身名门，敢于闯荡，只身赴疆，一头扎进哈萨克牧区，骑在马背上与牧民一起从冬牧场转到夏牧场。但此后，她的事业与生活都不顺利。她的新作似乎离三这三那的要求也很远。后来欧琳与尚九骖都被西安电影制片厂请去修改剧本。这么改了那么改，那么改了这么改，永远没有改好的日子，各种指示意见七嘴八舌足以使任何一个创作员头脑劈裂，心情崩溃，人们从满怀希望到不胜其烦再到一腔被欺骗被玩弄的怨恼仇恨。这种修改剧本对于作者和对于厂方都是灾难。

话剧团有人建议我给江青写信，求得一个被用的可能，我一笑拒绝。我知道全国百姓与干部的心情，我知道一点党心民心，我也常常读史，深知乖张宠臣乃至重臣尤其是内臣总无好下场。而江氏水准与来历怎可与吴起、商鞅、韩非同日而语。我清清楚楚地知道、明白，与江青骚情不是好玩的事儿。

我感谢命运的安排，早早打掉了我的浮躁气焰与机会主义心理，否则，以我的好胜、好新而又教条、本本主义（重视字儿）、敏感，不知在

“文革”中会有何表演。我实不敢吹牛。在“文革”这样的事件中，我不可能上书投靠。我不愿意太降低自己的人格。我可以承认犯错误，因为那是被迫。但是我不能自荐给我心里颇感疑惑的人。我的常识并非消磨殆尽。

但反躬自问，如蒙上峰赏识，如果被召被宣，冷宫里耗得透心冰凉的我会不会叩头如捣蒜做出不得体的事情，丢人的事情，我实无把握。不过，说到底，鄙人与姚文元之流毕竟还是有一大区别，我下不了毒手，读姚氏文字，我确实体会到刽子手的凶恶与讼棍的刁钻，他的文字就是杀人的利刃。而我，我怕坏了良心，我有太多的不忍之心，“该”出手时难出手，哼哼唧唧叹九州……我往往失之怯懦而不是失之冒险，失之温热而不是失之峻急，失之凡俗而不是失之清冷，失之软弱而不是失之凶险。

75.“文革”文艺

“文化革命”一开始，文艺就歇菜了。我常常觉得那个时候整个中国变成了舞台、戏院、茶楼、杂技与马戏场。十亿人一台戏，人人都是演员，人人都是观众，人人都是导演，演出了史无前例的轰动大戏。个个都要演忠于毛主席的革命者，个个都要演受到错误路线迫害的苦主。有时被派定了角色，如“走资派”“三反分子”“可教育好子女”，到时候不愿意演也要演好，在派定的角色的空间中演得好演得像演得动人演得对己有利。还要以攻为守，揪这个斗那个，死这个活那个，香这个臭那个，要暴力有暴力，要赌博有赌博，要秘闻有秘闻，要隐私有隐私，要高调有高调，要低级有低级，真真假假，哭哭笑笑，打打闹闹，疯疯癫癫，顺逆一句话，祸福一层纸，安危一瞬间，什么都是突然，偶然，强刺激，反差，巧合，误会，声东击西，欲擒故纵，南辕北辙，倒行逆施……其戏剧性登峰造极，什么文艺能与中国的“文革”相比！在一九六六年六七年直到六八年，没有小说，没有诗歌，没有电影，没有舞台演出，嘛都没有，竟然都能忍受，而且是欢声雷动，颂歌盈耳。

嘛都没有了，几年后，慢慢冒出了一点所谓文艺作品的东西。于是大喜。这倒应了矫枉必须过正的话。先全部消灭，再开恩大赦，乃天下和悦。好像鲁迅也分析过这种办法。

有了电影《创业》和有关风波。有了《春苗》《红雨》和《决裂》。《春苗》中的大眼睛的女主角（李秀明饰）和《决裂》中的瞪眼睛的男主角（郭俊卿饰）都给我留下了深刻印象。

上海出版了文学刊物《朝霞》，玫瑰红的封面字迹爱煞个人。全是新面孔，什么什么《金钟长鸣》，什么什么《特殊观众》，什么什么王洪文的身边工作人员萧木管这本刊物……难道全人类文学的新纪元就这样开始了？

我千决心万努力地拼命想从颜色鲜红的《朝霞》中找到文学的新契机新风貌新启示新味道，反复学习后终于认清，这里除了拙劣与蛮横以外，再无他物。

我也初步摸索出了点诀窍：要敢于和过往的文学常识、文学经验、艺术感觉、欣赏习惯、文学传统、修辞规则对着干，越是你认为不能做的事越要干，偏偏要干，越是不能用的写法越是要用，越是要不得的构思越是要采纳，气壮如牛，吹上九霄，齐了。

不是文学里不能过分说教吗？这回偏偏要不厌其烦地说教，干脆在上海出一本长篇小说《虹南作战史》，与其说是小说，不如说是政治与历史普及读本，所谓小说云云，无非是加了一些事例。不是说思想要含蓄吗？偏偏要反复强调你要说的那一两句话，你越不爱听我就越是要说——反正某处有人爱听嘛。不是说不能干巴巴，要有生活的细节、精美的刻画吗？我这里偏偏没有，只有高谈阔论，豪言壮语，虚张声势。不是说人物应该有自己的性格吗？性格服从于“政治”需要，让人物怎么样就怎么样，让人物说什么就说什么，直接充当作者的喇叭筒。不是说不要生造什么词儿吗？全国人都在唱“一颗红亮的心”，而过去是，只有“洪亮”一词，绝无“红亮”之说的。反正只要有需要，怎么恶心你就怎么来，越是横冲直撞就越是刺激，有说头，新纪元，放心大胆地吹，吹破了天自有人接着。

在我开始从事文学习作的时候，我把文学看得多么高啊。它是女神，它是天使，它是永恒，它是良心，它是火炬，它是神秘的灵感，它是永久的眷恋。它是人、社会、历史、民族、智慧和深情为自己竖立的纪念碑。它是春天的雨，它是夏天的雷电，它是秋天的云，它是冬天的雪花。它来自宇宙的天心、天启、天意。当你写出一行能称得上文学的文字的时候，你如得天启，如得祝福，如得心上人爱恋，如有神助，有花朵在绽开，有彩色在缤纷，有仙乐在奏响。

而现在你必须明白，这一切都没有啥了不起，这一切都必须服从需要，服从力量，文学说到底是一个面人，泥娃娃，它靠的是你揉捏。你让它往东，它不可能往西，你让它打狗，它不敢骂鸡。需要加一个人物，你就加一个人物。需要谁死谁就死，需要谁活谁就活……文艺哪里是女神？

文艺分明是招之即来，挥之即去的“待召女”！文艺不过是一拨子最安全、最驯顺，不会跑也不会叫，烫不着人也扎不穿一块豆腐，一会儿装哭，一会儿装笑，一会儿装怒，一会儿装感动的废物！

而且，最最令人深思、令人不能不正视的是，越是在这种令文学人寒心、令识者齿冷的情况下，越有人跃跃欲试，豁出去，不考虑脸面和常识。对于千百万压在底下、不得出息而又雄心勃勃的人来说，这正是舍命一赌的良机，是稍纵即逝的机遇，是文学亡命徒们的天堂：说不定能一本万利，一举成功，直跳龙门，出人头地。他们当中有许多人后来成了文坛的健儿，成了好文友好伙伴，成了批“文革”倡民主的先锋乃至成了福柯、马尔库塞、詹明信一派，还有的成了亲西方的流亡者。他们是这样的吗？还是另有衷情，另有说道，另有心史，另有不得已处呢？

我的心情则渐趋旁观，冰冷，乃至看笑话了。我知道至少是中国人太多了，无形的台阶太难攀升了，得意者优胜者利用优势巩固自身压制旁人的办法太多了，各行各业，合理竞争，循序渐进，你简直没有多少机会，那时候竞争是非法的啊。于是，各行各业，都出了一大批候补亡命徒至少是跃跃欲试者。

我也常常认真阅读包括上海的《学习与批判》上的大文章，一时间，梁效、江天、初澜、石一歌、洪广思的名字家喻户晓。

比较起来，我宁愿读浩然兄的《艳阳天》与《金光大道》，浩然毕竟是作家，而作家与非作家并非全无区别，虽然作家都是从非作家变化而来。经过这个过程与从未有这个过程，并不相同。我喜欢他写的中农，小算盘，来个客人也要丢给你一把韭菜，让你帮他择菜。我喜欢他写的京郊农民的俗话：“傻子过年——看隔（jiè）壁（biěr）。”“满世界”“绕世界”云云，则是浩兄之误。农民俚语中没有“世界”这种文辞，应是“满是价”“饶是价”。“是”是指示代词，“饶”是副词，如“饶有趣味”“饶丢了钱还生了一回气”等。而“价”或“介”只是语气助词，如“好介”“别介”“甭介”等。当然，《金光大道》就更有“帮文学”的气味了，有横下一条心，六亲（指文学艺术之“亲”）不认地豁出去了去迎合的烙印。另一方面，我看他写的英雄人物萧长春、高大泉，也为他的惨淡经营，调动出自己的全部神经与记忆，力图按要求写出有血有肉的英雄人物，力图使自己的文学才能文学经验为上所用而摇头点头。这样的苦心使我感动，使我叹息不已。

这期间我还有机会与部队作家孙景瑞相识，他的小说《难忘的战斗》在上海拍成了电影。在那个年代的电影中，这一部应该算是最好的。孙本人也极谦虚稳重，谈什么事情客观全面，有兄长之风。他来是为了一部新片的构思，写一个塔吉克人，英雄或者特务我记不清了，被雪崩埋住，许多年后被发现了，然后如何如何。未果。难为了。

与他一起来的有上影一位老演员老导演，此兄本来“文革”中平安无事，但他实在不甘寂寞，不甘被人忘却，不甘置身于伟大的革命运动之外，便自己跳出来给自己贴大字报，终于被关入牛棚。他的故事倒也别致。

当然还有八个样板戏，又都拍了电影。在从伊犁刚到乌市时，我曾与区音乐家协会的夏迪娅姆一起去看过芭蕾舞纪录片《红色娘子军》，并深感受到教育。样板京剧的许多唱段我也学会了，但是唱得不好。

不时传来因攻击样板戏而有人被判刑的消息。令人愕然。同时，各种“解构”纷至沓来。《智取威虎山》中杨子荣见到座山雕时有对暗号一节，座山雕问杨，马是什么马，刀是什么刀？杨回答“卷毛青鬃马”“日本指挥刀”，偏偏传出来百姓的说法：马是什么马？吹牛拍马！刀是什么刀？两面三刀！

而在一九七五年，我更勇敢地在乌市大十字——当时叫作红卫路的电器商店买了一台十四英寸的黑白电视接收机。这在芳的校园中，是第一台电视机。我们得以在电视屏幕上欣赏《春苗》《红雨》《决裂》《寂静的矿山》与老电影：《地雷战》《地道战》《南征北战》和《小兵张嘎》，后者简称为“三战一嘎”。后来更出来了样板电影《闪闪的红星》，这样的电影里已经有一点艺术了，像饰演主角潘冬子的童星，像李双江的配唱，像江南的山水，像红军转移的场面，都很动人。有什么办法呢，精神食粮也如物质需要，供不应求的时候每一点东西（包括变质的与代用的）都那么珍贵，而供过于求的时候，说不定你感到的更多的是厌烦。

乌市那时常常停电，电视台也常出故障，停电复来后，屏幕上会出现“停电”二字，故障修好后出现“故障”二字。此时我的女儿伊欢来疆上了小学一年级，她早早学会了“停电”与“故障”几个字。

许多个晚上，我坐在廉价购得的一个竹片躺椅上，占据着最佳位置，周围是家属与邻居的孩子。后来芳不止一次开我的玩笑说是我的看电视座位太自我中心，太妄自尊大。我们一遍遍看《决裂》和《春苗》，每一个细节与台词都背诵了下来。我们的女儿最爱看《决裂》中两个男人互瞪着大眼睛吵架一节，特写镜头上两双眼睛硕大如牛，表达着“不是东风压倒西风就是西风压倒东风，在路线斗争上没有调和的余地”之意。

一九七五年后传来了手抄文学《梅花党》《第二次握手》《少女的心》之类的消息。听听故事梗概，谁能有什么脾气？这就是“文革”中的“地下文学”。却又是换来了一番严厉打击。只觉中国太大太不平衡也太花里胡哨，你闹什么他就有什么，你树先进就出先进，你重新组织文艺队伍他就是等着你组织的候选人。你读毛选就出学毛著积极分子，你打“右”派就出“右”派，你镇压啥一准也就有啥。说声走资派个个走资。说声三结合处处结合。唱什么歌出什么鸟。演什么戏出什么角。喊什么口号出什么错。需哭则哭，该笑则笑。要什么一定会有什么。不要什么也一定会有什么等着你去消灭。越消灭就越多，你的文武戏永远唱不完。

而另一面是生活，是日子，它消磨青春和意志，它也冷淡野心和狂热。刺激长了，就没有了刺激。演戏多了，就变成了闹剧。天天革命，人人革命，事事革命，革命的感觉弥漫开来，浓度与强度便都日益衰减，悲壮精神与牺牲精神便都与日常的喜怒哀乐得失利害混合化合。越要彻底就越无边无际，最后连最初的热乎劲儿也失去了。各种理论各种原则各种惊世骇俗的冲动，最后都有可能变成应付差事的过场。你要他为你所用，为你的理念而奋斗，他其实是要你为他所用，为他的利害而选择。你有你的理念。我有我的好处。你大喝一声是为了警醒我。我大喝一声是为了使你听信。这样的“文革”生态，不是值得一叹的吗？这样的文武戏虽然唱不完，却也没有啥好唱的喽。

76. 游泳与写作

从伊犁返回乌市以后，我们住在芳所在的第十四中学家属宿舍中。这里离野营地宾馆很近，而野营地再往东一点就是红雁池水库。自伊返乌以来，我与艺校祖颖之等结伴，或带领两个儿子，常常去游泳。

乌市夏季短促，水库的水来自天山雪融，冰凉彻骨，但水质清冽，如镜如空，四周山形峻峭，如骨如塑。在这样的水里游戏，别有一番清纯净洁，抖擞振奋。我常常带上干粮，与孩子们在这里游水，晒太阳，嬉戏。有时带的是带伊拉克蜜枣的玉米面窝头。经太阳暴晒，窝头吃时已有酸味，但没有别的选择，仍然甘之若饴。由于这里夏季气候干燥，紫外线红外线少被水汽吸收阻挡，晒一次皮肤红艳如桃，过两天开始脱皮。我们都不在乎。

祖颖之的朋友画家刘开基刘开业兄弟都是汉族与俄罗斯族的混血儿，他们的妻子也都是艺术家。他们在红雁池旁教我学唱了一首过去完全不熟悉的苏联电影插曲《人血不是水》，这部电影似乎是二十世纪六十年代才引入中国的，我没有看过。它的调子似乎已与斯大林时期不同，有西方的影响，其中有一句“因为我的爱人啊……”有口述风格。

在除了语录歌只有样板戏的时代，唱一首“人血不是水”，倒也别有风味。

最难是人心。什么时候能够过滤干净？什么时候能够古井无波？什么时候能够脱胎换骨？什么时候能够幡然悔悟？什么时候能够一尘不染？什么时候能够只剩下一个心眼，大公无私，毫不利己，毫无个人印迹？什么时候能够成为水晶一样的清洁透明的新人？这方面似应估计得实事求是一些。

而生活里总有歌曲，总有思念，总有梦想，总有自己的那点叫作个性的东西，哪怕只是一个苦笑，哪怕只是眼眶的一点湿潮。

离红雁池水库岸边约四百米有一小岛，我最得意的科目之一便是带两个儿子游去再游回。我的游泳姿势与技巧直到体力都不强，但是对游泳有一种莫名其妙的痴迷——想来也是特殊年月无所事事所致——只要有机会就一定要游。每次气喘吁吁，心存恐惧，不无手忙脚乱地游回来，庆幸没有出事。

有一次老祖老刘他们结伴向更深更远处游，我开始是参加了的，没游几十米稍稍呛了一口，咳嗽个不住，我中途退出，感到不好意思。

“文革”搞得时间越长，就百分之八十的百姓或者更多而言，越像是全民休假了，全民疗养了。到后期，只剩下了所谓群众组织的坏头头们在那里争权夺利，争当革委会的群众代表，争把对立面送往监狱，还在忙着（伪）革命，而大伙，自从清理阶级队伍以后，后来又完成了“五七干校”的学业，多数恢复了本职工作，已经越来越轻松了。

有一段时间无须天天上班，但每天下午组织学习“批林批孔”，我便早早去游泳，中午在红雁池吃馒窝头，然后直接从红雁池骑自行车去创研室参加学习。到了学习会上，我嘴唇青紫，眼窝黄黑，头发蓬乱，身上的鸡皮疙瘩尚未全消，神情也比较奇特，语言也不甚完整。好友们便纷纷前来探问：你最近作息起居二便三餐……如何？有什么地方疼痛酸麻？是不是常感疲劳？还欲说还休地建议我去医院“查一查”，看来，他们以为我得了怪症，说穿了怕我紧张。我只能窃笑，有一种恶作剧成功的儿童式满足心理。

最最得意的还不在以“怪病”状骗人，而是我从悬崖上往水库跳水。悬崖离水面五米以上，周围都是怪石，无路，可从后面攀登上去。看到常有一些顽皮的满嘴脏话的小孩子上去跳水，观察良久后，我判断这里跳水无生命危险，决定跟随众顽童一试。岩路肮脏陡峭，有屎尿痕迹与气味，我这个年届不惑的人还是小心翼翼地爬了上去，睁大眼睛看着下面的水，奋力跳起，转身头朝下面，看到了一个自身头朝下自由降落，离水面越来越近的过程，虽然时间很短，但是演进十分清晰。我看到了山体，我感到了运动，靠近水面了，心中大喜，砰，有此一响便知大功告成，没事了，安然无恙，乃可转身，浮上来了。人之大乐在有吾身，在吾身之突然放飞，飞翔，自由落体，每个骨头节每块肌肉每个细胞，都经历了一次自在与伸展、失重与旋转，其乐也何如！

我有一张自五米高的岩石上起跳的照片，可惜姿势不佳，胳臂、腿都没有伸直，像一个空中飞翔的蛤蟆。而我的二儿子石头，能双手张开，跳出一个“燕式”来。八年后我访问墨西哥，曾在一个植物园的游泳池从四米高的跳台上跳水，开始我说我要从那么高的地方跳水时，接待者十分惊异、钦佩。等我跳完，由于姿势不良，他们没有再讲什么赞扬或者评论的话。

没有好的姿势、姿态，仅仅完成一个过程，是远远不够的。

但是这也要有经验，一位间接相识的年轻人，一位大提琴手，见到我的跳水，他从矮得多的地方也向下跳，只一次就扭了腰。想来他是入水后有些惊慌，急急转身上浮，不但没有借助到水的上升浮力，反而承受了身体下落的超重力，与下降趋势硬碰硬较劲对着干，这是人们的腰椎无法受得住的。

我甚至下了练习冬泳的心。在新疆，一过立秋就有人不敢游泳了，那时水温其实不低，但西风吹来已有凉意。九月后，大多人已穿上了毛线衣，我仍然表示要坚持游泳。一次带着温度计，到另一处较近但有点脏的“红卫兵水库”去游。下水前，量了一下温度，是摄氏十四度。我下去游了几下，只觉两眼发黑，只好狼狈上岸。二子石头紧着游完又紧着跑回，造成大腿肌肉拉伤。冬泳壮志，以失败而告终。

然而我的自由自在地游泳的日子碰到了新的问题。一九七四年，我们的创作研究室自文化局独立出来，由阿卜拉尤夫同志任主任，刘萧芜（他刚刚“解放”出来了）与一位工厂知青毛同志任副主任。阿主任上任后抓出勤考勤很紧，每次开会都谈迟到早退出勤考勤问题，并指名道姓地批评。我想到了诗人铁依甫江。这个时期自治区的第一把手是赛福鼎同志，而铁诗人的麻烦已经全部成为过去时，铁现在是赛书记的座上客，也许可以算是炙手可热了。我们虽然并无太深交往，毕竟在那个特殊的年代有一些“惺惺惜惺惺”的情谊。我请铁诗人吃了一顿饭，表示毕竟自己是搞创作的，目前有各种情况，我也不急，今后呢？未来呢？我计划积累点东西，写点东西，练练笔，有什么任务我自会努力去做，一般的上班下班，我就免了吧。

铁诗人十分仗义，虽然他批评我招待他的桂林三花酒是无法入口的怪味酒，但对我的要求一口答应。果然，他一说就灵，阿卜拉尤夫同志一直对我极客气，极尊重，极照顾。

在伊犁时，老房东阿卜都热合曼讲过猫有七条命的谚语。此后，我又听汉族人讲过狗有九条命。回想我自身，一面是屡屡受挫碰壁，一面是时时遇到“贵人”相助，使自己的生活得到在那个时期最大可能的改善。我也算是有好几条命吧。我还能说什么呢？

我也真的考虑起写一部反映伊犁农村生活的长篇小说来。我必须找到一个契合点，能够描绘伊犁农村的风土人情、阴晴寒暑、日常生活、爱恨情仇、美丽山川、丰富多彩，特别是维吾尔人的文化性格。同时，又要能符合政策，“政治正确”。我想来想去可以考虑写农村的“四清”，“四清”云云关键是与农村干部的贪污腐化、多吃多占、阶级阵线不清做斗争，至少前二者还是有生活依据的，什么时候都有腐化干部，什么时候也都有奉公守法艰苦奋斗的好干部。不管形势怎么样发展，也不管各种说法怎么样复杂悖谬，共产党提倡清廉、道德纯洁是好事情。阶级斗争嘛总可以编故事，投毒放火盗窃做假账……有坏人就有阶级，有坏事就有斗争嘛，也不难办。就这样，以不必坐班考勤始，我果真在“文革”的最后几年悄悄地写作起来了。

我写了伊犁的肥沃土地，我写到我在伊犁看到过的电线杆子发芽的奇景。我写到维吾尔女人的嗜茶。我写到伊犁地区其实是受俄罗斯人的影响勤于粉刷房屋。我写到秋收，麦场，牛车，水磨，夜半歌声，婚礼，乃孜尔（祈祷）。我虽然举步维艰，我虽然知道即使写好了也无处可以发表，但一经写到了生活，写到了人，写到了苜蓿地，写到了伊犁河，仍然是如醉如痴，津津有味。

我曾经给一些好友朗诵过其中的片段，果然，他们为那些生活细节生活气息而激动而入迷。但是我为了上纲上线，在写到维吾尔农民的粉刷房屋时提到了爱国卫生运动云云，却使我的好友郝关中笑成一团。有什么办法呢？他们接受生活而不接受这运动那运动、这口号那口号。而我深知，生活已经被口号和运动取代，没有口号和运动的人已经失去了生活的权利，不戴上口号的帽子的生活将无权被描写。反过来说，沉重的口号和帽子并没有取消生活压光生活，生活仍然是生活，人仍然是人，大地仍然是大地。生活不被消灭，人不被消灭，大地不被消灭。

我常常在家里待着了，自由散漫如了意，却又感到另一方面的屈辱。我们住在芳所在学校的家属院，别人看着我像干啥的呢？在家里待得多了，我自然管家务事特别多，我一面写作一面掌握着蒸锅的火候，写着写着忽然意识到馒头或者包子或者玉米面发糕熟了，一面写作一面不忘及时将开水倒入暖瓶，压上火或给火添煤，这使我骄傲于我的全天候抗干扰的写作能力，却也不无委屈。尤其狼狈的是，我正在烧菜烤馍，正想让刚下班下学的芳与孩子们及时吃上热乎饭，这时来了芳的一位同事，嘚啵嘚啵，没了没完，使专心于家务的我暂停也不是，继续炒菜也不是，更显不出一种男子汉的伟大。

77. 朋友们

正因为多数汉族干部和知识分子来自关内，他们的亲属多不在新疆本地，反而使在疆的这些人特别相亲。

不知道是不是由于乌鲁木齐与北京比较不算太大。在这座城市里我们竟有两次在大街上遇到故知的经历。

一次是遇到芳在太原工学院的好友黎昌若，前面说过了，不再赘述。一次是遇到一位孙姓同学，通过她得知芳的好友王菊芬在这里新疆医学院外科部任护士长。从此我们与王家多多来往起来。王的先生老高是地质工作者，能唱两口京剧，我们有幸在他们家用餐以后听老高唱戏。他们家自己养着鸡，似乎还养过兔，他们也比较有办法在一个供应匮乏的年代运用各种关系搞到好吃的。我们的来往使我们在物质与精神上都很受益。

此时罗远富与李惠坤夫妇也随着张世功书记到自治区来工作了。我相信学农的人比较实际也比较能干，巴彦岱的经历使他们事事自己动手。他们在前程似锦一切看好的情况下，同样养鸡取蛋，副业生产，改善生活，培养下一代，都很成功。此二位贤伉俪还时不时地下（象）棋取乐，令人有高雅感。

我们还有一个朋友，京剧团的编剧贡淑芬，北京人，热心肠。她最常发表的言论就是“写剧本怎么这么难！”这话是从《杜泉山》中的雷刚叹息“干革命怎么这么难”套过来的。她认识铁路系统的列车员，从北京给我们带食物来。有一个好办法，被那个年代的许多人采用，买一些肥猪肉馅，加热一炒，肥肉化成了油，连同半熟的瘦肉馅一起倒入一个金属质的饼干筒，肥油在上边，瘦馅在油下隐蔽，不大接触空气，有利于保存，然后坐火车数千公里，来到新疆首府，进入各家厨房直到餐桌。诗曰：

瘴疠妖邪且任之，调禽理豕正当时。
经天应赞盘托蛋，纬地可歌碗炖鸡。
祖国八方油肉与，神州一派稻粱思。
更喜边疆多挚友，莫说国事话吃食。

一次王菊芬给了我们一只活鹅，相当壮观，几天后被我们的两个儿子宰杀，桌上有了鹅肉。除了口腹之福我感到的还有惊心动魄：儿子这一代比起我来就算强多了，我是连一只鸡也没杀过。在伊犁有一次决心杀鸡，拿起菜刀，怒从心头起，恶向胆边生，扭住一只公鸡的脖子，以刀割其喉咙，谁料刀太钝，我的手又太软了，我的刀口像拉锯般在此鸡脖子上蹭来蹭去，连点血星都看不到，而鸡开始大力挣扎起来。我只好自叹没有出息，长叹一声，将鸡放跑，想是此鸡命不该绝。

想起那些年常常批判的“心慈手软”，我除了承认自己“心慈手软”，终无大用以外再无话可说。

新疆文联的同事中我去得最多的是陈柏中与都幸福家。陈柏中，夫人楼友勤，都是浙江人。两位都带书生气和江南的秀气，他们正直，正人君子，要求进步，关心国家大事文艺大事。他们曾经想改善一下自己的住房，未成，他们相中的一处房被一领导干部得了先机，楼女士对此领导干部竟然讲起契诃夫小说中的小人物的悲哀来。这算什么？不能说是对牛弹琴，更不能说是与虎谋皮，但无论如何给我一种牛头马嘴、张冠李戴（以上两个成语用得也都不对）、徒令鼻酸的感觉。他们二位都以一种“左”翼知识分子的思路来追求革命，也还一度热情参加“文化大革命”，最后，当然凉了。

尤其在芳还滞留伊犁，没有到乌市来的时候，我常常得到他们的照拂，我从他们那里吃到了江南美味，自制的江米醪糟、糟蛋、炒年糕、腊味和南方风味的鸡只。他们对我也充溢着最好的祝愿和很少说出的同情。思之至今犹感温暖。

有趣的是他们长期住在春风巷，一个有着这样好听的名称的街巷。但是这条巷子经常是臭水横流，臭气熏天。春风只是一种美好的理念。

而辽宁人都幸福家的炊艺更是数一数二，他不但有酸菜粉、酸菜饺子而且有各种色香味俱佳的炒菜，其风味大致属于鲁菜菜系。同时他家的酒与各种难得的小吃也是那个年代的一个奇迹，诸如花生米、豆腐干、粉条、芝麻酱、杂豆之属，都有。我常常与都幸福讨论——应该说是争论一个问题，他认为我的命运不会长久地如此沦落，不久就会有一天我将扬眉吐气，有所贡献，有所成就。而我的态度是：这些都是痴心妄想，想也不敢想，想也白想，想之无益有害，不如不想，走到哪一步算哪一步，别人能活的我也能活，别人高兴的我也能高兴，何必说那些没有用的话呢？

都幸福的一个特点是干什么事都认真，你与他一起“打百分”，第二天他见了你还要分析你是怎么把一张牌出错了的。他的结交也很广泛，从他家里，我听到了不少社会新闻，关于做家具，关于参军，关于汽车，关于北京某领导的独生子与另一领导的女儿的逸事，等等。

我与芳也大力抓膳食。除朋友们的帮助以外，我们的亲戚也常常带来松花蛋、点心、咸带鱼、肉松等。我的干烧鱼做得成功，瑞芳的滑熘肉片与珍珠（糯米）丸子也越做越成功。我们还自己做过肉松，瘦肉多了肉松容易成丝，肥肉多了，就要往里边加面粉，这些都是从实践中得来的学问。在其他事情上看不清晰之时，改善一下自己的伙食，应属无大偏差的吧。

我也时常出没在铁依甫江、克里木·霍加、郝关中、王嵘、忠录（锡伯族作家与翻译家）家里。超级大诗人铁依甫江的家里挂着好看的挂毯。十六岁，他的诗集已经在苏联一个中亚的共和国出版了。他的妻子赫里倩姆是七一纺织厂的医生。克里木一家有许多女儿和一个儿子。孩子们的母亲叫高华丽娅，意思是珍宝，她是个塔塔尔族的金发美人。克里木是少数几个双语写作者之一，他也时时受着收入有限、孩子太多、夫人又爱用钱的折磨，几次搞得他十分狼狈，城市“三反”的时候他还在一次会议上被叫到台上，再宣布宽大处理。郝关中的父亲似曾在北洋政府担任过要职。他四十多了还敢于直接用牙齿开酒瓶。他真诚地告诉我他对进化论的疑惑，他相信步行与牛车，油灯与火炬，鸡犬相闻、老死不相往来的生活比被现代科技浓聚了与加速了的生活更好。他这种批判现代性的观点放到现在说不定还能火一阵子。忠录一生唯谨慎，大事从不糊涂，善良中有精明存焉。王嵘聪明透顶，有时候使用点小计谋，但不失好心。我曾与王嵘一起到南疆组稿，在和田，临别时受到作者夏冠洲的手擀面早餐招待。谁知招待完了，临上车时宣布因故此班长途客车延期至次日开行。车开行时间极早，招待所是没有饭供应的，我们又不好再去找夏老弟要饭吃，第二天只好饿着肚皮上车。恰恰这一天，走到哪里都没有饭。最后十一点了才到达喀什，当然，喀什也是家家上板，户户打烊，我们硬是弹尽粮绝。幸亏王嵘找到一位喀什的作者的姓名地址，人家已经入睡，我们硬把人家敲起来，给我们做饭，有白菜炒肉片，还给了我们一些白酒。而此位作者的稿件并未被刊物采用过。

而在此段时间的与故人的会面，最令我难忘的是韦君宜。一九七五年或一九七六年，我国一些文学刊物与出版社已经恢复工作。忽然听说韦君宜同志来了，她仍然是人民文学出版社的负责人。得知此情况后我兴奋了一回，颇有经历了一个轮回一番生死劫难，终于得到了老朋友老师长的信息的心情。想起在一九六七年“文革”初期，我听到过韦君宜自杀的谎信，这次知道老太太官复原职，更有几分庆幸感。故人别来无恙乎？我读《史记》最感慨的就是《范雎蔡泽列传》中关于赠绨袍一节的描写，没有比大难之后的故人之情更动人的了，哪怕两个人是仇敌，像《史记》里的范雎与须贾那样。

我在迎宾馆找到了君宜，还好，她依然硬朗。我感到庆幸，但是……

但是我必须说实话，但是她对于我的到访没有任何反应。我的所有的问安所有的惦记所有的心情她都没有任何回应。我与她说话的比例大约是二十至五十比一，是说我说二十到五十句话，她回答一句半句。

我知道她的一贯风格是简明，是不事客套，是单刀直入，就事论事，公事公办。她的说话就是“电报体”。我仍然不以为意，我仍然与她说这说那，说我在新疆没有受过皮肉之苦，说我在农村过得很愉快。她说了一句：“这是奇迹。”

然后她认真地严正地告诉——更正确说是告诫我：“你现在不能写作。”

我连忙指天画地，反复声明，我来看她只因为与她是老相识，她与她的丈夫杨述一直关心我帮助我，我没有向人民文学出版社投稿的意图，我不是来送稿子，我没有考虑能不能发表作品的问题，我压根就没这份心思，我没有那么幼稚和轻浮，我早就对出书死了心断了念。我绝不会给刚刚复职的她老人家与她领导的出版社找麻烦。

然后我只能告辞。

直到我走了，她没有任何话。

我压根也没有想对她说我在“练笔”的事。

我似乎仍然没有完全弄明白环境、处境、心境。我太看重人情，相信友谊、交情、同志情谊、人与人之间的温暖。记得多年在伊犁锻炼后一九七一年我回到乌鲁木齐，见到文联一位处级领导，我连忙与他握手，并问候他的身体——这种见面礼节也受当地少数民族的影响。他回应我的握手极其被动，并对我问候身体健康冷笑不已，嘴里说着“身体？身体？”似乎我说的不是中国话。他的潜台词是都什么时候了还问候身体？然后他对我说的第一句话是“你应该知道你的身份……”

君宜于我，绝对并非仅仅是编辑与作者的关系，更不是书记夫人与本市一名干部的关系。我绝对不相信我们的关系中只有政策和业务（组稿）。早在新中国成立初期，君宜主持《中国青年》杂志的工作，她写过一篇著名的思想修养文章《妹妹的故事》，副标题是讲个人利益与革命利益的关系。说是有一个“妹妹”由于计较个人利益，失去了参加革命的良机，几十年后痛悔不已。她的文章文、理、情并茂，我读后十分感动。后来在区里，基层团委请君宜来做报告，我才知道她并不善讲。从《组织部来了个年轻人》起，她和她的先生杨述对我一直十分关心帮助。她又是黄秋耘的好友，而黄是我的忘年知交。二十世纪六十年代我多次到她家拜访，她对我都极好。我绝对地认定她与我亦师亦友，经过“文革”更是故人了。久旱逢甘雨，他乡遇故知。我认定，她的少话只不过是一贯的习惯罢了。

一两年后，已是“四人帮”垮台后，芳去北京探亲，我仍要她去看望一次韦君宜。韦对芳也是一句话也没有，直到芳干干地告辞，说是她说了一句：“代问好”。整个拜访，得到的就这三个字。芳说，一辈子她这样的经历只有两次，一次是“反右”后有人自杀后她去机关领我的工资时，一次是在此时与韦君宜的见面。她认为自己从来没有受过这样的污辱。

君宜是一个大好人，她一有机会就想起我帮助我，下面我还会写到。她的真诚举世少见，她真诚地革命，真诚地反思，真诚地写作（请想一想她后来写的《露莎的路》与《思痛录》），真诚地助人，真诚地服从，真诚地检讨也真诚地贯彻政策，真诚地划清运动要求的界线，真诚地绝对不讲一丝一毫私人感情和面子直到起码的待人接物的礼貌。她的真诚令我感动也令我恐怖，对不起，她贯彻起那个时候的“政策”来真诚到了百分之百，毫无余地。太可怖了。愿君宜的在天之灵安息并且原谅我这个后辈。我对她与杨述充满感激之情，他们的女儿杨团也是我的好友，他们一家子都是我的恩师、恩人、恩友。但是我以上说的都是事实，用刘震云的话来说，叫作“冷冰冰的真实”。

78. 孩子的眼睛

回忆录写到这里，我忽然感到一点悲伤：看样子，我不像一个好爸爸。我提到他们是多么少啊。我太注意自己的命运、遭际、事业、处境、成就或者反成就（失误与跌跤……）而太不注意家里的其他人了。

同样在特殊的际遇下，同样在诸事不宜的“文革”当中，全力培养自己的子女请家庭教师者有之，单独给子女教授英语或者古文的有之，请专人教乐器或者教体育竞技项目者亦有之。而我呢，倒是关心他们的健康，给他们购买营养品，带他们出去吃餐馆，带他们去游泳去跑步，但是什么时候关心过他们的学习、知识、智力发育呢？

大儿子山从小喜欢文字的东西。在北京，我们带他看五一节的烟火的时候，他自己念念有词地说：“闪闪发光”。而在迎接新年的时候，他又说：“新年到，齐欢笑，小朋友，东跑跑，西跑跑。”我们给他鼓掌。

在从北京到乌鲁木齐的路上，车厢里二子石头看着别人吃烧鸡，被给予了一点鸡肉，山十分看不惯，摆出一种义愤填膺的样子，而且在口述信件给北京的亲人时，痛斥他弟弟的不良表现。

在乌鲁木齐开始他上的是妇联托儿所。他对此园的评论是：“吃得好，教育得不好，小朋友乱哄哄的。”

他早就期待着上学，但是，他是一九五八年下半年生人，正好应该在一九六六年秋季入学，而“文革”使他无学可上。上学以后，他赶上的是一个“无作为”的老师。对此我丝毫也没有重视，我变得糊里糊涂，不知道孩子在学校里是不是一定要学一点什么，学好了学多了究竟是好事还是非好事，要求孩子好好学习会不会算抗拒“文化大革命”。我有一位朋友，甚至让他的孩子退了学。大家研究的是如何让孩子想法进文艺团体，能否走后门参个军呀什么的，否则学好学坏都是上山下乡了事，学得好又有什么意义呢？

山儿倒是早早养成了阅读的习惯。他首次读的书是杨大群的《小矿工》，从此他手不释卷。但是他认的字很有限，教师也没教过。他读的错别字即所谓“白字”实在惊人。他把别墅读成“别野”，把邀请读成“激请”，把探照灯读成“深照灯”，这样的白字先生却又那么爱读书，我觉得很可爱。我甚至恍惚觉得，多一些别字也许更好。

有一次我们的朋友陈柏中来家，山儿一个人只顾自己读书，柏中评论道，他的性格很适合搞科研。可惜，他并没有在科研方面做出陈叔叔所期待的成果。

山儿比较老实，在班上不大惹事。有一次他与弟弟同去买文具，售货员态度极不好，山一口一个“姨”地叫着，无人置理。回家后弟弟嘲笑他的可怜相，山忽然牛皮起来，声称他当时已经做好准备，打算再遭冷遇就一拳打过去。他说话的样子非常英勇豪迈。他越说弟弟越笑。弟弟越笑他越英勇豪迈地表白。我相信石对他哥哥的估计，他不可能一拳打向售货员，当然我也不希望他有拳打售货员的光辉记录。

人和人从小就是各不相同的，我的两个儿子，他们相差不过一岁零九个月，然而他们是怎样地不同啊。我记得有一次我们吃带鱼，收拾鱼时剔出了鱼鳔，我对山说，你踩一下，它会砰的一声响。山儿有些犹豫，石那时只有两岁，毫不犹豫地过来一脚踩下去，鱼鳔响了，山儿后悔了，与他弟弟争吵，然而，责任在于他的犹豫不决。

我最最感到对不起石儿的是他一岁半以后送到北沟沿托儿所，那是一个街道托儿所，条件不怎么好。每周六接他回家，他情绪兴奋，半夜不睡。为了止住他的哭泣，有时给他许多糖果，糖果过多自然造成了他的腹泻。每逢周日，下午五点多钟就送他回托儿所了，而在抱着他出动的时候他会高兴地喊着“划船去！”。回想起来，我并没有故意欺骗他说是带他去划船，但是他以为是去划船的时候我们也有点将错就错，以便他能顺利地跟着我们上公共汽车。及至一下车，他认出来了，知道此去并非划船而是去一个小小的托儿所，他就号啕大哭起来。有一次他哭得太厉害了，我送完他回到家又坐车到了托儿所，隔着门缝看到他在院子里玩滑梯，才没有采取什么措施。

我们在新疆期间，有时把他们带在身边，有时候送他们回北京，在奶奶、姥姥家住一段时间。有一次石儿从北京回来，正是热衷于援越抗美的时期，石儿动不动就高喊胡婆婆万岁，他弄不明白，把胡伯伯说成婆婆了。

一次睡了一夜，山儿早晨醒来，说自己做了一个梦，如此这般。石马上应声道："我也做了一个梦。"这般如此。两个人的梦一样。山急了，与他弟弟争论，认为是弟弟剽窃他的梦，但是弟弟坚称自己就是做了同样的梦。我感到了逻辑与法学的不足恃，因为从逻辑上说，你无法证明兄弟两个人是不会在同一晚上做同样的梦的，你无权判定弟弟盗窃了哥哥的梦的版本。从法学上看，梦没有专利，没有知识产权。我只好说服诱导——诱供，想弄清到底石做了同样的梦没有。没有结果。至今这仍然是一个疑案。而按照无罪推断的原则，我只能承认这哥儿俩同时做了一个同样的梦。

也许当真是做了同样的梦？因为记录证明，石并不是完全憋得住话的人。他多半是不打自招。在伊犁，一次我们家有几块从北京带来的巧克力奶油糖。一天石头突然说，方才进来一个小孩，拿起一块巧克力糖，吃了。我们一听就明白了，不用多问，他承认，是他吃了。同样的故事发生在刚到乌市的时候，他告诉我们，有一个小孩在我们的门口拉了一泡屎。不用说，这个小孩就是他自己。

石小时候相当活跃，在班上当个小干部，爱管事，也爱交际。有一次他没有经过我们同意便拿了家中的门锁给班上使用去了，我说了他一顿。后来我后悔了，也许他的热心公益的个性就是这样受挫的。

与他哥哥比较，石不太说话，心里有主意。他想到远地儿去玩，知道我们可能不同意，他就不说，采取先斩后奏的策略。先是在家努力干活，挑水，搞卫生，芳已经料到他是在为自己半天离家出去游玩做准备。果然刹那间他没了影子。等到他回来，哪怕再训斥，他的目的已经达到了。

石也有不求甚解的时候，很长时间他读"木鲁木齐"，把雪花膏读成"雪牙膏"。他常常问妈妈"什么时候开茶话会？"因为，遇到我们得到从北京寄来或捎来的奶油糖、果脯、杂拌的时候，我们会泡一点茶与孩子们共享幸福的生活，芳称之为开茶话会。

一九七三年刚回到乌市，山与石都在他们的妈妈的学校：十四中学。石的班上据说有一位爱欺负人的孩子，常常向石挑衅。石一直一声不吭，但终于等到了一天，实在忍无可忍了，石突然给了那孩子一个嘴巴。石的这种突然出手，大大压下了那个孩子的锐气。这种行事方法是山所没有的。

那时的学校上课完全是鸦鸦乌。芳是物理教师，让她教“学工”，具体的有卡车与拖拉机的驾驶与修理，她当然不擅长了，而学生仍然认为是“脱离实际”，怎么样结合实际呢？学生建议教修理自行车。

如果教修自行车，不如由我去教，我当时多少能做一点这方面的活了。

而石整天在那里“学军”，每天手持教练用枪支，练向左刺，向右刺，向前刺，不知道是不是还有向后刺。石儿还有兴趣的事就是值夜班。有一天，晚饭后我们早早入睡了，突然一帮人来了敲门说是要“查户口”，使我们紧张了一回，其实都是石儿的同班同学。

新疆的家务活儿是比较多的，我们从小就要求他们劳动。石儿九岁就挑两满桶水了，那里一般用锡铁水桶，不像内地水桶老大，但两桶加起来也有四十多斤。山是哥哥，当然也得挑，他挑起来肩痛腿软，腰也变成了S形，比弟弟还吃力。

女儿伊欢一岁时到了北京姨妈家，五岁多时回到了新疆。她出发赴新疆的时候正风行朝鲜影片《金姬和银姬的命运》，离京时她的表姐表哥们在火车站台上喊道：“就一年！”这是那部影片中的台词，银姬说了一声“就一年”，从此到了韩国，与金姬再不得见面。而在当时，有朝鲜与阿尔巴尼亚影片看，已经令人觉得十分幸福。山儿看《金姬和银姬的命运》时感动得痛哭流涕。另一部朝鲜影片《卖花姑娘》我们都看过三四回。也都会唱它的主题曲。阿尔巴尼亚影片《第八个是铜像》，在当时的我们看来，几乎是相当出格的现代派！

到达乌市后第三天，我本来想带伊欢去看一看就近上学的可能性，谁想一到乌市第十小学，人家就把她留在了学校，人家已经开学一个多月了。她就这样上了学，毫无难色，第一次考试三四十分，第二次考试已经赶上了趟。

她有一股子冲劲，每天自己上下学，走一站路。她们是二班制，她是下午班，每天十二时十分上课，她是十一时半左右走。我们总是事先给她预备好干粮和一点小菜，她自己料理着吃掉。其中最多的是苞谷面烤饼，苞谷面，掺上洋葱、南瓜丝、土豆丝和盐巴少许，放到通往火墙的炉灶一旁的烤箱里烤。每个约有半斤，又重又厚又大。女儿每次吃掉一个，这个饭量使我惊奇，至今我有时仍与女儿讨论，她五岁时怎么可能一顿饭吃半斤烤饼？这使女儿愤怒：她吃不了难道是糟蹋了或送了人不成？

下雪了，传来消息，说是女儿在雪路上与一男孩发生了武斗，两个人打得滚到了雪地里。又一次二哥反映说是她在与人争吵。回到家，我们一起向她提问，要求她说明情况。她怒了，便在那个时兴运用毛主席语录的年代义正词严地说道："不了解情况，你们就别调查！"按语录原文是"没有调查就没有发言权"。我们与女儿讨论道："不了解情况，就更需要调查，怎么能不了解情况就不调查呢？反过来说，如果已经了解了情况，我们何必还来调查呢？"

我们的回答使欢儿困惑不已。

其实是我们欺负了小孩，显然她还分不清调查与审问的语义区别，她指的调查是一种不怀好意的有罪推定式的问案，而那个年代的调查，确实具有这方面的凶险性质。直至现在，例如在美国，调查仍然具有一种非善意的、找麻烦的性质。

山和石打起架来也引用毛主席语录，一次石骂道：只有不要脸的人才和不要脸的人说话。按，原文应是只有不要脸的人才说不要脸的话，我们大笑，觉得哥儿俩乱打，也可以说是一丘之貉，他们用的语录也有道理。

我应学校之邀听过欢儿班主任老师的公开课。那时伊欢个子高，坐在最后一排，遇有老师提问，她很急于回答问题，她拼命举着手，但是常常不被看见，我替她着急。

上了一年新疆的学，她又回北京去了，真是"就一年"。

回想一下，对待孩子我基本上是"不尚贤，使民不争；不贵难得之货……"行"圣人之治，虚其心，实其腹，弱其志，强其骨"。

起码石儿在强其骨方面有一定成绩，他在乌市中学生运动会上四百米跑出一个第二名来。山儿也在校运动会上得到了一个惊人的好名次，但是山说他是少跑了一圈才名列前茅的，但是体育老师坚持他没有少跑，必须领奖。

在智育方面，别的我没有把握，学了是吉是凶，我便在家中提倡学习维吾尔语，反正学语言最有用。各种领导骨干可以从全国各地往新疆派，但是维吾尔语翻译很难通过表态汇报发现出人才来。我每天教他们，苦口婆心，循循善诱。但家人都没有学好。周围还有同事文友，见我讲维吾尔语便也下决心直到暂停工作表示非学好维语不可的，也都没有下文。

79. 从“七八九三个月”到“四五”

根据自治区的新规定，我们有权在时隔若干年后享受回北京探望双亲的路费。一九七五年暑假，我们一起回到了北京。

北京到处流传着江青“红都女皇”的故事。一个美国人采访了江青，写出了《红都女皇》一书，说是为此江受到了毛主席的批评。

人们也讲到了“‘文革’小组”的人反周总理的事。大家有一种感觉，已经走入死胡同的“文革”，快走不下去了，中国处在大变化的前夜。而“文革”小组成员一类人的折腾也越来越离谱了，一会儿批“无标题音乐”的说法，还要批什么德彪西。一会儿批黑画：三虎为彪，画三只老虎就是为林彪招魂。然后画一个柿子一只青萝卜一棵白菜就是“一世清白”，为什么“一世清白”就是反党呢？非得一世肮脏才中意吗？这就弄不明白了。

这一类的离奇说法，越讲就越让人感到“文革”分子已经四面楚歌，腹背受敌，朝不保夕，危如累卵了。

但有些说法我确实也是佩服，例如关于“资产阶级法权”，把按劳取酬说成“资产阶级法权”，太棒了，这才是把理想主义搞了个彻底！否则空谈人人生而平等，却又承认差别，社会平均劳动时间作标准，用来衡量每个人的、明明先天就不在一条平均线上的能力和劳动结果，这当然只能得出不平等的结果嘛。差别与平等，这里头有严重的悖论。人和人在体力、智力、体能、智能、寿命、健康方面都有许多差别，太多的差别。当然我们必须主张人与人在人格方面、尊严方面、公民权利方面、机会与规则方面……的平等。平等的主张是好的也是必要的，大家都主张平等，还有那么多差别即事实上的不平等，如果干脆认为判别是不平等的根据，社会的不公谁知伊于胡底？然而，怎么办呢？提出理想哪怕是彻底的理想，毕竟不等于提出了行动的纲领，更不等于行动的日程啊。

不平不平，人间多少不平！如果说这些不完全平等的表现都是资产阶级在作怪，那么无产阶级胜利了，人和人的体力、体能、智力、精力、寿命、身高、体重、美丑……就能够完全平等起来吗？呜呼！何不平之愤懑也，何全平之不可能也。

唱《国际歌》，到处学列宁的《纪念鲍狄埃》，指挥八大军区司令员唱《三大纪律八项注意》，都精彩极了。

然而最精彩的还是评《水浒》。而且又是鲁迅！不论搞什么运动，都能从鲁迅那里找到根据。天！

这是天才。我甚至于接近相信下述说法；像毛主席这样的天才，中国几千年出一个，世界几百年出一个。而主席亲自指示，认真读书，弄通马克思主义，还要解决什么唯心论的先验论的问题，是奴隶创造世界还是英雄创造世界的问题。后一个问题是多么悲壮，多么高远，又多么难讲。如果奴隶都创造了世界啦，他们还能是奴隶吗？

此外，是各种荒诞不经的传闻与口头文学。什么梅花党，什么炸毁长江大桥阴谋，什么谁谁谁是毛主席失散多年的儿子，这样的胡传乱讲甚至使我想起了一九四八年，那是国民党政权崩溃的前夕，我们的社会的某一面显出了它的无知、愚昧、迷信、幼稚、野蛮、混乱、没有准星、没有起码的规范。所谓群氓，所谓愚众，所谓国之将乱必有妖孽。我不能不为伟大的新中国而痛心。

这一年在北京我见到了不少原来团市委团区委的老同志。前面我已经说过，团的系统是非常讲政治讲思想的，前几年，我很难与他们见面与说明究竟在一九五七年、一九五八年发生了什么事情。现在不一样了，“左”到了极端的“文化大革命”，反而使人们明白了许多无法讲明白的事情，人们开始用平常心看待政治上的浮沉顺逆。只有一位老朋友，她在‘文革”中遭遇极其悲惨，但一见我还是要先义愤与批判一番，说是听说我的“文艺思想”有问题，她非常愤怒。

我笑了。她还是请我吃了饭。

从北京回到乌鲁木齐，不久就开始了所谓“反击右倾翻案风”。在邓小平恢复工作后，人们刚刚燃起的一点点信心，一点点暖意，又被结结实实地冻结了。

多少年来人们的心尖被一次又一次地掐死，我们不断地自毁自身的精神资源。你喜欢什么，在意什么，就要把它毁掉。比如，美好的歌曲与电影，各个有威信有影响的世界进步文化名流，各种杰出的文学哲学著作，丁玲和西蒙诺夫，杨献珍与艾思奇，然后是刘少奇与彭真，现在，轮到邓小平与周总理了。

一九七六年，人们的心情益发沉重。一月，周总理去世。同时人们从周总理的葬礼上发现了一些端倪。许多人愤然于某个新贵在遗体告别仪式上居然没有摘下帽子，其实那并不是一个重要角色。反击“右”倾翻案的宣传越来越高调。邓小平、万里等忽然销声匿迹，而稀奇古怪与居心叵测的文字不断出现在报刊上。什么梁效，什么石一歌，什么初澜……暗号或密电码式的“笔名”显示着诡秘的权威与危险。我对芳说，今年春节过后，恐怕要出事。我知道，春节期间，人们仍然会互相走动，拜年嘛，客观上有团结人民群众、沟通人民群众的作用。果然，春节期间，几乎所有的互相拜访者谈周总理，谈邓小平，谈江青，而态度都一致。从来没有见过这样的自发的政治关切与政治一心。已经是天怒人怨、民怨沸腾，万事俱备。从来没有见过这样的街谈巷议，人同此心，心同此理。但我也悲哀，新中国已经二十多年，人们谈论的仍然是忠臣、奸臣、佞臣、失察、得宠、腹诽、蒙冤与天大的不平。中国社会啊，你的进展就是这样艰难吗？

四月，阴天，大风，很冷。芳（似乎还带着欢）在学校操场的自来水龙头处洗羊肚子，从哪儿淘换来的羊杂碎稀罕物，已不可考。忽然，她们俩气喘吁吁地跑了回来，说是北京天安门广场出了事。

我们四目相觑，沉痛无言。

这就是一九七六年的“四五”事件，人们在天安门借悼念周总理表达对“四人帮”的不满，遭到了武力取缔。

……然后是学习，学习，转弯子。我记得已经调入创作研究室的郝关中老夫子在学习时点了一支烟，叼在口里，睡着了，发出了鼾声，而且顺着口角流出了亮晶晶的口水，口水长得如同瀑布。我捅了他一下，他正色道：“打得好！打得好！”

我眨了眨眼睛，他再次强调说，“当然打得好，就是要打，一定打！”

他是一绝，能说反话，被知友所了解，被非知友所不了解，就是说，他说话谁该明白，自然能听明白，不该明白的，也自然听不明白。

而另一位蒋姓画家，北京人，年轻的，则大谈公车私用与以车谋私的问题，他绘声绘色地讲在公路上少数民族同胞怎样高举着羊腿要求搭便车。说得大伙哈哈大笑。然后联系到“右”倾翻案风，说明这些都是“右倾翻案”的恶果。

乌市举行了一次游行，声援“四五”事件的大头棒处理。我们都说笑着、闹哄着、稀稀落落地喊着口号走了一趟。最精彩之处是走到南门后发现了春季卖头一茬韭菜的，游行队伍大乱，人们抢着去买韭菜了。

究竟是谁更聪明？谁欺骗了谁呢？你剥夺了百姓的权益，百姓还对你有实话吗？

不知道是不是我过敏，此事之后最突出的变化是人们更厚颜地盗窃和化公为私了。文联的沙发连夜被盗走了。文联的几块五合板公然拿走了。十四中学校盖房，各种建筑材料大家随便拿，一面拿一面公开喊叫：

“什么？公家的？我还是公家的呢！”

80. 啊，毛主席

这样的时刻，人们不能不关切与注视毛主席。

我常想，毛主席在我们的生活中是太重要太巨大了，无所不在。你喜欢也罢不喜欢也罢，好也罢赖也罢，爱也罢不爱也罢，亲也罢疏也罢，毛主席的一切，毛主席的影响，毛主席的天才与震怒，毛主席的深思与冲动，毛主席的豪情与机变，毛主席的一声咳嗽或者一个笑容……已经成为我们每个人的生活的一部分，历史的一部分，命运的一部分，喜怒哀乐的一部分，生的一部分与死的一部分了，也常常是决定性关键性“能源”性的一部分了。

他老人家的一切，决定着你的吉凶祸福，生死存亡。你的存在已经无法与他分开。你已经习惯于他的口气、他的文体、他的逻辑、他的振聋发聩的批示、他的令多少亿人一身冷汗的指责：用心何其毒也！司马昭之心路人皆知。教条主义不如猪屎。不是阴谋，是阳谋。击一猛掌。天塌不下来。党心民心党员之心。水至清则无鱼。物极必反，走向反面。（与修正主义）斗一万年……

毛主席越来越老了，身体越来越不如从前，这无法否认。电视新闻中看到老人家举步维艰，目光无神，半张着口，而各种最新（最高）指示的传达，也越来越不完整和不清晰了。我很难受。我觉得是我们整个中国老了，身体不适了，面临危险了，前途莫测了，而我自己，也是活了太多的年头，经历了太多的事情啦。真想不到啊，一个天知道的“右”派称谓，已经伴随着我走了近二十年。

我怎么已经活了这么长！一遇到心情郁闷时，我就会想到一些儿时的旧事，比如西四北小绒线胡同的旧居的红门晒得漆皮脱落，比如看完电影走在报子胡同的时候感到路程是这样漫长，比如北师附小的“管役”（工人）兼卖杏干糖和酸枣面。有时候我在梦中叫起王石的名字。醒后发现自己未免已经活了太多太多的时间。

已经有那么长的时间，哪怕是真真假假，不真也必须作真，我们注意毛主席，倾听毛主席，欢呼毛主席，服从毛主席，敬畏毛主席，期待毛主席……谁敢设想毛主席有朝一日会离开我们？谁还能经得住没有毛主席的冲击！

我必须强调，毛主席对我有直接的关注，他才是知遇，他才是慧眼，当然我这样说涉嫌过分高攀。他老人家对《组织部来了个年轻人》的评价，对王某人的文才的评价，对于我对于文坛对于中国对于世界都是引人注目的，我想起一九五七年《参考消息》上刊登的路透社记者漆德卫写的一篇报道：《第一百〇一朵花》，评述《组织部来了个年轻人》事件。他的题目起得很巧也很损，意为你要搞百花齐放了，但现在出现的是一百〇一朵花，不在你所允许的百朵之内。

毛主席的一些谈话，毕竟对我的一生起的是正面的作用。我永远感激老人家。

同时，我必须承认，不论这样的承认产生什么后果，到了一九七六年，甚至更早，我明白，冷酷而且罪过地明白：毛主席的离去是巨大的危险，巨大的失落，巨大的黑洞，巨大的不可测、未知数，但同时也是转机，是解开各种死结的唯一可能的契机。

毛主席越是伟大，越是各个方面的缔造者领导者带路人导师统帅……他个人的存在越是巨大和弥漫，离去的后果也就越是巨大和深远，他的离去可能使许多不可能变成了可能，使许多必须如此不得不如此变成了仅仅是曾经如此的历史往事，使许多铁案变成了豆腐渣，使许多招摇过市变成了人人喊打，使许多宠儿佞人搭车者投机贩落马落荒，更能使多少压在五行山下的智慧与能量释放出来。

当然我也十分清晰毛主席的离去带来的危险，边疆，外部环境，敌对势力，明争暗斗，早已不是铁板一块而是孕育着四分五裂的危局。毛主席如果走了会不会天下大乱，人头滚滚，血流成河，使中华民族重新陷入灾难的深渊呢？

在新疆我也偶然地听到过来自苏联乌兹别克斯坦共和国首都塔什干

的维吾尔语广播与一个自称“救国广播电台”的汉语策反广播，后者开始用的曲是《中国人民解放军军歌》。他们的背景都是苏联。其用语非常尖锐、暴力、可畏。

最后一次在电视新闻节目中“看到”他老人家是“四五”后他与巴基斯坦总统叶海亚汗会见。老人家已经没有力量抬起头来了。

生老病死，比伟大更伟大，比力量更力量，比雄心更雄心，比悲哀更悲哀。

九月的一天，忽然通知下午收听中央人民广播电台的重要广播。我知道，这一天到了，但是我又不敢想，而且我做好了天下大乱的准备，只求苟活，只求苟全性命于此时，一步也不敢走错，一声也不敢乱吭。我想起了兵团文工团的好友、北京人姚承勋说的一件事，他说他们那边的一个中层干部，居然把毛主席的“谆谆教导”读成了“哼儿哼儿教导”——没有人敢言语、敢提醒他说错了。现在，万万不可随意哼哼一声啊。

确实与周总理去世时不同，那时大家的反应是悲痛欲绝，而对于毛主席的逝世的反应，主要是严肃沉重惊惧静默。文联的人都低着头，只有一位人事干部说了一句：“就怕这一天啊。”此外，没有一个人出一点声。

反复听完广播，人们散去的时候，郝关中老夫子偷偷向我做了一个怪异的表情。不，这里边并没有轻佻或者“反动”，这里边并没有超出良民应有的动静。也许他对那种过分凝重的气氛觉得压抑，也许他并不完全相信那种人人沉痛不已的表情，反正他做了一个表情，这个表情使他回到了他自身，一个散漫的名士派头的酸儒、腐儒、固穷的自命君子。我们互相开得最多的玩笑就是关于腐儒的。连这个词，也是他首先使用的。

我的反应是根本没有看见。

回到家里我与芳悄悄谈了半天，我们计算主席过世的时刻，恰恰是那天夜晚，我们俩破例谈了很多，那是一个月光如洗、令人难于入梦的夜晚。我们谈到主席的老态，谈到他一世的英名与晚年的力不从心。从前，不论是什么斗争，他是多么地游刃有余，玩弄对手于股掌之间啊，而“文革”以降，中国搞得怎样地千疮百孔，四处着火，八方冒烟！但即使如此，只要主席在，没有什么敌人敢于轻举妄动。我们也研究江青，江青其实在政治上相当幼稚。她听了临时工造反团的发言就跟着哭，就要撤劳动部与人事部的部长的职。简直是小儿科！而主席的理想主义的胃口太大，他要创造一个与世界与外国与过往与已有的一切社会都不同的社会。与他的理想国相比，他瞧不起美国，更瞧不起苏联。他瞧不起蒋介石更瞧不起历代的中国皇帝，甚至他也瞧不起已经建立十余年的中华人民共和国的一切运作体制与方式，还有已经建立五十多年的中国共产党的秩序与运作方法。他的思想超前而且浪漫，他的社会理想无限延伸扩张，由于弥漫而失去了边界与尺度。他要从头开始，把全国建设成为一个大学校，一个无产阶级专政的工具与阵地，他要人人学工学农学军，人人批判资产阶级。那真是一个无差别无不平的极乐世界哟……但这也只是愿望，只是诗情，只是哲学，只是念头，却没有蓝图，没有步骤，没有可操作性，连轮廓也是极其模糊的。他认定，几千年的历史是颠倒了的，是大人物压了小人物，是奴隶主压迫奴隶，而他的使命是再颠倒这一切，天翻地覆慨而慷，卑贱者最聪明，高贵者最愚蠢，不是英雄而是奴隶创造了历史。去掉压迫者以后，历史将写出新篇章！他要用最聪明的力量创造新世界。为此他要“犁庭扫穴”，清除垃圾与障碍。不破不立，不塞不流，不止不行。又破又塞又堵又止，但是立出来的一切太令人沮丧。他给自己提出的任务空前绝后。以伟大的理想始，结果却落到重用难当重任的妻子来推行新政，再加上什么侄子外甥女和警卫长官，而与全国党组织、干部、领导层、军队、知识分子发生对立至少是疏离。这不是太悲惨了吗？这不是太孤独了吗？

我永远记住我说过的一句最尖锐的话：有过李大钊、方志敏、瞿秋白、恽代英、刘志丹、左权、吉鸿昌、赵一曼……这样的人物的党，有过马克思恩格斯倍倍尔蔡特金李卜克内西台尔曼这样的国际资源的党，我就不相信这样一个党能三下五除二变成李莲英的党、围着老佛爷转的党！

就在我们胆小地悄悄地议论着这一切的时候，老人家正在弥留。想到我们的妄论妄评，我甚至感到的是罪过，是无地自容，是惶恐惧怕。

此后发生的事比电闪还快。我不是没有估计到事变的发生，但是想不到的是这样快。我热泪盈眶，我作诗填词，我见人就喜，逢人便说，太好了太好了，真真是又一次解放。

听着阔别十年以后又唱起了“洪湖水，浪打浪……”我悲从中来。听着“一道道山来一道道水，咱们中央红军到陕北……”我痛哭失声。看着电视屏幕上的京剧《蝶恋花》，听到李维康扮演的杨开慧唱道“爱晚亭”，唱道“橘子洲头”，我热泪横流。听到了常香玉唱郭沫若的词：

“大快人心事，揪出四人帮，揪出四人帮啊吭啊吭啊……”我笑声咯咯响。我都奇怪，我怎么还是这样关心政治？做一个文人雅士，做一个遗老遗少，做一个世人皆浊我独清、世人皆醉我独醒的独善其身的高人，岂不更好？然而我已经不可救药，我已经入世极深，我仍然感情炽烈，我仍然爱憎分明。不论我怎么样地收缩再收缩，认命再认命，矮小再矮小，难得糊涂，装傻充愣，养猫养鸡，做饭烧鱼……我仍然心系中国，心系世界，心系社会，关切着祝祷着期待着中国历史的新的一页。

新的一页即将开始。

图书在版编目（CIP）数据

王蒙自传. 第一部，半生多事 / 王蒙著. — 北京：北京联合出版公司，2017.11

ISBN 978-7-5596-1138-3

Ⅰ. ①王… Ⅱ. ①王… Ⅲ. ①王蒙（1934- ）— 自传 Ⅳ. ①K825.6

中国版本图书馆CIP数据核字（2017）第254650号

王蒙自传第一部：半生多事

作　　者：王　蒙

责任编辑：管　文

北京联合出版公司出版

（北京市西城区德外大街83号楼9层　　100088）

北京嘉业印刷厂　　新华书店经销

字数：396千字　　710毫米×1000毫米　1/16　　印张：25

2017年12月第1版　　2017年12月第1次印刷

ISBN：978-7-5596-1138-3

定价：56.00元